BREXIT

Rudolf G. Adam

BREXIT
Eine Bilanz

Rudolf G. Adam
Prien am Chiemsee, Deutschland

ISBN 978-3-658-24589-4   ISBN 978-3-658-24590-0   (eBook)
https://doi.org/10.1007/978-3-658-24590-0

Die Deutsche Nationalbibliothek verzeichnet diese Publikation in der Deutschen Nationalbibliografie; detaillierte bibliografische Daten sind im Internet über http://dnb.d-nb.de abrufbar.

© Springer Fachmedien Wiesbaden GmbH, ein Teil von Springer Nature 2019
Das Werk einschließlich aller seiner Teile ist urheberrechtlich geschützt. Jede Verwertung, die nicht ausdrücklich vom Urheberrechtsgesetz zugelassen ist, bedarf der vorherigen Zustimmung des Verlags. Das gilt insbesondere für Vervielfältigungen, Bearbeitungen, Übersetzungen, Mikroverfilmungen und die Einspeicherung und Verarbeitung in elektronischen Systemen.
Die Wiedergabe von Gebrauchsnamen, Handelsnamen, Warenbezeichnungen usw. in diesem Werk berechtigt auch ohne besondere Kennzeichnung nicht zu der Annahme, dass solche Namen im Sinne der Warenzeichen- und Markenschutz-Gesetzgebung als frei zu betrachten wären und daher von jedermann benutzt werden dürften.
Der Verlag, die Autoren und die Herausgeber gehen davon aus, dass die Angaben und Informationen in diesem Werk zum Zeitpunkt der Veröffentlichung vollständig und korrekt sind. Weder der Verlag, noch die Autoren oder die Herausgeber übernehmen, ausdrücklich oder implizit, Gewähr für den Inhalt des Werkes, etwaige Fehler oder Äußerungen. Der Verlag bleibt im Hinblick auf geografische Zuordnungen und Gebietsbezeichnungen in veröffentlichten Karten und Institutionsadressen neutral.

Springer ist ein Imprint der eingetragenen Gesellschaft Springer Fachmedien Wiesbaden GmbH und ist ein Teil von Springer Nature
Die Anschrift der Gesellschaft ist: Abraham-Lincoln-Str. 46, 65189 Wiesbaden, Germany

Vorwort

23. Juni 2016: In einem Volksentscheid stimmt eine Mehrheit des Vereinigten Königreichs dafür, die Europäische Union zu verlassen. Am 30. März 2017 teilt Premierministerin Theresa May ihren Partnern in der EU mit, dass ihr Land seine Mitgliedschaft in der EU nach Art. 50 des Lissaboner Vertrags beenden möchte. Sie setzt damit die im Vertrag vorgesehene Zweijahresfrist bis zum vollständigen Ausscheiden in Gang. Demnach hört das Vereinigte Königreich am 29. März 2019 kurz vor Mitternacht auf, Mitglied in der Europäischen Union zu sein – es sei denn, die Frist wird einvernehmlich verlängert.

Der 23. Juni 2016 ist ein historischer Wendepunkt – er könnte sich im Rückblick als einer der tiefgreifendsten Einschnitte in der Geschichte der EU herausstellen. Eines der wichtigsten und leistungsfähigsten Mitgliedsländer wendet sich von der EU ab. Die Europäische Union verliert 13 % ihrer Bevölkerung, ein Fünftel ihrer Wirtschaftsleistung, ihr wichtigstes globales Finanzzentrum, ein Mitglied mit ständigem Sitz im Sicherheitsrat der Vereinten Nationen und Nuklearwaffen, mit globaler wirtschaftlicher, finanzieller, diplomatischer und militärischer Präsenz und einem Forschungs- und Bildungspotenzial, das weltweit eine Spitzenstellung einnimmt. Die EU verliert ein Land, das über Jahrhunderte Vorbild und Maßstab für Stabilität, Liberalismus und Demokratie war. Die EU verliert nicht ein Land, das ständig gegen EU-Vorschriften verstößt und über Bevormundung aus Brüssel klagt, kein Land mit hoher Arbeitslosigkeit, stagnierender Wirtschaft oder unzureichender Innovationskraft. Für die EU zerbricht der Mythos der Unumkehrbarkeit und der Unwiderstehlichkeit. Sie ist nicht mehr das *manifest destiny* Europas. Es wird immer klarer, dass die EU nicht mit Europa gleichzusetzen ist. Bislang galt, dass Staaten, die der EU fernblieben, ihr in einer Weise verbunden waren, die einer Mitgliedschaft in der Substanz sehr nahe kam: Norwegen und die Schweiz haben Teil am Binnenmarkt, an der Zollunion und am Schengen-Raum, in dem keine Grenzkontrollen mehr stattfinden. Großbritannien will von alledem künftig nichts mehr wissen. Statt „mehr Europa" gibt es am 30. März 2019 zum ersten Mal „weniger EU". Mit dem Ausscheiden Großbritanniens steht die EU vor existenziellen Zukunftsfragen.

Für Großbritannien markiert der Brexit eine Identitätskrise und eine grundlegende, lange nachwirkende Neuorientierung. Das Land lässt sich in diesem Prozess eher von emotionaler Abneigung als von rationalen Vorstellungen positiver Alternativen leiten. Während die Abkehr von der EU mehr als zwei Jahre nach dem Referendum immer noch starken Rückhalt in der Bevölkerung hat, sind Parlament und Bevölkerung zutiefst darüber zerstritten, was denn langfristig an die Stelle der EU-Mitgliedschaft treten soll. Dieser Kampf ist noch lange nicht vorbei. Er könnte in eine Phase überleiten, in der nicht nur der Zusammenhalt des Vereinigten Königreichs auf schwere Proben gestellt wird, sondern in der auch die Verständigung zwischen dem Inselreich und dem Kontinent von Vorurteilen, Animositäten, Ressentiments und regelrechter Antipathie überwuchert wird.

Der Brexit hat einen Prozess eingeleitet, der langwierig, schmerzhaft und streitbeladen sein wird. Seine Folgen sind schwer abzuschätzen. Es wird ein raues Erwachen mit ernüchternden Momenten geben. Der Gegenseite die Schuld zuzuschieben, wenn sich die eigenen Wunschvorstellungen nicht erfüllen, liegt nahe, ist aber gerade deshalb gefährlich. Der Brexit wirft nicht nur ökonomische und institutionelle Probleme auf. Er hat das Potenzial, Großbritannien und den Kontinent politisch-psychologisch auseinander oder sogar gegeneinander zu treiben. Die weiteren Verhandlungen bleiben schwierig genug. Ihr emotionaler *fall-out*, sowohl in der britischen wie der kontinentalen Boulevardpresse, könnte noch schwieriger werden. Wer sich an die Schlagzeilen auf dem Höhepunkt der Griechenlandkrise erinnert, gewinnt eine Vorstellung davon, was da noch auf uns zukommen kann. Beide Seiten stehen vor einer langen historischen Wegstrecke, die holprig und voller Schlaglöcher zu werden droht. Es wird deshalb besonders wichtig, dass beide Seiten dafür Sorge tragen, rechtzeitig hinreichende Stoßdämpfer in die gegenseitigen Beziehungen einzubauen.

Der Brexit betrifft nicht nur Wirtschaft und Finanzen. Er stellt die Verfassung des Vereinigten Königreichs auf eine grundsätzliche Probe. Er hat Mentalitäten, Emotionen, tiefsitzende Vorurteile aufgewühlt – nicht nur gegenüber dem Kontinent, sondern auch gegenüber den Iren. Großbritannien und der Kontinent waren sich immer in manchen Dingen fremd. Der Brexit könnte zu erneuter Entfremdung führen. Es wird Zeit einzusehen, dass die Kontinentaleuropäer in manchem ein geschöntes Englandbild hatten. Es war von London, der Monarchie, den ehrwürdigen Universitäten, den fabelhaften Landsitzen und ihren perfekt gepflegten Gärten, den Clubs und dem Ideal des Gentleman bestimmt – ein Volk von ungebrochenem Stolz auf die eigene Kultur und Lebensart und einen unverhüllten Nationalismus pflegt – ein Land, das sich selbstbewusst als Pionier der modernen Welt sieht, als Wiege der Demokratie, als Vorreiter der Industrialisierung und als kämpferische Macht, die seit tausend Jahren keine Fremdherrschaft mehr erlebt hat. Dahinter gab es immer ein anderes England: Das England der Slums, der trostlosen Vorstädte, der Hooligans und der Jugendbanden, ein Land mit mangelhaft qualifizierten Arbeitern und Handwerkern – ein Volk, das aus vier Nationen besteht, von denen jede ihr eigenes Nationalbewusstsein entwickelt – ein Land, das ungewiss zwischen Zentralismus und regionaler Devolution schwankt und seiner Verfassung ungewisser ist als je zuvor. Umso wichtiger ist es, die Vorgänge, die zu dieser Entwicklung geführt haben, zu verstehen. Wer den Kurs künftiger Ereignisse kalkulieren möchte, ist gut beraten, die Strömungen, Stürme und Klippen zu kennen, die in der Vergangenheit den Kurs Großbritanniens bestimmt haben.

Der erste Teil des Buches enthält eine knappe historische Darstellung. Ein Land, das so stark in seinen Traditionen lebt, lässt sich nur aus diesen Traditionen heraus begreifen. Die Impulse, die zum Brexit geführt haben, entsprangen keineswegs einem Missverständnis oder einer temporären Laune. Sie lassen sich vielmehr über Jahrzehnte zurückverfolgen. Deshalb werden sie auch nicht schnell oder spurlos wieder verschwinden. Der Brexit kam weder aus heiterem Himmel noch entsprang er einem Irrtum. Ein Vorgang, der so weitreichende Bedeutung für die Zukunft hat, lässt sich nur durch einen weitreichenden Rückgriff in die Geschichte erklären.

Wie konnte es zum Volksentscheid kommen? War die Abstimmung selbst unvermeidbar? Welche Faktoren waren für das negative Ergebnis verantwortlich? Wie ist das Ergebnis zu bewerten? Welche Ansätze verfolgt Theresa May mit ihrem Kabinett, um das Votum der Wähler umzusetzen? Welche Zukunftsperspektiven ergeben sich daraus für das Vereinigte Königreich? Welche Folgen könnte dessen Ausscheiden für die EU insgesamt, insbesondere aber für Deutschland haben?

Die Antworten auf diese Fragen bilden die Grundlage für die folgenden Analysen und Diagnosen. Das Buch ist der erste Versuch, den Brexit umfassend als historisches Ereignis in allen seinen unterschiedlichen Aspekten zu begreifen. Es gliedert sich in vier Teile:

- Einen Rückblick, der die Entwicklungstendenzen und die Dynamik in den Beziehungen zwischen der europäischen Einigungsbewegung und dem Vereinigten Königreich nachzeichnet. Es zeigt sich, dass viele der Argumente, die 2016 für einen Austritt aus der EU angeführt wurden, schon in den 50er- und 60er-Jahren des vorigen Jahrhunderts auftauchten.
- David Cameron, seine Entscheidung für ein Referendum, die Kampagne und eine Analyse des Ergebnisses.
- Eine Bewertung der Trennungsverhandlungen, ihres Verlaufs und ihrer zentralen Verhandlungspunkte.

- Einen Ausblick auf die absehbaren Folgen und deren Bedeutung für das Vereinigte Königreich, für die verbleibenden EU-Mitgliedsländer und für die übrige Welt.

Mein Dank richtet sich an zahlreiche Freunde, Kollegen und Gesprächspartner, die mir Anregungen und Einsichten aus ihrem weiten Erfahrungsschatz vermittelt haben: Peter Ptassek, Sibylle Sorg, Clemens Fuest, Holger Schmieding, Thomas Matussek, Stefan Mair, Nikolaus von Ondarza, Mats Persson, Ulrich Hoppe, Anand Menon, Robert Cooper, Charles Grant, Robin Niblett, Henry Newman, Vernon Bogdanor, Lord Green of Hurstpierpoint, Thomas Kielinger, Oliver Schramm, Mark Boleat, Tim Shipman, Robert Bischof, Denis MacShane und viele andere mehr. Besonderer Dank richtet sich an meine Kinder, die mich in vielfältiger Weise unterstützt haben, und an Traute Petersen und Roland Vaubel, die freundlicher Weise den gesamten Text kritisch durchgelesen und mit Korrekturen und Anregungen bereichert haben. Mein größter Dank gebührt Isabella Hanser. Ohne ihre ermutigende Anregung und ihre verständnisvolle, konstruktive Begleitung wäre dieses Buch nicht zustande gekommen.

Für sämtliche Fakten, Zitate und Bewertungen trage ich als Verfasser die ausschließliche Verantwortung.

Zur Begrifflichkeit: Um der besseren Lesbarkeit willen ist durchgängig von „Großbritannien" die Rede. Die präzisere Bezeichnung „Vereinigtes Königreich" benutze ich nur dort, wo sie zum Verständnis notwendig ist, ebenso wie das restriktivere „England". Radikale Austrittsbefürworter bezeichne ich als „Brexiteers". Das Wort hat einen besseren Klang als „Brexiter". Zudem passt es strukturell zu anderen, längst etablierten, ähnlich gebildeten englischen Worten wie „engineer", „pioneer" „privateer", „buccaneer".

Prien, im Januar 2019

Inhaltsverzeichnis

Vorwort V

1. **Fremd in Europa:**
   In Europe, but not of Europe 1
   1.1 Winston Churchills Rede in Zürich 1946 und die
       Gemeinschaft für Kohle und Stahl (EGKS) 1950 1
   1.2 Messina und Rom (1955/1957) 11
   1.3 Paris (1961-1969) 13
   1.4 Brüssel (1973) 23
   1.5 Das erste Referendum (1975) 25
   1.6 Brügge (1988) 31
   1.7 Schwarzer Mittwoch und EU-Romanze unter
       John Major und Tony Blair (1992-2005) 36
   1.8 Stimmung in Großbritannien 2010 45

2. **Der Weg zum Brexit –**
   David Cameron im Kampf gegen
   die EU und die eigene Partei 57
   2.1 David Cameron vor 2010 57
   2.2 Premierminister (2010) 61
   2.3 Die Bloomberg-Rede (2013) 66
   2.4 Referendum in Schottland, Krieg in der Ukraine –
       Cameron laviert (2014) 72
   2.5 Wahlen gewonnen – Referendum verloren (2015) 85

XII Inhaltsverzeichnis

    2.6 Die Weichen werden gestellt (2015) 90

    2.7 Nachverhandlungen (2016) 98

    2.8 Remain: Britain Stronger in Europe (2016) 113

    2.9 Leave: Vote Leave, Leave.EU und grassroots.out (2016) 122

    2.10 Die Europäische Union 130

    2.11 Externe Faktoren 134

    2.12 Entfesselte Dämonen (2016) 139

3. Brexit bedeutet Brexit – Theresa May und die Quadratur des Kreises 161

    3.1 Die Suche nach dem Einstieg in den Ausstieg (2016) 161

    3.2 Die Suche nach dem maßgeschneiderten Abkommen 168

    3.3 Lancaster House: May bezieht Position (2017) 174

    3.4 Aufbruch ohne Wiederkehr? (2017) 181

    3.5 Die Wahlen vom 8. Juni 2017: May verliert Zeit und Macht 185

    3.6 Die Rede von Florenz und Boris Johnsons Querschuss 190

    3.7 Der Trennungsvertrag und die *European Union Withdrawal Bill* 194

    3.8 Der Brexit nimmt Gestalt an (2018) 202

    3.9 Eine unendliche Geschichte 233

4. Der Brexit und seine Folgen 251

    4.1 Ein Einordnungsversuch 251

    4.2 Folgen für das Vereinigte Königreich 262

    4.3 Folgen für die Republik Irland 314

4.4	Folgen für die EU	321
4.5	Folgen für Deutschland	341

5. Ausblick **353**

1
Fremd in Europa:
In Europe, but not of Europe

Zusammenfassung: Die Argumente, die 2016 die Referendumskampagne beherrscht haben, gehen weit zurück. Sie finden sich ansatzweise bei Winston Churchill gleich nach dem Zweiten Weltkrieg und treten dann immer deutlicher hervor, je enger sich die kontinentalen sechs Gründerstaaten der EU zusammenschließen. Bedenken gegen Souveränitätsverluste, Verteidigung nationaler Selbständigkeit und einer selbstbestimmten Handelspolitik und die Weigerung, sich einer supranationalen Instanz unterzuordnen finden sich bereits 1961, als Großbritannien seinen ersten Beitrittsantrag stellte. Damals taucht auch schon das unkritische Vertrauen in das Urteilsvermögen des einfachen Volkes auf, das dann zu den EU-Referenden geführt hat. Der Beitritt vollzog sich unter ungünstigen Umständen: Die EWG hatte in wichtigen Fragen bereits Fakten geschaffen, die britischen Interessen zuwider liefen und Großbritannien befand sich in einer tiefen Wirtschaftskrise, die von der zeitgleichen Ölkrise verschärft wurde.

1.1 Winston Churchills Rede in Zürich 1946 und die Gemeinschaft für Kohle und Stahl (EGKS) 1950

Zusammenfassung: Churchill verdeutlicht die britische Distanz zur Einigung Europas. Großbritannien bleibt der Europäischen Gemeinschaft für Kohle und Stahl fern und verzichtet darauf, die Einigungsdynamik Europas aktiv mitzugestalten.

Splendid isolation
Marquess of Salisbury, 1895

2 Fremd in Europa

Am 19. September 1946 wendet sich Winston Churchill in der Aula der Züricher Universität an die akademische Jugend Europas. Er hat als Premier sein Land durch den Zweiten Weltkrieg geführt. Ein Jahr zuvor hat er die Parlamentswahl verloren. Jetzt ist er Oppositionsführer. Er ist immer noch ein grandioser Redner. Die Tragödie Europas ist sein Thema und die Notwendigkeit, aus den Trümmern des Kriegs ein vereintes Europa zu schaffen. Churchills Ausführungen gipfeln in dem Ruf nach den Vereinigten Staaten von Europa. Churchill gilt seitdem als einer der Begründer der Europäischen Union. Aber weshalb hielt sein Land dennoch so kühle Distanz zur europäischen Einigungsbewegung? Was hat Churchill damals tatsächlich gesagt?

> *"The first step in the re-creation of the European Family must be a partnership between France and Germany. The structure of the United States of Europe will be such as to make the material strength of a single state less important. And the first practical step would be to form a Council of Europe. France and Germany must take the lead together. Great Britain, the British Commonwealth of Nations, mighty America and I trust Soviet Russia must be the friends and sponsors of the new Europe. Therefore I say to you: Let Europe arise!"* [1]

Was Churchill vorschwebte, war ein Kontinentaleuropa, geeint unter der gemeinsamen Führung von Deutschland und Frankreich, umgeben von einem Kranz der Weltmächte, darunter Großbritannien, als wohlwollenden, fördernden Paten – aber eben nicht als Mitglieder. Damals existierte noch das Empire. Indien erlangte seine Unabhängigkeit erst ein Jahr später. Großbritannien sah sich als unumstrittene Weltmacht, gestärkt durch den Sieg im Zweiten Weltkrieg, in dem es sich nicht zu Unrecht als den einzigen wahrhaften Gegner von Nazi-Deutschland sah, der eben nicht wie Stalin zunächst mit Hitler gemeinsame Sache gemacht, und nicht wie Roosevelt über zwei Jahre lang dem tödlichen Ringen in Europa passiv zugesehen hatte. Nicht zu Unrecht gelten diese beiden Jahre und die Battle of Britain als die *finest hour* in Großbritanniens Geschichte. In Teheran, Jalta und Potsdam hatte Churchill gleichberechtigt zwischen den kommenden Supermächten gesessen. Weder er noch einer seiner britischen Zeitgenossen wäre auf den Gedanken gekommen, sich mit dem besiegten, zerstörten und verarmten Kontinent zusammen zu tun.

Diese Haltung wurde bezeichnend für die folgende Generation in seinem Land. Man sah sich in einer anderen Kategorie als den kriegsverwüsteten Kontinent. Hatte England nicht jeglicher Invasion und damit jedem Besatzungsregime getrotzt? Die Invasion von 1066 ist bis heute die letzte fremde Machtübernahme des Landes geblieben, sie blieb jedoch über Jahrhunderte auf England beschränkt. Erst langsam wurden Wales und Schottland einbezogen zu dem, was dann das Vereinigte Königreich werden sollte. Hatte das Empire nicht den Krieg überdauert und Entscheidendes zu den britischen Kriegserfolgen beigetragen?[1] Hatten Briten nicht erneut bewiesen, dass sie nach eigener Auffassung zur *finest race on earth*[2] gehörten? Hatten der Sieg und die danach gegründeten internationalen Institutionen wie Vereinte Nationen, Weltbank, Weltwährungsfonds nicht die Überlegenheit liberaler Demokratien und freier Märkte bewiesen, die seit Jahrhunderten die Grundlage des englischen Gemeinwesens bildeten? War Englisch nicht Weltsprache und beherrschten englische Schiffe nicht nach wie vor die Weltmeere – auch wenn sie sich diese Herrschaft jetzt mit den USA teilen mussten?[3]

---

1 Indien wurde am 15. August 1947 unabhängig.

2 Das Selbstverständnis der Engländer (die weder Schotten noch Waliser und erst recht nicht Iren mit einbeziehen!) als *finest race on earth* ist ein Topos, der in politischen Reden immer wiederkehrt. Zuletzt hat Tony Blair auf ihn zurückgegriffen.

3 Bei Kriegsende (1945) zählte die britische Kriegsflotte fast 900 Schiffe. Die britische Handelsflotte machte 1939 mehr als ein Drittel der weltweiten Tonnage auf See aus. Bis 1945 hatte Großbritannien mehr als die Hälfte dieser Schiffe verloren. Die USA hatten 1945 eine größere Marine und eine größere Handelsflotte als Großbritannien.

Am Anfang der Vereinigten Staaten von Europa stand ein Missverständnis: Die Idee kam aus Großbritannien. Aber es wollte selbst nicht dazugehören, sondern einem vereinten Europa gleichberechtigt gegenüberstehen: *In Europe, but not of Europe*, wie Churchill es bei anderer Gelegenheit formulierte. Die jungen Leute, die mit den Worten dieser Rede aufwuchsen, waren 1975 beim ersten Europareferendum gut 35 Jahre alt; 2016 gehörten sie zu den Über-75-Jährigen, bei denen die Wahlbeteiligung mit 83 % und die Ablehnung Europas mit 75 % weit über dem Durchschnitt lagen.

Diese Haltung erklärt auch, weshalb das Vereinigte Königreich der Europäischen Gemeinschaft für Kohle und Stahl (EGKS) fernblieb. Der französische Außenminister Robert Schumann wollte die kriegsrelevanten Kohle- und Stahlbetriebe Deutschlands und Frankreichs einer übernationalen Behörde unterstellen und damit einem erneuten Deutsch-Französischen Krieg einen institutionellen Riegel vorschieben.

Am 9. Mai 1950 legte Schumann seinen Plan vor und bedrängte auch die Briten. Frankreich lag damals an einer britischen Beteiligung, denn es wollte Deutschland nicht allein gegenüberstehen. Schumann bestürmte den britischen Außenminister Ernest Bevin: Europa sei unvorstellbar ohne Großbritannien.[4] Die Briten müssten auch keinesfalls zwischen Europa und dem Commonwealth wählen.[2] Da Frankreich zu diesem Zeitpunkt selbst noch über ein weltumspannendes Kolonialreich verfügte, klangen seine Worte glaubhaft.

Auch Jean Monet warb im Mai 1950 in London für seine Vorstellung einer Föderation europäischer Staaten. Vielleicht hatte Monet mit der Forderung, die Perspektive einer europäischen Föderation prinzipiell zu akzeptieren[5], die britischen Abwehrreflexe unterschätzt. Die seit

---

4 Maurice Schumann sagte wörtlich: „Ohne Großbritannien kann es kein Europa geben."

5 Vermutlich haben bei diesem Missverständnis auch unterschiedliche Nuancen verschiedener Sprachen eine Rolle gespielt: Während im Englischen *„to accept something in principle"* bedeutet, dass man sich unwiderruflich auf

1688 etablierte Verfassungstradition, die den monarchischen Absolutismus der Stuarts durch den Absolutismus des Westminster Parlaments ersetzt hatte, fand die Vorstellung einer supranationalen Behörde mit exekutiven Befugnissen absurd und grotesk. Eine solche Machtinstanz, die an den nationalen Machtbefugnissen von Parlament, Regierung und Krone vorbei oder sogar gegen sie unmittelbar geltendes Recht setzen konnte, war mit dem jahrhundertealten Selbstverständnis der politischen Klasse Englands unvereinbar. Die Vorstellung stand nicht nur mit dem britischen Selbstverständnis in unvereinbaren Widerspruch, sie ließ sich auch nicht mit den Vorstellungen parlamentarischer Demokratie vereinbaren, wie sie sich in Westminster herausgebildet hatte. Sie roch zu sehr nach dem verhassten Absolutismus Karls I., gegen den man einen blutigen Bürgerkrieg geführt hatte. Harold Macmillan, damals in der Opposition, bemerkte dazu: *„We have not overthrown the Divine Right of Kings to fall down before the Divine Right of Experts."*[3] Der stellvertretende Premierminister Herbert Morrison lehnte eine Beteiligung an einer europäischen Montanindustrie mit den Worten ab: *„It's no good. We can't do it. The Durham miners won't wear it."*[4] Das Vereinigte Königreich lehnte es ab, auch nur an den Vorgesprächen teilzunehmen – weshalb?

In dieser Absage lag mehr als tiefsitzende Ablehnung jeder supranationalen politischen Autorität. Für die Briten war der europäische Kontinent in weite Ferne gerückt, seit England seine letzte Besitzung auf der anderen Kanalküste, Calais, 1556 verloren hatte. Seither hatte man sich immer wieder an militärischen Konflikten auf dem Kontinent beteiligt, erst gegen Frankreich, dann gegen Deutschland. Aber Großbritannien verfolgte keine eigenen politischen Interessen. Nicht einmal die Personalunion mit Hannover, die von 1714 bis 1837 bestand, hat britische Interessen auf dem Kontinent nachhaltig begründen können.

---

einen Grundsatz festlegt, bedeutet *„accepter quelque chose en principe"* im Französischen, dass man sich überhaupt auf eine Diskussion einlässt, deren Ergebnis aber offen hält.

Für die meisten Briten lagen Indien, Australien, Neuseeland, Südafrika, Kenia und Rhodesien näher als die *far away countries, of which we know nothing*, wie Neville Chamberlain 1938 die Tschechoslowakei bezeichnet hatte.[5] Die Commonwealth-Länder mochten geographisch weiter entfernt sein. Sie lagen jedoch jedem Engländer näher am Herzen. Die meisten Briten hatten Verwandte in diesen Ländern, Vorfahren hatten Souvenirs aus den fernsten Winkeln der Welt in die englischen Wohnzimmer gebracht, Brief- und Schiffsverkehr mit diesen Ländern war enger und reger als mit dem Kontinent.

Hinzu kam, dass die Labour-Regierung die gesamte Kohle- und Stahlindustrie Großbritanniens verstaatlicht hatte. Attlee und seine Regierung waren Vollbeschäftigung und staatliche Kontrolle der Schlüsselindustrien wichtiger als internationale Bindungen, die, wie sie befürchteten, ihren nationalen Aktionsraum einengen würden. Denn die EGKS basierte auf Grundsätzen einer liberalen Marktwirtschaft. Und Labour war damals zutiefst von der Überlegenheit staatlicher Planung überzeugt.

Der Kontinent war durch den Zweiten Weltkrieg ins Chaos geworfen worden. Alle Länder hatten Okkupation, Verfolgung, Massenmord, diktatorisch-autoritäre Regime, Kriegswirtschaft und Ausbeutung erlitten. Die Zerstörungen waren gigantisch. Zwar war auch London vom „Blitz" gezeichnet, aber sonst war Großbritannien von den Furien dieses Krieges weitgehend verschont worden. Großbritannien hatte als einziger Kriegsteilnehmer Invasion und Besatzung abwehren können. Alle Länder auf dem Kontinent standen vor einem radikalen Neuanfang: Neue Verfassungen, neue Parteien, neue Währungen, neue Wirtschaftsstrukturen, neue Grenzen und neue Ansätze, alte und neue Grenzen zu überwinden. Großbritannien hingegen lag immer noch hinter seinen unveränderten Seegrenzen und lebte in ungestörter Kontinuität zur Vorkriegszeit – oder glaubte zumindest, in solcher Kontinuität leben zu können. Auf dem Kontinent musste sich die junge Generation fragen, ob sie Scham über ihr Land, ihre Geschichte und ihre Eltern empfand. Jeder junge Brite konnte voll Stolz auf das blicken, was sein Land geleistet hatte. Auf dem Kontinent war man sich seiner Verletzlichkeit bewusst, es herrschten Angst und Verunsicherung, man suchte nach neuen politischen Mustern. In Großbritannien dominierte das Gefühl eigener Unverwundbarkeit. Man hatte allen Grund zu Selbstbewusstsein und Optimismus. Die Mehrheit der Briten begriff viel zu spät, dass ihr teuer erkaufter Sieg keineswegs Immunität gegen die gewaltigen Veränderungskräfte der Nachkriegszeit verlieh, dass die Siegermentalität eine Illusion und der Preis für diesen Sieg im versäumten Neubeginn mit seinem enormen Modernisierungsschub lag, den die zerstörten Kontinentalmächte wenige Jahre nach Kriegsende erlebten. Die Briten erkannten zu spät – und manche gar nicht – dass sich „alles ändern musste, wenn alles so bleiben sollte, wie es war."[6] Die Debatten der letzten Monate legen nahe, dass manche Briten immer noch einer Illusion von Stärke, Einzigartigkeit und Unbesiegbarkeit nachhängen.

Großbritannien stand dem Kontinent keineswegs grundsätzlich distanziert gegenüber. Es war die treibende Kraft hinter dem Vertrag von Brüssel, aus dem die WEU hervorging – ein klassisches militärisches Sicherheitsbündnis. Großbritannien gehörte zu den Mitbegründern der NATO, die zum Rückgrat westeuropäischer Sicherheit wurde. Der Europarat wurde in London gegründet. Es war ein Engländer, Sir David Maxwell Fyfe[6], der die Menschenrechtskonvention des Europarates verfasste. Großbritannien initiierte die OEEC (Organisation for European Economic Cooperation) und die European Payments Union. Gemeinsam ist allen diesen Organisationen, dass sie auf klassisch-intergouvernementalen Strukturen aufbauen und supranationale Instan-

---

6   Später Earl Kilmuir. Er begegnet 15 Jahre später wieder als einer der prominenten Warner, dass ein Beitritt zur Europäischen Wirtschaftsgemeinschaft mit den britischen Grundsätzen nationaler Souveränität schwer vereinbar sein werde. Churchill hatte schon in seiner Zürcher Rede den Gedanken eines Europarates aufgegriffen.

zen und Souveränitätstransfers ausschließen.⁷ Großbritannien blieb an klassischer Diplomatie und an traditionellen Militärbündnissen interessiert. Es lehnte jedoch kategorisch ab, sich irgendeiner supranationalen Autorität zu unterwerfen, die über die nationalen Institutionen hinweg oder sogar gegen sie gesetzgeberische Befugnisse entfalten konnte.

Großbritannien verfolgte einen traditionellen Ansatz: Gegen militärische Bedrohungen schuf es militärische Bündnisse, gegen totalitäre, diktatorische Abstürze sollten der Europarat und sein Menschenrechtsgerichtshof eine Barriere bilden. Im Übrigen gedachte man die altbewährte Tradition des Freihandels fortzuführen. Dies war der klassische Ansatz, auf Bedrohungen direkte Antworten zu geben. Schumann und Monet verfolgten einen indirekten Ansatz. Sie wollten die Volkswirtschaften auf dem Kontinent so miteinander verflechten, dass aus gegenseitigen Abhängigkeiten langsam, unmerklich, aber zwangsläufig eine immer engere politische Kooperation entstehen musste. Dieser innovative Ansatz blieb den Briten suspekt. Anders als die Kontinentaleuropäer suchten sie nicht nach radikal neuen Wegen in ihrer Außenpolitik, sondern verfolgten die Muster weiter, die bereits ihr Vorkriegsverhalten geprägt hatten. Zudem spürten sie instinktiv die Gefahren, die von langsamen, unmerklichen Zwängen ausgehen können. Noch sahen sie sich uneingeschränkt als Weltmacht und wollten ihre unbedingte Freiheit im außenpolitischen Handeln bewahren.

So verpasste das Vereinigte Königreich den Beginn der kontinentaleuropäischen Einigungsdynamik. Es hatte darauf verzichtet, der eigenen Stimme Gehör in den beginnenden Verhandlungen zu verschaf-

---

7 Der Europarat mit seinem Menschenrechtsgerichtshof bildet hier eine gewisse Ausnahme, weil dessen Urteile unmittelbare Wirkung in den nationalen Rechtssystemen entfalten. Der Europarat ging damals vor allem auf Betreiben von Churchill zurück, der damit ein wirksames Instrument schaffen wollte, um Menschenrechtsverstöße in den Ostblockstaaten publik und damit zum politischen Druckmittel zu machen. Er hätte sich nicht träumen lassen, dass dieser Gerichtshof gut 50 Jahre später eine wachsende Zahl von Urteilen gegen sein Land fällte.

fen. Es konnte deshalb auch nicht auf Strukturen hinwirken, in denen es sich hätte wohlfühlen können. Dean Acheson, der US-Außenminister sprach damals vom größten Fehler der Nachkriegsepoche. Aus Angst, in einen Sog zu geraten, aus dem es kein Entrinnen mehr gab, verzichtete Großbritannien darauf, die eigenen Interessen mit den Vorstellungen der Kontinentalmächte ab- oder anzugleichen. Aus heutiger Sicht waren die damaligen Chancen gering und die Divergenzen, die es zu überwinden galt, enorm. Aber lagen nicht auch Frankreich und Deutschland damals noch weit auseinander, waren sie nicht von unterschiedlichen ökonomischen und politischen Traditionen geprägt, trennten sie nicht abgrundtiefes Misstrauen und traumatische Erfahrungen, tasteten sich die Politiker nicht erst langsam an das heran, was dann nach und nach immer konkretere Gestalt annehmen sollte? Und selbst wenn das Vereinigte Königreich am Ende der Verhandlungen eine weitere Beteiligung für sich ablehnt hätte, so wäre zumindest allen Beteiligten klar gewesen, welche konkreten Divergenzen hierfür verantwortlich waren. Die Briten wären gezwungen gewesen, sich mit den Vorstellungen ihrer kontinentalen Nachbarn auseinanderzusetzen, die sechs Gründungsmitglieder der EGKS hätten gewusst, welchen Preis sie für die Verwirklichung ihrer eigenen Vorstellungen zu zahlen hatten. So wurde die EGKS von Deutschland, Frankreich, Italien und den Benelux-Staaten am 18. April 1951 in Paris ohne britische Beteiligung ins Leben gerufen.

Die Grundsteinlegung der Europäischen Einigung vollzog sich so ohne britische Beteiligung. Die Art, wie die Fundamente für das gemeinsame europäische Haus gelegt wurden, implizierte jedoch langfristige strukturelle Festlegungen über Baumaterial und Ausrichtung, über Anschlüsse nach außen und über die Hausordnung. Im Laufe der Zeit verfestigten sich diese Strukturen immer weiter, und als Großbritannien zwanzig Jahre später doch noch mitmachte, musste es Regeln und Normen übernehmen, an deren Zustandekommen es keinerlei Anteil hatte. Hier liegt einer der Hauptgründe, weshalb die Briten niemals großen Idealismus für die Europäische Union aufbringen konnten, weshalb ihnen die geradezu sakrale Überhöhung der europäischen Einigung als Erlösung von Jahrhunderten von Krieg und Zerstörung fremd blieb und weshalb sie nicht ganz zu Unrecht beklagten, 1973 vor ein *fait accompli* gestellt worden zu sein. Sie mussten in vorgefertigte europäische Kleider schlüpfen, die ohne ihr Zutun und ohne Anprobe von anderen geschneidert worden waren. Sie passten nicht, Zuschnitt, Stil und Farbe gefielen ihnen im Grunde nie. Für viele Briten war die EU billige Konfektionsware für den Alltag, nachdem die maßgeschneiderte Galauniform des Empire zerschlissen war.

1.2 Messina und Rom (1955/1957)

Zusammenfassung: Seine Weigerung, sich an der Konferenz von Messina zu beteiligen und in der Spaak-Kommission lediglich passiv mitzuarbeiten, schließt Großbritannien in der entscheidenden Gründungsphase der EWG von jeglichen Mitgestaltungsmöglichkeiten aus.

Absent at the creation
Dean Acheson [7]

Vom 1. bis 3. Juni 1955 tagten in Messina Vertreter Frankreichs, der Bundesrepublik Deutschland, der Benelux-Staaten und Italiens. Die Konferenz gilt als die Geburtsstunde der Europäischen Union. Großbritannien war damals eingeladen, nahm die Einladung aber nicht wahr. Es begnügte sich damit, einen mittleren Beamten aus dem Handelsministerium in das in Messina gegründete Spaak-Komitee zu entsenden: Russell Bretherton. Dieses Komitee sollte die Grundzüge einer Wirtschaftsunion erarbeiten. Alle übrigen Länder waren auf Minister- oder Staatssekretärsebene mit entsprechenden Vollmachten vertreten. Bretherton hingegen war lediglich zur Beobachtung entsandt. Die Konferenzakten enthalten nichts über seine Beiträge. Am Ende der Verhandlungen soll Bretherton steif aufgestanden sein und mit näselndem Akzent gesagt haben:

„Gentlemen, you are trying to negotiate something you will never be able to negotiate. But if negotiated, it will not be ratified. And if ratified, it will not work. Au revoir et bonne chance!" [8][8]

---

8   Deniau hat diese Äußerung zumindest zugespitzt und dramatisiert, wenn er sie nicht sogar einfach erfunden hat. Brethertons Sohn hat entschieden bestritten, dass sich sein Vater jemals so geäußert habe. Er habe vielmehr nach London gekabelt: *„We have in fact the power to guide the conclusions of this conference to almost any direction we like, but we cannot exercise that power without ourselves becoming responsible for the results".* Rückblickend soll er später gemeint haben: *„If we had been able to say that we agreed in principle, we could have got whatever kind of Common Market we wanted."*

Ein Jahr später erfuhr Großbritannien schmerzvoll die Grenzen seiner angeblichen Weltmacht: Es musste sich aus dem Suez-Abenteuer schmählich zurückziehen. Die EWG hingegen wurde 1957 in Rom erfolgreich gegründet – ohne das Vereinigte Königreich, das erneut darauf verzichtet hatte, sich an den Verhandlungen zu beteiligen.

Gleichzeitig löste sich das Empire in wenigen Jahren auf: Der Sudan wurde 1956 unabhängig; 1965 war die Entkolonisierung Afrikas abgeschlossen. Bis 1970 wurden sämtliche britische Positionen *East of Suez* geräumt. Das Vereinigte Königreich war zum ersten Mal seit 400 Jahren wieder geographisch auf Europa zurückgeworfen mit einigen außereuropäischen Flecken, die bunt über den Globus verstreut waren: Der Staub, der vom Zerfall des Empire übrig geblieben war.[9]

Aber selbst wenn Bretherton sich nie so geäußert hat, zeichnen die von Deniau überlieferten Worte treffend die Haltung seiner Regierung nach. *Se non è vero, è ben trovato!* Die Worte sind deshalb immer wieder zitiert worden.

9 Zu diesen überseeischen Kolonien und Halbkolonien gehören heute: Akrotiri und Dhekelia auf Zypern, Anguilla, Bermuda, British Antarctic Territory, Diego Garcia, British Virgin Islands, Cayman Islands, Falkland Islands, Gibraltar, Montserrat, Pitcairn, Henderson. Ducie and Oeno Islands, Saint Helena, Ascension Islands, Tristan da Cunha, South Georgia, Turks and Caicos Islands.

1.3 Paris (1961-1969)

Zusammenfassung: Großbritannien versucht, 1961 das Versäumte nachzuholen, wird jedoch durch de Gaulles zweimaliges Veto auf die Wartebank verbannt. In dieser Zeit nehmen zentrale Strukturen der EWG endgültige Gestalt an (Agrarpolitik, Finanzierung). Die Vorbehalte gegen eine auf immer engere Integration angelegte Union werden deutlich und nehmen die meisten Argumente vorweg, die 2016 die Debatten beherrschen.

No man is rich enough to buy back his past
Oscar Wilde

Je deutlicher Großbritannien seine einstige imperiale Größe verlor, umso stärker stieg der Druck, sich doch noch dem ungeliebten Europa zuzuwenden. 1958 überholte die Bundesrepublik Deutschland Großbritannien bei Wirtschaftsleistung und Exporten. Während die Bundesrepublik zwischen 1950 und 1960 mit jährlich 7,8 % wuchs, Italien mit 5,8 % und Frankreich immerhin mit 4,6 %, kam das Mutterland des Commonwealth lediglich auf 2,7 %. Die EWG mit ihrer Gemeinsamen Handelspolitik und dem Gemeinsamen Markt erschien mehr und mehr als der einzige Weg in eine neue Zukunft, obwohl nur wenige Engländer dieses fremdartige, supranationale Gebilde verstanden und noch weniger ihm wirklich zugetan waren. Die 60er-Jahre legten die strukturellen Schwächen der britischen Wirtschaft, vor allem der veralteten Schwerindustrie, schonungslos bloß. Der Gedanke, Rettung bei den prosperierenden Nachbarn auf dem Kontinent zu suchen, lag nahe. Aber es geschah nicht aus Zuneigung oder Überzeugung. Es geschah, weil keine bessere Alternative auszumachen war.

1960 war klar, dass die USA neue globale Supermacht werden und Großbritannien aus seiner bisherigen Rolle verdrängen würden. Sie dominierten den Handel, der Dollar wurde Reservewährung und ersetzte das Pfund Sterling, die USA galten als stärkste Militär- und führende Technologiemacht. Großbritannien war ursprünglich in der Nukleartechnik und im Flugzeugbau führend gewesen. Der erste kommerzielle Reaktor ging in Großbritannien ans Netz, die British Overseas Airways Corporation (BOAC) setzte als erste Fluglinie ein britisches Düsenflugzeug im Linienverkehr ein: Die unselige Comet. 1960 war klar: Den globalen Reaktormarkt und den Markt für zivile Düsenflugzeuge würden die USA beherrschen. Die USA übernahmen auch nahtlos die globale Ordnungsfunktion, die Großbritannien mit seiner ausgedünnten Militärpräsenz nicht mehr leisten konnte.

Die USA übten Druck auf Großbritannien aus, aktiv an der EWG mitzuwirken. Aber immer noch schreckte Großbritannien davor zurück, sich an einem Projekt zu beteiligen, das auf eine europäische Föderation ausgerichtet war. In London vertraute man darauf, dass der Kontinent stärker auf das Vereinigte Königreich angewiesen sei als umgekehrt – eine Denkfigur, die bis heute in vielen englischen Köpfen fest verankert ist.

Großbritannien folgte seinem alten Instinkt für Freihandel und schlug eine europaweite Freihandelszone vor, die alle Mitglieder der OECD[10] umfassen sollte, fand damit aber kein Gehör, denn dieser Vorschlag war mit dem Konzept einer Europäischen Wirtschaftsgemeinschaft mit einheitlichen Außenzöllen und Gemeinschaftspräferenzen unvereinbar. Enttäuscht und verärgert gründete Großbritannien als Antwort auf die EWG 1960 zusammen mit Dänemark, Norwegen, Schweden, Österreich, der Schweiz und Portugal die Europäische Freihandelsassoziation (*European Free Trade Association*, EFTA). Schon der Name „Assoziation" sollte sie von der „Gemeinschaft" unter-

---

10 *Organisation for Economic Development and Cooperation*, 1948 als OEEC (*Organisation for European Economic Cooperation*) in Paris gegründet als Koordinierungs- und Implementierungsinstrument für die Marshall-Plan-Hilfen der USA und Kanadas. Sie umfasste zunächst 18 westeuropäische Staaten (Belgien, Dänemark, Bundesrepublik Deutschland, Frankreich, Griechenland, Irland, Island, Italien, Luxemburg, Niederlande, Norwegen, Österreich, Portugal, Spanien, Schweden, Schweiz, Türkei, Vereinigtes Königreich). 1961 wurde sie um Kanada und die USA erweitert und erhielt ihre heutige Bezeichnung.

scheiden. Die eine war intergouvernemental aufgebaut, die andere wies supranationale Strukturen auf und war auf eine politisch immer engere, zugleich immer weitere Lebensbereiche umfassende Union angelegt. Die EFTA erwies sich jedoch schon nach wenigen Monaten als kein ebenbürtiger Rivale für die EWG.

1961 stellte Großbritannien seinen ersten Antrag auf Beitritt zur EWG (9. August). Damit räumte London ein, dass die Gründung der EFTA 18 Monate zuvor ein Fehler gewesen war. London suchte jetzt den Beitritt zur EWG weniger aus Überzeugung, noch weniger aus Enthusiasmus für ein geeintes Europa, sondern unter dem Zwang einer immer schleppender verlaufenden Wirtschaftsentwicklung und aus Furcht, in Zukunft politisch einem Block gegenüber zu stehen, auf den es keinerlei Einfluss hatte. Harold Macmillan hatte schon 1956 bemerkt: *„I do not like the prospect of a world divided into the Russian sphere, the American sphere and a united Europe of which we are not a member."*[9] Andere äußerten sich noch düsterer und raunten von einem neuen Kontinentalsystem, wie Napoleon es gegen Großbritannien in Stellung gebracht hatte, oder davon, dass sich in der EWG insgeheim verwirkliche, wogegen Großbritannien seit 250 Jahren systematisch angekämpft hatte: Die Einigung des Kontinents unter einheitlicher Führung ohne Beteiligung und gegen die Interessen Großbritanniens.[11]

---

11 Wie stark diese Denkfigur immer noch nachwirkt, mag ein Interview beleuchten, das Nicholas Ridley, unter Margaret Thatcher Minister für Handel und Industrie, 1990 gab. Darin erklärte er unumwunden: *„It is all a German racket designed to take over the whole of Europe."* (Spectator, 14. Juli 1990: http://fc95d419f4478b3b6e5f-3f71d0fe2b653c4f-00f32175760e96e7.r87.cf1.rackcdn.com/ADF066927DB5403D-9B70493E2B465BFF.pdf) Vote.Leave machte 2016 Stimmung gegen die EU mit einer Aufnahme aus den Schützengräben des Ersten Weltkriegs mit der Sprechblase eines britischen Soldaten: *So, are your telling us that 100 years from now, our descendants are just going to hand Britain over to*

Hugh Gaitskell, der Labour-Führer, von dem man als Sozialist eigentlich eine internationalistische Haltung erwartet hätte, beschwor britische Geschichte und wandte sich scharf gegen eine EWG-Mitgliedschaft mit Worten, die noch heute nachhallen. Deshalb seien sie ausführlich zitiert:

„It means that if we go into this we are no more than a state in the United States of Europe, such as Texas and California. If the idea of the European Community is political federation, it means the end of Britain as an independent nation state. It is the end of thousand years of history. How can one seriously suppose that if the centre of the Commonwealth is a province of Europe it could continue to exist as the mother country of a series of independent nations? Are we forced to go into Europe? The answer is: No! Would we be economically stronger if we go in, and weaker if we stay out? No! Is it true to say that by going in we shall become all that more prosperous so that, because of our prosperity, the Commonwealth automatically gains, whatever the terms may be? No! None of us would deny the idealism implicit in the desire of European people in Germany and France and Italy and the Low Countries to join together, to get rid of the old enmities. I do not believe the British people now, at this stage, are prepared to accept a supranational system, majority decisions being taken against them, either in a Council of Ministers or in a Federal Parliament, on the vital issues of foreign policy. We are now being told that the British people are not capable of judging this issue – the Government knows best; the top people are the only people who can understand it; it is too difficult for the rest. This is the classic argument of every tyranny in history. It begins as a refined, intellectual argument, and it moves into a one-man dictatorship; 'We know best' becomes 'I know best'. We did not win the political battles of the 19th and 20th centuries to have this reactionary nonsense thrust upon us again." [10]

Hier tauchen alle zentralen Begriffe auf, die gut 50 Jahre später die Debatten um das EU-Referendum 2016 beherrschen sollten: Nati-

---

the Germans without lifting a finger??? (#VoteLeave https://t.co/bKpUN-mCxPw)

onale Unabhängigkeit, Souveränität des Parlaments, selbstständige Handelspolitik, Weigerung, sich einer supranationalen Instanz unterzuordnen und vor allem das unkritische Vertrauen in das Urteilsvermögen des einfachen Volkes, das seine eigenen Interessen vorgeblich besser beurteilen kann als elitäre Experten oder stumpfe Bürokraten. Es fehlt nur Migration. Sonst sind die wesentlichen Argumente der *Vote Leave*-Kampagne von 2016 hier bereits über 50 Jahre zuvor vollständig beisammen.

Lord Kilmuir, der uns schon als David Maxwell Fyfe begegnet ist, bekleidete 1961 das Amt des Lord High Chancellor und war damit der höchste Jurist des Königreichs. Nach einer verfassungsrechtlichen Bewertung einer EWG-Mitgliedschaft befragt, hob er drei Probleme hervor:

- Das Westminster Parlament werde sich einer fremden Gesetzgebung zu beugen haben und könne nicht mehr die unumschränkte Souveränität des Königreichs verkörpern.
- Die völkerrechtliche Vertragshoheit der Krone werde eingeschränkt zugunsten einer anonymen internationalen Organisation.
- Britische Gerichte würden teilweise ihre Unabhängigkeit verlieren und müssten in ihrer Rechtsprechung die Vorgaben des Europäischen Gerichtshofs beachten.

Diese drei Aspekte spielen in jeder Debatte über die britische Mitgliedschaft in der Europäischen Union bis heute eine Schlüsselrolle. Vor allem der letzte Punkt erwies sich als fatal. Die Argumente figurieren prominent in der Kampagne von *Vote Leave*.

Der Antrag auf EWG-Mitgliedschaft entsprang 1961 einem Mangel an Alternativen. Die EFTA hatte sich als zu schwach erwiesen. Der Plan, die OECD zu einer Freihandelszone aufzuwerten, war gescheitert. Das Empire und damit das System imperialer Handelspräferenzen drohte vollends wegzubrechen. Die wirtschaftliche Leistungsfähigkeit des Landes blieb immer weiter hinter der EWG zurück. Man sah in London die Notwendigkeit, einen Schritt auf die EWG hin zu tun, aber man tat es mit Unbehagen, mit inneren Reservationen und ohne Enthusiasmus. Man beugte sich zähneknirschend der Notwendigkeit, verspürte aber keine Aufbruchstimmung. Da England die Erfahrungen von Besatzung, Totalitarismus und demokratischem Neuanfang erspart geblieben waren, verband es mit der Vorstellung eines geeinten Europas auch keinen Idealismus. Europa diente den Engländern nie zur Überwindung nationaler Vormachtbestrebungen oder irgendwelcher Erbfeindschaften. Sie neigten nie dazu, Europa zu verklären und in einer supranationalen Zukunft Erlösung von verhängnisvollen Nationalismen der Vergangenheit zu suchen. Europa war für sie ein zweckdienliches Mittel, um besser ins Geschäft zu kommen.[12]

Harold Macmillan verzichtete auf jedes werbende oder erklärende Wort in der Öffentlichkeit. So wurde nach der Weigerung, sich an den Gründungsverträgen von EGKS und EWG zu beteiligen, die zweite Chance verpasst, die britische Öffentlichkeit mit der Realität der EWG zu konfrontieren, ihr die Ambitionen der Gründungsmitglieder zu erklären und Verständnis für die Rücksichtnahmen, Kooperationszwänge und Kompromisse zu fördern, die in einer solchen Staatengemeinschaft unumgänglich sind. Die öffentliche Haltung zur EWG blieb in Großbritannien von Unkenntnis und voreingenommener Ablehnung geprägt. Jeder britische Premierminister hat sich zum Thema EWG bzw. EU ähnlich wie Macmillan verhalten: Jeder hat die EU-Mitgliedschaft als notwendiges Übel, als lästigen, aber nützlichen Rahmen für britische Interessen dargestellt. Jeder hat betont, wie viel Nutzen

---

12 George Ball, außenpolitischer Berater im Weißen Haus, meinte 1961, dass die Briten die EWG lediglich unter Profitabilitätsgesichtspunkten betrachteten. (Michael Charlton: *The Price of Victory* (London, BBC, 1983) S. 265). Andere Zeitgenossen zitierten genüsslich Napoleon, der die Engländer verächtlich *une nation des boutiquiers* (*a nation of shopkeepers*) genannt hatte.

das Vereinigte Königreich aus der EU-Mitgliedschaft ziehe, aber alle haben zugleich betont, dass sich am tradierten nationalen Selbstverständnis und am Machtgefüge in Westminster nichts verändern werde. Die EU und ganz besonders die Bürokratie der Kommission ist vielmehr von vielen prominenten britischen Politikern mit Häme und Spott, mit beißender Kritik und bisweilen grotesken Vorwürfen überzogen worden.[13] Kein britischer Politiker – vielleicht mit Ausnahme von Edward Heath und Roy Jenkins – hat darauf verwiesen, dass die EWG darauf aufbaut, Interessen durch Kompromisse auszubalancieren, sodass nicht nur britische Interessen dominieren können, sondern gemeinsame Positionen mit EWG-Partnern gefunden werden müssen. Die EU wird in Großbritannien bis heute primär als Mittel zur Förderung nationalen Eigennutzes betrachtet. Es ist keiner britischen Regierung gelungen, die eigenen Interessen zu einem Kristallisationspunkt einer Interessenkoalition mit anderen EU-Partnern zu machen. Es hat sich auch keine Regierung wirklich darum bemüht. Den Briten ist das System informeller Absprachen, von Paketlösungen, stiller Mehrheitsbeschaffung vor entscheidenden Ratssitzungen, fremd geblieben. Großbritannien hat sich schwer damit getan, die eigene Gesetzgebung oder die Wirtschaftsstrukturen dem Gemeinschaftsrecht vorausschauend anzupassen und sich damit strukturelle Startvorteile zu verschaffen. Die Niederlagen Großbritanniens im Fischereistreit mit Spanien hätten sich mit einigem gesetzgeberischem, advokatorischem und unternehmerischem Geschick abwenden lassen. London blieb erstaunlich passiv, in manchen Fragen machte es den Eindruck eines etwas schwerfälligen Akteurs, dessen egoistische Aufrichtigkeit mit einem Mangel an Phantasie, Findigkeit und Gewieftheit verbunden ist. Viele Briten blieben der Idee imperialer Größe verhaftet. In einer Mischung aus Trotz, Über-

---

13 Dazu gehören absurde, aber hartnäckige Gerüchte wie eine EU-Krümmungsverordnung für Bananen. Die hat es nie gegeben. Die Behauptung tauchte aber in den Debatten vor dem Referendum 2016 immer wieder als ernsthaftes Argument auf.

heblichkeit und Verdrängung der Wirklichkeit lehnten sie eine Annäherung an europäische Institutionen ab und beharrten auf Ansprüchen aus der verflossenen Größe einer Weltmacht.

Im Dezember 1962 traf Macmillan sich mit de Gaulle im Schloss Rambouillet in der Nähe von Paris, wo drei Jahre zuvor die Aussöhnung zwischen Frankreich und Deutschland eingeleitet worden war. Allerdings war der *genius loci* den Briten weniger gewogen. De Gaulle war besorgt, Großbritannien werde das Gewicht Frankreichs schmälern. Er bestand darauf, dass Großbritannien sich von seinen atlantischen Sonderbeziehungen lossagen und sich sicherheitspolitisch ganz dem Kontinent zuwenden solle.[14] Er fürchtete, Großbritannien werde nicht allein kommen, sondern einen unabsehbaren Anhang von Commonwealth Staaten mitbringen.[15] Am 14. Januar 1963 verkündete de Gaulle sein ehernes *Non* zum EWG-Beitritt Großbritanniens in Paris öffentlich.[16]

---

14 Macmillan verhandelte zu dieser Zeit mit den USA über die Überlassung von Polaris-Raketen, die britische Atomsprengköpfe tragen sollten, da Großbritannien mit der Entwicklung eines eigenen Trägersystems für seine strategischen U-Boote gescheitert war.

15 1962 hatte Frankreich mit Algerien seine letzte bedeutende Kolonie verloren. Das machte den Unterschied zur Situation von 1950 aus, als auch Frankreich noch hoffte, sein weltumspannendes Imperium in die Nachkriegszeit und in die Europäischen Strukturen hinein retten zu können. Algerien war von 1957 bis 1962 als französisches Territorium Teil der EWG. Es schied erst mit seiner Unabhängigkeit aus und war damit das erste Gebiet, das die EWG verließ.

16 Parallel zu den Gesprächen über einen Beitritt zur EWG bot de Gaulle den Briten eine exklusive Zusammenarbeit beim Bau eines Überschallflugzeugs an, das damals als zukunftsweisend und gewinnbringend galt. 1962 wurde der Vertrag über die gemeinsame Entwicklung der Concorde unterzeichnet. Die Briten erhofften sich davon Rückenwind für ihren EWG-Beitritt, de Gaulle sah darin wohl eher eine Kompensation für sein *Non* zum EWG-Beitritt, das sich damals bereits abzeichnete.

Vermutlich wäre manches anders verlaufen, wenn Großbritannien in der Gründungsphase der Europäischen Institutionen schon gleichberechtigt hätte mitwirken können. Vermutlich hätten diese einen pragmatischeren, weniger visionären Charakter erhalten, es hätte mehr Freihandel und weniger bürokratische Gängelung gegeben. Europa wäre weniger eine Glaubensfrage geworden, Subsidiarität und intergouvernementale Elemente hätten Zentralisierungstendenzen entgegen gewirkt. Die Zielvorstellung einer „immer engeren Union der Völker Europas" (Art. 1, EUV) wäre wahrscheinlich nicht zustande gekommen. 1961 hatten sich viele Politikbereiche innerhalb der EWG noch nicht verfestigt. Um die Gemeinsame Agrarpolitik wurde noch gerungen, die Finanzierung der Gemeinschaft war unklar, es gab keine Gemeinsame Fischereipolitik. An diesen drei Punkten entzündete sich später in Großbritannien die schärfste Kritik an der EWG. Sie wurden zu ständigen Reibungsflächen. Das Vereinigte Königreich hätte, wenn es 1961 Mitglied geworden wäre, Entwicklungen, die nicht in seinem Sinne lagen, verhindern können. Um seinen nationalen Interessen maximale Geltung zu verschaffen, scheute Frankreich einige Jahre später nicht davor zurück, die EU-Institutionen sieben Monate lang zu lähmen,[17] bis es im Luxemburger Kompromiss nicht nur seine Agrarinteressen durchsetzte, sondern sich zudem zusichern ließ, dass es in Fragen wichtiger nationaler Interessen nicht mehrheitlich überstimmt werden konnte.[18] Entscheidender mag wohl die Einsicht in de Gaulles Hinterkopf gewesen sein, dass Frankreich es sehr viel schwerer haben würde, seine Interessen in der EWG gegen Großbritannien durchzusetzen, während die Bundesrepublik durch die Last der Kriegsfolgen und die Teilung auf Frankreichs Wohlwollen angewiesen war und die anderen vier Partner ohnehin viel schwächer waren. Ohne Großbritannien fiel Frankreich unbestritten eine Führungsrolle in der EWG zu. Die EWG entwi-

---

17 Politik des leeren Stuhls, 31. Juli 1965 bis 30. Januar 1966. Mit dem Fehlen Frankreichs waren die Brüsseler Institutionen beschlussunfähig.
18 Luxemburger Kompromiss vom 29. Januar 1966

ckelte sich in den ersten zehn Jahren ihrer Existenz im Wesentlichen in Kompromissen zwischen der hoch industrialisierten Bundesrepublik Deutschland und dem immer noch agrarisch geprägten Frankreich. Wäre das Vereinigte Königreich schon 1961 Mitglied geworden, hätte diese Interessenkonstellation ganz anders ausgesehen und andere Ergebnisse erbracht. Die EWG und damit die EU hätte eine andere Physiognomie, andere Institutionen und Verfahren, andere Prinzipien und Funktionen entwickelt – kurz, es wäre zu einem anderen *acquis communautaire* gekommen. Die EU sähe heute anders aus – aber auch unbedingt schlechter?

So musste Großbritannien von außen ohnmächtig zusehen, wie Deutschland und Frankreich die Institutionen der EWG mit Leben nach ihren Vorstellungen erfüllten und Strukturen schufen, die sich nicht wieder aus der Welt schaffen ließen. Es war jedem klar, dass diese Fakten, vor allem die Gemeinsame Agrarpolitik und die Festsetzung der Finanzbeiträge, den Interessen Großbritanniens zuwider liefen.

Am 11. Mai 1967 erneuerte Großbritannien seinen Beitrittsantrag. Wieder wurde dieser in Paris rundheraus abgelehnt. De Gaulle drohte, ein Beitritt Großbritanniens gegen den Willen Frankreichs werde die EWG auseinander brechen lassen. Am 19. Dezember 1967 legte Frankreich sein zweites formales Veto gegen die Aufnahme von Beitrittsverhandlungen ein.

1.4 Brüssel (1973)

Zusammenfassung: Der Beitritt Großbritanniens zur EWG erfolgt nicht aus innerer Begeisterung für ein einheitliches Europa, sondern aus Mangel an Alternativen. Die EWG-Strukturen stellen das Land vor ein fait accompli.

Better late than never?

Am 18. Juni 1970 wurde Edward Heath Premierminister in London. Er hatte 1962 die Verhandlungen über den EWG-Beitritt seines Landes geführt. Er setzte nun seinen ganzen Ehrgeiz daran, dieses Unterfangen doch noch zum Erfolg zu führen. Die Umstände waren günstig: De Gaulle war 1969 zurückgetreten. Seine Nachfolge hatte am 15. Juni 1969 Georges Pompidou angetreten. Pompidou hatte de Gaulle als Premierminister gedient, galt aber als pragmatischer und technokratischer als der von Frankreichs Weltrang träumende General. Heath und Pompidou kannten sich seit langem. Frankreich wollte das wachsende Gewicht Deutschlands austarieren, es sah die EWG in ihren Institutionen und ihrer politischen Ausrichtung hinreichend gefestigt und es suchte den transatlantischen Einfluss in Europa zurückzudrängen und hoffte, Großbritannien durch die EWG-Mitgliedschaft stärker auf den Kontinent ausrichten zu können. Großbritannien befand sich in einer Schwächephase: Produktivität und Wettbewerbsfähigkeit waren weiter abgesunken, das Pfund hatte seit Kriegsende ein Drittel seines Wertes verloren, die Verschuldung stieg rasant, Nordirland war nach dem Blutsonntag (30. Januar 1972) in Aufruhr. In 18 Monaten wurden die Beitrittsbedingungen ausgehandelt. Großbritannien übernahm den *acquis communautaire*, auch wo dieser britischen Interessen nicht gerecht wurde. Kein Wunder, dass Kritiker später meinten, eigentlich habe es sich um die Übernahme eines kränkelnden Konkurrenten durch ein florierendes Großunternehmen gehandelt.[19]

---

19 Ein Lord bemerkte während der Beitrittsverhandlungen: „*You do not haggle over the subscription, when you are invited into a life boat!*"

Frankreich hatte bekommen, was es wollte: Die Gemeinsame Agrarpolitik begünstigte französische Farmen, die Finanzierung der Gemeinschaft wurde so berechnet, dass Deutschland den größten Anteil zu tragen hatte. Es brauchte von einem EWG-Mitglied Großbritannien nichts mehr zu befürchten, sofern dieses auf den *acquis communautaire* verpflichtet wurde. Mit dem Vereinigten Königreich wollten Norwegen, Irland und Dänemark beitreten. Zusammen verfügten diese vier Länder über 80 % der Fischbestände in der Nordsee, in der irischen See und im Nordatlantik. An dem Tag, an dem diese vier Kandidaten offiziell ihren Beitrittsantrag in Brüssel hinterlegten, hatten die EWG-Sechs wenige Stunden zuvor eine Gemeinsame Fischereipolitik vereinbart, die Fisch als Gemeinsame EWG-Ressource definierte, zu der jeder Mitgliedstaat gleichberechtigten Zugang haben sollte. In Norwegen führte diese Bestimmung dazu, dass der EWG-Beitritt abgelehnt wurde.[20]

Am 1. Januar 1973 wird das Vereinigte Königreich endlich Mitglied der Europäischen Institutionen. Zur Feier des Tages wird vor dem Ratsgebäude in Brüssel zum ersten Mal der Union Jack gehisst. Leider falsch herum. Ein böses Omen?

---

20 Die Volksabstimmung fand am 24./25. September 1972 statt. Bei einer Beteiligung von 79,2 % sprachen sich 53,5 % der Wähler gegen einen EWG-Beitritt aus (Ablehnungsquote: 43 %). Norwegen hatte bereits 1962 und 1967 Anträge vorgelegt,, die zusammen mit den britischen Anträgen abgelehnt worden waren. Nach dem Mauerfall versuchte Norwegen erneut, zusammen mit Schweden, Finnland und Österreich der EU beizutreten. In einer erneuten Volksabstimmung am 28. November 1994 lehnten 52,2 % der Abstimmenden bei einer Beteiligung von 88,8 % (Ablehnungsquote: 46,4 %) wiederum einen Beitritt ab. Ausschlaggebend für diese Ablehnung dürften die Fischereipolitik und die hohen Einnahmen aus der Ölförderung gewesen sein, die Norwegen zu exorbitant hohen Beitragszahlungen als EU-Mitglied verpflichtet hätten.

1.5 Das erste Referendum (1975)

Zusammenfassung: Das erste Referendum von 1975 ergibt eine überwältigende Zweidrittel-Mehrheit für einen Verbleib in der EWG. Die Argumente, mit denen gekämpft wird, ähneln denen von 2016. Das Referendum sollte primär die Unruhe innerhalb der Labour-Partei dämpfen.

The people's voice is odd
It is, and is not, the voice of God
Alexander Pope

Die Stimmung im Vereinigten Königreich war alles andere als enthusiastisch. Weite Teile der konservativen Partei und noch weitere Teile der Labour Partei sahen im Beitritt zur EWG eine Kapitulation, eine Demütigung für ihr Land, das fünfundzwanzig Jahre zuvor noch die halbe Welt beherrscht hatte. Unter denen, die die Neuausrichtung Großbritanniens auf Europa energisch bekämpften, wurden Enoch Powell bei den Konservativen und Tony Benn[21] bei Labour zu Wortführern. In der

---

21 Sein eigentlicher voller Name lautete Anthony Wedgwood Benn, Viscount of Stansgate. Benn hatte 1963 sämtliche ererbten Adelstitel abgelegt, um seine politische Karriere im Unterhaus verfolgen zu können. Benn hatte verschiedene Ministerposten inne (Technologie, Industrie, Energie) und war in allen übrigen Punkten ein unerbittlicher Gegner von Enoch Powell. Enoch Powell war ein national-konservativer Tory, ein knorriger, kontroverser Politiker, der vor allem wegen seine Rede über die Gefahren der Einwanderung (*rivers of blood*) in Birmingham (20. April 1968) berüchtigt war. Er diente 1960 bis 1963 als Gesundheitsminister. Nach Großbritanniens EWG-Beitritt verließ er die Konservativen und schloss sich der Ulster Unionist Partei an. 1974 rief er wegen seiner Ablehnung der EWG dazu auf, Labour zu wählen. Trotz seiner exzentrischen Ansichten und seines noch exzentrischeren Gehabes fand er starken Anhang. Er war in manchem ein ähnlicher Typ wie Jacob Rees-Mogg, der nach 2016 in der konservativen Partei steil nach oben geschossen ist. Obwohl Powell und Benn gegnerischen Lagern angehörten, sprachen sie in der Frage britischer Souveränität die gleiche Sprache und lehnten mit gleicher Entschiedenheit die EWG ab.

parlamentarischen Debatte vor dem Beitritt hatte Powell die Abgeordneten beschworen, keine unwiderrufliche Entscheidung zu treffen, die die Souveränität des Parlaments einzuschränken und das Schicksal der Nation mit der Europäischen Gemeinschaft zu verschmelzen drohte:

„What we are asked for would be an irrevocable decision gradually to part with the sovereignty of this House and to commit ourselves to the merger of this nation and its destinies with the rest of the Community. Anyone who votes for these proposals, casts his vote against the vital principle by which this House exists." [11]

Benn argumentierte ähnlich. Er warnte:

„Continued membership of the Community would, therefore, mean the end of Britain as a completely self-governing nation and of our democratically elected parliament as the supreme law-making body of the United Kingdom." [12]

Diese Argumente könnten aus den Debatten über das Referendum vom Frühjahr 2016 stammen. Powell war auch der Prophet, der als erster seine grollende Stimme gegen unkontrollierte Einwanderung und Überfremdung seines Landes erhob.[22]

Labour-Führer Harold Wilson hatte am 4. März 1974 Edward Heath als Premierminister abgelöst. In vorgezogenen Wahlen erhielt er am 10. Oktober 1974 eine knappe Mehrheit im Unterhaus. Beide großen Parteien waren über Europa zutiefst zerstritten. Wilson war nie überzeugter Europäer gewesen.[23] Für ihn, wie für einen großen Teil der gewerkschaftlich organisierten Labour Partei, war Brüssel gleichbedeu-

---

22 Enoch Powell hielt am 20. April 1968 in Birmingham eine Rede, die als *rivers of blood*-Rede notorisch wurde und in der er eindringlich vor den Folgen von Migration warnte. (https://www.telegraph.co.uk/comment/3643823/Enoch-Powells-Rivers-of-Blood-speech.html)

23 Seine Ehefrau Mary stimmte damals mit „Nein", wie sie später öffentlich zugab.

tend mit der Herrschaft der Bosse und Bankiers, eine Mammutbürokratie, die mit Großunternehmen und internationalen Korporationen unter einer Decke steckte und Gewerkschaften und Arbeitnehmerrechten feindlich gegenüber stand. Eine Parteikonferenz von Labour hatte ergeben, dass 80 % der abstimmenden Parteimitglieder den Beitritt zur EWG ablehnten. Bei der Abstimmung im Parlament hatten nur 69 Labour-Abgeordnete mit den Konservativen für den Beitritt gestimmt. Ihr Anführer war Roy Jenkins.[24] Damit war zwar eine Mehrheit gesichert, aber Labour war gespalten. Viele Tories folgten Heath ebenfalls nur zähneknirschend und mit innerem Widerstreben. Die Geschlossenheit ihrer Partei zu wahren, war ihnen wichtiger als die Frage der EWG-Mitgliedschaft. Auch dieses taktische Motiv taucht seither immer wieder auf. Allerdings nahm die Bereitschaft ab, die eigenen Zweifel in der Europafrage der Parteidisziplin unterzuordnen. Obwohl selbst Margaret Thatcher damals entschieden für die Mitgliedschaft in der EWG eintrat,[25] blieben weite Teile, vor allem die National-Konservativen, unversöhnliche, wenn auch nicht ausgesprochene Gegner der EWG.

---

24 Roy Jenkins wurde später der erste (und einzige) britische Kommissionspräsident in Brüssel.

25 Margaret Thatcher trat im Februar 1975 zusammen mit Edward Heath auf um die pro-EWG-Kampagne zu starten. Dabei sagte sie unter anderem: *(Reasons) for Britain staying in the Community: First, the Community gives us peace and security in a free society, the peace and security denied to the past two generations. Second, the Community gives us access to secure sources of food supplies, and this is vital to us, a country which has to import half of what we need. Third, the Community does more trade and gives more aid than any other group in the world. Fourth, the Community gives us the opportunity to represent the Commonwealth in Europe, a Commonwealth which wants us to stay in and has said so, and the Community wants us to stay in and has shown it to be so.* (Vernon Bogdanor: Lecture Gresham College 15. April 2014: *The Referendum on Europe, 1975*; http://www.gresham.ac.uk/lectures-and-events/the-referendum-on-europe-1975)

Frankreich hatte am 23. April 1972 die Aufnahme neuer Mitglieder in die EWG in einem Referendum billigen lassen.[26] Um einer Lösung für den scheinbar unlösbaren Konflikt in Nordirland näher zu kommen, hatte die konservative Vorgängerregierung unter Heath am 8. März 1973 ein Referendum über die Zukunft Nordirlands abgehalten.[27] Bei einer Beteiligung von 58,66 % votierten 98,9 % der Bevölkerung Nordirlands für einen Verbleib im Vereinigten Königreich. Es war die erste Volksabstimmung in Großbritannien überhaupt. Sie trug zur vorläufigen Beruhigung der Lage bei. Sie lief aber der Verfassungsdoktrin und -tradition zuwider, der zufolge Souveränität ausschließlich und einzig bei Krone und Parlament liegt. Der Präzedenzfall sollte sich als Dammbruch herausstellen, der immer stärker plebiszitäre Elemente in die politischen Strukturen Großbritanniens hineintrug. Volksabstimmungen boten einen bequemen Ausweg für Fragen, die im Parlament umstritten waren und in denen beide große Parteien zu keiner einheitlichen Position finden konnten.

Damit war der Boden bereitet für den taktischen Befreiungsschlag, den Wilson plante: Er verkündete, er werde die Beitrittsbedingungen nachverhandeln und dann eine Volksabstimmung ansetzen. Er selbst hatte sich zuvor entschieden gegen Volksabstimmungen ausgesprochen. Aber jetzt sah er den Vorteil, dem Drängen seines Parteifreundes Benn nachzugeben. Der meinte, eine so weitreichende und fundamentale Entscheidung bedürfe der Billigung durch das Volk. Wilson hoffte, ein Referendum werde den tiefen Riss in seiner Partei heilen. Es werde ihm neue Autorität und erhöhte Popularität verleihen: Ein wahrer Demokrat, der als echter Diener seines Volkes dieses selbstlos bittet, ihm die

---

26 60,5 % der Franzosen nahmen an dem Referendum teil, 68,3 % stimmten dafür, Zustimmungsquote 31,3 %.

27 Es war das erste Referendum überhaupt in der Geschichte des Vereinigten Königreichs. Es war eigentlich unvereinbar mit der bis dahin unbestrittenen Doktrin, wonach die Souveränität des Staates uneingeschränkt im Parlament lag.

Richtung in einer Frage vorzugeben, von der auf Jahrzehnte hinaus das Schicksal dieses Volkes abhängen würde. Für den Austritt waren damals Tony Benn, Michael Foot (später Labour-Führer), Enoch Powell und Ian Paisley, Unionist, glühender Protestant und radikaler Vorkämpfer traditioneller Rechte von Krone und Westminster Parlament aus Belfast sowie die schottischen Nationalisten. Für den Verbleib in der EWG traten die Führung der Konservativen, etwa die Hälfte des Labour-Kabinetts und die Liberalen ein. Dass Mitglieder eines Kabinetts öffentlich gegeneinander Position bezogen, war präzendenzlos. Bis dahin hatte der eherne Grundsatz gegolten, dass eine Regierung kollektiv und geschlossen eine politische Linie zu vertreten hat. Wer diese Linie nicht mittragen kann, hat keinen Platz im Kabinett. Dass Wilson seinen Kabinettskollegen freistellte, in der Referendumsfrage ihrem individuellen Gewissen zu folgen, sollte sich als weiterer schwerwiegender Präzedenzfall herausstellen, der 2016 dazu führte, dass Cameron sich einer unerbittlichen Phalanx aus der eigenen Partei gegenüber sah. Ein Ja zu Europa befürworteten 1975 fast alle Zeitungen, darunter Daily Mail, Daily Telegraph, Daily Express – und die anglikanische Kirche.

Die Nachverhandlungen wurden am 11. März 1975 abgeschlossen. Sie brachten in der Substanz wenig, gaben Wilson jedoch einen Scheintriumph. Am 9. April stimmte das Unterhaus mit 396 zu 170 Stimmen dafür, die EWG-Mitgliedschaft zu diesen verbesserten Bedingungen fortzusetzen. Damit war der Verbleib Großbritanniens in der EWG verfassungsrechtlich eigentlich beschlossene Sache. Wilson wollte dennoch unbedingt die Volksabstimmung, weil er in ihr ein Mittel sah, die zutiefst zerrissene Partei wieder zusammenzuführen und den extremen linken Flügel wieder hinter sich zu bringen. Ein junger Labour Lokalpolitiker und enger Mitarbeiter Tony Benns machte sich damals einen Namen als resoluter Gegner der EWG. Er hieß Jeremy Corbyn.

Die Volksabstimmung ergab am 5. Juni 1975 mehr als eine Zweidrittel-Mehrheit für den Verbleib des Landes in der EWG.[28] Lediglich auf den Shetland Inseln und den Hebriden blieb die Zustimmung unter 50 %.

Wilson hatte einen taktischen Sieg erfochten: Die Linken waren zufrieden, weil es überhaupt eine Volksbefragung gegeben hatte, die Rechten seiner Partei waren mit dem Ergebnis zufrieden. Aber er hatte die Büchse der Pandora geöffnet: Künftig würden Volksentscheide das Damoklesschwert sein, das über jeder Parlamentsentscheidung zur EU hing. Er hatte gezeigt, wie sich ein Riss der eigenen Partei durch ein Referendum übertünchen, wenn auch nicht heilen ließ. Die Frage des Verhältnisses zu Europa war geschickt überspielt worden. Sie war jedoch lediglich scheintot ins Grab gelegt und sollte nach Jahrzehnten eine gefährliche Wiederauferstehung erleben.

Enoch Powell warnte resigniert und doch mit prophetischer Gabe:

„The country for which people live and die is obsolete and we have abolished it. Or not quite yet. The referendum is not a "verdict" after which the prisoner is hanged forthwith. It is no more than provisional. This will be so as long as Parliament can alter or undo whatever that or any other Parliament has done. Hence those golden words in the Government's Referendum pamphlet: "Our continued membership would depend on the continuing assent of Parliament".[13]

Tony Benn zeigte in seiner Reaktion, wie eng beieinander sozialistischer Elan und hausbackenes Spießbürgertum liegen konnten. Für ihn lag die Frage einer EWG-Mitgliedschaft auf der gleichen Ebene wie Dezimalisierung der Währung und die Ersetzung der verwirrenden Vielfalt imperialer Maßeinheiten durch das metrische System. In seinem Tagebuch notierte er nach dem Referendum: *„Like metrication and decimalisation, this really strikes at our national identity."*[16]

---

28   Beteiligung: 64,62 %, Zustimmung: 67,23 %, Zustimmungsquote: 43,44 %

1.6 Brügge (1988)

Zusammenfassung: Margaret Thatcher gilt zu Unrecht als Gegnerin der EWG. Sie hat einige der wichtigsten Entscheidungen mitgetragen. Sie wandelt sich zur Gegnerin der Integration, als der Binnenmarkt nicht nur freieren Wettbewerb, sondern auch strengere Regulierungen mit sich bringt.

> *I want my money back!*
> *No, no, no!*
> Margaret Thatcher

> *The lady protests too much, methinks*
> William Shakespeare

1979 war Margaret Thatcher Premierministerin geworden. Sie schlug, anders als Wilson, eine härtere Gangart mit Brüssel ein. Sie blockierte Entscheidungen des Europäischen Rats, bis sie ihre nationalen Interessen durchgesetzt hatte.[29] Erst in Fontainebleau gelang es am 15. Juni 1984, diese Blockade aufzulösen. Großbritannien erhielt einen beträchtlichen Rabatt auf seine Beitragszahlungen zum Haushalt der EWG. Thatcher hatte darauf verwiesen, dass Großbritanniens Landwirtschaft produktiver war als die der Kontinentaleuropäer und weniger Agrarsubventionen aus Brüssel erhielt. Großbritannien importierte zudem einen hohen Anteil seiner Lebensmittel und musste auf diese Einfuhren hohe Abgaben nach Brüssel zahlen. Großbritannien galt damals unter den neun EWG-Mitgliedstaaten als armes Land. Es lag deutlich hinter Italien zurück. Arbeitslosigkeit erreichte zwölf %. Großbritannien wies den höchsten Anteil an Einwohnern auf, die offiziell in Armut lebten.

---

29 Vermutlich hatte sie sich das Taktieren Frankreichs während der Politik des leeren Stuhls 1965/6 zum Vorbild genommen.

Die inzwischen legendäre Forderung Thatchers „*I want my money back!*" war damals nicht unbegründet.[30] Thatcher sah durchaus Vorteile in der EWG. Sie war eine Vorkämpferin für den Binnenmarkt, denn er entsprach ihren Freihandelsinstinkten. Für dieses Ziel war sie bereit, Zugeständnisse zu machen, darunter vier, die sich als folgenschwer und unkorrigierbar herausstellen sollten: Unter ihrer Regierung fanden die ersten Direktwahlen zum Europäischen Parlament statt, sie stimmte den Plänen einer Währungsunion zu, sie ließ kurz vor ihrem Rücktritt am 22. November 1990 zu, dass ihr Land dem Europäischen Wechselkursmechanismus (ERM) beitrat, was sich keine zwei Jahre später als schwerwiegender Fehler entpuppen sollte,[31] und sie verzichtete in der Einheitlichen Europäischen Akte 1986 auf das nationale Vetorecht. Die Einheitliche Europäische Akte legte den Weg fest zur Vollendung des Binnenmarkts. Dieses Ziel wollte Thatcher unbedingt erreichen. In Verbindung zu ihrer radikalen Liberalisierungspolitik zuhause versprach sie sich davon einen Wettbewerbsvorteil für die neu aufge-

---

30 Die Formulierung ist aufschlussreich: Thatcher forderte ganz unreflektiert „ihr" Geld zurück, so als ob Ein- und Auszahlungen sich auszugleichen hätten. Es kam ihr nicht in den Sinn - oder sie verdrängte den Gedanken - dass sie ebensowenig „ihr Geld" aus Brüssel zurückfordern konnte wie ein Steuerzahler eine Rückvergütung für entrichtete Steuern erwarten kann. Sie hatte mit dieser Forderung aber die Vorstellung ihrer Landsleute langfristig geprägt. Der Slogan von *Vote.Leave*, statt an Brüssel £ 350 Mio. pro Woche zu zahlen dieses Geld in den NHS zu stecken, entsprang einem Boden, der mit Thatchers Phrasen vorgedüngt war.

31 Thatcher wurde damals von ihrem gesamten Kabinett, vor allem aber von ihrem Schatzkanzler Nigel Lawson, bedrängt, das britische Pfund über dieses Stabilisierungssystem an die DM zu koppeln. Lawson trat schließlich zurück, um den Druck auf Thatcher zu erhöhen. Auch John Major, seit 1989 Außenminister, drängte auf eine Beteiligung. Am 9. Oktober 1990 trat Großbritannien dem ERM zu einem überhöhten Wechselkurs bei. Es ist eine Ironie der Geschichte, dass ausgerechnet Nigel Lawson, der damals so entschieden für die Einbindung seines Landes in die Integrationsstrukturen der EWG gekämpft hat, 2016 zum prominenten Fürsprecher eines radikalen Bruchs mit der EU wurde.

stellte britische Wirtschaft – völlig zu Recht, wie sich herausstellte. Es kann sein, dass sie die Tragweite der Bestimmungen über Mehrheitsentscheidungen des Rates verkannte oder die Dynamik unterschätzte, die diese Bestimmungen in ihrer späteren Entwicklung und in Kombination mit anderen Innovationen entfalten sollten. Thatcher erscheint im Rückblick zunehmend als tragische Figur: Einerseits war sie die große Vorkämpferin eines EU-Binnenmarktes, der 30 Jahre später zum Hauptargument der EU-Gegner werden sollte. Um ihn Wirklichkeit werden zu lassen, war sie bereit, Mehrheitsvoten zu akzeptieren, die zu einer wachsenden Isolierung ihres Landes führten und ebenfalls den Brexiteers wichtige Munition liefern sollte. Tatsächlich hat sich Großbritannien unter Thatcher trotz aller Kritik in Einzelpunkten nicht unkonstruktiv gegenüber der EG verhalten. Thatcher hat – anders als ihre Nachfolger – in vielem gebremst, aber im Grunde die Fortentwicklung der EWG mitgetragen. Thatchers rabiates Bestehen auf einem Beitragsrabatt und ihre spätere bissige Polemik gegen Kommissionspräsident Jacques Delors darf nicht verdecken, dass Thatcher keineswegs eine grundsätzliche EG-Gegnerin war. Sie ist erst im Laufe der Zeit dazu geworden, besonders prononciert, nachdem sie gestürzt worden war. Ihren Nachfolgern das Leben über EU-Fragen schwer zu machen und Anti-EU-Impulse in ihrer Partei zu fördern, wurde mehr und mehr das bestimmende Thema ihres Alters. Auf Sonder- und Ausnahmeregelungen drängten erst ihre Nachfolger. Allerdings haben ihre schrille Tonlage, ihr Egoismus und ihre Rücksichtslosigkeit den Ruf Großbritanniens als eines schwierigen, eigenwilligen und engstirnigen Partners gefestigt. Seit Thatcher ist die EU-Politik Großbritanniens durch Einzelgängertum gekennzeichnet. Anstatt aktiv alternative Ideen im Verbund mit anderen EU-Mitgliedern zu entwickeln und eigene Interessen in einem Gesamtpaket mit Verbündeten zu verpacken und somit weniger angreifbar zu machen, setzte Großbritannien auf Verweigerung, Verzögerung und immer weiterreichende Sonderrechte und handelte sich damit im immer größer werdenden Kreis der EU-Mitglieder zunehmende Isolierung ein. Sonderrechte wurden zur Sonderstellung. Die Ausnahmen *(opt-outs)* bestärkten die Regeln als den Normalfall. Großbritannien geriet zunehmend in eine Außenseiterrolle, was sich auch in Ratsentscheidungen erwies, in denen Großbritannien immer öfter überstimmt wurde.

Die Vorstellung, dass Thatcher die europäische Einigungsbestrebung bekämpft habe, geht auf ihren berühmten Auftritt in Brügge zurück. Dort hielt sie am 18. September 1988 eine Rede, die geradezu zum heiligen Text und zur Offenbarung für britische EU-Gegner geworden ist. Ein Jahr später fanden sich Politiker, die der fortschreitenden Zentralisierung in der EU entgegenwirken wollten – darunter viele, die für den Austritt ihres Landes aus der EU warben, zusammen und bezeichneten sich mit Bezug auf diese Rede als Bruges-Group.

Thatcher selbst streifte den Gedanken an einen Austritt aus der EWG während ihrer Regierungszeit mit keinem Wort. Sie forderte vielmehr eine Korrektur der Entwicklung, weg von der Vergemeinschaftung hin zu lockeren intergouvernementalen Strukturen. Sie trat ausdrücklich für den Binnenmarkt ein. Aber sie machte aus ihrer Kritik an der generellen Entwicklung der EWG keinen Hehl.

„The European Community must reflect the traditions and aspirations of all its members. Britain does not dream of some cosy, isolated existence on the fringes of the European Community. Our destiny is in Europe, as part of the Community. The Community is not an end in itself. The European Community is a practical means by which Europe can ensure the future prosperity and security of its people. Willing and active co-operation between independent sovereign states is the best way to build a successful European Community. To try to suppress nationhood and concentrate power at the centre of a European conglomerate would be highly damaging. We have not successfully rolled back the frontiers of the state in Britain, only to see them re-imposed at a European level with a European super-state exercising a new dominance from Brussels." [17]

Am 30. Oktober 1990 wiederholte sie ihre Kritik im Unterhaus mit metallischer Härte in der Stimme:

„*Mr. Delors, said at a press conference the other day that he wanted the European Parliament to be the democratic body of the Community, he wanted the Commission to be the Executive and he wanted the Council of Ministers to be the Senate. No. No. No.* [18]

Thatcher wurde die erste Politikerin, der die Widersprüche ihrer Europa-Politik zum Verhängnis wurden. Seither hat die konservative Partei nie wieder zu einer einheitlichen Haltung zur EU gefunden.

1.7 Schwarzer Mittwoch und EU-Romanze unter John Major und Tony Blair (1992-2005)

Zusammenfassung: Am Schwarzen Mittwoch muss Großbritannien 1992 nach zwei Jahren Zugehörigkeit den Europäischen Währungsmechanismus unter chaotischen Umständen und gigantischen Verlusten verlassen. Diese Erfahrung vertieft die britische Skepsis gegenüber weitreichender Integration. Major und Blair sind die EU-freundlichsten Premierminister. Blair führt sein Land gegen wachsende Widerstände in wichtige Integrationsbereiche hinein, schafft es aber gegen wachsenden Widerstand nicht, sein Land zur Übernahme des Euro zu bewegen. Seit Major hängt das Versprechen eines EU-Referendums in der Luft und wird wiederholt bekräftigt.

> *The course of true love never did run smooth*
> *William Shakespeare*

Am 28. November 1990 wurde John Major Parteiführer der Konservativen und Premierminister. Er wollte sein Land „fest im Herzen Europas" verankern. Eine seiner Lieblingsphrasen lautete, es sei nun endlich Zeit, nicht länger von der Tribüne herab zu lästern, sondern auf dem Spielfeld mitzuspielen. Seiner Partei hatte er zugerufen: *„I want to place Britain at the heart of Europe!"* [19] Er trug den Maastricht-Vertrag mit, sorgte allerdings dafür, dass Innere Sicherheit keine Gemeinschaftsmaterie wurde, und verhinderte einen expliziten Bezug auf eine föderale Zielsetzung.[32] Er bestand auf Ausnahmeregelungen beim Sozialkapitel

---

32 Major war wenig erbaut, als Helmut Kohl am 3. April 1992 sagte: „In Maastricht haben wir den Grundstein für die Vollendung der Europäischen Union gelegt. Der Vertrag über die Europäische Union leitet eine neue, entscheidende Etappe des Europäischen Einigungswerks ein, die in wenigen Jahren dazu führen wird, was die Gründungsväter des modernen Europa erträumt haben: Die Vereinigten Staaten von Europa." Diese Worte waren natürlich Wasser auf die Mühlen aller EU-Skeptiker in Großbritannien. Wenn Großbritannien in Brüssel als eigensinnig und egoistisch verschrieen war, so muss man einräumen, dass weder Deutschland noch

und bei der Währungsunion (*opt outs*). Damit, so triumphierte er, habe er „Spiel, Satz und Sieg" für Großbritannien gewonnen.

Im Parlament wartete jedoch eine böse Überraschung auf ihn: Etwa fünfzig EU-Skeptiker aus seiner Partei stimmten am 22. Juli 1993 gegen die eigene Regierung und ließen die Ratifikation des Maastricht-Vertrags zunächst scheitern. Als Maastricht-Rebellen sind sie zu Ahnherren und Wegbereitern aller späteren EU-kritischen Tories geworden. Am Folgetag wiederholte Major die Abstimmung und erklärte sie zur Vertrauensfrage. Dieses Mal gelang die Ratifikation, hauptsächlich deshalb, weil Labour sich der Stimme enthielt. Hätte Labour die Rolle der Opposition ernst genommen und gegen die Regierung gestimmt, wäre die Ratifikation vermutlich nochmals und damit endgültig gescheitert. Majors Autorität war angeschlagen, das Ausmaß der Opposition gegen seine Europapolitik in den eigenen Reihen erwies sich als hartnäckig und irritierend. Ein Jahr später gründete James Goldsmith, ein den Konservativen nahestehender Milliardär, die Referendum Partei, deren einziges Ziel darin bestand, einen neuen Volksentscheid über Großbritanniens Mitgliedschaft in der EU zu erwirken. Sie löste sich nach seinem Tod 1997 auf. Viele der Mitglieder bildeten danach den radikalen Kern der United Kingdom Independence Party (UKIP). Majors Vorgängerin Thatcher, jetzt als Baronin im House of Lords, verlangte keine zwanzig Jahre nach dem ersten ein zweites Referendum, weil Maastricht „*a treaty too far*" sei. In ihrer ersten Rede im House of Lords erklärte sie öffentlich, dass sie alles daran setzen werde, eine Ratifikation des Maastricht-Vertrags zu verhindern. Der Ruf nach einem Referendum wurde verstärkt von Erfahrungen in anderen EU-Mitgliedstaaten. Frankreich, Irland und Dänemark unterbreiteten den Maastricht-Vertrag einer Volksabstimmung. Die ergab in Irland eine massive, in Frankreich eine hauchdünne Mehrheit und in Däne-

---

Frankreich ihrerseits besondere Rücksicht auf britische Empfindlichkeiten nahmen.

mark eine klare Ablehnung.[33] Wenn andere EU-Partner das Volk zur EU-Mitgliedschaft befragten, weshalb sollte dem Volk des Vereinigten Königreichs diese basisdemokratische Mitwirkung vorenthalten bleiben? Als der Wahltermin 1997 näher rückte, erklärten über 200 konservative Kandidaten, dass sie eine Beteiligung Großbritanniens an der Währungsunion ablehnten. John Major versuchte noch, sie hinter sich zu bringen, indem er versprach, die Frage eines britischen Beitritts zur Währungsunion nach einem Wahlsieg in einem Referendum entscheiden zu lassen. Es nützte ihm wenig. Majors Partei erlitt eine schlimme Niederlage, Labour erlangte die größte Unterhausmehrheit seiner Geschichte.

Inzwischen hatte Major einen weiteren, noch schwereren Rückschlag hinzunehmen. Am 16. September 1992 (Schwarzer Mittwoch) war Großbritannien gezwungen, den Europäischen Wechselkursmechanismus zu verlassen. Dies geschah unter tumultartigen Umständen, nachdem die Regierung bis zum Mittag noch standhaft erklärt hatte, das Pfund, „koste es was es wolle",[34] im Wechselkursmechanismus zu halten. Der Zinssatz erreichte zwölf %, die Bank of England kündigte eine weitere Erhöhung auf 15 % an, die Wirtschaft drohte zusammen-

---

33 Die Volksabstimmung in Irland fand am 18. Juni 1992 statt und ergab eine Mehrheit von 69,1 % für eine EU-Mitgliedschaft bei einer Beteiligung von 57,3 % (Zustimmungsquote: 39,6 %). Mitterand setzte sein Referendum am 20. September 1992 an und erhielt eine Zustimmung von 51 %, bei einer Beteiligung von 69,7 % (Zustimmungsquote: 35,5 %). In Dänemark lehnten 50,7 % der Wähler bei einer Beteiligung von 83,1 % den Maastricht-Vortrag am 2. Juni 1992 ab (Ablehnungsquote: 42,1 %). Nachdem auch Dänemark *opt-outs* bei der Währungsunion und der gemeinsamen Verteidigung erhalten hatte, gewann der solchermaßen modifizierte Vertrag in Dänemark in einer zweiten Volksabstimmung am 18. Mai 1993 eine Zustimmung von 56,7 % bei einer Beteiligung von 86,5 % (Zustimmungsquote: 49 %).

34 Die Formulierung der britischen Regierung damals (*at any cost*) erinnert fatal an Mario Draghis berühmte Zusicherung in seiner Rede vom 26. Juli von 2012 (*whatever it takes*).

zubrechen. Abends um 19:00 Uhr gab Schatzkanzler Lamont den Wechselkurs frei. George Soros, der gegen das Pfund spekuliert hatte, wurde auf einen Schlag um über £ 3,5 Milliarden reicher, die britischen Steuerzahler um den gleichen Betrag ärmer. Das Pfund verlor fast 20 % seines Außenwertes, die Konservativen sackten um 14 % in Umfragen ab. Der Verlust, mehr noch die Demütigung, traf die Briten tief. Viele suchten die Schuld bei dem Egoismus und dem Mangel an Flexibilität ihrer EU-Partner – eine Auffassung, die neue Nahrung erhielt, als die EU ein Jahr später die Fluktuationsrate der Währungen von sechs % auf 15 % erweiterte.[35] Als Norman Lamont niedergeschlagen sein Büro verließ, begleitete ihn einer seiner engsten jugendlichen Mitarbeiter: David Cameron.

Der Schwarze Mittwoch hat sich tief in das Bewusstsein vieler Briten eingeätzt. Er zeigte die unbeherrschbaren Gefahren, die von starren Wechselkursen bzw. einer übernationalen einheitlichen Währung ausgehen können. Er zeigte, dass auf die europäischen Partner in Stunden nationaler Not kein Verlass war. Er zeigte vor allem – und schmerzte gerade die National-Konservativen – die neugewonnene Dominanz des wiedervereinigten Deutschlands. Europa wurde so für die stolzen Briten ein Synonym für eine verkappte neue deutsche Hegemonie. Hatte man dafür zwei blutige Kriege geführt, um keine fünfzig Jahre später wieder nach deutscher Pfeife tanzen zu müssen?[36]

---

35 Vor allem Deutschland wehrte alle Ansätze, die Regeln des ERM aufzuweichen, ab, weil es aufgrund der Wiedervereinigungsfolgen an niedrigen Zinssätzen Interesse hatte und eine einseitige Aufwertung der DM ablehnte. Wären die Bandbreiten, zwischen denen die Währungen gegeneinander fluktuieren konnten, früher erweitert worden, hätte sich zumindest der katastrophale Verlauf des Schwarzen Mittwoch abfedern lassen. Über kurz oder lang hätte der Wechselkurs des Pfundes in jedem Fall korrigiert werden müssen.

36 Nicholas Ridley, unter Margaret Thatcher Minister für Handel und Industrie, im Interview mit dem Spectator: *„It is all a German racket designed to take over the whole of Europe."* (Spectator, 14. Juli 1990: http://fc95d419f-

Viele der Briten, die sich 1992 ihr politisches Weltbild formten, stimmten 24 Jahre später gegen dieses Europa. Auf dem Parteitag der Konservativen Partei in Brighton 1992 fragte Norman Tebbit, ehemals Minister und Parteivorsitzender pointiert:

„*Do you want a single currency? Do you want the EU meddling in immigration controls, foreign policy, industrial policy, education and defence? Do you want to be citizens of a European Union?*"[20]

Auf jede dieser Frage erhielt er ein dröhnendes, einhelliges *No*!

1997 löste der jugendliche Tony Blair den unbeliebten, grauen John Major ab. Er hatte ihn zwei Jahre zuvor mit den Worten verspottet: „*I lead my party. He follows his!*"[22] Labour hatte sich seit 1992 in Europafragen bedeckt gehalten. Blair fühlte sich berufen, sein Land in den europäischen Institutionen zu verankern. Er hatte 1995 erklärt:

„*The drift towards isolation in Europe must stop and be replaced by a policy of constructive engagement.*[23] *If there are further steps to integration, then we have been the first to say the people should give their consent at a general election or in a referendum, but Europe is a vital part of our national interest. To be sidelined without influence is not a betrayal of Europe, it is a betrayal of Britain. I warn this country, there is now a growing part of the Conservative Party that would take Britain out of Europe altogether and that would be a disaster for jobs and business. This country should be leading in Europe and under Labour it will lead in Europe*".[24]

4478b3b6e5f-3f71d0fe2b653c4f00f32175760e96e7.r87.cf1.rackcdn.com/ADF066927DB5403D9B70493E2B465BFF.pdf, 12.03.2018

Er wollte die EU erweitern und gleichzeitig grundlegend reformieren. Er war überzeugt, dass es ihm gelingen könne, durch aktive Teilnahme von innen heraus mehr zu erreichen als durch passive Blockaden von außen. Auf dem Parteitag seiner Partei erklärte er 2001:

„*For 50 years, Britain has, uncharacteristically, followed not led in Europe. At each and every step. Britain needs its voice strong in Europe and bluntly Europe needs a strong Britain, rock solid in our alliance with the USA, yet determined to play its full part in shaping Europe's destiny. Europe is not a threat to Britain. Europe is an opportunity.*"[25]

Er stimmten den Vertragsänderungen von Amsterdam und Nizza zu und setzte das Maastrichter Sozialprotokoll der EU für sein Land in Kraft. Er setzte einen Mindestlohn fest, und er übernahm die Arbeitszeitrichtlinie der EU. Er unterwarf Großbritannien der Menschenrechtscharta des Europarates. 1999 kündigte er an, Großbritannien werde der Euro-Zone beitreten – zwar nicht sofort, aber in wenigen Jahren. Formal unterstützte ihn sein Schatzkanzler Gordon Brown. Der sprach allerdings von ökonomischen Voraussetzungen, die es zuvor zu erfüllen galt. Diese ökonomischen Voraussetzungen entpuppten sich als verhülltes Veto von Blairs Finanzminister gegen dessen hochfliegende Europläne. Es zeigte sich auch bald, dass Blair in dieser Frage nicht mit einer sicheren Mehrheit im Parlament rechnen konnte.

Was Blair schließlich bewog, seine Euro-Ambitionen aufzugeben, war die Presse. Rupert Murdoch und Lord Rothermere, die Zeitungsmagnaten, die *The Times*, *The Sun*, *Sky News*, *News of the World* und *Daily Mail* kontrollierten, ließen keinen Zweifel daran, dass sie fest entschlossen waren, jede weitere Annäherung Großbritanniens an die EU zu verhindern. Die Presse hatte sich 30 Jahre nach dem Referendum von 1975 neu positioniert. Unverhüllt EU-freundlich zeigte sich kein britisches Medium mehr. Selbst der Economist führte eine leidenschaftliche Kampagne gegen den Euro.[37] Die übrige Presse, vor allem der Boulevard, griff begierig jede Nachricht auf, die die EU in einem feindlichen oder lächerlichen Licht erscheinen ließ. Ein Auslandskorrespondent aus Brüssel versorgte den *Telegraph* mit regelmäßigen Kolumnen, in denen er genüsslich Absurditäten der Brüsseler Bürokratie aufgriff und teilweise grotesk überzeichnete. Sein Name: Boris Johnson. Als Blairs Regierungszeit sich dem Ende zuneigte, dominierte eine auffallend negativ-kritische Berichterstattung zu EU-Themen in den britischen Medien. Die editorische Linie, die diese Publikationen 2016 mit großer Wirkung verfolgten, zeichnete sich damals bereits ab.

Die zweite Front, an der Blair um Zustimmung zu kämpfen hatte, war der EU-Verfassungsvertrag. Nachdem die Anpassung der EU-Verträge auf dem Europäischen Rat von Nizza im Dezember 2000 unbefriedigende Ergebnisse erbracht hatte, beschloss die EU einen „großen Sprung vorwärts". Sämtliche vertraglichen Grundlagen, auf denen die EU aufbaute, sollten in einem einzigen Vertrag zusammengefasst werden, und dieser Vertrag sollte die Vorstufe einer politischen Union werden. Es war ein ambitiöses Projekt, zu dem ein Verfassungskonvent mit über hundert Mitgliedern einberufen wurde. Er sollte in den Augen seiner Initiatoren das europäische Pendant zum Konvent von Philadelphia bilden, der 1787 die Verfassung der Vereinigten Staaten von Amerika erarbeitet hatte. Das Vereinigte Königreich war durch Gisela Stuart MP vertreten, die gut zehn Jahre später neben Boris Johnson zum Gesicht der *Vote Leave*-Kampagne werden sollte. Sie empfand das Verfassungsprojekt der EU als vermessen, unrealistisch, als Ausfluss einer dogmatischen Ideologie, die der Bevölkerung Europas letztlich gegen deren Willen übergestülpt werden sollte.

---

37 Mit Argumenten, die im Nachhinein geradezu prophetisch anmuten. Er hatte die Schuldenkrise, die zehn Jahre später eintreten sollte, zwar nicht vorhergesehen, aber auf die Wahrscheinlichkeit derartiger Fehlentwicklungen hingewiesen.

Der EU-Verfassungsvertrag wurde 2004 unterschrieben. Vor den Wahlen 2005 verpflichtete Blair sich, diesen Vertrag dem Volk zur Abstimmung vorzulegen. Nach den negativen Volksentscheiden in Frankreich und den Niederlanden wurde die Ratifikation des Vertrages jedoch auf Eis gelegt. An die Stelle des Verfassungsvertrags trat der Vertrag von Lissabon. 2007 zeichnete die Regierung seines Nachfolgers Gordon Brown diesen Vertrag und ließ ihn im Parlament ratifizieren. Brown wies die Forderungen nach einer Volksabstimmung zurück, indem er etwas sophistisch argumentierte, der Lissaboner Vertrag sei etwas anderes als der ursprüngliche Verfassungsvertrag, die Zusage einer Volksabstimmung gelte deshalb nicht für diesen Text. Dies war spitzfindig, denn auf den ersten Blick war ersichtlich, dass der Lissaboner Vertrag mehr als 95 % der Substanz des Verfassungsvertrags enthielt.

Die Bedeutung des dritten, folgenschwersten Problems unterschätzte Blair gravierend. 2004 traten zehn Staaten Osteuropas der EU bei.[38] Drei Jahre später folgten Rumänien und Bulgarien. Insgesamt hatten diese Staaten eine Bevölkerung von über 100 Millionen. Der Lebensstandard lag weit unter demjenigen westeuropäischer Staaten. Deshalb bestanden alle kontinentalen Staaten der EU auf langen Übergangsfristen, bevor sie volle Freizügigkeit gewährten. Tony Blair verkannte vollkommen den Migrationsdruck, der sich aus dieser Entwicklung ergeben sollte. Er rechnete mit einigen Tausenden, die den Weg nach Großbritannien suchen würden. Zwischen 2004 und 2010 kamen aber gut drei Millionen Menschen – die gewaltigste Migrationsbewegung, die Großbritannien je erlebt hatte.

Einwanderung war in den 60er-Jahren ein umstrittenes und emotional aufgeladenes Thema geworden, seitdem Immigranten aus der Karibik, aus dem indischen Subkontinent und aus Kenia nach Großbritannien drängten. Enoch Powell hatte das Thema schon 1968 aufgegriffen und sich mit seiner apokalyptischen Rede, in der er „Ströme

---

38 Die drei baltischen Staaten, Polen, Tschechien, Slowakei, Ungarn, Slowenien, Malta, Zypern.

von Blut" vorhersah, den Mund verbrannt. Insgeheim stimmten ihm aber weite Teile der konservativen Partei schon damals zu. Im Jahr 2000 lebten Im Vereinigten Königreich etwa vier Millionen Ausländer – genauer gesagt: in England, denn nur wenige Ausländer verirrten sich nach Schottland, Wales oder Nordirland. Die Regierung betonte, dass ausländische Arbeiter zum Wohlstand des Landes beitrügen und keineswegs Schmarotzer seien. Aber der Druck auf kommunale Einrichtungen wuchs spürbar, auf Krankenhäuser, Schulen, Kindergärten, Sporteinrichtungen. Vor allem entfalteten die einwandernden Arbeiter massiven Lohndruck, weil sie keine Ansprüche stellten, oft schwarz arbeiteten und selbst unzumutbare Arbeitskonditionen bereitwillig hinnahmen. Dies war für britische Gewerkschaften, die Jahrhunderte lang für akzeptable Arbeitsbedingungen gekämpft hatten, ein rotes Tuch. In London und anderen Großstädten freute man sich über billige Arbeitskräfte, die in Haushalt, auf Baustellen, in Krankenhäusern oder in der Müllabfuhr tätig wurden. In den ländlichen Gebieten sah man argwöhnisch den Zustrom der vielen Fremden, die Wohnraum beanspruchten und oft genug besser qualifizierte Lohnkonkurrenten waren. Mit den Fremden veränderten sich ganze Stadtviertel. Diese Arbeitskräfte mögen dem Wohlstand des Landes insgesamt zugute gekommen sein. Aber Kosten und Nutzen dieser Zuwanderung fielen in verschiedenen Regionen ganz unterschiedlich an. Je niedriger der soziale Status, je prekärer die eigenen beruflichen Qualifikationen und die eigene wirtschaftliche Existenz, umso wahrscheinlicher empfand man die Zuwanderer nicht als Bereicherung, sondern als bedrohliche Konkurrenz. In sozialen und wirtschaftlichen Krisenregionen wirkten Zuwanderer als zusätzliche Belastung, wohlhabende Regionen sahen in ihnen willkommene billige Arbeitskräfte, die Aufgaben verrichteten, für die sich Briten zu schade waren.

1.8 Stimmung in Großbritannien 2010

Zusammenfassung: Als Cameron 2010 Premierminister wird, ist die EU-Mitgliedschaft ein nachgeordnetes Thema. Sie ist lästig, aber keineswegs bestimmend in der öffentlichen Debatte. Sie wird systematisch von einigen radikalen Konservativen problematisiert und gerät dann vor allem durch den meteorhaften Aufstieg von UKIP zu einer Überlebensfrage der Konservativen Partei.

Sweet hope turned sour rancour

2010 verlor Gordon Brown die Wahl. Konservative und Liberaldemokraten erhielten zusammen doppelt so viele Stimmen wie Labour. David Cameron bildete mit den Liberaldemokraten eine Koalitionsregierung. Von da an baute sich der Druck stetig weiter auf, der sechs Jahre später zum Referendum führte. Was hat 2010 zu diesem Umschwung geführt? Was war ausschlaggebend dafür, dass das Lager der EU-Gegner so starken Zulauf erhielt und die Gruppe der EU-Skeptiker in der konservativen Partei ständig an Einfluss gewann? Wie konnte es geschehen, dass ein bislang eher zweitrangiges Thema in wenigen Jahren in den Fokus einer Grundsatzdebatte rückte, bei der es um Zukunftsperspektiven und Selbstverständnis des ganzen Landes ging? Wie konnte es geschehen, dass die EU-Mitgliedschaft, die das Leben der meisten Briten viel weniger tangierte als Lohnniveau, Wohnraum, Gesundheitsfürsorge, öffentlicher Transport oder Bildung, plötzlich sämtliche übrigen Debatten überlagerte und bisweilen Züge religiöser Dogmatik annahm?

Die Mehrheit der Briten verstand kaum etwas von den undurchdringlichen Geschäften in Brüssel, vom Gestrüpp der Institutionen und Kompetenzrivalitäten, von Komitologie, Trilog oder verschlungenen Verfahrensregeln. Sie kümmerten sich auch wenig darum. Alle Meinungsumfragen zeigten, dass unter den wichtigsten Sorgen der Briten die EU weit hinter Beschäftigung, Inflation, innerer Sicherheit (Terrorismus), medizinischer Versorgung, Renten, Bildung, Mieten und Umwelt rangierte. Die EU wurde nicht geliebt, aber sie war auch nicht verhasst. Viele Briten nahmen sie gleichmütig hin wie Nebel und

Regen. Sie waren EU-Agnostiker: Aber es gab auch eine Mischung aus Misstrauen, Verachtung und Widerwillen, mit der Engländer auf die EU reagierten. Diese Mischung war in zwei Generationen entstanden, die immer wieder gehört hatten, wie absurd, kleinkariert, herrschsüchtig und intrigant die Brüsseler Bürokratie angeblich operierte. Aus britischer Sicht fehlte in Brüssel jeglicher *common sense* – stattdessen dominierte dort schablonenversessene deutsche Pedanterie und französische intellektuelle Rigidität.

Hier muss zwischen den Landesteilen des Vereinigten Königreichs unterschieden werden: Die schottische Nationalpartei SNP, die 1975 noch gegen die EWG-Mitgliedschaft ins Feld gezogen war, war inzwischen zu einem Fürsprecher der EU geworden. Sie wollte ein unabhängiges Schottland als eigenständiges Mitglied der EU. Nordirland war nach dem Karfreitagsabkommen (1998) zur Ruhe gekommen. Dieses Abkommen setzte jedoch die gemeinsame Mitgliedschaft der Republik Irland und des Vereinigten Königreichs in der EU voraus. Grenzkontrollen konnten entfallen weil beide Länder dem EU-Binnenmarkt angehörten. Das Abkommen nimmt mehr als zwei dutzend Male direkt Bezug auf die EU. Nordirland lebte im Wesentlichen von Transfers aus London, aus den USA und aus Brüssel, wobei die Finanzhilfen der EU den Löwenanteil ausmachten.[39] Wales in seiner europaabgewandten Lage blieb ganz auf England fixiert. Die EU-Kritik kam 2010 im Wesentlichen aus der konservativen Partei, und die war eine englische Partei: In Nordirland trat sie gar nicht an, in Schottland konnte sie 1997 und 2015 nur einen einzigen Wahlkreis gewinnen (2017 waren es immerhin 13 von 59), und in Wales dominierten traditionell Labour, die Grünen und die Regionalpartei Plaid Cymru. Genauer gesagt, waren – und sind – die Konservativen die Partei des ländlichen Englands, der anglikanischen Kirche und englischer gesellschaftlicher Traditionen und Konventionen.

---

39 Die Finanztransfers aus Brüssel machten 2014 etwa 8 % des nordirischen BIP aus.

Britische EU-Gegner hatten seit dem Maastricht-Vertrag vier Hauptargumente gegen die EU vorgetragen:

- Die EU verfolge ein Ziel, das Großbritannien nicht mittragen könne: Eine immer engere Verflechtung ihrer Mitglieder bis hin zu einer politischen Union. Die damit einhergehende Schmälerung des Nationalstaates wollten die Briten keinesfalls hinnehmen. Dass britische Richter Rechtsnormen anwenden mussten, die nicht dem britischem Recht entstammten, war vielen ein besonderer Dorn im Auge.
- Die EU sei undemokratisch; nicht gewählte und niemandem verantwortliche Eurokraten seien in Brüssel am Werk, um immer neue bürokratische Vorgaben auszuhecken, die es britischen Unternehmen immer schwerer machten, profitabel zu arbeiten.
- Großbritannien müsse einen unzumutbaren Anteil an der Finanzierung der EU tragen.
- Die EU werde zunehmend ihrem ursprünglichen Bekenntnis zu Liberalismus und Freihandel untreu und verwandele sich in ein planerisches Monster, das Schritt für Schritt die Kontrolle über immer mehr Lebensbereiche an sich sauge. Diesem Sog müsse man sich rechtzeitig entziehen.

Nun kamen drei weitere gewichtige Argumente hinzu:

- Die EU sei verantwortlich für eine der bedrohlichsten Immigrationswellen und hindere die nationale Regierung, dagegen wirksam vorzugehen. Die EU stelle ein Einfallstor für Terroristen dar.
- Der immer engere Zusammenschluss der Eurozone bringe Mitglieder wie das Vereinigte Königreich, die grundsätzlich nicht daran teilnehmen wollen, immer stärker in ein Außenseiterdilemma. Großbritannien drohe künftig indirekt von Beschlüssen der Eurozone betroffen zu sein, ohne an ihnen mitwirken zu können.

Dadurch entstehe eine Zwei-Klassen-EU und Großbritannien weigere sich, in der Zweiten Klasse Platz zu nehmen.
- Die von den USA ausgehende Finanzkrise traf nicht nur das Vereinigte Königreich mit schmerzhafter Wucht. Sie enthüllte sehr schnell die konstruktiven Schwächen der Währungsunion. Griechenland, Irland, Spanien, Portugal und Italien galten 2010 als gefährdet, wenn nicht als bankrott. Island, das nicht der Eurozone angehörte, gelang es innerhalb kürzester Zeit mit einer drastischen Abwertung, seine Finanzprobleme in den Griff zu bekommen. 2010 kreisten die Diskussionen in Westminster um die Möglichkeit eines Grexit und um die Rolle, die die Europäische Zentralbank als *lender of last resort* spielen müsse. Konkret ging es darum, ob die EZB bereit und ermächtigt war, den Regierungen der Eurozone unbegrenzt Liquidität zur Verfügung zu stellen. Die Bank of England hatte es schon immer als ihre Hauptaufgabe gesehen, der Regierung ausreichend Geldmittel zur Verfügung zu stellen. Sie hatte auf die Finanzkrise mit einer Politik des *quantitative easing* reagiert, einer vornehmen Umschreibung einer Geldmengenvermehrung durch weitgehend unbeschränkten Aufkauf von Staatsschuldscheinen. Hier prallten die englischen Erfahrungen und pragmatischen Überzeugungen auf eine vornehmlich von Deutschland vertretene Stabilitätskultur. In den Augen vieler Engländer vertrat Deutschland eine dogmatische, rigide, verhängnisvolle Position, vergrößerte die ökonomischen Leiden der Eurozone und brachte mit seinem engstirnigen Beharren auf Schuldenabbau die übrigen EU-Partner gegen sich auf. Zugleich trug Deutschland eine ganze Reihe von gravierenden Verstößen gegen EU-Regeln mit. Diese Kombination von finanzieller Rigidität und politischer Laxheit, die die EU in der Schuldenkrise zeigte, steigerte das britische Misstrauen.

2010 erwarteten weite Teile der britischen Öffentlichkeit ein EU-Referendum. Thatcher hatte ein Referendum über den

Maastricht-Vertrag gefordert. Major hatte vor der Wahl 1997 versprochen, ein Referendum über den Euro abzuhalten, sein Nachfolger Blair hatte dieses Versprechen übernommen. Blair hatte zwei Mal ein Referendum über den Verfassungsvertrag angekündigt.[40] Sein Nachfolger Gordon Brown ließ den Lissaboner Vertrag ohne Referendum ratifizieren mit der fadenscheinigen Begründung, es handele sich um einen neuen Vertrag, die alten Zusagen hätten nur für den Verfassungsvertrag gegolten – ein formaljuristisch einwandfreies Argument (es wurde höchstrichterlich bestätigt). In der Öffentlichkeit wirkte es jedoch wie finassierende Kasuistik und fachte die Empörung der EU-Skeptiker an, die sich arglistig geprellt fühlten. Nachdem David Cameron 2005 an die Spitze der Konservativen Partei getreten war, hatte er eine *cast iron-guarantee* gegeben, im Falle seines Wahlsieges das Volk über den Lissaboner Vertrag abstimmen zu lassen. Als er dann 2010 Premierminister wurde, war dieser Vertrag bereits ratifiziert. Cameron redete sich damit heraus, er könne einen gültigen Akt des Parlaments nicht nachträglich einem Volksentscheid unterwerfen.[41] Dies alles bewirkte eine zunehmende Spannung zwischen immer wieder neu geweckten öffentlichen Erwartungen und dem anhaltenden Taktieren der politischen Elite, diese Erwartungen ins Leere laufen zu lassen oder auf eine unabsehbare Zukunft zu vertrösten.

Zwischen 1992 und 2010 hatte es in anderen EU-Mitgliedstaaten über 30 Volksabstimmungen gegeben. Alle Staaten der Erweiterungsrunden 1995 und 2004 hatten ihr Volk befragt. Dänemark und Schwe-

---

40 Am 20. April 2004 sagte Blair, das Unterhaus müsse ausführlich über den Verfassungsvertrag debattieren, anschließend solle das Volk das letzte Wort haben: *„then let the people have the final say"*. Blair versprach in seinem Wahlprogramm 2005: *„We will put the constitution to the British people in a referendum and campaign wholeheartedly for a Yes vote".* (http://www.channel4.com/news/articles/politics/domestic_politics/factcheck+did+blair+promise+euro+referendum/558277.html)

41 Harold Wilson hatte 1975 genau dies getan!

den hatten mit klaren Mehrheiten die Einführung des Euro abgelehnt, in Frankreich und den Niederlanden hatten Referenden den Verfassungsvertrag verworfen, Irland hatte das Volk zweimal zum Lissaboner Vertrag befragt.[42] Immer mehr Briten hatten den Eindruck, dass die EU von 2010 in keiner Weise mehr der EWG glich, über die sie 1975 abgestimmt hatten, obwohl schon damals Wortführer wie Enoch Powell und Tony Benn auf die Dynamik der Europäischen Einigung hingewiesen und gewarnt hatten, dass Großbritannien in einen EU-Zug einsteige, der mit zunehmender Geschwindigkeit auf ein Ziel zu rase, zu dem andere die Weichen stellten. 2010 argumentierten viele Politiker, es gehe nicht um eine EU unterschiedlicher Geschwindigkeiten, sondern um eine EU mit unvereinbaren Zielvorstellungen.[43]

2010 hatten sich in beiden großen Parteien einflussreiche Gruppierungen gebildet, die gegen den EU-freundlichen Kurs von Major und Blair opponierten. In der konservativen Partei scharten sich etwa 80 Parlamentarier um Daniel Hannan, John Redwood, Bill Cash und Iain Duncan Smith. Die Partei hatte nach John Major in kurzer Abfolge drei Parteiführer verschlissen, die alle ausgesprochen EU-skeptisch waren: Douglas Hurd, Iain Duncan Smith und Michael Howard. Als David Cameron 2005 die Stichwahl gegen den ebenfalls EU-kritischen David

---

42 Das erste Referendum ergab am 12. Juni 2008 bei einer Beteiligung von 53,1 % eine Ablehnung des Vertrags von 53,2 % (Ablehnungsquote: 28,25 %). Gut ein Jahr später stimmten am 2. Oktober 2009 67,1 % der Wähler bei einer Beteiligung von 59 % (Zustimmungsquote: 39,6 %) dem weitgehend unveränderten Vertrag zu. Es war das dritte Mal, dass der negative Ausgang eines EU-Referendums in einem kurz darauf wiederholten zweiten Referendum korrigiert wurde (Dänemark 1992/3 zum Maastricht-Vertrag, Irland 2001/2 zum Vertrag von Nizza und 2008/9 zum Vertrag von Lissabon).

43 Einige erhöhten die Dramatik dieses Argumentes durch Wortspiele mit *destination* und *destiny*, um die Unvereinbarkeit der Vorstellungen über eine *finalité* der EU zwischen Großbritannien und den EU-Gründerstaaten als schicksalhaften, unauflöslichen Widerspruch darzustellen.

Davis wider Erwarten gewann, musste er darauf achten, die EU-kritische Strömung in seiner Partei einzubinden. Er glaubte, dies am ehesten durch symbolische Positionierungen und folgenlose Zusagen erreichen zu können.

In der Labour-Partei sammelte sich Widerstand gegen Blairs New Labour. Vielen Mitgliedern schienen Blair und Brown zu zentristisch. Sie hatten sich aus ihrer Sicht zu sehr bei den Konservativen angebiedert und die sozialistische Mission der Partei verraten. Sie wiesen darauf hin, dass das Partei-Manifest noch 1983 festgelegt hatte: „*Withdrawal from the European Community is the right policy for Britain.*"[27] 2010 konnte sich mit Ed Miliband noch einmal ein Pro-Europäer an die Spitze der Partei setzen, aber 2015 wurde er abgelöst von Jeremy Corbyn, der seine Lehrjahre bei Tony Benn verbracht und seither gegen jeden EU-Vertrag gestimmt hatte, auch in offenem Widerspruch zu seiner Parteiführung.

2010 hatte sich eine neue Partei nach vorn gedrängt: Die von vielen belächelte United Kingdom Independence Party (UKIP). Sie hatte nur ein einziges politisches Ziel: Großbritannien aus der EU herauszuführen. Ihr Führer Nigel Farage hatte Charisma; er war ein volksnaher Redner, der gerne in Pubs eine *pint of English ale* trank und sich noch lieber dabei fotografieren ließ. Er gab sich als einfacher Mann aus dem Volk, der *bloke* von nebenan, der mit *common sense* und solidem Patriotismus gegen die entmündigenden Vorschriften aus dem bürokratischen Brüssel ankämpfte. 2009 hatte seine Partei bei den Wahlen zum Europäischen Parlament 2,5 Millionen Stimmen erhalten (16,2 %) und hatte damit nicht nur die Liberaldemokraten, sondern sogar Labour überflügelt. In den Parlamentswahlen ein Jahr später holte UKIP immerhin noch 920.000 Stimmen[44] – und das waren genau die Stimmen, die

---

44 Der Wahlerfolg erscheint größer als er es tatsächlich war, weil Wahlen zum Europäischen Parlament auch in Großbritannien nach dem Proportionalprinzip und nach Parteilisten erfolgen und die Wahlbeteiligung extrem niedrig lag (34,5 %). UKIP erhielt bei den Wahlen 2010 zwar 920.000, sie

Cameron zu einer absoluten Mehrheit fehlten. UKIP konnte aus eigener Kraft bis 2016 keinen einzigen Wahlkreis gewinnen, aber die Partei konnte genügend Stimmen absaugen, um die bisherigen traditionell sicheren Wahlkreise für die beiden großen Parteien kippen zu lassen. Darin lag UKIPs strategische Bedeutung und der übermäßige Einfluss, den die Partei gewinnen sollte. UKIP war aus sich heraus keine starke Partei. Sie war letztlich eine *one man – one issue*-Partei: Ohne Farage war sie nichts und außer dem Ausstieg aus der EU wollte sie nichts. Ihre Stärke lag darin, dass sie die traditionellen Parteien in kritischem Umfang schwächen konnte. Letztlich gelang es UKIP so, ihr Parteiprogramm durchzusetzen, auch wenn sie im Parlament nie eine Rolle spielte.

Dies waren die inneren Entwicklungen in Großbritannien. Zwei äußere Faktoren sollten hinzukommen, die gravierende Auswirkungen auf die Perzeption der EU und die Emotionen gegenüber Brüssel unter Engländern haben sollten: Die Finanzkrise von 2008, die das Vereinigte Königreich besonders hart traf und tiefgreifende Turbulenzen in der Eurozone auslöste, und der weiterhin ungebremste Zustrom von Einwanderern aus Osteuropa.

---

machten aber aufgrund der wesentlich höheren Wahlbeteiligung nur 3,1 % aus. UKIP erhielt später zwei Sitze im Parlament, aber nur durch Überläufer aus der konservativen Partei, die ihre Wahlkreise dann unter anderen parteipolitischen Farben in den Nachwahlen zurückgewannen. Douglas Carswell hatte seinen Wahlkreis Clacton schon 9 Jahre als Konservativer vertreten, als er 2014 zu UKIP überwechselte und die Nachwahl gewann. 2017 trat er wieder aus UKIP aus. Marc Reckless vertrat seit 2010 den Wahlkreis Rochester. 2014 trat auch er zur UKIP über und gewann die Nachwahl unter UKIP-Farben. Auch Reckless verließ UKIP 2017 wieder. In beiden Fällen galten die Stimmen eher den seit langem bekannten und vertrauten Persönlichkeiten als der neuen Partei, für die sie antraten. Nigel Farage selbst blieb ein Wahlerfolg verwehrt, obwohl er mehrfach in Unterhauswahlen kandidierte. Aber zu mehr als einem starken zweiten Platz hat es für ihn nie gereicht.

Literatur

[1] Winston Churchill: Rede in der Aula der Universität Zürich (https://rm.coe.int/16806981f3, 02.02.2018)

[2] Edmund Dell: *The Schumann Plan and the British Abdication of Leadership in Europe* (Oxford, OUP, 1995), S. 81

[3] Harold Macmillan: *Speech to the European Council Strasburg, August 1950*, zitiert in Vernon Bogdanor: Britain and the Continent, Lecture delivered at Gresham College, London, 17. September 2013 (https://www.gresham.ac.uk/lectures-and-events/britain-and-the-continent, 04.02.2018)

[4] Bernard Donoghue/George Jones: *Herbert Morrison: Portrait of a Politician* (London, Weidenfeld&Nicholson, 1973), S. 981

[5] Neville Chamberlain, Radioansprache über BBC vom 27. September 1938 (http://www.bbc.co.uk/schools/gcsebitesize/history/mwh/ir1/chamberlainandappeasementrev8.shtml, 08.02.2018)

[6] Giuseppe Tomasi di Lampedusa: Der Gattopardo. Roman. Übersetzt von Giò Waeckerlin Induni, (München, Piper, 2004)

[7] Dean Acheson: *Present at the Creation - My Years in the State Department* (New York, W.W.Norton, 1969)

[8] Jean-Francois Deniau: *L'Europe interdite*, Le Monde, 27. Oktober 1991.

[9] Hugo Young: *This Blessed Plot: Britain, Europe from Churchill to Blair* (London, Macmillan, 1998) S. 116

[10] Hugh Gaitskell, Rede vor dem Labour Parteitag am 3. Oktober 1962, hier stark verkürzt und pointiert zitiert. (https://www.cvce.eu/content/publication/1999/1/1/05f2996b-000b-4576-8b42-8069033a16f9/publishable_en.pdf, 10 03.2018)

[11] Enoch Powell, Rede in Newton, Montgomeryshire, am 4. März 1972 (https://en.wikiquote.org/wiki/Enoch_Powell, 11.11.2018) und in der Unterhausdebatte vom 28. Oktober 1971 (http://hansard.millbanksystems.com/commons/1971/oct/28/european-communities, 23.03.2018)
[12] Ralf Dahrendorf: *On Britain* (London, BBC, 1982), S. 129
[13] Enoch Powell im Interview mit Robin Day, BBC 5. Juni 1975 (https://www.youtube.com/watch?v=z6vi7y0dzfs, 05.12.2018)
[14] Peter Kellner: *EU vote. Enoch Powell's warning from beyond the grave* (Prospect 11. Juni 2015; https://www.prospectmagazine.co.uk/blogs/peter-kellner/eu-referendum-a-yes-wont-settle-it-look-at-enoch-powell, 05.12.2018)
[15] Brian Wheeler: *EU referendum. Did 1975 predictions come true?* BBC, 6.Juni 2016 (http://www.bbc.com/news/uk-politics-36367246, 04.04.2018);
[16] Andrew Marr: *A History of Modern Britain* (London, Macmillan 2007), S. 351
[17] Margaret Thatcher, *Rede vor dem Europa-Kolleg in Brügge* (https://www.margaretthatcher.org/document/107332, 12.02.2018)
[18] Margaret Thatcher, *Rede im Unterhaus*, 30. Oktober 1990 (http://www.speakingfrog.com/?p=1012, 12.02.2018)
[19] John Major: *Speech to the Conservative Central Council*, 23. März 1991 (http://www.johnmajor.co.uk/page2017.html, 14.03.2018)
[20] Norman Tebbit: *Rede auf dem Parteitag der Konservativen in Brighton*, 6. Oktober 1992 (https://www.gettyimages.de/detail/video/speeches-at-the-first-conservative-conference-nachrichtenfilmmaterial/462468828, 05.12.2018). S.a. Independent, 6. Oktober 1992

[21] Vernon Bogdanor: *Leaving the ERM*, 1992, Lecture Gresham College 16. April 2016 (https://www.gresham.ac.uk/lectures-and-events/leaving-the-erm-1992, 20.02.2018)

[22] Tony Blair: *Prime Minister's Question Time*, 25. April 1995 (http://news.bbc.co.uk/2/hi/uk_news/politics/7637985.stm, 22.02.2018)

[23] Jason Farrell/Paul Goldsmith: *How to lose a Referendum* (London, Biteback, 2017), S. 157

[24] Tony Blair: *Rede auf dem Parteitag in Brighton*, 3. Oktober 1995 (http://www.britishpoliticalspeech.org/speech-archive.htm?speech=201, 23.02.2018)

[25] Tony Blair: *Rede auf dem Labour-Parteitag in Brighton*, 2. Oktober 2001(https://www.theguardian.com/politics/2001/oct/02/labourconference.labour6, 21.02.2018)

[26] Enoch Powell: *Rede vor dem Konservativen Ortsverband Birmingham*, 20. April 1968 (https://www.telegraph.co.uk/comment/3643823/Enoch-Powells-Rivers-of-Blood-speech.html, 22.02.2018)

[27] Wahlprogramm von Labour von 1982 (http://www.politicsresources.net/area/uk/man/lab83.htm#Common, 20.02.2018). Es ist bezeichnend für die Unverbindlichkeit selbst einer Volksabstimmung, dass keine acht Jahre nach dem Referendum von 1975 und seiner eindeutigen Mehrheit für einen Verbleib in der EWG eine der beiden großen Parteien mit einem Programm in Parlamentswahlen geht, das den sofortigen Austritt aus der EWG ohne jede weitere Volksabstimmung vorsieht.

Weiterführende Literatur

Vernon Bogdanor: Six Lectures on Britain and the Continent, Gresham College (2013/4), https://www.gresham.ac.uk/lectures-and-events/britain-and-the-continent, 22.10.2018)

Harold Clarke/Mathew Goodwin/Paul Whiteley: Brexit. Why Britain voted to leave the European Union, Cambridge, CUP (2017)

Jason Farrell/Paul Goldsmith: How to lose a Referendum. The definitive Story of why the UK voted for Brexit, London, Biteback (2017)

Gabriel Rath: Brexitannia. Die Geschichte einer Entfremdung. Warum Großbritannien für den Brexit stimmte, Wien, Braunmüller (2016)

Brendan Simms: Britain's Europe. A Thousand Years of Conflict and Cooperation, London, Penguin (2017)

Derek J. Taylor: Who do the British think they are? From the Anglo Saxons to Brexit, Stroud, The History Press (2017)

2
Der Weg zum Brexit – David Cameron im Kampf gegen die EU und die eigene Partei

Zusammenfassung: David Cameron wollte mithilfe des EU-Referendums den Riss in seiner eigenen Partei heilen. Er geriet durch Wahlerfolge von UKIP unter Druck. Nachdem er das Referendum über die Unabhängigkeit Schottlands überraschend deutlich gewonnen hatte, wählte der für das EU-Referendum die gleiche Strategie der Einschüchterung und Verunsicherung. Er schürte Erwartungen, die er immer weniger erfüllen konnte. Er blieb mit seinen Reformideen in der EU isoliert.

2.1 David Cameron vor 2010

Zusammenfassung: David Cameron ist ein Taktierer. Seine Partei vor dem Auseinanderbrechen zu bewahren, ist seine oberste Priorität. Er hat ein distanziertes Verhältnis zur EU. Es gelingt ihm nicht, die komplexen Entscheidungsmechanismen der EU zu verstehen, noch kann er zuverlässige Verbündete für seine Anliegen finden.

> *No Englishman is ever fairly beaten*
> *G. B. Shaw*

Cameron trat im Alter von 22 Jahren nach dem Studium in Oxford eine Stelle in der Stabsabteilung (*Research Department*) der Konservativen Partei an. Wenige Jahre später wurde er enger Berater von Schatzkanzlers Norman Lamont. In dieser Funktion erlebte er den Schwarzen Mittwoch aus nächster Nähe mit. Dieses Erlebnis hat sich dem jungen Cameron tief eingebrannt. Es blieb seine erste und bestimmende Begegnung mit der EU. Cameron beherrschte keine Fremdsprache und zeigte wenig Interesse, andere Länder und fremde Kulturen kennen zu lernen.

Er hatte eine Reise nach Hongkong und Japan unternommen und war mit der Transsibirischen Eisenbahn zurückgefahren. Er hatte ein paar Tage auf einer Farm in Kenia verbracht und Südafrika besucht – es waren Eindrücke von den letzten Spuren britischer Kolonialherrschaft und vom Kalten Krieg. Ansonsten verbrachte er seine Ferien in luxuriösen Ferienanlagen in der Toscana. Cameron war durch und durch englisch – wenig britisch und kaum Europäer.

Cameron war Experte in moderner Kommunikation. Sachfragen kümmerten ihn wenig. Sein Augenmerk galt der Frage, wie er sich der Öffentlichkeit präsentieren und welchen politischen Gewinn er für sich herausschlagen konnte. Seine politische Karriere war durchwoben mit Andeutungen, die er später verwarf, und mit Versprechungen, die er kurz darauf umdeutete. Er versuchte es jedem irgendwie recht zu machen. Er war geradezu süchtig nach Nähe zu den Medien. Er bemühte sich um das Wohlwollen von Rupert Murdoch, obwohl dieser 2016 zu einem unerbittlichen Gegner werden sollte. Unter seinen Mitarbeitern verbrachten seine Kommunikationsdirektoren, erst Andy Coulson, dann Craig Oliver, am meisten Zeit mit ihm und übten den größten Einfluss auf ihn aus.

2005 wurde Cameron mit 39 Jahren an die Spitze der Konservativen Partei gewählt. Um seinen Wahlsieg zu sichern, hatte er den EU-Skeptikern in den eigenen Reihen zugesagt, die Fraktionsgemeinschaft mit den christlichen und konservativen Volksparteien im EU-Parlament zu beenden – ein Versprechen, das er nach den nächsten Wahlen zum EU-Parlament 2009 erfüllte. Die britischen Konservativen verließen die Fraktionsgemeinschaft der Europäischen Volkspartei EVP und gründeten mit einigen rechts stehenden Parteien aus Osteuropa (Ungarns Demokratisches Forum MFD, tschechische Demokratische Bürgerpartei ODS und Recht und Gerechtigkeitspartei Polens PiS) die neue Fraktion der Europäischen Konservativen und Reformer. Es schien eine taktisch günstige Alibi-Aktion, die ihm Glaubwürdigkeit bei den EU-Skeptikern in den eigenen Reihen sicherte, aber kaum ernsthafte

Auswirkungen in der EU haben würde. Das Europäische Parlament galt in Westminster als bedeutungslose Schwatzbude, in der zweitklassige Politikaster sich folgenlos aufspielten. Cameron unterschätzte, dass er ein Signal der Ablehnung an sämtliche konservative Gruppierungen in den anderen EU-Mitgliedstaaten sandte. Dort wurde dieser Schritt verübelt und reduzierte die Bereitschaft, Cameron entgegenzukommen. Cameron verlor durch diesen Schachzug wichtige Kontakte und Zugänge zu vertraulichen Insiderinformationen aus Brüssel. Das verleitete ihn in den Folgejahren dazu, Motive und Reaktionen seiner EU-Partner falsch einzuschätzen. Wichtige Hintergrundinformationen erreichten ihn spät oder in einseitiger Form, er zeigte sich über wichtige Entwicklungstendenzen zu spät und unvollständig unterrichtet. Er und seine Partei waren von den Kreisen ausgeschlossen, in denen in Brüssel informelle Vorabsprachen getroffen werden. Nachdem er 2010 die absolute Mehrheit verfehlt und in eine Koalitionsregierung gezwungen worden war, wurde sein oberste Priorität, diese Scharte bei den nächsten Wahlen auszuwetzen. Hierfür musste er seine Partei einigen und dem neuen Rivalen UKIP Wind aus den Segeln nehmen.

Ein Jahr später gelang es ihm, nach 13 Jahren seine Partei wieder an die Macht zu bringen. Er wurde der zweitjüngste Premierminister in der Geschichte Großbritanniens. Dazu ging er eine Koalition mit den Liberaldemokraten ein, die unter dem nicht weniger jugendlichen Nick Clegg eine betont EU-freundliche Haltung einnahmen.

Cameron galt als ehrgeizig, pragmatisch, mit Anflügen von Opportunismus und vor allem verzehrt nach medialer Aufmerksamkeit. Er wusste, dass seine Position an der Spitze einer heterogenen Regierung davon abhing, dass er die eigene Partei zusammenhielt. Also versuchte er, den immer rabiateren EU-feindlichen Flügel durch eine Reihe von Zugeständnissen zu besänftigen, die große Aufmerksamkeit entfachten, in der Sache aber harmlos erschienen. Seine eigenen Vorstellungen hatte er 2007 öffentlich erklärt:

"We put it in our manifesto that there should be a referendum, Labour put it in their manifesto that there should be a referendum and it is one of the most blatant breaches of trust in modern politics they won't give us that referendum. Labour government's record on the EU Constitution is a study in how not to make progress within the European Union. First, they were against the Constitution. Then they were for it. Then they signed it. Then they refused a referendum on it. Then they agreed a referendum. Now they're briefing against a new Constitution but they don't have the courage to oppose it in public. And they're in favour of a referendum but they don't really want one. I'm against a European Constitution and I'm in favour of a referendum if one is ever proposed." [1]

In Prag äußerte er sich im selben Jahr über die EU:

"It is the last gasp of an outdated ideology, a philosophy that has no place in our new world of freedom, a world which demands that we fight this bureaucratic over-reach and lead Europe into the hope and potential of a new, post-bureaucratic age." [2]

2.2 Premierminister (2010)

Zusammenfassung: Camerons Fehler besteht darin, keine eindeutige Position zu beziehen. Einerseits bezeichnet er die EU, vor allem den Binnenmarkt, als unverzichtbar, andererseits übt er zunehmend scharfe Kritik an der EU. Einerseits bekennt er sich zu einem Verbleib in der EU, andererseits droht der mit einem Ausstieg. Er hofft, durch Bluff und Drohungen mehr zu erreichen als durch geduldiges Schmieden von Interessensallianzen.

What have I done for you, England, my England?
W.E. Henley

Camerons Programm war eindeutig: Ein *roll-back* der in seinen Augen exzessiven Zugeständnisse, die seine Labour-Vorgänger Europa gemacht hatten. Er wollte eine weniger bürokratische, stärker intergouvernementale, weniger uniformierte EU. Insbesondere wollte er verhindern, dass diese EU mit Direktiven, Verordnungen und Gerichtsurteilen in die Rechtsordnung des Vereinigten Königreichs hineinwirkte und so die Kompetenzordnung des Vereinigten Königreichs unmerklich, aber unwiderruflich aus den Angeln hob.

Cameron suchte den steigenden Druck aus der eigenen Partei dadurch abzubiegen, dass er jede künftige britische Regierung gesetzlich verpflichtete, ein Referendum anzusetzen, sobald weitere Kompetenzen vertraglich von den Nationalstaaten auf die Brüsseler Institutionen verlagert werden sollten.[1] Da sich nach dem Lissaboner Vertrag auf lange Sicht keine neuen Vertragsverhandlungen abzeichneten, schien

---

1 Mit dem *European Union Act* (*Referendum Lock*) von 2011 wollte Cameron immer lautere Forderungen aus seiner Fraktion nach einem EU-Referendum ins Leere laufen lassen, indem er zwar ein Referendum obligatorisch gesetzlich verankerte, aber nur für den Fall, dass es zu Änderungen in den EU-Verträgen kommen sollte, die die Zuständigkeiten Brüssels auf Kosten der Mitgliedstaaten erweiterten oder bestehende nationale Vorbehaltsrechte reduzierten. Eine gute knappe Übersicht über den extrem technischen und weitgehend unlesbaren 17-seitigen Gesetzestext findet sich auf: https://services.parliament.uk/bills/2010-11/europeanunion.html.

dies ein harmloses Zugeständnis. Der *European Union Act* (*Referendum Lock*) schien vorerst Druck aus der eigenen Partei und deren Fraktion im Parlament zu nehmen. Cameron wurde allerdings schnell eines besseren belehrt. Wenige Tage nach Annahme dieses Gesetzes bildete sich eine Gruppe von Tory-Abgeordneten mit dem Ziel, ein EU-Referendum zu erzwingen. Sie nannte sich *People's Pledge* und beanspruchte, über 30.000 Unterschriften gesammelt zu haben. Schwerer wog, dass 87 Abgeordnete das Manifest gezeichnet hatten, die meisten von ihnen Tories. Noch gravierender war, dass Boris Johnson, damals Bürgermeister von London, ebenfalls unterschrieb – ein schlechtes Omen für die Zukunft. Allerdings ging es der Gruppe nur um das Prinzip eines Referendums. Sie ließ offen, wann und worüber die Bürger in einem solchen Referendum abstimmen sollten.

Im Oktober schon zeigte sich, dass Camerons Taktik nicht aufging. David Nutall, ein bis dahin unbekannter konservativer Abgeordneter, beantragte eine Debatte über ein EU-Referendum.[2] Jetzt ging es nicht um einen neuen Vertrag, dessen Ablehnung die Gültigkeit früherer Verträge nicht berührte. Einen neuen Vertrag abzulehnen hätte nur bedeutet, die Gültigkeit der alten Verträge automatisch zu verlängern. Jetzt ging es nur noch darum zu bleiben oder zu gehen. Es gab kein Sicherheitsnetz mehr unter dem Drahtseilakt. Ein Referendum sollte nicht mehr eine neue Stufe der Integration in der EU verhindern. Künftig gab es nur noch die Option eines radikalen Ja oder Nein, zwischen *in or out*. Es ist bezeichnend, wie Cameron auf diese Initiative reagierte. Im Unterhaus erklärte er:

---

2   Die Debatte ging über den Beschlussantrag: *That this House calls upon the Government to introduce a Bill in the next session of Parliament to provide for the holding of a national referendum on whether the United Kingdom should (a) remain a member of the European Union on the current terms; (b) leave the European Union; or (c) re-negotiate the terms of its membership in order to create a new relationship based on trade and co-operation.* (https://publications.parliament.uk/pa/cm201011/cmhansrd/cm111024/debtext/111024-0002.htm)

„Our nation's interest is to be in the EU. This is not the right time, at this moment of economic crisis, to launch legislation that includes an in/out referendum. There is a danger that by raising the prospect of a referendum we will miss the real opportunity to further our national interest."

Noch präziser argumentierte sein Außenminister Douglas Hurd. Er wies zum ersten Mal auf die Gefahren einer unpräzisen Sprache hin. Was würde ein Ausstieg aus der EU denn tatsächlich bedeuten? Es genügte nicht, die EU-Mitgliedschaft abzulehnen. Viel wichtiger war zu definieren, was an ihre Stelle treten sollte:

„If we voted to leave the European Union, would that mean that, like Norway, we were in the European Free Trade Association and in the European Economic Area but still paying towards the EU budget, or, like Switzerland, not in the European Economic Area? If we voted to renegotiate does that mean that we would be in the single market, or not; still subject to its rules, or not? Does "co-operation" mean that we still work together on a united position on Iran, Syria and other foreign policy positions, or not? When we had renegotiated, would we need another referendum on the outcome of the negotiation?" [3]

Fünf Jahre später prägte Theresa May die Formel *Brexit means Brexit* und vertuschte damit das Kernproblem, dass es nämlich weniger darauf ankommt, ein „Nein" zur EU zu sagen, sondern zu definieren, wozu man eigentlich „Ja" sagt. Nach einer erbitterten Debatte gewann Cameron schließlich die Abstimmung. Allerdings musste er schärfste Fraktionsdisziplin einfordern und hinnehmen, dass trotzdem 81 Abgeordnete seiner eigenen Fraktion gegen ihn stimmten; einige weitere enthielten sich der Stimme. Auf Labour war auch dieses Mal Verlass: Labour enthielt sich.³

---

3 Das Abstimmungsergebnis nach über fünfstündiger Debatte war 483 zu 111. Allerdings hatten die drei großen Fraktionen ihre Mitglieder angewiesen, gegen den Antrag zu stimmen. Es war die entschiedenste Rebel-

Cameron distanzierte sich 2011 mit einer zweiten Entscheidung von der EU. Die Schuldenkrise um Griechenland hatte sich verschärft. Die EU musste handeln, um die gemeinsame Währung zu retten. Am 9. Dezember waren sich 27 Mitglieder der EU einig. Selbst Schweden, Tschechien und Ungarn, die sich zögerlich gezeigt hatten, schlossen sich dem deutsch-französischen Vorschlag an, einen Stabilisierungsmechanismus für den Euro zu schaffen. Cameron legte morgens um 2:30 Uhr sein Veto ein. Er war sich über die Folgen offenbar nicht im Klaren. Denn die Euro-Staaten versammelten sich sofort ohne die Nicht-Euro-Staaten und schufen die gewünschten Strukturen außerhalb der gemeinsamen Verträge. Am 23. Januar 2012 wurde der Europäische Stabilitätsmechanismus von den Mitgliedern der Eurozone formal beschlossen. Sie fühlten sich vor den Kopf gestoßen, dass Cameron in einer für sie lebenswichtigen Frage, bei der die Zeit drängte, eine Lösung zu 28 verhinderte. Camerons Weigerung, damals mehr Solidarität zu zeigen, sollte sich später rächen. Zudem beschleunigte die Griechenland-Krise die Herausbildung separater Strukturen der Eurozone, die gegenüber der traditionellen EU immer mehr an Gewicht gewannen. Schon damals meinten Experten, die Entwicklung laufe über kurz oder lang auf eine Eurozone mit eigenem Parlament, eigenem Haushalt und eigenem Finanzminister hinaus. Das Gravitationszentrum der EU werde sich in die Eurozone verlagern – eine Entwicklung, die Großbritannien langsam, aber sicher auf eine einflusslose Randposition abgedrängt hätte. Das wichtigste Finanzzentrum Europas wäre dann von allen wichtigen Finanzentscheidungen Europas ausgeschlossen worden – eine Perspektive, die auch in der City of London Besorgnis auslöste. Indem die Eurozone ihre eigenen Strukturen mit Nachdruck entwickelte, drängte sie Großbritannien mehr und mehr in eine Außenseiterrolle.

---

lion in der Tory-Fraktion seit 1945. 1992 hatten nur halb so viele Tories (41) die Fraktionsdisziplin gebrochen und gegen John Major und den Maastricht-Vertrag gestimmt.

Hatte Cameron gehofft, mit seinen Zugeständnissen die EU-Rebellen in der eigenen Partei beruhigen zu können, so sah er sich getäuscht. Der Rückzug aus dem EU-Parlament, das *Referendum Lock* und sein kämpferischer Auftritt in Brüssel am 9. Dezember 2011 hatten die Aspirationen der EU-Kritiker nur beflügelt und ihre Entschlossenheit gestärkt. Sie merkten, dass Cameron jedes Mal nachgab, wenn sie den Druck erhöhten. Cameron redete stark, agierte aber schwach.[4] Jetzt gelangen UKIP überraschende Erfolge: 2012 erreichte UKIP in Lokalwahlen mit 23 Prozent den zweiten Platz und verwies die Konservativen auf Platz drei. 2013 erhielt UKIP in Umfragen etwa zehn Prozent. Zum ersten Mal seit dem zweiten Weltkrieg war eine Außenseiterpartei zu einer ernsthaften Konkurrenz für die drei etablierten Parteien in England geworden.[5]

---

4 Böse Zungen meinten, Cameron rede Poesie, handele aber in Prosa.
5 UKIP war trotz ihres Namens eine durch und durch englische Partei. Sie erzielte in Schottland, Wales oder Nordirland höchstens einstellige Erfolge. Im Osten und Nordosten Englands kam sie 2015 stellenweise auf über 35 Prozent.

2.3 Die Bloomberg-Rede (2013)

Zusammenfassung: Cameron sucht Zuflucht bei Harold Wilson: Er verspricht ein *in/out*-Referendum und setzt auf Nachverhandlungen.

David und Goliath?

Unter diesem Druck zeigten mehr und mehr Konservative offene Sympathien für einen Austritt aus der EU. Sein Koalitionspartner, die Liberaldemokraten, blieben unbeirrbar auf EU-freundlichem Kurs. Das schränkte Camerons Manövrierraum ein. Als Parteiführer hatte er 2007 fest versprochen (*cast iron guarantee*), den Lissabon-Vertrag einer Volksabstimmung zu unterwerfen. Sein Vorgänger hatte dafür gesorgt, dass er dieses Versprechen nicht erfüllen musste. Aber Cameron hatte immer wieder von einem Referendum gesprochen, er hatte vor allem immer wieder betont, wie unbefriedigend der gegenwärtige Zustand der EU sei: zu bürokratisch, zu wenig wettbewerbsfähig. Er wollte endlich Kompetenzen, die nach Brüssel abgewandert waren, wieder zurückholen.

Am 23. Januar 2013 versuchte er das Netz, das sich immer fester um ihn zu schlingen drohte, zu zerhauen. Auf einer groß angekündigten Rede im Hauptsitz von Bloomberg in der Londoner City legte er seine Vorstellungen zur EU dar. Er versprach ein Referendum, allerdings erst, nachdem es Nachverhandlungen mit der EU gegeben habe. Es war eine Wiederholung von Wilsons Ansatz, zunächst nachzuverhandeln und dann eine Volksabstimmung anzusetzen. Cameron setzte die beharrlichen Bemühungen seiner Vorgänger fort, für sein Land eine Sonderstellung mit Ausnahmebedingungen in der EU zu gewinnen. Er sagte unter anderem:

„I am not a British isolationist. I don't just want a better deal for Britain. I want a better deal for Europe too. And I want a relationship between Britain and the EU that keeps us in. For us, the European Union is a means to an end - not an end in itself. We need fundamental, far-reaching change! Power must be able to flow back to Member States, not just away from them.

People see Treaty after Treaty changing the balance between Member States and the EU. And note they were never given a say. People had referendums promised - but not delivered. They see what has happened to the Euro. And they look at the steps the Eurozone is taking and wonder what deeper integration for the Eurozone will mean for a country which is not going to join the Euro.

I am in favour of a referendum. I believe in confronting this issue - shaping it, leading the debate. But a vote today between the status quo and leaving would be an entirely false choice. It is wrong to ask people whether to stay or go before we have had a chance to put the relationship right.

My strong preference is to enact these changes for the entire EU, not just for Britain. But if there is no appetite for a new Treaty for us all then of course Britain should be ready to address the changes we need in a negotiation with our European partners. Even if we pulled out completely, decisions made in the EU would continue to have a profound effect on our country. But we would have lost all our remaining vetoes and our voice in those decisions. Continued access to the Single Market is vital for British businesses and British jobs.

If we left the European Union, it would be a one-way ticket, not a return.

At the end of that debate you, the British people, will decide." [4]

Damit hatte Cameron sich festgelegt: Er wollte die EU reformieren, den Lissaboner Vertrag neu verhandeln. Falls sich das nicht erreichen ließe, wollte er den Status seines Landes bilateral nachverhandeln. Margaret Thatcher hatte ihr Geld zurückgewollt. Cameron wollte die Souveränität seines Land zurück. Ihm war schwerlich bewusst, wie sehr er mit diesem Gedanken die Phrase vorformulierte, die ihm drei Jahre später ernsthafte Sorgen bereiten sollte: *Take back control!*

Camerons Ideen waren ambitioniert und naiv. Nach der Griechenland-Krise hatte es namhafte Stimmen innerhalb der EU gegeben, die einen neuen Vertrag forderten. Alle derartigen Initiativen scheiterten jedoch an den technischen Komplexitäten einer grundlegenden Neuverhandlung zu 28. Jede Regierung hatte Angst vor der dann erforderlichen Reihe von Ratifikationen und Volksabstimmungen. Die Erinnerung daran, wie Niederländer und Franzosen den Verfassungsvertrag in einer Volksabstimmung hatten scheitern lassen und wie die Iren den Lissaboner Vertrag zunächst verworfen und erst nach kosmetischen Veränderungen in einer zweiten Volksabstimmung gebilligt hatten, saß allen EU-Politikern noch tief in den Knochen. Nicht nur im Vereinigten Königreich stieg die EU-Verdrossenheit. In den Niederlanden, in Frankreich, in Deutschland und insbesondere in den osteuropäischen Mitgliedstaaten wurden EU-kritische Stimmen lauter, radikaler und selbstbewusster. Die Griechenland-Krise war keinesfalls gelöst.[6] Unter den Ungewissheiten der Euro-Krise wollte niemand das Risiko eingehen, einen insgesamt funktionierenden Vertrag ohne zwingende Not aufzumachen.

Cameron hatte wenig Sinn für die komplizierten und raffinierten Mechanismen politischer Willensbildung in Brüssel. Treffen des Europäischen Rates waren für ihn eine Tortur. Er soll sich die langwierigen

---

6 Syriza gewann die Wahlen im Januar 2015. Tsipras und Varufakis brachten ihr Land bis an den Rand eines Grexit. Im Sommer 2015 setzte Tsipras eine Volksabstimmung an, deren eindeutiges Ergebnis er wenige Tage später ignorierte – und drei Monate später erneut Parlamentswahlen gewann.

Gespräche in Brüssel damit vertrieben haben, über sein Handy mit seinen Mitarbeitern in London zu chatten. Noch bevor er Premierminister wurde, hatte er 2006 versucht, eine europäische Reformbewegung ins Leben zu rufen. Zusammen mit der Demokratischen Bürgerpartei Tschechiens, der Partei des EU-Kritikers Václav Klaus, hatte er ein *Movement for European Reform* gegründet. Die Bewegung verfiel rasch wieder in Bedeutungslosigkeit. Cameron hatte nicht verstanden, dass eine Allianz mit Prag bei weitem nicht ausreichte, um einen Reformimpuls erfolgreich in die EU zu tragen. Dazu hätte Cameron eine Allianz mit mindestens einem großen und zwei oder drei kleineren, aber einflussreichen Partnerstaaten bilden müssen, unter denen mindestens zwei Gründungsstaaten waren. Václav Klaus galt zudem in Brüssel als unseriöses *enfant terrible*. Jeder Reformimpuls, der mit seinem Namen verbunden war, war dort von vornherein zum Scheitern verurteilt. Cameron fehlte das Wichtigste in der Brüsseler Politik: Geduld, Umsicht und das Gespür, Interessenallianzen zu schmieden, Verbündete zu gewinnen, Pakete zu schnüren und persönliche Freundschaften zu pflegen.

Cameron erhob eine Reihe von grundsätzlichen Forderungen, die für jeden seiner EU-Partner gewaltige Probleme aufwerfen mussten. Cameron hielt es nicht für notwendig, unter den Schwergewichten in der EU Sympathie und Unterstützung zu gewinnen. War ihm klar, dass sich gegen den Widerstand von Deutschland, Frankreich, Italien und Spanien nichts ausrichten lässt? Er musste sie entweder mit einem Gegenangebot locken – dazu ergriff er keine Initiative – oder er musste diese Phalanx spalten – dazu machte er keinen ernsthaften Versuch. Nicht ein einziges Mal blitzt in seiner Rede das Bewusstsein auf, dass das vorhandene Regelwerk das Ergebnis jahrzehntelanger Verhandlungen darstellt, in deren Verlauf tausende individuelle Wünsche, wie sie Cameron jetzt für sein Land erhob, mühsam in ein Gleichgewicht gebracht worden waren. Der Vertrag von Lissabon war ein sorgsam austariertes Bauwerk vieler Architekten, dessen Statik höchst labil war.

Sein Versuch, einseitig einzelne Bausteine, darunter Eck- und Gewölbesteine herauszubrechen, musste den gesamten Bau aus dem Gleichgewicht, wenn nicht zum Einsturz bringen. Cameron fixierte sich auf die eigene Interessenslage und versäumte zu reflektieren, wie derartige Forderungen auf die übrigen Partner wirken mussten. Was hatte Großbritannien denn anzubieten, um diese Partner zu bewegen, auf seine Forderungen einzugehen? Statt positive Perspektiven vorzustellen und Verbündete für gemeinsame Ziele zu gewinnen, drohte Cameron mit Austritt und missachtete den ehernen Grundsatz, dass kein Politiker Drohungen ausstoßen sollte, die er im Ernstfall nicht wahr zu machen bereit ist. Wiederholt mit einem Austritt zu drohen hatte einen *framing*-Effekt: Ein EU-Austritt wurde immer mehr zu einem normalen, akzeptablen politischen Ziel. Da selbst der Premierminister ihn immer wieder ins Spiel brachte, galt er nicht länger als Tabuthema.

An der Heimatfront hatte er mit der Forderung nach fundamentalem, weitreichendem Wandel hochgespannte Erwartungen geschürt, die er niemals würde erfüllen können. Er drohte mit dem Austritt seines Landes – den er nach eigenem Eingeständnis unbedingt vermeiden wollte. Karikaturisten verglichen ihn mit Billy the Kid aus dem Wilden Westen, der droht: „Hände hoch, sonst jage ich mir eine Kugel durch den Kopf!"

Dennoch verstanden die kontinentalen Partner Camerons Dilemma und scheuten keine Mühe, Signale der Verständigungsbereitschaft zu senden. Kanzlerin Merkel lud die Cameron-Familie mit Kindern im April 2014 nach Schloss Meseberg ein, wo ihr Gatte Prof. Sauer ebenfalls anwesend war – eine einzigartige Geste persönlicher Verbundenheit. Eine Begegnung im Kreise der Familien hat es bei der eher spröden Kanzlerin Merkel sonst nicht gegeben. Dies war eine werbende und einladende Geste. Sie konnte jedoch die Fremdheit nicht überbrücken, die sich auftat zwischen dem privilegierten Spross der englischen Oberschicht, der seinen Schliff in Eton und Oxford erhalten hatte, und der

Pfarrerstochter aus der Uckermark, die ein Physikstudium in der DDR absolviert hatte.

Ein Treffen mit dem französischen Präsidenten Hollande war im Januar 2014 wenig konstruktiv verlaufen. Cameron hatte seinen Pariser Kollegen jovial zu einem Pub-Besuch eingeladen und gehofft, auf die gemeinsame Militäroperation gegen Gaddafi in Libyen von 2011 aufbauen zu können. Er erhielt von Hollande nicht mehr als die Aussage, Verhandlungen über einen neuen Vertrag seien sehr schwierig und keine Priorität der französischen Regierung.

2.4 Referendum in Schottland, Krieg in der Ukraine – Cameron laviert (2014)

Zusammenfassung: Zeitgleich zu den Vorbereitungen für das EU-Referendum läuft das Referendum über die Unabhängigkeit Schottlands. Die Erfahrungen aus dieser Kampagne werden für Cameron bestimmend. Großbritanniens Verlust an internationalem Einfluss zeigt sich in den Bemühungen, den Konflikt in der Ostukraine einzuhegen.

> *People will forget what you said, people will forget what you did,*
> *but people will never forget how you made them feel*
> Maya Angelou

Mit der Fanfare seiner Bloomberg-Rede hatte Cameron sich selbst in ein Dilemma gestürzt. Er wollte sein Land in der EU halten, wollte die Bedingungen der EU-Mitgliedschaft für sein Land jedoch verändern. Um diese Veränderungen zu erzwingen, drohte er mit einem Referendum, das diese Mitgliedschaft endgültig beenden konnte, und implizierte dabei, dass er selbst für einen Austritt eintreten werde, sollten die Nachverhandlungen unbefriedigend verlaufen. Er hatte kalkuliert, damit ausreichend Druck aufzubauen, um die übrigen EU-Partner zum Einlenken zu bewegen. Aus seiner Sicht brauchte die EU die Mitgliedschaft Großbritanniens dringender als Großbritannien die in der EU. Cameron hatte in Brüssel zu wenig eigene Leute in strategischen Positionen, die Entscheidungsprozesse frühzeitig in seinem Sinn hätten beeinflussen können. Großbritannien galt in der EU-Bürokratie auf der Ebene, die den politischen Meinungsstrom steuert, nicht nur quantitativ, sondern auch qualitativ als unterrepräsentiert. Cameron hat sich wenig um Personalentscheidungen in Brüssel gekümmert. Unter seinen engsten Mitarbeitern war keiner, der persönliche Erfahrung und entsprechende Kontakte aus Brüssel mitbrachte. Ihm fehlte das Gespür für Denkweise und Vorstellungswelt der kontinentalen Regierungschefs, er pflegte zu keinem von ihnen vertrauliche persönliche Beziehungen. Er verstand nicht, dass die EU für viele kontinentale

Politiker geradezu sakrale Bedeutung besaß. Sie galt ihnen als Garant, dass die fürchterliche Epoche der Kriege zwischen Nationalstaaten endlich überwunden war. Die EU war für sie die Erlösung vom Fluch der Vergangenheit. Nicht nur Helmut Kohl, auch Kanzlerin Merkel wiederholte die Warnung, dass ein Scheitern der EU ein Ende der Friedens- und Wohlstandsepoche Europas nach sich ziehen könne. Großbritannien hatte weder Besatzung noch Terrorherrschaft erlebt. Den Briten fehlte das Gespür dafür, wie stark die Angst vor einem Rückfall in die finstersten Jahrzehnte des 20. Jahrhunderts unterschwellig die Politik auf dem Kontinent mitbestimmte. Mit seinen widersprüchlichen Äußerungen und seinem forschen Auftreten irritierte Cameron gerade diejenigen Partner, auf deren Entgegenkommen er am stärksten angewiesen war.

Cameron wäre gut beraten gewesen, vier Grundsätze zu beherzigen, die John Maynard Keynes vor den Verhandlungen in Washington 1945 formulierte:

- Versetze Dich in die Position Deines Gegenübers und verstehe seine Ziele und seine Ängste!
- Sprich über Zukunftschancen, nicht über Versäumnisse der Vergangenheit!
- Drohe nicht, sondern werbe! Fokussiere auf Gewinne, nicht auf Risiken!
- Opfere nicht eine unbequeme, aber erträgliche Gegenwart für eine Zukunft, die sich leicht als unerträglich und unbequemer herausstellen kann!

Cameron hatte nach seiner Bloomberg-Rede zwei Optionen: Er konnte entweder eindeutig für die Mitgliedschaft in der EU eintreten und auf eine breite Interessensallianz hinwirken, um genügend Unterstützung für seine Reformansätze zu finden. Oder er konnte ganz auf die Austrittsdrohung setzen in der Hoffnung, die kontinentalen Partner so stark unter Druck zu setzen, dass sie widerwillig einlenkten. Er konnte entweder seine Partner umschmeicheln und für sich gewinnen, oder er konnte ihnen die Pistole der Austrittsdrohung auf die Brust setzen. Fataler Weise verfolgte Cameron beide Linien gleichzeitig. Einerseits wurde er nicht müde zu betonen, wie lebenswichtig der EU-Binnenmarkt für die britische Wirtschaft war. Andererseits verwies er auf Nigel Farages UKIP und den Druck der EU-Skeptiker in der eigenen Partei. Einerseits wollte er die EU reformieren und bezeichnete sie als Grundlage britischen Wohlstands, andererseits machte er sich die radikal EU-kritische Rhetorik seiner innerparteilichen Gegner zueigen, versicherte sie seiner Sympathien und versuchte, ihnen die Themen abzujagen. Diese widersprüchlichen Signale führten dazu, dass diejenigen, die er eigentlich als Verbündete in Brüssel brauchte, sich von ihm abwandten, während er gleichzeitig diejenigen in seiner Partei ermutigte, aber nicht wirklich für sich gewinnen konnte, die hofften, ihr Land endgültig aus der EU herauszuführen.

Cameron erlitt seine erste schmerzliche Niederlage im Parlament in einer Frage, die nichts mit der EU zu tun hatte. Cameron zählte zu den Wortführern einer kompromisslosen Linie gegen Bashar al-Assad in Syrien. Am 21. August 2013 wurden in Ghouta, einem Vorort von Damaskus, Stellungen von Rebellen mit dem Giftgas Sarin beschossen. Mehrere hundert Menschen starben, einige tausend mussten wegen neurotoxischer Symptome medizinisch behandelt werden. Cameron machte Assad für diesen Giftgaseinsatz verantwortlich. Er forderte eine umgehende militärische Reaktion und sprach sich mit dem amerikanischen Präsidenten Obama ab. Er rief das Parlament aus den Ferien zurück und suchte eine Ermächtigung für einen Militäreinsatz gegen die syrische Regierung. Dieser sollte gemeinsam mit den USA erfolgen. Cameron verlor diese Abstimmung am 29. August 2013 mit 272 zu 285 Stimmen. Dreißig Parlamentarier seiner eigenen Partei und neun Liberaldemokraten hatten gemeinsam mit der Opposition gegen die Regierung gestimmt. Zum ersten Mal seit 1782 hatte das Unterhaus einer britischen Regierung die Unterstützung in einer Frage von Krieg und Frieden verweigert.

Cameron hatte fast alles falsch eingeschätzt. Er hatte die Warnungen seiner militärischen Experten in den Wind geschlagen, er hatte den Widerwillen der Bevölkerung unterschätzt, er hatte geglaubt, er könne auf die Unterstützung von Labour in dieser Frage zählen und er werde eine überwältigende Mehrheit erhalten. Er hatte übersehen, dass nach Tony Blairs fragwürdigem Irak-Abenteuer,[7] nach der Militäroperation in Libyen, die dieses Land ins Chaos gestürzt hatte, und angesichts der anhaltenden, aber erfolglosen Operationen in Afghanistan nur noch wenige Abgeordnete bereit waren, sich auf ein weiteres riskantes Militärvorhaben mit unabsehbaren Konsequenzen einzulassen. Es war kein gutes Vorzeichen für die nächsten Jahre.

Ein halbes Jahr später zeigten Ereignisse im Osten Europas den abnehmenden Einfluss Großbritanniens. Nach der Annexion der Krim und dem Ausbruch offener Kriegshandlungen zwischen pro-russischen Rebellen und Regierungstruppen in Donezk und Lugansk bildete sich das sogenannte Normandie-Format. Am Rande der Feierlichkeiten zum 70. Jahrestags der Landung alliierter Truppen im Zweiten Weltkrieg trafen sich im Juni 2014 Kanzlerin Merkel, Präsident Hollande und die Präsidenten Poroshenko aus der Ukraine und Putin aus Russland, um gemeinsam über einen Friedensplan zu beraten. Das Format bildet bis heute den Rahmen für Verhandlungen über eine Konfliktlösung im Osten der Ukraine. Großbritannien war an dieser Initiative nicht beteiligt. Als ständiges Mitglied im Sicherheitsrat und als bedeutende Mili-

---

7   Die britische Intervention im Irak an der Seite der USA von 2003 war seit 2009 Gegenstand einer überparteilichen Kommission unter dem Vorsitz von Sir John Chilcot. Sie legte ihren Abschlussbericht erst im Juli 2016 vor. 2013 war aber bereits inoffiziell durchgedrungen, dass die Kommission zu einer negativen Einschätzung der damaligen Entscheidung von PM Tony Blair kommen würde, Soldaten in den Irak zu entsenden.

tärmacht in Europa mit weitreichendem diplomatischen Einfluss hätte Großbritannien eigentlich in diese Gruppe gehört.

Cameron selbst scheinen diese Entwicklungen wenig beunruhigt zu haben. Er war völlig auf eine neue Herausforderung konzentriert. Am 18. September 2014 sollte ein Referendum über die Unabhängigkeit Schottlands stattfinden. 2013 war der *Scottish Independence Referendum Act* in Kraft getreten: Schottland sollte ein unabhängiger Staat werden, wenn sich in einem Referendum die Mehrheit der Abstimmenden dafür aussprach. Der Wahlkampf um dieses Referendum dominierte den gesamten Herbst 2014. Die schottische Regierung unter Alex Salmond setzte auf die Wohlfahrtsgewinne, die ein unabhängiges Schottland erzielen könnte, wenn Einnahmen aus der Öl- und Gasförderung nicht mehr nach London abfließen würden. Schottland würde sich in der Bildungs-, Sozial- und Gesundheitspolitik von den Fesseln des fernen Londons befreien. Schotten würden dann Politik für Schotten machen – man hätte auch sagen können: „*Scotland first!*".

Cameron hingegen setzte auf eine Strategie von Drohungen und von Verunsicherung. Er ließ die Zukunft eines unabhängigen Schottlands in den düstersten Farben ausmalen. Er betonte, dass die Reisefreiheit gefährdet sein könnte, dass Telefon- und Postverkehr nach internationalen Tarifen abgerechnet werden müssten, dass die Seegrenze zwischen beiden Ländern strittig sei und ein Teil des Kontinentalsockels, den Schottland zu seinem nationalen Besitz rechne, auch von England beansprucht werde. Zunächst hieß es, Schottland werde das Pfund als Währung behalten können, aber keinerlei Mitsprache in der Bank of England erhalten; dann verschärfte Schatzkanzler George Osborne, die Warnung: „*If Scotland walks away from the United Kingdom, it walks away from the Pound!*".[5] Verstärkt wurde diese Kampagne seitens der EU, als deren Präsident Barroso erklärte, ein unabhängiges Schottland werde, um Mitglied in der EU zu werden, das gesamte Aufnahmeverfahren erneut zu durchlaufen haben – mit völlig ungewissem Ausgang.

Cameron war gewarnt worden, das Schottland-Referendum könne das Ende der dreihundertjährigen Geschichte der Staatenunion zwischen England und Schottland, bedeuten, Großbritannien könne in Schottland und ein Klein-England zerfallen, aus dem *United* könne ein *Disunited Kingdom* hervorgehen. Dennoch setzte er alles auf eine Karte. Er wollte die leidige Kontroverse über den Status Schottlands, die sich schon über Jahrzehnte hinzog, mit einem Schlag beenden. Und er gewann! Das Ergebnis war eindeutig: 55,3 Prozent der Stimmen lehnten ein unabhängiges Schottland ab, nur 44,7 Prozent sprachen sich dafür aus – ein Unterschied von mehr als zehn Prozent. Die Wahlbeteiligung lag mit 84,6 Prozent höher als je zuvor in einer politischen Abstimmung im Vereinigten Königreich.[8] Nicola Sturgeon, die dem glücklosen Alex Salmond als First Minister in Edinburgh nachfolgte, meinte rückblickend, die wirtschaftlich-finanziellen Ungewissheiten hätten letztlich den Ausschlag gegen die Unabhängigkeit gegeben.

Dies war eine Lektion, die Cameron nicht vergessen sollte. Sie lieferte ihm eine Schablone, nach der er zwei Jahre später auch sein EU-Referendum zu gewinnen dachte. Aus dieser Kampagne zog Cameron einige Schlussfolgerungen, die sein Verhalten ein Jahr später erklären: Er hatte mit seiner draufgängerischen Taktik gegenüber den zögernden Bedenkenträgern gesiegt. Es war besser, ein schwelendes Problem offensiv anzugehen, als es weiter zu verschleppen. Ein Referendum ließ sich gewinnen, wenn man die Gegenseite in schwarzen Farben malte und auf die Negativfolgen fokussierte. Seine persönliche Autorität war beträchtlich. Er konnte einen lokal verwurzelten, ungewöhnlich populären Politiker wie Alex Salmond, den Anführer der Unabhängigkeitsbewegung, besiegen. Schotten waren eben auch Briten und als Briten folgten sie im Zweifel ihrer Regierung in London.

---

8   Die Ablehnungsquote lag bei 46,8 Prozent und damit sehr nah an 50 Prozent.

Gegenüber der EU blieb Camerons Linie weiter unklar: Er hob die lebenswichtige Bedeutung des Binnenmarktes hervor, geißelte aber scharfzüngig die schwerfällige Brüsseler Bürokratie, sprach zunehmend die Probleme personeller Freizügigkeit an, die es ihm unmöglich mache, den Zuzug von Ausländern unter 100.000 zu drücken, wie er voreilig versprochen hatte, tat aber nichts Erkennbares, um hier gegenzusteuern. Der Anteil von Einwohnern, die im Ausland geboren waren, war seit dem Beitritt Großbritanniens zur EU von fünf Prozent auf 14 Prozent angestiegen. Seit Freizügigkeit auch für die neuen osteuropäischen Mitgliedstaaten galt – Großbritannien hatte 2004 auf Übergangsfristen verzichtet –, waren mehr als drei Millionen Arbeiter aus diesen Ländern nach Großbritannien geströmt. Als *Polish plumbers* machten sie in den Boulevard-Blättern Schlagzeilen und sorgten für Proteste gegen unfairen Wettbewerb.

Cameron nahm die wachsende EU-kritische Stimmung aus der Bevölkerung auf. Auf dem Weltwirtschaftsforum in Davos kritisierte er 2014 scharf die blinde Regelungswut der EU-Kommission und pries Fracking als vielversprechenden Ansatz, der die wachsenden Energieprobleme seines Landes lösen könne. Wusste er nicht, oder interessierte es ihn nicht, auf welche Vorbehalte diese Technologie bei seinen EU-Partnern stieß? Wenige Wochen später trat er auf der Bilderberg-Konferenz auf und verschärfte nochmals den Ton gegen die EU. Gleichzeitig legte er in einem Namensartikel im Daily Telegraph seine Zukunftsvorstellungen dar. Er verlor zwar einige anerkennende Worte für den EU-Binnenmarkt, sonst aber klangen seine Worte wie eine bittere Anklagerede gegen die EU. Er schwärmte enthusiastisch von einer *New European Union,* die er gemeinsam mit Frankreich und Deutschland schaffen wolle. Er erwähnte nicht, dass weder Deutschland noch Frankreich bereit waren, auf diesem ambitionierten Weg zu folgen. Er beschränkte sich dann allein auf die Gravamina Großbritanniens: Zuständigkeiten sollten von Brüssel in den nationalen Bereich zurückgeholt werden, nationale Parlamente sollten ein Veto gegen

Entscheidungen in Brüssel erhalten, Unternehmen sollten nicht länger von überbordendem bürokratischem Papierkrieg erstickt werden, mit Nordamerika und Asien solle es Freihandel geben. Polizei und Gerichte sollten frei bleiben von Einmischungen Europäischer Institutionen. Freizügigkeit gelte nur für Menschen, die Arbeit, nicht aber für solche, die kostenlose Sozialfürsorge suchen. Die Aufnahme weiterer Mitglieder in die EU dürfe den Migrationsdruck nicht erhöhen. Dem Ziel einer immer engeren Union der Völker Europas erteilte er eine klare Absage. Spätestens 2017, so erklärte er gleich eingangs, müsse die EU reformiert sein und dann werde er ein Referendum abhalten. Cameron verstärkte diese Absagen mit vier emphatischen *Nos*:

„No to ever-closer union! No to a constant flow of power to Brussels. No to unnecessary interference. And no, it goes without saying, to the Euro, to the participation in Eurozone bailouts or notions such as a European Army!" [6]

Cameron griff mit diesen Formulierungen die inzwischen legendären Worte auf, mit denen die damalige Premierministerin Thatcher im Unterhaus am 30. Oktober 1990 jede weitere Bewegung der EU hin auf eine politische Union abgeschmettert hatte.[9]

Mit diesem Ansatz hatte Cameron sich selbst gefangen. Er wusste, oder hätte nach den Komplikationen der letzten Vertragsverhandlungen von Nizza und Lissabon wissen müssen, dass Verhandlungen über einen neuen EU-Vertrag extrem komplex und zeitraubend sein würden. Jedem, der auch nur oberflächlich mit den Prozessen in den Maschinenräumen der EU vertraut war, musste klar sein, dass ein ambitionierter Neuvertrag in drei Jahren nicht zu erreichen war und dass sowohl Hollande wie Merkel gegenwärtig keinen neuen EU-Vertrag wünschten. Cameron hatte sich in seinem eigenen Dilemma gefangen: Er wollte sein Land in der EU halten, glaubte aber, er müsse eine glaub-

---

9 Margaret Thatcher im *House of Commons* (https://www.margaretthatcher.org/document/108234)

hafte Austrittsdrohung als Hebel einsetzen, um Zugeständnisse zu erzwingen. Je glaubwürdiger aber diese Drohung wurde, umso geringer wurde die Bereitschaft der EU-Partner, ihm entgegen zu kommen. Falls es überhaupt Sympathie für seine Reformideen außerhalb Großbritanniens gab, erstickte er sie durch sein rabiates Auftreten. Er warb nicht, er drohte, er suchte keine Kompromisse mit Partnern, die im Ansatz vielleicht ähnlich dachten, sondern er stieß selbst Sympathisanten durch sein rigides Auftreten vor den Kopf. Je lauter er von der Möglichkeit eines Austritts sprach, umso stärker erhöhten die EU-Gegner in seiner Partei ihren Druck, umso mehr lieferte sich Cameron ihren radikalen Forderungen aus.

Cameron betrachtete die EU als Supermarkt, aus dem man sich nach Belieben bedienen kann. Er ließ die Interessen der wichtigsten Mitspieler völlig außer Acht. Er hatte seit seiner Bloomberg-Rede vor über einem Jahr keinen Verbündeten auf dem Kontinent gewinnen können. Zaudernde Partner hatten zwar vorsichtig Sympathie für einige seiner Punkte erkennen lassen, aber kein führender EU-Politiker griff öffentlich eine einzige von Camerons Forderungen auf und erklärte seine Unterstützung. Cameron führte Gespräche mit den Niederlanden – einem der wichtigsten Handelspartner – mit Schweden, das wie Großbritannien den Euro prinzipiell ablehnte, mit Polen und mit Tschechien und warb für seine Vorstellungen, aber keiner dieser Staaten war bereit, seine Forderungen auch nur ansatzweise aufzugreifen und zu unterstützen. Cameron war isoliert.

Mit seinem Auftreten und insbesondere mit dem Aufsatz im *Daily Telegraph* hatte Cameron die Erwartungen in seiner Partei immer höher getrieben. Wenige Briten verstanden etwas vom Brüsseler Geschäft. Viele, vor allem Angehörige der älteren Generation, waren aufgewachsen in dem Bewusstsein, dass Großbritannien eine globale Großmacht sei. Bis 1970 standen britische Soldaten in Singapur, Malaysia, am Persischen Golf und am Indischen Ozean. Noch zehn Jahre später beherrschten Rhodesien (Zimbabwe) und Südafrika die Schlagzeilen der britischen Presse, nicht die arkanen Formalitäten der Brüsseler Komitologie. Die Generation, die vor 1960 geboren war, trug noch ein von imperialen Traditionen und Themen geprägtes Selbstverständnis in sich. Für viele von ihnen war es selbstverständlich, dass sich Großbritannien holte, was es wollte. So hatte es das im Falkland-Krieg getan, so hatte es gegenüber Afghanistan, dem Irak und gegenüber Libyen gehandelt. Sollte sich eine globale Groß- und Handelsmacht von Brüsseler Eurokraten auf der Nase herumtanzen lassen? Cameron fachte alle diese emotionalen, nationalistischen Ressentiments an. Er hatte sich unter einen Erfolgsdruck gesetzt, dem er nicht mehr gerecht werden konnte. Er schürte Erwartungen, die er, selbst wenn ihm die Umstände gnädig waren, niemals erfüllen konnte. Und die Umstände entpuppten sich als alles andere als gnädig.

Die Unruhe in Camerons Partei wuchs. Wenige Wochen vor Camerons Aufsatz hatten 95 konservative Abgeordnete – das war ein knappes Drittel der Gesamtfraktion – beantragt, dem Parlament in Westminster ein Veto gegen alle Arten von Verordnungen, Direktiven oder sonstigen Vorschriften Europäischer Institutionen einzuräumen. Schon vor seiner Bloomberg-Rede hatte sich eine Gruppe von konservativen Abgeordneten gebildet, die mit eigenen Vorschlägen zu einer EU-Reform von sich reden machte: Das *Fresh Start Project* hatte 2013 eine Studie *Options for Change* publiziert, die eine Reihe von Änderungen im Lissaboner Vertrag und in den EU-Strukturen vorschlug.[10]

Der Grund lag auf der Hand: UKIP eilte von einem Wahlerfolg zum nächsten. In den Lokalwahlen am 22. Mai 2014 konnte UKIP die

---

10 *Fresh Start* arbeitete hierbei eng mit dem Think Tank *Open Europe* zusammen, der zu einer Gedankenschmiede für Cameron wurde. Der Direktor von *Open Europe*, Mats Persson, wurde 2015 von Cameron in seinen engsten Mitarbeiterstab geholt. Der volle Text des *Green Paper*, in dem die Gruppe ihre Reformvorstellungen ausbreitete, unter: https://www.gov.uk/government/uploads/system/uploads/attachment_data/file/278507/Fresh_Start__full_.pdf. Außenminister Hague schrieb dazu ein freundliches Vorwort.

Zahl ihrer Stadt- und Landräte vervierfachen. In mehreren Wahlbezirken gelang es UKIP, auf Platz zwei zu gelangen und die traditionellen Großparteien zu deklassieren; meist waren es die Konservativen. Im Oktober gewann UKIP einen ersten Sitz im Westminster-Parlament. Der Konservative Douglas Carswell erklärte seinen Übertritt von der Konservativen Partei und gewann seinen Wahlkreis in der fällig werdenden Nachwahl mit fast 60 Prozent. Einen Monat später folgte ihm sein Parteifreund Mark Reckless und gewann ebenfalls seinen Wahlkreis erneut unter UKIP-Fahne, wenn auch nur mit 42 Prozent. Die Wahlstrategen in der Geschäftsstelle der Konservativen Partei waren alarmiert. Zwar war UKIP noch weit davon entfernt, aus eigener Kraft einen Sitz im Parlament zu erobern. Nigel Farage, seit 2006 Parteiführer und Abgeordneter im Europaparlament, hatte fünf Mal erfolglos für das Westminster-Parlament kandidiert. Die zwei Sitze, die die Partei 2014 gewonnen hatte, verdankte sie in erster Linie der Persönlichkeit und der Bekanntheit der von den Konservativen übergelaufenen Politiker. Die Gefahr lauerte woanders: UKIP zog überproportional Wählerstimmen von den Konservativen ab. Wurde die Partei zu stark, konnte sie das konservative Wählerpotenzial spalten, die Mehrheit konservativer Kandidaten gefährden und damit indirekt einem Oppositionskandidaten den Wahlsieg erleichtern. 2015 standen Parlamentswahlen bevor.[11]

---

11 Das britische Mehrheitswahlrecht macht es kleinen Parteien übermäßig schwer, aus eigener Kraft einen Wahlkreis zu gewinnen. Da viele Wahlkreise aber mit knappen Mehrheiten gewonnen werden (*marginal constituencies*), genügt es, wenn eine kleine Partei einige hundert Wählerstimmen von der relativ stärksten Partei abzieht, um einer anderen Partei zum Wahlsieg zu verhelfen. Angst um die eigene Mehrheit bewegt dann Kandidaten der großen Parteien, sich besonders intensiv um diese Wählergruppe zu bemühen, um zu verhindern, dass sie zu viele Stammwähler verlieren. UKIP konnte auf diese Weise den Schwerpunkt der Konservativen Partei erfolgreich in Richtung des eigenen EU-feindlichen Programms verschieben. In gewisser Weise ist es keine Übertreibung zu behaupten, UKIP habe die

Drastisch wurde diese Gefahr in den Wahlen zum Europa-Parlament deutlich. Bei den Wahlen, die zeitgleich mit den Lokalwahlen am 22. Mai 2014 stattfanden, wurde UKIP mit 27,5 Prozent der Stimmen stärkste Partei. Sie überholte sowohl Labour wie die Konservativen. Die Wahlbeteiligung lag freilich bloß bei 34,2 Prozent. Das Wahlergebnis war also keineswegs repräsentativ. Es sagte auch wenig über Parlamentswahlen aus, bei denen die Beteiligung traditionell höher lag und bei denen ein anderes Wahlrecht zum Zuge kam. Wahlen zum Europaparlament werden auch in Großbritannien nach reinem Proportionalwahlrecht mit landesweiten Parteilisten durchgeführt. Das Mehrheitswahlrecht würde in nationalen Wahlen das Bild, das die Europawahlen geliefert hatten, erheblich korrigieren. Trotzdem war dies ein Ergebnis, mit dem niemand gerechnet hatte. Es war ein Menetekel für die Konservativen. UKIP war drauf und dran, den Konservativen bei der EU-Thematik das Wasser abzugraben. Es wurde höchste Zeit, UKIP und der von ihr betriebenen radikalen EU-Kritik den Wind aus den Segeln zu nehmen.

Die Innenministerin (*Home Secretary*) Theresa May bezog im November 2014 Stellung: Großbritannien solle nur dann in der EU bleiben, wenn die EU flexibler, weniger bürokratisch und offener für Welthandel wird. Sie hatte gerade in einer halsbrecherischen Aktion Großbritannien aus 133 EU-Vorschriften im Bereich Kriminalitätsbekämpfung und Polizeikooperation herausgeführt, nur um dann 35 wieder einseitig in Kraft zu setzen, darunter den kontroversen Europäischen Haftbefehl, die Mitgliedschaft in Europol und die in Eurojust. May ließ keinen Zweifel daran, dass nach ihrer Auffassung eurokratische Vorschriften die britische Wirtschaft daran hinderten, ihr volles Potenzial zu entfalten. Kurz und bündig forderte sie:

Konservative Partei geradezu geentert. Andere sprachen von einem faustischen Pakt, in dem die konservative Partei ihre Seele an UKIP verkauft hatte, um an der Macht zu bleiben.

„And, while access to the world's biggest single market is in our national interest, the EU's rules and regulations hold back not just our economy, but also the economies of every other member state. That is why we need to argue for changes that make the EU more competitive, more outward-looking and more open to global trade. Our relationship with Europe must change!" [7]

Hier war er wieder, der alte, für England so typische Sprachgebrauch, der seit Churchill unbewusst das britische Bild von Europa geprägt hatte: Europa, das waren die anderen, das war der Kontinent. Die EU galt als rigider, bürokratischer Bremsklotz, eine Fußfessel auf dem Sprint zu voller ökonomischer Entfaltung und globaler Präsenz. Großbritannien stand abseits, war ein anderes, ein stolzes Land mit noch stolzerer Vergangenheit, ein Land, zur Führung berufen, nicht zum unterwürfigen Befehlsempfänger anonymer Brüsseler Autokraten! Großbritannien empfand sich nicht als Teil Europas, der nach verworrenen Anfängen endlich zu seiner wahrhaften Familie gefunden hat, sondern als kühlen, distanzierten Beobachter, der an den Erfolgen der EU nur teilhaben will, soweit sie im eigenen Interesse liegen.

Die Äußerungen Mays fanden damals keine übermäßige Beachtung. Sie lagen völlig auf der Linie, die man von der konservativen Partei erwartete. Bedeutung erlangten sie allerdings im Rückblick: Die Verfasserin wurde zwei Jahre später Premierministerin und stand vor der Aufgabe, die Beziehungen zwischen ihrem Land und der EU neu auszuhandeln. Und noch etwas entging den meisten damaligen Lesern: Eine Meinungsumfrage gleich nach ihren Äußerungen ergab, dass 24 Prozent der Mitglieder der konservativen Partei Theresa May als mögliche Nachfolgerin Camerons bevorzugten – für Boris Johnson sprachen sich damals nur 22 Prozent aus.

2.5 Wahlen gewonnen – Referendum verloren (2015)

Zusammenfassung: Camerons unerwarteter Wahlsieg von 2015 stürzt ihn in ein mehrfaches Dilemma: Er kann sich nicht länger hinter seinem Koalitionspartner verstecken. Die radikalen Brexiteers in seiner eigenen Partei erhöhen ihren Druck. Cameron wird vom Treiber zum Getriebenen.

Tactically a victory, strategically a defeat
Pyrrhus of Epirus

Am 7. Mai 2015 fanden Neuwahlen zum Westminster Parlament statt. Camerons Konservative Partei war mit einem Programm in den Wahlkampf gestartet, das sämtliche Zusagen, die Cameron bis dahin gemacht hatte, zusammenfasste: Reform der EU, Neuverhandlungen über die Bedingungen, zu denen das Vereinigte Königreich bereit war, Mitglied zu bleiben, gefolgt von einer Volksabstimmung über das Ergebnis solcher Neuverhandlungen bis spätestens 2017. Entgegen allen Erwartungen errang Cameron einen klaren Wahlsieg. Die Konservative Partei erreichte eine absolute Mehrheit: 330 Sitze (von insgesamt 650) gegen Labours 232 (36,8 % gegen 30,4 % der Stimmen). Die Liberaldemokraten stürzten von 57 auf acht Sitze ab. UKIP erhielt zwar 12,6 % der Stimmen, konnte aber nur einen einzigen Sitz behalten.[12] In Schottland eroberte die Schottische Nationalpartei alle Wahlkreise bis auf drei und war mit 56 Sitzen in Westminster vertreten.[13] Labour war schwä-

---

12 Es war der Sitz von Douglas Carswell, der ein Jahr zuvor von den Tories übergelaufen war und in Nachwahlen seinen Wahlkreis Clacton haushoch gewonnen hatte. Nigel Farage scheiterte erneut mit seiner Kandidatur in South Thanet, erhielt dort jedoch 32,4 % der Stimmen und gelangte somit vor Labour auf den zweiten Platz.

13 Die SNP erhielt 56 Sitze, gewann aber nur 4,7 % der gesamten Stimmen. Für UKIP stimmten 12,6 % der Wähler. Die Partei erhielt aber nur einen einzigen Sitz – ein eklatantes Beispiel dafür, welche proportionalen Verzerrungen das Mehrheitswahlrecht bewirken kann.

cher als unter Margaret Thatcher. Schwergewichte wie Ed Balls und Douglas Alexander hatten ihre Sitze im Parlament verloren. Die Liberaldemokraten hatten das schlechteste Ergebnis seit 1988 hinzunehmen. Alle Meinungsforscher hatten ein Patt im Parlament und damit eine erneute Koalitionsregierung vorhergesagt. Wider aller Erwartungen war es Cameron gelungen, nach fünfjähriger Regierungszeit in einer ungeliebten Koalition nicht nur seine Parlamentsfraktion zu stärken, sondern auch noch seinen Stimmenanteil zu steigern. Das hatte vor ihm nur Lord Salisbury hundert Jahre zuvor geschafft. Cameron hatte seiner Partei den ersten eindeutigen Wahlsieg seit 23 Jahren beschert!

Cameron feierte einen zweiten Triumph: Er war 2010 der jüngste Premierminister seit Pitt dem Jüngeren[14] gewesen. Jetzt wurde er der erste Premierminister, der mit einer deutlich besseren Mehrheit wieder gewählt wurde. Cameron stand im Zenith seiner politischen Karriere. Statt diesen Triumph auszukosten, beging er jedoch einen gravierenden Fehler: Er kündigte an, bei den nächsten Wahlen nicht mehr antreten zu wollen. Damit war er ein Premierminister auf Abruf. Die politische Energie und die Aufmerksamkeit der Kommentatoren galten nicht mehr ihm, sondern den jetzt zu erwartenden Diadochenkämpfen um seine Nachfolge. Die bevorstehende Referendumskampagne musste auf diese Weise zur Arena werden, in der weniger um die Sache, als um die Nachfolge Camerons gekämpft wurde. Sie wurde damit auch geradezu zur prädestinierten Arena, in der Kandidaten für seine Nachfolge sich in Stellung bringen und ihn herausfordern konnten.

Cameron hatte einen unerwarteten, glänzenden und eindeutigen Sieg errungen. Er sollte bald merken, dass dieser Wahlsieg seine Position nicht stärkte, sondern ihn nur noch unbarmherziger dem Druck der radikalen EU-Gegner in den Reihen seiner eigenen Partei auslieferte.

---

14 William Pitt der Jüngere wurde 1783 mit 24 Jahren Premierminister und blieb in diesem Amt bis 1801. Er diente ein zweites Mal als Regierungschef von 1804 bis zu seinem frühen Tod 1806.

Zeitgleich hatten die meisten Parteien in ihrem Wahlprogramm ein *in/out*-Referendum gefordert.[15]

Der Sieg bescherte Cameron ein dreifaches Dilemma:

- Er musste nun seine Zusagen einlösen, die er seit der Bloomberg-Rede gemacht hatte. Er konnte nicht mehr verbal lavieren, er musste Entscheidungen treffen und Ergebnisse liefern. Jetzt galt es, den gesetzlichen Rahmen für ein Referendum zu schaffen und zu zeigen, wie weit er die EU reformieren bzw. die Position seines Landes verbessern konnte. Das war eine Herkules-, wenn nicht eine Sisyphus-Aufgabe.
- Der Verlust des Koalitionspartners gab ihm einerseits mehr Freiheiten, andererseits konnte er nicht mehr hinter den zuverlässig EU-treuen Liberaldemokraten in Deckung gehen.
- Sein klarer Wahlsieg und die anhaltende Schwäche der anderen Parteien verliehen ihm eine starke Stellung: Labour, die Liberaldemokraten und UKIP mussten sich neue Parteiführer suchen, Nigel Farage verkündete seinen Rücktritt als Anführer von UKIP.[16] Camerons innerparteiliche Gegner fühlten sich jedoch ebenso ermutigt. Sie konnten jetzt ihren Parteiführer unbedenklich unter Druck setzen und brauchten die Opposition nicht zu fürchten.

Gleich nach dem Wahltag wurde klar, dass es jetzt darum ging, die Modalitäten für das Referendum zu definieren und die Interessengruppen zusammen zu fassen, die in diesem Referendum gegeneinander antreten sollten. Cameron mag im Stillen auf eine fortgesetzte Koalition mit den Liberaldemokraten gehofft haben. Deren EU-Treue

---

15 Diese Forderungen hatten Labour, die Liberaldemokraten, die Grünen, UKIP und die British National Party erhoben.
16 Er erklärte jedoch kurz darauf seinen Rücktritt vom Rücktritt. Endgültig gab er die Führung von UKIP erst nach dem Referendum auf.

hätte es ihm erspart, seine Zusagen tatsächlich einzulösen.[17] Cameron erkannte mit gemischten Gefühlen, dass er sich nun mit einer absoluten Mehrheit aus seinen Zusagen hinsichtlich der Europäischen Union nicht mehr herauswinden konnte. Er erinnerte sich an das Schottland-Referendum und entschloss sich, den Kampf nicht aufzuschieben, sondern ihn so schnell wie möglich hinter sich zu bringen. Intern wurde beschlossen, das Referendum im Sommer 2016, also binnen eines Jahres, anzusetzen, jedenfalls vor der Parteikonferenz im Oktober 2016.

Cameron wollte seine Partei endlich wieder einen und die verfeindeten Flügel miteinander versöhnen.[18] Er hatte 2014 das Vereinigte Königreich gegen schottische Abspaltungstendenzen zusammengehalten. Jetzt wollte er der Spaltung der Konservativen Partei ein Ende setzen. Es ist bis heute unklar, welche konkreten Vorstellungen Cameron mit dieser Entscheidung verband. Im Sommer 2015 gab er sich absolut siegessicher. Cameron soll auf dem EU-Gipfel im Juni 2015 geäußert haben: *„People will ultimately vote for the status quo if the alternatives can be made to appear risky".*[8] Er setzte ganz darauf, dass seine Landsleute, die ihn eben erst mit unerwartet klarer Mehrheit als Premierminister bestätigt hatten, ihm auch im Referendum folgen würden. Er war überzeugt, dass ihre überwiegend konservativen Instinkte die Wähler bewe-

---

17 Bei näherer Betrachtung erscheint diese Überlegung wenig wahrscheinlich: Die Liberaldemokraten hatten keinen Zweifel daran gelassen, dass sie kein Referendum über die EU mittragen würden. Und Cameron hätte jegliche Glaubwürdigkeit eingebüßt, wenn er von seinen wiederholten Versprechungen bloß um des Machterhalts in einer Koalition willen abgerückt wäre.

18 Cameron hatte bereits verschiedene Gruppierungen in seiner Partei vor den Kopf gestoßen, als er für die Homo-Ehe, eine radikale Reform des Oberhauses, staatliche *grammar schools* und höhere Entwicklungshilfe eintrat. Seine finanzielle Austeritätspolitik und seine Koalition mit den Liberaldemokraten waren vielen Tories ein Dorn im Auge. Cameron war umso mehr darauf angewiesen, seine Partei in der Europafrage zusammenzuhalten.

gen würden, bei dem vertrauten *status quo* zu bleiben statt den Sprung ins Ungewisse zu wagen.

Cameron hatte an zwei Fronten zu kämpfen: Er musste die EU und die wichtigsten EU-Partner von seinen Reformvorstellungen überzeugen oder sie zumindest zu weiteren Zugeständnissen bei den Mitgliedschaftsbedingungen für sein Land bewegen. Er musste gleichzeitig an der Heimatfront eine glaubwürdige Kampagne für das Referendum aufbauen und sich entsprechend positionieren. Damit hatte er sich selbst in ein strategisches und ein taktisches Dilemma manövriert: Strategisch wollte er sein Land in der EU halten und die anschwellende EU-Kritik in den Reihen der eigenen Partei endlich zum Schweigen bringen. Taktisch musste er nach außen wie nach innen ernsthaft mit einem Austritt aus der EU drohen, um den Druck auf Nachverhandlungen zu erhöhen. Er konnte sich also vor dem Ergebnis dieser Verhandlungen (Februar 2016) nicht festlegen: Trat er vorschnell für den Verbleib in der EU ein, schwächte er seine Verhandlungsposition und bot seinen Gegnern neue Angriffsflächen. Bekannte er sich hingegen zum Austritt, widersprach er seinem eigentlich strategischen Ziel, ließ die EU jegliches Interesse an einer Verhandlungslösung verlieren und gab den EU-Gegnern in der eigenen Partei endgültig Oberwasser. Seine Kampagne konnte damit im Grunde erst anlaufen, nachdem das Ergebnis der Nachverhandlungen vorlag, denn bis dahin war nicht klar, wofür er mit welchen Slogans eigentlich kämpfen wollte. Seine prinzipiellen EU-Gegner konnten hingegen seit Sommer 2015 konsequent und kontinuierlich für ihre Kampagne aufrüsten. Denn was auch immer Cameron aus den Nachverhandlungen nach Hause brachte, würde ihnen niemals genügen. Sie wollten den Austritt unter allen Umständen, was immer er kosten würde. Sie waren nicht bereit, sich mit oberflächlich modifizierten Mitgliedschaftsbedingungen und verbalen Spiegelfechtereien abfinden zu lassen.

2.6 Die Weichen werden gestellt (2015)

Zusammenfassung: In der Vorbereitung des Referendums muss Cameron vier taktische Niederlagen einstecken, die strategische Bedeutung erlangen und seine Position nachhaltig schwächen. Cameron will das EU-Referendum nach dem Vorbild der Kampagne gegen die schottische Unabhängigkeit führen. Mit Gove und Johnson laufen zwei Schwergewichte der Partei zu **Leave** über.

Et tu, Boris?

Cameron hatte allen Grund optimistisch zu sein. Hatte er nicht gerade wider alle Erwartungen seine Partei zu einem triumphalen Sieg geführt? Hatte er nicht den Vorstoß seines liberaldemokratischen Koalitionspartners, ein stärker proportionales Wahlrecht einzuführen, 2011 in einer Volksabstimmung mit eindeutigem Ergebnis (68 % : 32 %) ins Leere laufen lassen?[19] Hatte er nicht wenige Monate zuvor die Volksabstimmung über die Unabhängigkeit Schottlands ebenfalls deutlicher und glänzender als vorhergesagt gewonnen? Cameron hatte allen Grund zu glauben, er habe starken Rückenwind und könne den lästigen Europa-Streit in seiner Partei ebenso lässig und leichthändig ausräumen wie die schottischen Unabhängigkeitsbestrebungen. Dann würde er in die Geschichte eingehen als der Politiker, der die Einheit seines Landes gerettet, die Einigkeit seiner Partei wiederhergestellt, die Position seines Landes innerhalb der Europäischen Union verbessert und dabei den Anstoß zu grundlegenden Reformen in der EU gegeben hatte. Der Platz als einer der bedeutendsten Premierminister in der britischen Geschichte schien ihm sicher.

Die gesetzlichen Grundlagen für ein Referendum wurden drei Wochen nach der Wahl, dem Parlament präsentiert. Im Dezember stimmten House of Lords und die Krone zu, am 1. Februar 2016 traten

---

19 Cameron konnte nicht ahnen, dass er den glänzenden Sieg in diesem Referendum genau den Politprofis verdankte, die mit nicht geringerem Erfolg 2016 die Kampagne gegen ihn anführen sollten.

sie in Kraft. Aber schon auf diesem Weg musste Cameron empfindliche Rückschläge hinnehmen. Keiner von ihnen war in sich entscheidend; zusammen aber bewirkten sie, dass er die taktischen Vorteile verlor, die ihm sein Regierungsamt verschaffte.

Das Gesetz sah eine zehnwöchige Periode für die Abstimmungskampagne vor. Die neutrale Referendumskommission sollte zwei Organisationen als offizielle Wortführer für die *Ins* und die *Outs* benennen. Jede dieser Organisationen sollte 600.000 Pfund als Zuschuss aus Steuermitteln erhalten. Ansonsten waren die Ausgaben auf sieben Millionen Pfund begrenzt. Beide Seiten sollten ausgewogen und gleichberechtigt Zugang zum Fernsehen haben und Broschüren kostenfrei verteilen können.

Cameron hatte vorgeschwebt, die Kampagne für das EU-Referendum genau so zu führen wie die gegen die schottische Unabhängigkeit: Er wollte die Autorität seines Amtes als frisch bestätigter Regierungschef einsetzen, seine Partei mobilisieren und sich auf den Sachverstand seines Beamtenapparates stützen. Als Frage hatte er vorgeschlagen: „*Should the United Kingdom remain a member of the European Union?*" 1975 hatte die Frage gelautet: „*Do you think the United Kingdom should stay in the European Union?*". Im Referendum über die Unabhängigkeit Schottlands war gefragt worden: „*Should Scotland be an independent country?*" Cameron konnte sich mit seinem Formulierungsvorschlag also auf Präzedenzfälle berufen.

Sein Wahlsieg hatte aber nicht nur ihn gestärkt. Er hatte auch die Zahl der EU-Skeptiker in seiner Fraktion erhöht. Der Wegfall des prononciert EU-freundlichen Koalitionspartners und die Schwäche der Labour Opposition ermutigten diese innerparteilichen Fronde, noch selbstbewusster und fordernder aufzutreten. Sie war nicht bereit, Camerons Pläne widerspruchslos hinzunehmen.

Nach der Sommerpause entschied die Wahlkommission auf massiven Druck EU-skeptischer Abgeordneter, dass Camerons Vorschlag zu suggestiv formuliert sei: Die Alternative werde nicht klar und die

Frage lege ein Festhalten am *status quo* nahe. Die Kommission bestand auf einer ausgewogeneren Fragestellung. Sie lautete nun: „*Should the United Kingdom remain a member of the EU or leave the EU?*" Damit hatte Cameron die Hoheit über die Fragestellung verloren. Statt einer beruhigenden Frage, die dem konservativen Grundbedürfnis vieler Briten entgegenkam, alles beim Alten zu belassen und möglichst wenig zu verändern, wurden nun zwei gleichwertige Varianten auf einer Stufe gegenübergestellt. Die neue Fragestellung insinuierte keine Präferenz mehr. Die psychologische Tendenz für ein *stay* bzw. ein *remain* entfiel. Linguisten behaupten, dass diese Worte emotionale Obertöne von Beruhigung, Häuslichkeit, Tradition, Vertrautheit und Geborgenheit suggerieren. *Leave* dagegen beschwor die Vorstellung von Aufbruch und Abenteurertum, von Seefahrt und Expeditionen herauf. Es war jetzt eben die *Leave*-Kampagne, nicht die *No*-Kampagne; *No* wäre negativ vorbelastet gewesen, *Leave* hingegen signalisierte Aufbruch, Erleichterung, Befreiung. *Leave* war der dynamischere Ausdruck in dieser Frage. Er stand am Ende und gewann dadurch stärkere Aufmerksamkeit. Im Kontrast zu dieser Dynamik nahm *remain* jetzt Konnotationen von Stagnation, Immobilismus, Lähmung an. Cameron konnte sich nicht mehr des Hamlet-Reflexes sicher sein, dass die Wähler aus Trägheit und Sicherheitsbedürfnis lieber am Bestehenden festhalten und einen Sprung ins Ungewisse scheuen würden. *Vote Leave* gelang es, den *status quo* umzudeuten. Ein Verbleib in der EU wurde jetzt zum Abenteuer, zu einer fremdbestimmten Reise ins Unbekannte: Terror, Immigration, ein unaufhaltsamer Marsch in einen europäischen Superstaat unter deutscher Hegemonie. Man sah, was Griechenland durchzumachen hatte und sah die Schuld hierfür primär in hartherziger deutscher Prinzipienreiterei. Man hatte erlebt, wie das eigene Veto 2011 elegant umspielt worden und wirkungslos geblieben war. Man erblickte in Brüssel ein schwarzes Loch, das einen unwiderstehlichen Sog ausübte, aus dem es kein Entrinnen mehr gab. Dagegen präsentierte *Vote Leave* eine idyllisch verbrämte Rückkehr zu einem Großbritannien, wie es die ältere

Generation noch in ihrer Jugend erlebt hatte: Eine Weltmacht, ein Land, das anderen Regeln gibt, aber sich selbst keinen fremden Vorgaben beugt, ein Land, das notfalls der ganzen Welt trotzen und dennoch bestehen kann. Nicht der Brexit war der Sprung ins Dunkle, sondern dabei zu bleiben bedeutete, sich ins schwarze Loch eines europäischen Föderalismus saugen zu lassen. Im Grunde betrieb *Vote Leave* eine Kampagne, die man mit *Make Britain great again* hätte überschreiben können. Es war die rückwärts gewandte Beschwörung einer verklärten Vergangenheit. Die Nostalgie dieser Kampagne sprach vor allem die ältere Generation an, also diejenigen, die noch in den Vorstellungen von Empire und Weltmacht groß geworden waren und die EU immer als bedrohliche Fremdbestimmung beargwöhnt hatten. Zwar konnten nur wenige angeben, wo ihn eine Einmischung der EU in seinem persönlichen Lebensumfeld beeinträchtigt hätte. Abgesehen vom Immigrationsdruck erlebten wenige Briten Nachteile im täglichen Leben, die sie an der EU hätten festmachen können. Großbritannien hatte viele Gründe zur Klage über Fremdbestimmung, Einmischung und Majorisierung durch die EU. Alle diese sachlichen Beschwerden spielten in der Kampagne aber eigenartiger Weise keine Rolle. In der Kampagne dominierten bei *Leave* emotionale Appelle, bei *Remain* statistisch untermauerte Warnungen vor Absturz und Elend. Die Nostalgie-Kampagne von *Vote Leave* beschwor plötzlich wieder ein Bild von *merry old England* herauf und der Ruf *take back control* appellierte nicht nur an Nationalismus und demokratisches Selbstbewusstsein, sondern auch an die alten Erinnerungen, als Großbritannien die Ozeane beherrschte und den globalen Markt bestimmte. Es war eine *Britannia rules the waves*- und *Land of Hope and Glory*-Stimmung![20]

Die nächste Niederlage kam wenige Tage später: Im Parlament stimmten 37 Tories mit der Opposition gegen die eigene Regierung und

---

20 Britische Witzbolde behaupteten, nur außerhalb der EU gelte *Britannia rules the waves*. Innerhalb der EU aber gelte *Britannia waives the rules*!

setzten eine vierwöchige *purdah*[21]-Phase vor der Abstimmung durch. Vier Wochen vor dem Abstimmungstermin war es damit der Regierung untersagt, in Fragen, die das Referendum betreffen, auf den neutralen Civil Service in den Ministerien zurückzugreifen. Damit war Cameron eine seiner stärksten Waffen, die Unterstützung des Regierungsapparates, zumindest einen Monat vor der Abstimmung aus der Hand geschlagen.

Zwei Wochen später, am 21. September 2015, beschloss die Führung der Konservativen Partei, dass auch die Parteiorganisation neutral bleiben müsse. Der Flügel der EU-Kritiker war so stark, dass die Partei auseinander zu brechen drohte, wenn sie offiziell die eine oder andere Seite unterstützen würde.

Der vierte und ärgste Rückschlag kam im Januar 2016: Schon lange hatte sich abgezeichnet, dass einige Minister seines Kabinetts einen EU-Austritt befürworteten. Aber noch im Dezember hatte Cameron erklärt, die Kabinettsdisziplin gelte natürlich auch für das Referendum und wer von der Position des Premierministers abweiche, werde das Kabinett verlassen müssen. Am 4. Januar trotzte Chris Grayling, damals Lord President of the Council, Cameron die Zusage ab, dass jeder Minister frei sei solle, in der Frage des EU-Referendums seinen eigenen Überzeugungen zu folgen. Damals schon war absehbar, dass mindestens vier weitere Minister gegen eine EU-Mitgliedschaft stimmen wollten: John Whittingdale (Kulturminister), Theresa Villiers (Ministerin für Nordirland), Priti Patel (Arbeitsministerin) und Iain Duncan Smith (Sozialminister). Iain Duncan Smith galt als politisches Schwergewicht. Er hatte zwei Jahre lang (2001-2003) die Konservative Partei

---

21 *Purdah* ist ein Wort persischen Ursprungs, das in Pakistan und Nordindien Verschleierung und strikte Segregation von Frauen bedeutet. Im englischen Sprachgebrauch hat es die verfassungsrechtliche Bedeutung angenommen, dass vor einer Wahl oder einer Volksabstimmung der Civil Service, also der Beamtenapparat der Regierung, sich neutral zu verhalten hat und keiner der kämpfenden politischen Gruppierungen auch nur indirekt Unterstützung zukommen lassen darf.

in der Opposition geführt. Mit ihm hatten die EU-Skeptiker zum ersten Mal die Kontrolle über die Partei erlangt, wenn auch nur für kurze Zeit. Er trat am 18. März 2016 aus Protest gegen die von George Osborne verfügten Kürzungen im Sozialbereich zurück, also nicht wegen Differenzen in der EU-Politik. Cameron wollte unter allen Umständen vermeiden, kurz vor der Volksabstimmung ein Viertel seines Kabinetts zu verlieren. Vermutlich hoffte er damals noch, die Minister, die seiner Linie nicht zu folgen bereit waren, als verblendete, letztlich unbedeutende Radikale abtun zu können. Er hatte doch das Referendum nur angesetzt, um die Einheit der Partei wieder herzustellen! Die Volksabstimmung war für ihn primär ein Instrument des Parteimanagements. Für ihn bestand nie ein Zweifel, dass am Ende des Referendums eine geeinte, in sich versöhnte und um so schlagkräftigere Konservative Partei stehen würde. Deshalb wollte er Grabenkämpfe und offene Attacken vermeiden und zeigte gegenüber Parteifreunden Beißhemmungen. Auch als die Konfrontation mit Parteifreunden in üble Polemik abglitt und an Schärfe gewann, verbot Cameron sogenannte *blue-on-blue*-Attacken, d. h. offene, herabsetzende Angriffe auf seine parteiinternen Gegner. Er wollte die spätere Versöhnung nicht mit Kränkungen oder persönlichem Groll erschweren.[22]

Vermutlich fehlte ihm die Vorstellungskraft, wie viel destruktive Energien die kommende Kampagne auslösen würde. War er von einem *gentleman's agreement* ausgegangen, von einem *agreement to disagree*, das aber an sonst freundlichen und sachlichen Umgangsformen nichts ändern würde, hatte er gehofft, dass auch die Gegenseite die Einheit der Partei über alles stellen würde, so wurde er bitter enttäuscht. Denn

---

22 Cameron hatte vollkommen unterschätzt, dass das ungewohnte Spektakel, wie Kabinettsmitglieder den eigenen Regierungschef attackieren, Schlagzeilen machen würde – vor allem vor dem Hintergrund, dass er bereits seine Absicht angekündigt hatte, bei den nächsten Wahlen nicht mehr antreten zu wollen. Dies nährte endlosen Klatsch und Getratsche und war der *talk of the town*.

es blieb nicht bei diesen fünf Abtrünnigen. Im Februar schlossen sich Michael Gove, Justizminister, und Boris Johnson der *Leave*-Kampagne an. Damit waren zwei Männer aus der vordersten Front zum Gegner übergelaufen. Gove war ein langjähriger, enger Freund, seine Frau war Patin von Camerons Tochter. Beide Familien hatten Ferien miteinander verbracht. Aber Gove war, anders als Cameron, ein Mann fester Überzeugungen, kein flexibler Pragmatiker. Cameron ist als Konservativer mit kleinem „k", Gove als Radikaler mit großem „R" bezeichnet worden. In Goves Arbeitszimmer hing neben einem großen Bild von Margaret Thatcher ein kleineres von Lenin. Cameron hatte Churchill an der Wand seines Büros. Noch schwerer wog die Positionierung von Boris Johnson. Er war noch Bürgermeister von London und seit kurzem Abgeordneter für Uxbridge und South Ruislip. 2008 hatte er den Sieg gegen seinen langjährigen Vorgänger in London, Ken Livingston, vor allem dank der Unterstützung durch David Cameron errungen. Johnson hatte sich den Ruf erworben, ein unkonventioneller, unbekümmerter, schlagfertiger und angriffslustiger Redner zu sein. Er war der Liebling seiner Partei und wusste die Medien geschickt zu nutzen, um stets im Mittelpunkt zu stehen. Er folgt einer Methode, die Donald Trump später perfektionierte: In der modernen Medienwelt ist Aufmerksamkeit wichtiger als die Botschaft. Provozieren, verletzen, Tabus missachten schafft Wirbel, und die, die sich darüber empören, verstärken ungewollt nur die Resonanz der eigenen Botschaften, die keine Botschaften über Sachen, sondern immer nur über die eigene Person sind. Johnson weiß, dass sich Dinge einfacher behaupten als widerlegen lassen, dass Menschen leichtgläubig, aber schwer zu überzeugen sind, dass forsche Vorurteile wirkungsmächtiger sind als zögernd abwägendes Prüfen, dass ein gewissenloser Draufgänger eher Beifall findet als ein problembewusster Zauderer. Johnson verfügt über eine geschliffene Rhetorik, strahlt eine markante Präsenz aus und entwaffnet mit einer sich kindlich gebenden Direktheit. Mit diesen Fähigkeiten gelingt es ihm, komplexe Sachverhalte und emotionale Potenziale auf knappe, griffige und eingängige Formeln zu reduzieren. Johnson ist ein Meister wirkungsmächtiger Metaphern. Johnson weiß, dass schlichte, an Emotionen appellierende Unwahrheiten weiter tragen als komplizierte, spröde Wahrheiten, dass Zuhörer lieber einem Redner zujubeln, der ihren Vorurteilen, ihrem Selbstgefühl und ihrem Wunschdenken schmeichelt, als jemandem, der ihnen bittere Einsichten oder schmerzhaften Verzicht predigt. Mit Gove und Johnson gegen sich konnte Cameron seine Gegner nicht mehr als unseriöse Leichtgewichte dem Spott preisgeben. Beide verliehen der *Leave*-Kampagne Respektabilität und fundierte Intellektualität. Wenn Männer mit dieser Erfahrung sich für *Leave* aussprachen, musste diese Option ernst genommen werden! Viele, die bislang gezögert hatten, mit sich rangen, sich vielleicht sogar schämten, sich offen zu *Leave* zu bekennen, weil das Meinungsklima in London so eindeutig für einen Verbleib in der EU war, fühlten sich von diesen beiden Zugpferden ermutigt, aus der Deckung zu kommen und offen für *Leave* einzutreten.

Cameron hatte beim Stellen der Weichen vier Fehler gemacht. Keiner war für sich ausschlaggebend oder tödlich. In ihrer Kombination schwächten sie ihn jedoch erheblich. Der letzte – die Preisgabe der Kabinettsdisziplin – war der schwerwiegendste. Es war ihm nicht gelungen, die Gegenseite auf ein Nebengleis zu manövrieren und ihr auf seiner Hochgeschwindigkeitsstrecke entspannt davonzubrausen. Jetzt musste er kämpfen, um nicht selbst abgehängt zu werden. Er konnte nicht mehr vom *high ground* hinab mit leichter Hand seine Gegner besiegen. Seit Februar 2016 herrschte ein *level playing field*.

2.7 Nachverhandlungen (2016)

Hoist with his own petard
William Shakespeare

Das Vereinigte Königreich war seit Margaret Thatcher immer mehr in ein Sonderverhältnis zur EU geraten. Thatcher hatte den Beitragsrabatt durchgesetzt. Ihr Nachfolger drang bei der gemeinsamen Währung und bei der Sozialcharta auf Ausnahmeregelungen für sein Land. Das Vereinigte Königreich blieb der gemeinsamen Währung und – zusammen mit Irland – dem Schengen-Abkommen fern. Tony Blair war der EU-freundlichste Regierungschef des Vereinigten Königreichs. Er inkorporierte die EU-Grundrechtecharta und die Sozialcharta in englisches Recht, bestand jedoch auf Vorbehalten gegen eine direkte Jurisdiktion ausländischer Gerichte im englischen Common Law und auf einer Ausnahmeregelung für die Zusammenarbeit bei Justiz und Polizei.[23] Das Vereinigte Königreich befürwortete eine engere europäische Zusammenarbeit im Bereich von Militär und Sicherheit. Es war treibende Kraft hinter dem militärischen *headline goal* und dem Aufbau von EU-*battle groups* (2003/4). Es trat jedoch hartnäckig allen Ansätzen entgegen, der EU eigene Planungs- und Führungskapazitäten zu verleihen, die in Rivalität zu bestehenden Strukturen der NATO geraten könnten. Es verhinderte ein EU-Hauptquartier mit entsprechenden Stäben. Das Vereinigte Königreich spielte in vielen Bereichen eine Sonderrolle in Brüssel. Einige waren dankbar für die nüchterne Stimme pragmatischer Vernunft, andere betrachteten das Vereinigte König-

---

23 Zusammen mit Irland und Dänemark. Theresa May machte von diesem *opt-out* 2013 Gebrauch und führte ihr Land aus 133 EU-Bestimmungen in den Bereichen Justiz und Polizei heraus, übernahm allerdings 35 davon wenige Monate später durch freiwilligen *opt-in*, darunter den Europäischen Haftbefehl.

reich als lästigen Bremser, als widerborstigen Störer, der nur Sand ins Getriebe schüttete und verhinderte, dass die Dinge voran kamen.

Vor dem Referendum werde er Nachverhandlungen führen, hatte Cameron angekündigt. Am 23. Januar 2013 hatte er seine Vorstellungen ausführlich in seiner Bloomberg-Rede skizziert:

„We urgently need to address the sclerotic, ineffective decision making that is holding us back. That means creating a leaner, less bureaucratic Union. Today, public disillusionment with the EU is at an all time high. People feel that the EU is heading in a direction that they never signed up to. The result is that democratic consent for the EU in Britain is now wafer thin. That is why I am in favour of a referendum. I believe in confronting this issue – shaping it, leading the debate.

Some argue that the solution is therefore to hold a straight in-out referendum now. I don't believe that to make a decision at this moment is the right way forward. Now – while the EU is in flux, and when we don't know what the future holds and what sort of EU will emerge from this crisis – is not the right time to make such a momentous decision about the future of our country. How can we sensibly answer the question 'in or out' without being able to answer the most basic question: 'What is it exactly that we are choosing to be in or out of?'

At some stage in the next few years the EU will need to agree on Treaty change. I believe the best way to do this will be in a new Treaty. My strong preference is to enact these changes for the entire EU, not just for Britain. But if there is no appetite for a new Treaty for us all then of course Britain should be ready to address the changes we need in a negotiation with our European partners.

At the end of that debate you, the British people, will decide. I believe very deeply, that Britain's national interest is best served in a flexible, adaptable and open European Union and that such a European Union is best with Britain in it." [9]

Ein klares Programm, ein klares Vorgehen, ein klares Ziel: Cameron wollte die EU reformieren und den Vertrag von Lissabon revidieren. Falls sich dies als unmöglich herausstellen sollte, wollte er Neuverhandlungen über den Status seines Landes in einer unreformierten EU. Über das Ergebnis dieser Verhandlungen sollte dann in einem *in/out*-Referendum abgestimmt werden.

Gut ein Jahr später präzisierte er dieses Vorgehen in einem Namensartikel im *Telegraph*:

„I will negotiate a new settlement for Britain in Europe, and then ask the British people: Do you wish to stay in the EU on this basis, or leave? I will hold that referendum before the end of 2017. This is an ambitious agenda for a new European Union. Some changes will best be achieved by alterations to the European treaties – others can be achieved by different means. But when we achieve it, we will have transformed the European Union and Britain's relationship with it. I would then campaign for Britain to remain in this reformed EU in 2017." [10]

Hier fügt Cameron ein Zieldatum hinzu. Im letzten Satz kündigt er an, dass er für einen Verbleib in der EU werben wird, wenn er „die EU und Großbritanniens Beziehung zu ihr transformiert hat". Im Umkehrschluss impliziert er, dass er, sollte ihm dieser Erfolg versagt bleiben, einen Ausstieg aus der EU befürworten werde. Cameron hatte kurz zuvor auf dem Parteitag seiner Partei siegessicher verkündet: „*I will get what Britain needs!*"[11]

Der Druck auf Cameron stieg ständig, in seinen Sondierungen mit den wichtigsten EU-Partnern merkte er bald, dass niemand außer ihm ein Interesse an neuen Vertragsverhandlungen hatte. Allen saßen noch die Risiken des gescheiterten Verfassungsvertrags und des beinahe gescheiterten Lissaboner Vertrags in den Knochen. Der Wortlaut dieser Verträge war im Wesentlichen noch vor der großen Erweiterungsrunde von 2004 nieder geschrieben worden. Jedem war klar, dass die neuen Mitglieder, zu denen sich 2007 Bulgarien und Rumänien, 2013

Kroatien gesellt hatten, einen Konsens nochmals zusätzlich erschweren würden. Niemand hatte auf dem Höhepunkt der Euro-Krise Appetit auf eine Vertragskonferenz. Und jedem war klar, dass die für einen neuen Vertrag erforderlichen Ratifikationen ein unwägbares Risiko darstellten.[24] Es war Tollkühnheit zu glauben, einseitige britische Forderungen könnten die übrigen 27 Partner und die massiven Eigeninteressen der Brüsseler Institutionen in Kernfragen, die das Selbstverständnis der Europäischen Union berührten, in wenigen Monaten zum Einlenken bewegen. Cameron betrieb in gewisser Weise Kanonenbootpolitik – aber er hatte keine Kanonenboote. Seine größte Schwäche lag darin, dass er an der Heimatfront die Erwartungen immer höher schraubte, während er an der Außenfront unter den EU-Partnern kaum Sympathie und noch weniger Unterstützung fand. Eigentlich hätte ihm die Erfahrung von 2011 eine Lehre sein sollen, als er pathetisch sein Veto einlegt hatte, nur um zu entdecken, dass die übrigen EU-Partner seine Blockade geschickt umspielten und die erforderlichen Beschlüsse außerhalb des EU-Vertragsrahmens trafen. Cameron hätte wissen müssen, dass ein so ehrgeiziges Unterfangen wie eine gründliche Reform der EU, zumal in den Fragen, die wie die Personenfreizügigkeit den Gründungsmythos Europas betrafen, niemals ohne strategische Verbündete gelingen konnte. Cameron hat nicht nur keine Verbündeten gefunden. Er hat sich nicht einmal erkennbar darum bemüht.

In der Verhandlungsfrage beging Cameron drei strategische Fehler:

- Er setzte sich selbst mit dem Zieldatum 2017 unnötig unter Zeitdruck. Er konnte in dem eng gesteckten Zeitrahmen unmöglich seine ehrgeizigen Ziele erreichen. Zu glauben, ein neuer EU-Vertrag

---

24 Wie berechtigt diese Sorgen waren, zeigte sich 2016, als das Freihandelsabkommen zwischen EU und Kanada beinahe scheiterte, weil die belgische Region Wallonien sich weigerte, es zu ratifizieren. Wenig zuvor hatten die Niederländer das Assoziierungsabkommen der EU mit der Ukraine in einem Volksentscheid beinahe zu Fall gebracht.

mit substanziellen Reformen ließe sich in zwei Jahren aushandeln und ratifizieren, war schlichtweg abwegig. Das Zieldatum 2017 war diktiert von der Angst vor Wahlen in Frankreich und in Deutschland, die in diesem Jahr bevorstanden. Aus heutiger Sicht wäre es klüger gewesen, Zeit zu gewinnen und die fatale Abstimmung so weit wie möglich nach hinten zu schieben. Mit einem Präsidenten Macron und einer neuen Bundesregierung hätte er 2018 keine schlechtere Verständigung erreichen können als die, die er im Februar 2016 erhielt. Und das gesamte Umfeld war wesentlich weniger EU-feindlich als 2015/6.

- Er versäumte es, unter den kontinentalen EU-Partnern Verbündete zu finden, die bereit waren, ihn in seinen Forderungen und seinen hochgespannten Reformideen zu unterstützen. Es fehlte ihm und seiner Regierung an Verständnis für die Interessenslage und die politischen Ziele anderer EU-Partner. Es gab zwar lockere Kontakte nach Stockholm, Den Haag und Warschau, aber Cameron zeigt keinerlei Bereitschaft, im Gegenzug seinerseits fremde Anliegen aufzugreifen. Cameron unterschätzte Angela Merkels Prinzipientreue bei Freizügigkeit. Für jemanden, der selbst jahrelang hinter Mauer und Stacheldraht aufgewachsen war, war unbeschränkte Reisefreiheit innerhalb der EU[25] nicht verhandelbar. In London glaubten viele, Deutschland werde schließlich schon einlenken, zum einen weil es sich mit seinen liberalen ordnungspolitischen Vorstellungen nicht allein einer Übermacht mediterraner Etatisten ausgeliefert sehen wollte, zum anderen, weil Großbritannien für die deutsche Autoindustrie ein viel zu wichtiger Absatzmarkt war.
- Er betrieb ein katastrophales Erwartungsmanagement. Statt Erwartungen zu dämpfen, schraubte er sie immer höher. Er erwähnte mit keinem Wort, dass die Komplexität der Materie Zeit erfordere, dass EU-Partner nur über Zugeständnisse als Verbündete gewonnen

---

25 Und wie sich 2015 zeigte, auch außerhalb der EU

werden konnten, dass dies Respekt vor deren nationalen Eigeninteressen erfordere und dass am Ende bestenfalls ein sorgsam austarierter Kompromiss stehen könne. Statt dessen setzte er seine abfällige Rhetorik über die EU fort, glaubte, die so Gescholtenen müssten ihm entgegen kommen und seine Parteifreunde würden sich freuen, wenn er schließlich mit einer Institution ein neues Abkommen schließen würde, an der er selbst zuvor kein gutes Haar gelassen hatte.

Im Sommer 2015 erkannte Cameron, dass es keinen neuen EU-Vertrag geben werde. Am 10. November 2015 legte Cameron vier Forderungen in einem Brief an den Präsidenten des Europäischen Rates, Donald Tusk, dar:

- Schutz des Binnenmarkts; Anerkennung, dass in der EU mehrere Währungen zirkulieren; wirksamer Schutz derjenigen EU-Mitglieder, die der Eurozone fern bleiben, vor Entscheidungen, die die Eurozone trifft und die die Interessen dieser Mitglieder negativ präjudizieren können.
- Mehr Freihandel, mehr Wettbewerb
- Ablehnung der Formel einer immer engeren Union der Völker Europas und Stärkung der nationalen Parlamente als den einzigen Repräsentanten nationaler Souveränität
- Nationale Kontrolle über Immigration

Am gleichen Tag begründete und erläuterte er diese Forderungen in einer Rede in Chatham House, dem Londoner Institut für Internationale Beziehungen. In dieser Rede ließ er erneut deutliche Skepsis gegenüber der EU durchscheinen. Das warf ein bezeichnendes Licht auf seine ambitionierte Zielsetzung. Cameron bettete seine vier Verhandlungspunkte in Forderungen ein, die die Erwartungen seiner Zuhörer nochmals in schwindelnde Höhen trieben. Er versprach nichts weniger als eine neue EU.

„The European Union needs to change. It needs to become more competitive.

It needs to put relations between the countries inside the Euro and those outside it – like Britain – onto a stable, long-term basis. It needs greater democratic accountability to national parliaments. The answer to every problem is not always more Europe. Sometimes it is less Europe.

We see the European Union as a means to an end, not an end in itself.

If we can't reach an agreement and if Britain's concerns were to be met with a deaf ear, then we will have to think again about whether this European Union is right for us. Those who believe we should stay in the EU at all costs need to explain why Britain should accept the status quo. There are real problems for Britain with the status quo. I am not saying for one moment that Britain couldn't survive outside the European Union. Of course we could. There will not be another renegotiation and another referendum. You, the British people, will decide. And it will be the final decision. If we vote to leave, then we will leave. The prize is a big one: A new kind of European Union." [12]

Cameron hatte sich und sein Land in eine Zwickmühle gebracht: Er wollte sein Land zu besseren Bedingungen in der EU halten. Gleichzeitig musste er einen Brexit als nicht nur akzeptable, sondern attraktive Alternative beschreiben und die EU in ihrer gegenwärtigen Form als inakzeptabel niedermachen. Nur so konnte der den Druck aus den Reihen seiner Parteifreunde auffangen. Nur so glaubte er, genügend Druck gegenüber den EU-Partnern aufbauen zu können. Cameron klang bis zum Februar 2016 wie ein Käufer auf einem orientalischen Basar, der die Ware, die er kaufen will, schlecht redet, um den Preis herunter zu handeln. Aber er feilschte nicht mit orientalischen Schacherern, und die Ware, um die es ging, war nicht für ihn selbst bestimmt, sondern er musste sie seinem Volk schmackhaft machen. Und je schlechter er die EU redete, umso mehr verlor sein Volk den Geschmack daran.

Am erstaunlichsten ist, dass Cameron angesichts der radikalen Forderungen, die er erhob, nie die diplomatische Zeit und die politische Energie investierte, um herauszufinden, mit welchen EU-Partnern er zu welchen Themen eine gemeinsame Front schmieden konnte. Seine Position als Bittsteller wäre wesentlich besser gewesen, hätte er wenigstens einen strategischen Partner gefunden, den er auf seine Seite hätte ziehen können. Ein komplexes, in Jahrzehnten gewachsenes Gebäude wie die EU im Alleingang aus den Angeln zu heben, hätte selbst die Kräfte eines Samson überfordert. Noch verwunderlicher ist, dass er nirgends erwähnte, dass man in allen EU-Fragen die Interessenslage der Partner berücksichtigen muss und dass keine Aussicht besteht, sämtliche Forderungen hundertprozentig erfüllt zu bekommen. Statt dessen verfiel Cameron in den fordernden Ton, in dem eine Großmacht zu Mittelmächten spricht. Cameron vertrat eine nationalistische, in manchen Formulierungen fast schon jingoistische Position. Er glaubte, durch Bullying und Bluff könne er mehr gewinnen als durch geduldiges Werben und gewinnende Geschmeidigkeit.

Seine Partei sog seinen Nationalismus begierig auf, die EU-Partner reagierten mit wachsendem Befremden. Statt die radikalen EU-Phobiker zu zügeln, fütterte er sie mit immer neuen Forderungen und Versprechungen und machte ihnen damit noch mehr Hunger auf weitere Konzessionen.[26] Schließlich hatte er einen Erwartungsdruck aufgebaut, den er selbst unter günstigsten Bedingungen nicht mehr zügeln konnte.

---

26 In den Worten eines anonym bleibenden Cameron-kritischen Konservativen: *„Cameron kept making concessions against his own better judgement in order to win approval of people he deeply despised and whose ideas were incompatible with his own."*

Cameron, der in *public relations* groß geworden war, betrachtete das Referendum und die EU-Verhandlungen primär als eine Frage von Politmanagement und geschickter Kommunikation. Ihm kam es darauf an, die Schlagzeilen zu beherrschen und in den Fernsehnachrichten zu dominieren. Die Substanz war ihm relativ gleichgültig. Nicht nur die EU, auch das Referendum waren ihm Mittel zum Zweck. Und dieser Zweck bestand darin, seine Partei zusammen und sich selbst an ihrer Spitze zu halten. Er ging die Dinge mit lässiger Distanz und spielerischem Gleichmut an. Er glaubte fest, dass er mit Privilegien, lukrativen Posten und Karriereperspektiven die meisten seiner Parteifreunde an sich binden konnte. Auf die massive Woge von ideologischem Fundamentalismus und radikalem Fanatismus, die auf ihn zurollte, war er nicht vorbereitet. Noch weniger verstand er, wie hartnäckig die kontinentalen Partner am *acquis communautaire* festhalten würden und wie wenig es ihm gelang, die geschlossene Front, der er sich gegenüber sah, durch gewiefte Taktik aufzubrechen oder die Interessenunterschiede zwischen den Kontinentalpartnern zu nutzen, um Keile in diese Front zu treiben. Cameron setzte alles auf eine Karte.

Auf dem Europäischen Rat vom Dezember 2015 spürte Cameron, wie stark und wie geschlossen der Widerstand gegen seine Vorstellungen war: Polen wehrte sich vehement gegen jede Kürzung von Sozialleistungen für Migranten, Bundeskanzlerin Merkel erklärte die Freizügigkeit für nicht verhandelbar, Frankreich, die Niederlande und Deutschland bemerkten beiläufig, dass die EU ihnen einen sehr vorteilhaften Rahmen für internationalen Wettbewerb bot. Cameron erkannte, dass er die meisten seiner Forderungen nicht durchsetzen konnte. Er wich zurück und erklärte sich mit dem Rahmen zufrieden, den die EU abgesteckt hatte.

Im Grunde forderte Cameron in den Nachverhandlungen nur, wovon er sicher sein konnte, dass er es schließlich bekommen würde. Er verließ sich mehr auf seine EU-Experten, die ihm sagten, was vertraglich gerade noch zulässig war, und weniger auf seine Parteistrategen, die ihn drängten, sich kühn über die EU-Gesetzeslage hinwegzusetzen und einen Eklat zu riskieren. Die Forderungen seiner Chatham-House-Rede waren informell vorab mit Brüssel abgestimmt. Cameron war sowohl gegenüber Brüssel wie gegenüber seinen parteiinternen Gegnern kein Kämpfer. Wo er Widerstand spürte, wich er zurück und suchte dieses Zurückweichen mit rabulistischer Rhetorik zu übertönen.

Die neuen Mitgliedschaftsbedingungen des Vereinigten Königreichs wurden auf dem Europäischen Rat am 18./19. Februar 2016 ausgehandelt. Obwohl die Substanz dieses Dokuments längst feststand, kam es zu einer der in Brüssel nicht seltenen Marathon-Nachtsitzung. Das englische Frühstück, das für den Morgen des 19. zur Feier einer Übereinkunft geplant war, wurde zu einem englischen Dinner am Abend desselben Tages. Nach 30 Stunden intensiver Verhandlungen wurde kurz vor Mitternacht die Einigung bekannt gegeben. Die Verhandlungen waren so zäh und kleinkariert, dass ein völlig entnervter Cameron nach 24 Stunden einem seiner Berater in London simste: *„Frankly, after a day and a half of talks with these people, even I want to leave the EU. I'm getting nowhere, I might have to walk away."* [13] In der Schlussphase, so ein Bericht aus der britischen Delegation, hing die Zukunft des Vereinigten Königreichs in Europa davon ab, ob 34.000 Kinder osteuropäischer Migranten volles oder reduziertes Kindergeld erhalten sollten – eine Kostendifferenz von weniger als 20 Millionen Euro.[14]

Cameron hatte fünf Zugeständnisse erreicht:

- Eine Klarstellung, dass Entscheidungen der Eurozone unter keinen Umständen die Interessen der Nicht-Eurozonen-Mitglieder negativ präjudizieren dürfen und Hilfsmaßnahmen für Mitglieder der Eurozone keine Verpflichtungen für EU-Staaten begründen, die nicht der Eurozone angehören.
- Absichtserklärungen zu stärkerer Wettbewerbsfähigkeit, zu Subsidiarität und Verhältnismäßigkeit.

- Das Bekenntnis zur „immer engeren Union der Völker Europas" (Art. 1 EUV) wurde als rechtlich unverbindliche Absichtserklärung interpretiert. Großbritannien sollte nicht zu weiterer politischer Integration der EU verpflichtet sein.[27]
- Sofern nationale Parlamente, die zusammen 55 Prozent der EU-Gesamtbevölkerung repräsentieren, gegen einen EU-Beschluss Einwände erheben sollten, verpflichtete sich die Ratspräsidentschaft, diesen Punkt erneut zur Abstimmung zu bringen.
- Das Prinzip der Freizügigkeit wurde bekräftigt, allerdings unter dem Vorbehalt einer nationalen Notsituation gestellt. Statt Migration wurden Sozialleistungen für Migranten beschränkt. Die Höhe von Kindergeld sollte nach einem Lebenshaltungsindex des Herkunftslandes berechnet werden, migrierende Arbeiter bis zu sieben Jahre keinen Anspruch auf Sozialleistungen haben.[28]

Gegen Mitternacht am 19. Februar verkündete Cameron in Brüssel: *„I believe we are stronger, safer and better off inside a reformed EU, and that is why I will be campaigning with all my heart and soul to persuade the British people to remain".*[15]

War Camerons demonstrativer Enthusiasmus gerechtfertigt? Hatte er einen Sieg errungen – oder nur geschickt eine Niederlage kaschiert?

Für EU-Experten muss das Dokument eine herbe Enttäuschung gewesen sein. Hier war der Trend zu mehr Zentralisierung und Vergemeinschaftung von Kompetenzen gestoppt worden. Immer wieder

---

27 Die Formulierung *„the United Kingdom, in the light of the specific situation it has under the Treaties, is not committed to further political integration into the European Union"* ist nicht eindeutig. Sie kann deskriptiv und subjektiv (Im Lichte der besonderen Lage tritt das VK nicht für weitere politisch Integration ein), aber auch präskriptiv und objektiv verstanden werden (Im Lichte der besonderen Lage ist das VK nicht zu weiterer politischer Integration verpflichtet.)

28 Die Schlussfolgerungen des EU-Rates vom 18./19. Februar 2016: http://www.consilium.europa.eu/de/meetings/european-council/2016/02/18-19/

betonen die Schlussfolgerungen des Rates die Vielfalt von Perspektiven und die Legitimität, sich weiteren Vergemeinschaftungsschritten zu entziehen. Die Relativierung des prominenten Bekenntnisses zu einer immer engeren Union der Völker Europas muss viele, für die die EU Glaubenssache war, schmerzhaft getroffen haben.

Für andere, die weniger Sinn für juristisch-vertragstechnische Feinheiten hatten, erschien das Ganze als substanzloses Wortgeklingel ohne konkrete Bedeutung. Aus der Distanz der britischen Wähler, denen die begriffliche Scholastik der EU ohnehin fremd waren, klang das alles wie ein dogmatischer Streit um ein Jota. Von den Themen, die die Debatten jenseits des Kanals beherrscht hatten: Haushaltsbeiträge, Rückverlagerung von Kompetenzen in den nationalen Bereich, Zuständigkeiten des EuGH und wirksame Beschränkung von Migration war nichts zu finden. Für die britische Öffentlichkeit hatte ein Berg gekreist und eine lächerliche Maus geboren. Kritiker wiesen sofort darauf hin, dass es sich um eine politische Absichtserklärung, nicht um einen völkerrechtlich bindenden Vertrag handelte.[29] Der Lissabon-Vertrag, auf dem die EU gründet, wurde nicht revidiert. Viele EU-Skeptiker begegneten den Mechanismen in Brüssel ohnehin mit tiefstem Misstrauen. Für sie war es ausgemacht, dass diese Erklärung lediglich eine Scharade darstellte, auf die kein Verlass war.

---

29 Die Schlussfolgerungen betonen diese rechtliche Vorläufigkeit, indem sie darauf hinweisen, dass diese Bestimmungen später in die Verträge inkorporiert werden müssen: „*The substance of this Section will be incorporated into the Treaties at the time of their next revision in accordance with the relevant provisions of the Treaties and the respective constitutional requirements of the Member States.*" oder an anderer Stelle: „*The competences conferred by the Member States on the Union can be modified, whether to increase or reduce them, only through a revision of the Treaties with the agreement of all Member States.*" Was erst noch in Verträge inkorporiert werden muss, kann nicht Teil des Vertrags sein und hat damit zwangsläufig eine andere juristische Verbindlichkeit.

Angesichts der hochgesteckten Versprechungen Camerons war dieses Ergebnis mager. Dies war nicht der Beginn einer reformierten EU. Viele der zentralen Punkte der EU-Kritik in seinem Land waren gar nicht angesprochen. Jetzt rächte sich, dass er einerseits viele Jahre über die EU scharfzüngig kritisiert, andererseits selbstgewiss erklärt hatte, er werde britische Sonderinteressen durchsetzen.

Viele Briten reagierten mit taktischen Überlegungen: Wenn die EU uns mit solch einem minimalen Wortkompromiss abfindet, wenn wir mit Austritt drohen, wie wird sie uns später behandeln, wenn wir erst einmal für einen dauerhaften Verbleib gestimmt haben? Wird sie unsere partikularen Probleme dann nicht noch viel frostiger von sich abprallen lassen und ohne Rücksicht ihre politische Union insgeheim einfach weiter schmieden?

Die bissigen Kommentare ließen nicht lange auf sich warten: *„The Prime Minister promised a loaf, begged for a crust and came home with crumbs." „Cameron banged the table and peremptorily demanded the status quo."*[16]

Cameron hatte sich verrannt. Er hatte laviert, Zusagen und Versprechungen gemacht, die er rückwirkend uminterpretiert hatte, er galt in der Öffentlichkeit zunehmend als windiger Taktierer. Er wollte sich genuin, locker und aufrichtig geben, erschien jedoch wie jemand, der sich verbissen anstrengt, genuin, locker und aufrichtig zu wirken. Er musste jetzt eine substanzlose Übereinkunft als gewaltigen Durchbruch verkaufen und eine weitere Mitgliedschaft in einer praktisch unveränderten EU als beste Option für sein Land anpreisen, nachdem er selbst eben diesen *status quo* als inakzeptabel bezeichnet hatte. Für seine Strategie, die Folgen eines Austritts in den schwärzesten Farben zu malen, wie er sie 18 Monate zuvor gegenüber Schottland verfolgt hatte, fehlte ihm die Glaubwürdigkeit. Wie konnte er so eindringlich vor etwas warnen, was er noch wenige Wochen zuvor als seriöse Alternative beschrieben hatte? Einer seiner engsten Mitarbeiter sinnierte: *„If it's such a catastrophe to leave, why were you prepared to do it a few* *weeks ago?"*[17] Noch am 5. Dezember 2015, kurz vor dem Europäischen Rat in Brüssel, hatte Cameron sich damit gebrüstet, er werde die *out*-Kampagne anführen, wenn er in Brüssel kein befriedigendes Ergebnis erhalte. Dies war ein doppelter Fehler. Die EU-Partner fühlten sich durch diese rabiate Sprache erpresst und zweifelten an Camerons Zuverlässigkeit. Wenn er nunmehr die Folgen eines Austritts in den schwärzesten Farben zu malen begann, musste er sich entgegen halten lassen, dass er noch kurz zuvor selbst bereit war, für diese Option einzutreten. Cameron hatte sich durch seine langjährige Ambivalenz und Gleichgültigkeit dem EU-Thema gegenüber jeglicher Glaubwürdigkeit beraubt.

Viele betrachteten das Ergebnis, das er jetzt nach Hause brachte, als kosmetische Retouche, als Mogelpackung. Sie verglichen es mit den Nachverhandlungen, die Harold Wilson vor dem Referendum 1975 geführt hatte und die ohne konkrete Auswirkungen geblieben waren. Die Reaktion der Medien war eindeutig: *„Who do EU think you're kidding Mr. Cameron? Our deal turns to farce"*, titelte die *Sun*[18] und parodierte damit das Liedthema der populären Fernsehserie *Dad's Army*.[30] *„Call that a deal, Dave?"*, fragte die *Daily Mail* kumpelhaft. [19] Selbst die *Times* sprach von Schwindel (*fudge*).[20] Letztlich war Cameron weniger an seinen EU-Partnern gescheitert als an den über-

---

30 Die Parallelen zwischen der EU bzw. ihrem stärksten, hegemonialen Staat Deutschland und Hitler wurden immer wieder gezogen – für jeden Engländer das stärkste Reizwort, das Nationalstolz und Abwehrreflex zugleich ansprach. Boris Johnson behauptete, die EU suche dort Erfolge, wo Napoleon und Hitler gescheitert seien (Sunday Telegraph, 15. Mai 2016). Michael Gove sprach davon, die EU ermutige Hitler-Verehrer (Daily Mail, 6. März 2016). Bezeichnend auch der Kommentar eines EU-Kritikers: *„If we stay, Britain will be engulfed in a few short years by this relentlessly expanding German dominated Federal State."* Den Tiefpunkt erreichte ein Plakat von *Vote Leave*, das britische Soldaten in einem Schützengraben des Ersten Weltkriegs zeigt mit der Sprechblase: *So, you are telling us that 100 years from now, our descendants are just going to hand Britain over to the Germans without lifting a finger???* BREXIT! (https://pbs.twimg.com/media/Ck-nbn3XIAAh6Y7.jpg)

zogenen Erwartungen, die er selbst mit seinen kategorischen Ankündigungen und seiner polemischen Rhetorik geweckt hatte. Das Ergebnis seiner Nachverhandlungen war so fadenscheinig, dass es in der folgenden Referendumskampagne kaum noch eine wahrnehmbare Rolle mehr spielte.

Cameron hatte sich jetzt festgelegt: Er wollte ein klares, unbestreitbares Votum für *remain* und war bereit, sich dafür rückhaltlos einzusetzen, notfalls auch seine politische Karriere zu riskieren. Noch am Samstag, dem 20. Februar, berief er sein Kabinett zusammen[31] und verkündete, dass das Referendum am 23. Juni 2016 stattfinden solle.

---

31 Es war die erste Kabinettssitzung an einem Samstag seit dem Falkland-Krieg.

2.8 Remain: Britain Stronger in Europe (2016)

Zusammenfassung: **Remain** versäumt das wichtigste Thema: Migration.

> *And makes us rather bear those ills we have*
> *Than fly to others that we know not of*
> *William Shakespeare*

> *Experto crede*
> *Vergil*

Nach dem Referendumsgesetz mussten Nicht-Regierungs-Organisationen gebildet werden, die in der Kampagne gegeneinander antreten und die Willensbildung des Volkes begleiten und kanalisieren sollten. Für die *Remain*-Kampagne fanden sich im Oktober 2015 prominente Politiker aller Parteien zusammen.[32] Sie nannten ihre Organisation *Britain Stronger in Europe*.[33] Zwei Monate später gründeten Labour Politiker eine parallele Organisation: *Labour In for Britain*.[34] Dies begründete

---

32 Gegründet am 12. Oktober 2015. Die Konservativen waren mit Damian Green, Labour mit Peter Mandelson, die Liberaldemokraten mit Danny Alexander, die Grünen mit Caroline Lucas vertreten. Außerdem gehörten dem Direktorium prominente Künstler und Vertreter des öffentlichen Lebens an wie Sir Peter Wall, ehemals Generalstabschef der Britischen Armee, Sir Brendan Barber, ehemals Generalsekretär des Trade Union Congress (TUC), Jude Kelly, Regisseurin und Intendantin, und Stuart Rose, ehemals Vorstandsvorsitzender von Marks & Spencer.

33 Der Name gab Anlass zu anzüglichen Wortspielen, denn die Abkürzung BSE stand auch für *bovine spongiform encephalopathy*, den berüchtigten Rinderwahnsinn, der Ende des 20. Jahrhunderts britische Rindfleischexporte schwer getroffen hatte.

34 Gegründet am 1. Dezember 2015 von Alan Johnson - weder verwandt noch sonstwie verbunden mit Boris Johnson.

eine strategische Schwächung der *Remain*-Kampagne, denn Labour ging damit erkennbar auf Distanz zu den Konservativen *Remainers*. Jeremy Corbyn, seit Herbst 2015 neuer Anführer von Labour, weigerte sich konsequent, gemeinsam mit einem Tory aufzutreten, selbst als seine Vorgänger Brown und Blair dies gemeinsam mit John Major taten.[35] *Britain Stronger in Europe* litt unter zwei weiteren Nachteilen: Die Kampagne war zur Untätigkeit verdammt, solange die Ergebnisse der Nachverhandlungen nicht vorlagen. An sich sollten diese Ergebnisse am Ende des Europäischen Rates am 19. Februar 2016 bekannt gegeben werden. Donald Tusk veröffentlichte aber einen Vorentwurf bereits am 2. Februar.[36] Die ganze *Remain*-Kampagne war auf einen Start zweieinhalb Wochen später ausgerichtet. Während dieser Zeit dominierten die EU-Kritiker das Feld, *Remain* blieb weitgehend unsichtbar. Die ersten Eindrücke sind aber die stärksten.

Auf diese Weise konnte *Leave* zweieinhalb Wochen lang ungehindert und weitgehend unwidersprochen Themen und Begriffe setzen und damit den gesamten Charakter der Kampagne vorgeben. *Leave* erhielt dadurch nicht nur einen zeitlichen Vorsprung, sondern die unschätzbare Chance, die Begriffe[37] der kommenden Debatte vorzuprägen. *Remain* kam nach diesem missglückten Start nicht mehr aus der Defensive heraus. *Remain* war vor allem überhaupt nicht auf das

---

35 Während der Kampagne für das EU-Referendum 1975 waren Führer aus allen Parteien gemeinsam aufgetreten. Am 4. Juni 2016 veröffentlichten sechs ehemalige Labour-Führer (Tony Blair, Gordon Brown, Neil Kinnock, Ed Milliband und die interimistische Parteiführer Harriet Harmann und Margaret Beckett) einen gemeinsamen Brief, in dem sie sich leidenschaftlich für *remain* aussprachen. Jeremy Corbyn verweigerte sich auch hier dem gemeinsamen Appell.

36 Tusk rechtfertigte sein Vorpreschen damit, er habe unauthorisierten Durchstechereien vorgreifen wollen. Er hatte sein Vorgehen aber nicht mit der britischen Seite abgesprochen. Diese war von Tusks einseitiger Initiative überrumpelt.

37 Wissenschaftler sprechen von *frames* und *memes*.

Hauptthema der Kampagne vorbereitet: Migration! Die Kampagne litt darunter, dass Cameron im Grunde seine eigene Kampagne betrieb und erst in letzter Minute seine besten Mitarbeiter der Organisation zur Verfügung stellte.[38] Ansonsten aber war sich *Britain Stronger in Europe* seiner Sache absolut sicher. Meinungsumfragen ergaben einen komfortablen Vorsprung von fünf Prozent bis zehn Prozent, man glaubte eine unfehlbare Strategie zu haben, indem man im Wesentlichen die Kampagne gegen die Unabhängigkeit Schottlands kopierte. Bis Februar 2016 strotzte man vor Zuversicht. Man hatte das bessere Team, den Rückhalt der Regierung und ihres gesamten Apparates, die Stimmung in der Öffentlichkeit schien zuverlässig pro-EU, fraglich blieb allenfalls die Höhe des Siegs.

Cameron hatte am 19. Februar in Brüssel von *stronger, safer and better off* gesprochen. Es hätte eigentlich nahe gelegen, diese Begriffe auszubuchstabieren und zum Kern einer positiven *Remain*-Botschaft zu machen. Es wäre eine Strategie gewesen, mit Vorzügen und Vorteilen zu locken, statt mit Verlust und Verfall zu drohen. Aus zwei Gründen unterblieb dies jedoch. Erstens hätte eine solche positive Kampagne erfordert, die britische Öffentlichkeit über die Vorteile einer EU-Mitgliedschaft nachhaltig aufzuklären. Das war seit Jahrzehnten versäumt worden. Auch Cameron hatte es vorgezogen, die EU in einem negativen Licht erscheinen zu lassen. Diese langfristig vernachlässigte Aufklärung über die positiven Seiten der EU ließ sich nicht in drei Monaten nachholen.[39] Zum zweiten hatte Cameron sich festgelegt, die Schottland-Strategie zu verfolgen. Statt die Vorteile der von ihm nachverhandelten neuen Bedingungen einer EU-Mitgliedschaft hervorzuheben,

---

38 Sein Kommunikationsdirektor Craig Oliver wechselte erst mit Einsetzen der Purdah-Periode, also Ende Mai, in den Stab von *Britain Stronger in Europe*.

39 Ein Mitarbeiter von *Britain Stronger in Europe* brachte es auf die drastische Formel: „*You can't start fattening pigs on market day.*"

malte er in schwärzesten Farben die Nachteile aus, die zu erwarten seien, wenn das Land gegen seinen Premierminister stimmen würde.

Anstatt zu erklären, worin der Nutzen einer EU-Mitgliedschaft für Großbritannien liegt, konzentrierte sich *Britain Stronger in Europe* auf Statistiken, die vor einem Sprung ins Ungewisse, vor wirtschaftlicher, sozialer und politischer Misere, vor Absturz und Bedeutungsverlust warnten.[40]

Unmittelbar nach der Ankündigung des Referendumstermins ergoss sich ein Strom von Warnungen über die britische Öffentlichkeit: Unternehmer warnten, Arbeitsplätze und Investitionen seien in Gefahr, Generäle und Nachrichtendienstler warnten, die Sicherheit des Landes stehe auf dem Spiel, populäre Hilfsorganisationen wie Oxfam, Save the Children und selbst der World Wildlife Fund warnten vor einem Brexit. Frühere VN- und NATO-Generalsekretäre erhoben ihre Stimmen, ehemalige Mitglieder der US-Regierung, Manager des NHS, Künstler, Schauspieler, Musiker, Autoren zeichneten Erklärungen für *Remain*. Selbst Präsident Obama drohte am 22. April 2016, außerhalb der EU werde Großbritannien sich am Ende der Warteschlange wiederfinden, wenn es um ein Handelsabkommen gehe.[41] Am 9. Mai, 71 Jahre nach Ende des Zweiten Weltkriegs, wählte Cameron Worte, die so klangen, als warne er vor neuen Kriegen in Europa.[42] Es war ein Overkill, der

---

40 Einige Titel der Poster und Broschüren, die *Britain Stronger in Europe* verteilte: „*Don't let them gamble with your future!*", „*Leaving Europe would be a leap in the dark!*", „*Alternatives are all worse*".

41 Obamas Formulierung: „*...in the back of the queue*" wurde von vielen Authentizität abgesprochen. Ein Amerikaner würde nie von „*queue*", sondern von „*line*" sprechen. Vermutlich wurde diese Passage auf Veranlassung von Cameron aufgenommen. Dominic Raab, ein Wortführer der Brexiteers in der Konservativen Partei, kommentierte Obamas Worte: „*I don't think the British people will be blackmailed by anyone, let alone by a lame-duck US-President*." Shipman: *All out War*, S. 235

42 Faisal Islam fragte Cameron auf Sky News 2. Juni 2016 (drei Wochen vor der Abstimmung) genüsslich und hinterhältig: „*What comes first: World*

wirkte, als erklärten hier die Großen, Reichen und Mächtigen der Welt huldvoll den Armen und zu kurz Gekommenen das Weltgeschehen, das diese in ihrer Beschränktheit nicht verstehen konnten. Die Kampagne erschien elitär, arrogant, herablassend. Sie machte *Leave* zur Speerspitze der kleinen Leute, der Verlierer, des Prekariats im Kampf gegen das Establishment. Sie bewirkte das Gegenteil von dem, worauf sie angelegt war.

Die Kampagne für ein *Remain* erhielt den Namen *project fear*. Der unablässige Sturzbach abschreckender Prophezeiungen für den Fall eines Brexit führte in der Bevölkerung jedoch zunächst zu Gleichmut, dann zu Trotz und schließlich zu offener Auflehnung. Michael Gove ist scharf für seine Bemerkung getadelt worden: „*I think the people of this country have had enough of experts.*"[21] Er hatte damit jedoch ins Schwarze getroffen. Die meisten Briten waren es leid, in paternalistischer Weise von Fachleuten, die abgehoben unter völlig anderen Umständen als sie selbst lebten, in abstrakt-theoretischen Modellrechnungen erklärt zu bekommen, was sie zu denken und wie sie zu stimmen hatten.[43] Was sollten sie auch von den widersprüchlichen Prophezeiungen der Ökonomen, Politologen und Banker halten? Die einen behaupteten, jeder britische Haushalt werde bis zu 5.000 Pfund im Jahr ärmer werden, die anderen verkündeten, jeder Haushalt werde nach einem Brexit bis zu 1.000 Pfund reicher sein. Beide Aussagen beruhten auf Annahmen und Modellen, die nicht einmal Experten eindeutig begründen konnten. Es waren an den Haaren herbeigezogene Vorhersagen, und selbst einfache Leute erkannten, dass sie politischem Opportu-

---

War three or global Brexit-recession?" und hatte damit sofort alle Lacher auf seiner Seite (https://www.youtube.com/watch?v=TjOBcAelzJQ).

43 Nichts belegt diesen Abgrund zwischen zwei Welten, die da aufeinanderstießen, besser die Reaktion einer ältlichen Zuhörerin, die während eines Vortrags über makroökonomische Auswirkungen des Brexit laut dazwischen rief: „*It is your bloody GDP, not ours!*" (https://www.theguardian.com/commentisfree/2017/jan/10/blunt-heckler-economists-failing-us-booming-britain-gdp-london)

nismus folgten. Die Statistiken, Extrapolationen, Formeln und Modelle konnte niemand überprüfen. Und so wurden sie von den meisten Briten schlicht ignoriert.

Die Regierung verschickte Anfang April eine Postwurfsendung an alle Haushalte, in der sie versuchte, die Bevölkerung von den Vorteilen eines Verbleibs in der EU zu überzeugen.[22] Diese Broschüre befasst sich zur Hälfte damit, die Schrecken eines Austritts zu beschreiben. Sie gipfelt in einer Auflistung von 47 (!) Gründen auf etwa sechs Druckseiten, weshalb eine fortgesetzte EU-Mitgliedschaft besser als jede Alternative sei. Jedes dieser Argumente enthielt Verweise auf andere Texte. Die Sprache war wissenschaftlich-bürokratisch, spröde, abstrakt, die Argumente komplex und schwer verständlich. Der Tenor der Broschüre lief auf das simple Fazit hinaus: Die EU mag bürokratisch und undemokratisch sein, aber sie ist besser als alles andere – schwerlich ein Argument, das Skeptiker überzeugen konnte! Es darf bezweifelt werden, dass viele diese Broschüre gelesen haben. Auf die wenigen, die sie gelesen haben, dürfte dieser sterile Text keinen oder einen negativen Eindruck gemacht haben.

Finanzminister George Osborne machte die Sache mit seinen Ankündigungen nicht besser. Am 18. April erschien ein Bericht seines Ministeriums zu den langfristigen Folgen eines Brexit.[23] Dieser Bericht wandte sich nicht an die Öffentlichkeit, sondern sollte Parlamentariern Klarheit und Argumentationshilfen an die Hand geben. Eine Bleiwüste von zweihundert eng bedruckten Seiten, voller Zahlen, Statistiken, Diagrammen und ökonometrischen Modellen! So gut gemeint und solide dieses Dokument gewesen sein mag, es wird bei den meisten Lesern den Eindruck verfestigt haben, dass die Autoren wenig Verständnis für die konkreten Lebensbedingungen im Lande und noch weniger Empathie für die Emotionen hatten, um die es in dieser Debatte ging. Berühmt wurden einige sehr präzise Zahlen: Um 4.300 Pfund sollte jeder britische Haushalt pro Jahr bis 2030 ärmer werden, selbst wenn es zu einem bilateralen Handelsvertrag mit der EU käme.

> The key economic criteria for judging the UK's membership of the EU against the alternatives are therefore what it would mean for the UK's economic openness and interconnectedness. This needs to be considered alongside the obligations that come with securing that access and the influence the UK has over those obligations.
>
> | | EEA | Negotiated Agreement | WTO |
> |---|---|---|---|
> | GDP level | -3,8% | -6,2% | -7,5% |
> | GDP per capita. | -£1.000 to -£1.200. | -£1.300 to -£2.200. | -£1.500 to -£2.700 |
> | GDP per household. | -£2.400 to -£2.900. | -£3.200 to -£5.400. | -£3.700 to -£6.600 |
>
> The judgement must be based on evidence. This document assesses continued membership of the EU against the alternative models, described in the government's document *Alternatives to membership: possible models for the United Kingdom outside the European Union*. No country has been able to negotiate a better deal and it would not be in the EU's interest to agree one with the UK. The 3 existing alternatives considered are:
> • membership of the European Economic Area (EEA), like Norway
> • a negotiated bilateral agreement, such as that between the EU and Switzerland, Turkey or Canada
> • World Trade Organization (WTO) membership without any form of specific agreement with the EU, like Russia or Brazil.
> The analysis in this document shows that under all 3 models, the UK's economic openness and interconnectedness would be reduced. Trade and investment flows would be lower.
> **The UK would be permanently poorer if it left the EU** and adopted any of these models. Productivity and GDP per person would be lower in all these alternative scenarios, as the costs substantially outweigh any potential bene t of leaving the EU. The central estimates – defined as the middle point between both ends of the range – for the annual loss of GDP per household under the 3 alternatives after 15 years are:
> • £2,600 in the case of EEA
> • £4,300 in the case of a negotiated bilateral agreement
> • £5,200 in the WTO
> The negative impact on GDP would also result in substantially weaker tax receipts. This would significantly outweigh any potential gain from reduced financial contributions to the EU. The result would be higher government borrowing and debt, large tax rises or major cuts in public Spending. After 15 years, even with savings from reduced contributions to the EU, receipts would be **£20 billion a year lower in the central estimate of the EEA, £36 billion a year lower for the negotiated bilateral agreement and £45 billion a year lower for the WTO alternative**. £36 billion is more than a third of the NHS budget and the equivalent of 8p on the basic rate of income tax.
>
> Eine Seite aus dem Executive Summary aus *HM Treasury analysis: the long-türm economic impact of EU membership and the alternatives*
> Mit diesem Text versuchte George Osborne Parlament und Wähler zu beeinflussen.

Abb. 2.1: Dieser Text der Treasury sollte Einwohner Großbritanniens vor einem Brexit warnen.

Für den Fall, dass dieser ausbliebe, wurden die Verluste auf bis zu 6.600 Pfund veranschlagt. Das war selbst für Ökonomen, die den Brexit für einen Fehler hielten,[44] unseriös. Niemand konnte wissen, wie viele

---

44 Das waren fast alle renommierten Ökonomen. Lediglich Patrick Minford, Professor für angewandte Ökonomie an der Universität Cardiff, vertrat die These, dass ein Austritt aus der EU Großbritannien einen Wachstumsschub von 6,8 Prozent bescheren könne.

Haushalte in Großbritannien 15 Jahren später bestehen würden, und es war einfach unzulässig, eine aggregierte Gesamtsumme in gleicher Weise auf alle Haushalte umzulegen. Natürlich würde ein Einkommensmillionär anders vom Brexit betroffen sein als ein Haushalt, der auf Sozialhilfe angewiesen war und mit 16.000 Pfund auskommen musste.

Osborne lernte aus diesem Fehlgriff nichts. Er ließ am 23. Mai auf den Bericht zu den langfristigen Folgen einen weiteren zu den kurzfristigen Folgen eines EU-Austritts folgen.[24] Dieses Mal begnügte er sich mit 90 Seiten, auf denen er ein Schock-Szenario von hoher Inflation, Wirtschaftskontraktion bis zu minus sechs Prozent, fast einer Million zusätzlicher Arbeitsloser und dramatisch verfallender Immobilienpreise vorhersagte. Der Staat werde zusätzliche 39 Milliarden Pfund Schulden aufnehmen müssen. War schon sein erster Bericht auf Skepsis gestoßen, so besiegelte dieser zweite Bericht seinen Ruf als Angstmacher.

Vollends unglaubwürdig wurde er, als er wenige Tage vor dem Abstimmungstermin verkündete, er bereite einen Nothaushalt vor. Falls das Referendum den Austritt aus der EU fordern sollte, werde er neue Steuern in Höhe von 15 Milliarden Pfund erheben und Ausgaben um 15 Milliarden Pfund kürzen, darunter für NHS, innere Sicherheit und Verteidigung.[25]

Damit hatte Osborne seinem zentralen Anliegen, die Öffentlichkeit von den Vorteilen der EU-Mitgliedschaft zu überzeugen, einen Bärendienst erwiesen. Es war zu durchsichtig der Versuch, wenigstens die Unentschiedenen durch Panikmache zu einem Ja im Referendum zu bewegen. Osborne hatte mit diesen Schreckensszenarien das *project fear* perfektioniert, die *Remain*-Kampagne aber um politische und intellektuelle Respektabilität gebracht. Viele Kritiker wiesen nicht ganz unbegründet auf den Widerspruch hin, dass das *project fear* vor einem Sprung ins Dunkle, vor dem Risiko eines Aufbruchs ins Ungewisse ohne Umkehrmöglichkeit warnte, Osborne aber mit seinen präzise bis auf Nachkommastellen exakten Modellrechnungen vorgab, genau zu wissen, was nach einem Brexit kommen werde.

Abb. 2.2: Das verhängnisvolle Plakat: Cameron und Farage auf gleicher Augenhöhe und mit gleichen (und gleichwertigen?) An- und Aussprüchen

Ein letzter gravierender Fehler Cameron bestand darin, einem Fernsehduell zuzustimmen, dessen Format Farage auf eine Stufe mit ihm anhob und den Eindruck erweckte, als ob Farage sein eigentlicher Widersacher sei. Es gab gar kein direktes Duell, sondern nur zwei separate Interviews, die direkt aufeinander folgten. Die Plakate schufen einen ganz anderen Eindruck. Am Veranstaltungstag liefen die beiden Protagonisten auf dem Korridor der BBC stumm und grußlos aneinander vorbei. War schon das Format ein Fehlgriff, war die Wirkung der Sendung desaströs: Cameron wirkte gehetzt mit verkniffenen Lippen, verhedderte sich in Widersprüchen und wiederholte längst bekannte, abgedroschene Phrasen. Farage scheute sich nicht, drastische Ausdrücke zu benutzen, er wirkte locker, verbindlich und leutselig. Das Interview schwächte Camerons Ansehen und verlieh Farage Respektabilität.

2.9 Leave: Vote Leave, Leave.EU und grassroots.out (2016)

Zusammenfassung: **Leave** gelingt es, aus der Defensive herauszukommen und mit gängigen Slogans die Debatten zu beherrschen. Dazu gehört das nachweislich falsche Versprechen, durch den Brexit würden pro Woche £ 350 Mio. frei. Besonders eingängig war der Slogan „**take back control**"! Die Kampagne konzentriert sich immer mehr und erfolgreicher auf das Migrationsthema.

Like a scurvy politician, seem to see the things thou doest not
William Shakespeare

The people are the masters
Edmund Burke

Die gegnerische Kampagne startete taktisch mit einem Vor- und einem Nachteil. Der Vorteil lag darin, dass die Gegner der EU nicht erst auf das Ergebnis der Nachverhandlungen warten mussten. Die meisten von ihnen hatten seit Jahren auf dieses Referendum hin gearbeitet. Jetzt wussten sie genau, was sie wollten und wie sie es erreichen konnten. Dominic Cummings und Matthew Elliott, die der *Leave*-Kampagne Schwung und Profil verliehen, hatten schon lange zuvor Erfahrungen gesammelt, die ihnen jetzt zugute kamen: Cummings hatte 1999 die Kampagne *Britain for Sterling* gegen die Übernahme des Euro gelenkt und wenig später erfolgreich eine Bewegung gegen ein Regionalparlament für Englands Nordosten angeführt. Elliott hatte seine Sporen als Initiator der *Tax Payers' Alliance* und der Bewegung *Business for Britain* verdient. Er war der Direktor der Kampagne gewesen, die 2011 erfolgreich die Volksabstimmung gegen eine Änderung des Wahlrechts gewonnen hatte. Zusammen brachten diese beiden Organisatoren unschätzbare Erfahrung mit – nicht nur im Aufbau und in der Steuerung einer Volkskampagne, sondern auch in der detaillierten empirischen Kenntnis der Stimmung an den politischen Graswurzeln. Sie beherrschten vor allem eines: Sie verstanden, komplexe Sachverhalte in eingängige, simple und ansprechende Slogans zu gießen. Sie wussten sehr genau, dass Massenkampagnen letztlich weniger von rational-deduktiven Argumenten, sondern von Emotionen, von Bauchgefühl und von Ressentiments entschieden werden. Nachteilig war für die *Leave*-Bewegung, dass sie zunächst in drei Gruppierungen zersplittert begann, die sich mitunter heftiger befehdeten als die *Remainer*, weil jede Gruppierung auf die offizielle Anerkennung der Referendumskommission hoffte.

Vote Leave wurde wie *Britain Stronger in Europe* im Oktober 2015 gegründet. Da existierte bereits *Leave.EU*, eine Organisation, die von Nigel Farage und seiner UKIP getragen wurde. Anfang 2016 kam noch *Grassroots Out*[45] hinzu. *Vote Leave* erhielt im April 2016 die offizielle Anerkennung und erhielt damit Anspruch auf einen staatlichen Zuschuss von 600.000 Pfund, freie Nutzung der Post und gleichberechtigten Zugang zu den Medien.

Vote Leave begann die Kampagne mit einem Paukenschlag.[46] Wider besseres Wissen behauptete die Organisation, dass Großbritannien jede Woche 350 Millionen Pfund an die EU überweise, seit 1973 mehr als 500 Milliarden Pfund! Dieses Geld solle besser für nationale Projekte ausgegeben werden – unausgesprochen, aber für jeden Briten unmissverständlich schwang eine zweite Satzhälfte mit: ... und nicht von korrupten Bürokraten in Brüssel für unkontrollierte Projekte vergeudet werden! Sir Andrew Dilnot, Direktor der Staatlichen Statistikbehörde, rügte öffentlich, dass *Vote Leave* hier mit falschen Zahlen jongliere. Tatsächlich beruhte die Zahl auf Bruttobeiträgen. Mindestens ein Drittel dieser Gelder floss nach Großbritannien zurück. Und für den Rest des Geldes erledigte Brüssel umfangreiche administrative Aufgaben, die sonst nationale Behörden hätten übernehmen müssen. Aber der Slogan wirkte unwiderstehlich. Jeder Widerspruch verschaffte ihm nur stärkere

---

45 Abgekürzt GO!

46 Die Homepage von *Vote Leave* erschien zum ersten Mal im Oktober 2015: http://www.voteleavetakecontrol.org/why_vote_leave.html

Resonanz. Denn wer die Zahl bestritt, musste auf Nachfrage zugeben, dass es zwar nicht 350 Millionen Pfund, aber doch immerhin 200 Millionen Pfund waren. In der Bevölkerung kam nur die Botschaft an, dass unvorstellbar viel Geld abfloss, das im eigenen Land fehlte. In den Pubs, in den zahllosen Veranstaltungen, Diskussionsrunden, Interviews stand immer wieder diese Zahl im Mittelpunkt.[47] *Vote Leave* ging kurz vor dem Referendum noch einen Schritt weiter und erklärte, dieses Geld solle vollständig dem chronisch unterfinanzierten staatlichen Gesundheitsdienst NHS zufließen.[48] Die Zahl stand prominent auf dem feuerwehrroten Bus, mit dem *Vote Leave* durchs Land tourte. Es war eine griffige, eingängige Zahl, und selbst wenn ihre konkrete Höhe umstritten war, grub sich die Erkenntnis tief ins Bewusstsein der Wähler ein, dass Brüssel ungeheuer viel Geld verschlang.

Geld war das erste Thema. Das zweite Thema, mit dem für den Austritt geworben wurde, war: Souveränität und nationale Selbstbestimmung. Auch hierfür gelang der *Vote Leave*-Kampagne ein genialer Werbespruch: *Take back control!* Drei Worte – aber in ihnen lag der ganze Verdruss einer Bevölkerung, der über Jahrzehnte eingeredet worden war, sie werde von einer fernen, elitären, verantwortungslosen Bürokratie gegängelt, einer Bevölkerung, die es sich zur Gewohnheit gemacht hatte, für Unzulänglichkeiten des Alltags abgehobene Eurokraten verantwortlich zu machen. *Vote Leave* redete davon, dass über 70 Prozent aller in Großbritannien geltenden Vorschriften in Brüssel gemacht wurden,[49]

---

47 Alan Johnson, Gründer von *Labour In for Britain*, bemerkte nur ironisch-resignierend: „*We had the lyrics, but they had the better tunes*."

48 Die meisten derjenigen, die für einen EU-Austritt gekämpft hatten, gaben nach dem 23. Juni 2016 zu, dass dieses Versprechen substanzlos war. Boris Johnson erklärte jedoch noch ein Jahr später, er stehe voll und ganz zu den £ 350 Mio. (http://metro.co.uk/2017/04/27/boris-johnson-stands-by-350million-vote-leave-bus-message-6600240/)

49 Auch dies war eine perfide Halbwahrheit. Rein quantitativ war das nicht falsch, allerdings nur, wenn Verordnungen und Normen mitgezählt wurden. Vor allem unterschlug dieses Argument, dass praktisch alle die

und befeuerte damit Ressentiments gegen Brüssel. Der Zusatz *back* war Inbegriff der Nostalgie: Man versprach, zu der guten alten Zeit zurück zu kehren, als diese Kontrolle noch bestanden hatte.

Wäre es nur um diese beiden Punkte gegangen, hätten die *Remainers* vermutlich die Abstimmung noch gewinnen können. Wirtschaftlich hatten sie die besseren Argumente, auch wenn sie diese in denkbar schlechter Weise unters Volk brachten.

Souveränität war jedoch spätestens seit dem Sommer 2015 untrennbar mit der Frage nach Einwanderungskontrollen verknüpft. Cameron hatte wiederholt versprochen, den Zuzug von EU-Bürgern auf niedrige fünfstellige Größenordnungen zu reduzieren. Er hatte selbst Immigration wiederholt zum Thema vielbeachteter Reden gemacht[50] und dabei unter anderem gesagt:

„Immigration benefits Britain, but it needs to be controlled, it needs to be fair, and it needs to be centred around our national interest. People want Government to have control over the number of people coming here. My objective is simple: to make our immigration system fairer and reduce the current exceptionally high level of migration from within the EU into the UK. Judge me by my record in Europe!" [26]

Regelungen, die auf EU-Ebene ergingen, Voraussetzungen für den schrankenlosen Binnenmarkt waren, für den sich gerade die Briten immer stark gemacht hatten. Die meisten dieser Vorschriften müssen im Falle eines Brexit durch nationale Regelungen ersetzt werden, was aufwendiger und kostspieliger wird und automatisch zu neuen Handelsschranken führt.

50 Am 28.11.2014 hatte Cameron in Staffordshire unter anderem gesagt: *„People want government to have control over the number of people coming here and the circumstances in which they come. They want control over who has the right to receive benefits and what is expected of them in return. People want grip. I get that. I completely agree with that."* (https://www.gov.uk/government/speeches/jcb-staffordshire-prime-ministers-speech und http://www.bbc.com/news/uk-politics-30250299). Rede vom 14. April 2011: (https://www.theguardian.com/politics/2011/apr/14/david-cameron-immigration-speech-full-text)

Camerons Ruf nach Kontrolle wandte sich jetzt mit vernichtender Wucht gegen ihn selbst. Denn die Einwanderungszahlen sprachen eine unwiderlegbare Sprache: 2012 verzeichnete Großbritannien eine Nettoimmigration von 177.000. 2013, waren es 209.000, 2014 schon 318.000. Und kurz vor dem Abstimmungstermin, am 26. Mai 2016, erschienen die Zahlen für 2015: 332.000![51]

Großbritannien war nach dem Zweiten Weltkrieg ein Einwanderungsland geworden. Die Zahl der außerhalb des Landes geborenen Einwohner stieg ständig. Menschen vom indischen Subkontinent[52] machen heute fast fünf Prozent der Bevölkerung aus. Sie bilden sozusagen die neue Unterschicht, sie füllen die Arbeitsplätze, die kein Brite mehr haben will. Die Zuwanderer aus den EU-Ländern hingegen stellen eine ernsthafte und qualifizierte Konkurrenz für Handwerker und Kleinunternehmer dar. Sie ziehen gern in Krisengebiete, in denen einstmals Industrien für Wohlstand gesorgt hatten und die seit den Umwälzungen unter Thatcher mit Verfall und Rezession zu kämpfen haben. Das Argument, dass Zuwanderung der britischen Wirtschaft Nutzen bringt, trifft aufs Ganze gesehen durchaus zu; bei genauerer Betrachtung wird jedoch klar, dass sie einigen Bevölkerungsteilen überproportionalen Nutzen bringt, während sie in anderen Gebieten bereits vorhandene Krisenfaktoren verschärft. Cameron hatte sich dafür stark gemacht, Immigration zu begrenzen. Er hatte jedoch nicht mehr als eine Einschränkung der Sozialleistungen erreicht. Am Prinzip der Freizügigkeit hatte die EU nicht rütteln lassen.

Nigel Farage hatte das xenophobische Potenzial in den sozialen Brennpunkten des Landes als erster erkannt und propagandistisch

---

51 Zahlen nach *Migration watch UK*: https://www.migrationwatchuk.org/statistics-net-migration-statistics. Dabei fällt ins Gewicht, dass die Nettozahlen nicht berücksichtigen, dass deutlich mehr Briten das Land verließen als zurückkehrten. Der subjektiv empfundene „Überfremdungsfaktor" liegt also deutlich höher als die Nettozahlen.

52 Pakistan, Nordindien und Bangladesh

geschickt ausgeschlachtet. Eine Woche vor dem Referendum ließ er ein Plakat aufhängen, das eine unübersehbare Menschenschlange von Flüchtlingen mit der Aufschrift: *„Breaking Point. The EU has failed us all. We musst break free of the EU and take back control of our borders"* zeigt.[53] Das war pure Demagogie – aber sie wirkte. *Vote Leave* griff das Thema in anderer Form auf, behauptete, ein EU-Beitritt der Türkei stünde unmittelbar bevor und malte das Schreckgespenst einer Freizügigkeit mit der Türkei an die Wand.[54]

Vote Leave erhielt wertvolle Schützenhilfe der Boulevardpresse. *Daily Mail, Daily Express, Sun* und der *Telegraph* brachten täglich neue Schlagzeilen, die Stimmung gegen die EU machten. Sie schreckten dabei auch nicht vor glatten Falschmeldungen zurück. So behauptete die *Sun*, die Königin unterstütze den Brexit.[55]

---

53 Farage gab zu, dass die Aufnahme im Herbst 2015 auf dem Balkan entstanden war.

54 Am 9. März 2016 erklärte Nigel Farage im Europäischen Parlament: *„A vote for Remain is a vote for Turkey!"* (https://www.youtube.com/redirect?v=_AzBXNDNBtQ&redir_token=zfaVR9gv5LBKH3IcEoFlTCFm-0Q98MTUxOTc0NjAyOEAxNTE5NjU5NjI4&event=video_description&q=http%3A%2F%2Fwww.ukipmeps.org/). Siehe auch: Farrell/Goldsmith: *Referendum,* S. 400-404; Daily Express 3. Juni 2016 (https://www.express.co.uk/news/politics/676548/nigel-farage-david-cameron-eu-turkey). David Cameron hatte während eines Türkeibesuchs 2011 versprochen, *to pave the road from Brussels to Ankara.* Dieses Zitat wurde ihm nun um die Ohren geschlagen. Großbritannien war traditionell ein Befürworter jeder EU-Erweiterung gewesen in der Hoffnung, durch zunehmende Diversität den Zentralisierungstendenzen entgegenwirken zu können. Jetzt wurde die Perspektive einer EU-Mitgliedschaft von Albanien, Serbien, Montenegro, Makedonien, dem Kosovo und vor allem der Türkei zum Albtraum.

55 Titelseite der Sun vom 9. März 2016 war völlig aus dem Zusammenhang gerissen (https://www.thesun.co.uk/news/1078504/revealed-queen-backs-brexit-as-alleged-eu-bust-up-with-ex-deputy-pm-emerges/, 13.05.2018). Die Meldung beruhte auf einer Indiskretion über ein Gespräch, das 5 Jahre zurück lag. Damals war von Brexit keine Rede, ebenso wenig von einem Referendum.

Dennoch dümpelte die Kampagne von *Vote Leave* bis ins Frühjahr 2016 träge vor sich hin. Cameron und die *Remainers* gaben sich siegessicher. Sie glaubten zuversichtlich, die Wortführer der *Leave*-Kampagne als unseriöse Demagogen, als wirtschaftlich unerfahrene und exzentrische Chauvinisten abtun zu können. Auch als fünf Minister aus Camerons Kabinett offen Partei für *Vote Leave* ergriffen, blieb Cameron gelassen. Es waren nicht die stärksten Mitglieder seiner Partei, ihre Gefolgschaft war überschaubar, ihre Öffentlichkeitswirkung beschränkt. Das änderte sich schlagartig, als im Februar auch Michael Gove und Boris Johnson sich offen gegen ihren Parteichef stellten. Beide setzten der Taktik des *project fear* einen unerschütterlichen Glauben an die geradezu grenzenlosen Fähigkeiten ihrer Landsleute entgegen. Gove und Johnson verbreiteten eine Kernbotschaft: Lasst Euch nicht von den sogenannten Experten einschüchtern! Vertraut Eurem eigenen Urteil! Ein Brexit kann ein Land, das noch vor hundert Jahren die halbe Welt beherrschte und zwei Weltkriege gewonnen hat, nicht aus der Bahn werfen! Johnson krönte seine Rhetorik, indem er den 23. Juni zum *Independence Day* ausrief. Diese Botschaft verfing. Sie war positiv, verbreitete Selbstvertrauen und Nationalstolz. Dagegen war *project fear* von Pessimismus, Angst, Verunsicherung und dem latenten Eingeständnis getragen, dass Großbritannien stärker auf die EU angewiesen sein könnte als umgekehrt.

Gove und Johnson gingen so weit, kurz vor der Abstimmung ein eigenes Regierungsprogramm zu verkünden. Sie bekräftigten nicht nur, dass die Gelder, die bislang nach Brüssel flossen, in den NHS umgelenkt werden sollten; die Mehrwertsteuer auf Hausbrand sollte gesenkt, eine neue Immigrationspolitik eingeführt werden. Sie kündigten sechs Gesetze an, die einen geräuschlosen Brexit sicherstellen würden. Das war im Grunde das Programm einer Opposition. Mit diesen Ankündigungen gingen die beiden weit über den Freiraum hinaus, den Cameron im Sinn gehabt hatte, als er sechs Monate zuvor seinen Kabinettsministern freistellte, wie sie zum Brexit Position beziehen wollten. Vor allem Johnson gerierte sich bereits wie der designierte Nachfolger von Cameron.

Die *Leave*-Berfürworter haben den Wählern vier Illusionen vorgegaukelt:

- Großbritannien wird Zugang zum Binnenmarkt behalten, weil es als Handelspartner für die restliche EU unentbehrlich ist.
- Großbritannien kann viel Geld sparen.
- Das Vereinigte Königreich wird wieder „englischer" werden. Das Commonwealth kann als Ersatz für die EU dienen.
- Das Vereinige Königreich wird globale Ordnungsmacht bleiben.

Alle diese Annahmen waren nachweislich falsch.

Die Referendumskampagne hat den Riss in der Konservativen Partei vertieft. Auf beiden Seiten kämpften prominente Parteimitglieder mit allen rhetorischen Finessen gegeneinander. Dabei war die sachliche Positionierung häufig genug von persönlichen Ambitionen diktiert. Jeder wusste: Cameron würde 2020 nicht wieder antreten. Jetzt galt es, sich eine günstige Ausgangsposition für den Kampf um die Nachfolge zu sichern. Labour stand derweil in eigenartiger Weise im Abseits und sah mit verhaltener Genugtuung zu, wie sich die Konservative Partei selbst zerfleischte. Aber auch Labour sollte bald genug in den Brexit-Strudel hineingezogen werden und darin die eigene Orientierung verlieren.

2.10 Die Europäische Union

Zusammenfassung: Die EU gießt mit eigenen Publikationen Wasser auf die Mühlen der Brexiteers. Cameron kämpft vergeblich gegen die Berufung von Juncker an die Spitze der Kommission.

> *What's done cannot be undone*
> *William Shakespeare*

Cameron erhob seine Forderungen nach Reformen in der EU zu einem ungewöhnlich ungünstigen Zeitpunkt. Die EU war von der Euro- und Schuldenkrise in Griechenland und den Wirtschafts- und Finanzkrisen in den übrigen Mittelmeerländern absorbiert. Tsipras hielt im Sommer 2015 sein Referendum gegen die Austeritätspolitik der EU ab. Für einige Tage sah es so aus, als ob Griechenland aus der Eurozone herausfallen könne. In Brüssel kreisten Gespräche und Konzepte um Bankenunion und Euro-Bonds, um Rettungsschirme und Einlagensicherungskonzepte, um die Rolle der EZB, Finanzaufsicht, einen EU-Finanzminister und die Perspektive eines europäischen Währungsfonds. Großbritannien mit seinen eigenwilligen Forderungen erschien vor diesem Hintergrund wie ein lästiger Störfaktor, nicht aber als existenzielles Problem. Man fühlte in Brüssel, dass man einen lodernden Brand im eigenen Haus löschen musste, und nun kam ein Bewohner und wollte einige Möbel verrücken.

In Brüssel hatten die fünf Präsidenten im Juni 2015 einen ehrgeizigen Bericht zur Vollendung der Wirtschafts- und Währungsunion vorgelegt.[56] Darin war von Finanz- und Fiskalunion, einem formalisierten Konvergenzprozess, Kapitalmarktunion, einem weiteren institutionellem Unterbau der Eurogruppe, einem Schatzamt für den Euro-

---

56 Tusk für den Europäischen Rat, Juncker für die Kommission, Schulz für das Parlament, Draghi für die EZB und Dijsselbloem für die Eurogruppe: https://ec.europa.eu/commission/sites/beta-political/files/5-presidents-report_de_0.pdf

raum und von einer Stärkung des Europäischen Parlaments die Rede. Das war natürlich Wasser auf die Mühlen all derer, die vor einem unaufhaltsamen Sog in Richtung auf einen europäischen Superstaat warnten. Der Ansatz, Sachzwänge zu schaffen, die nach einiger Zeit unweigerlich weitere Integrationsschritte erzwingen, ist die Methode Monnet genannt worden. Sie ist jenseits des Kanals immer auf entschiedene Ablehnung gestoßen. Man wollte sich keinen anonymen Zwängen ausliefern, die darauf hinausliefen, die eigene Entscheidungsfreiheit einzuengen. Für Briten war Demokratie weniger eine Frage formaler Institutionen, als eine Frage der inhaltlichen Wahl zwischen Regierung und Opposition. Eine Politik, die sich als alternativlos bezeichnet, ist Engländern suspekt. Der Bericht der fünf Präsidenten blieb in der Sache folgenlos. Er kam jedoch zum denkbar ungünstigsten Zeitpunkt. Die Präsidenten hatten mit ihrem Bericht den Verdacht bekräftigt, die EU halte unbeirrt von allen Krisen an ihrem Kurs auf die Vereinigten Staaten von Europa fest. Das wurde von vielen in Großbritannien als dogmatische Anmaßung und ernst zu nehmende Gefahr empfunden.

2014 war Jean-Claude Juncker in einem umstrittenen Verfahren zum Präsidenten der Kommission gewählt worden.[57] Großbritannien kritisierte das Vorgehen des Parlaments als Kompetenzüberschreitung. Cameron polterte gegen Brüsseler Kungelei; die Wähler hätten Parteien, keine Spitzenkandidaten gewählt, das Vorgehen des Parlaments, im Vorgriff auf eine Nominierung durch den Europäischen Rat Spitzenkandidaten zu präsentieren, sei Anmaßung und bringe das subtile Gleichgewicht der EU-Institutionen aus der Balance.[58]

---

57 Das Verfahren widersprach nicht dem Wortlaut, wohl aber dem Geist des EU-Vertrags. Das Europäische Parlament präjudizierte handstreichartig die Nominierung des Kommissionspräsidenten durch den Europäischen Rat.

58 Cameron hatte mit dieser Kritik nicht Unrecht. Art. 17 (7) EUV besagt, dass der Europäische Rat dem Europäischen Parlament einen Kandidaten vorschlägt, wobei er das Ergebnis der Parlamentswahlen berücksichtigt. Das Parlament stimmt dann über diesen Kandidaten ab. Gewinnt der

Damit nicht genug, führte er einen erbitterten persönlichen Krieg, um Juncker als Kommissionspräsidenten mit allen Mitteln zu verhindern.[59] Bewirken konnte er damit gar nichts. Bei der Wahl stand er auf verlorenem Posten. Nur Ungarns Premierminister Orban stimmte in der entscheidenden Sitzung am 27. Juni 2014 mit Cameron gegen Juncker. Cameron hatte nicht nur eine schwere Niederlage erlitten. Er hatte sein Verhältnis zu Juncker und zu dessen einflussreichem Stab nachhaltig beschädigt. Er konnte schwerlich erwarten, dass Juncker behilflich sein würde, ihm goldene Brücken zu bauen, als er sie keine zwei Jahre später dringend benötigte.

Noch unheilvoller wirkte sich die Migrationskrise aus, die sich im Sommer 2015 krisenhaft zuspitzte und dafür sorgte, dass bis Jahresende weit über eine Million Menschen aus Nahost, Nordafrika, Irak und Afghanistan in den Schengen-Raum strömten, die meisten von ihnen unregistriert und unkontrolliert. Das Migrationsthema wurde neben der Eurokrise das Thema, das nicht nur das Denken der Politiker, sondern den öffentlichen Diskurs über Europa prägte. Da blieb für die britischen Anliegen wenig Aufmerksamkeit und noch weniger Energie übrig. Viele EU-Partner reagierten unwirsch auf Camerons Drängen.

Kandidat nicht die Mehrheit, schlägt der Europäische Rat einen weiteren Kandidaten vor. Durch die Absprache zwischen Juncker und Schulz wurde dieses Verhältnis umgekehrt: Das Parlament schlug zwei Kandidaten vor und überließ es dem Rat, einen dieser beiden zu bestätigen. „Spitzenkandidat" ist seither ein weiteres deutsches Fremdwort im Englischen geworden.

59 Er scheute nicht davor zurück, Gerüchte über Junckers Alkoholismus und unlautere Finanzgeschäfte zu streuen und ihn damit persönlich zu diskreditieren. Selbst Nazi-Verbindungen wurden unterstellt – immer ein probates Mittel, jemanden in England rettungslos in Verruf zu bringen. Camerons Mitarbeiter intervenierten bei europäischen Partnern, um Junker zu verhindern. Allerdings wollten sie den anderen Spitzenkandidaten, Martin Schulz, noch weniger. Hinter verschlossenen Türen warnte Cameron, eine Ernennung Junckers werde den EU-Austritt seines Landes wahrscheinlicher machen.

Sie sahen sich mit eigenen existenziellen Problemen konfrontiert und betrachteten das britische Anliegen als unnötige Ablenkung eines ohnehin privilegierten und egoistischen Partners.

2.11 Externe Faktoren

Zusammenfassung: Unglückliche weitere Zufälle untergraben Camerons Position und erschüttern seine persönliche Integrität.

> *Events, dear boy, events*
> *Harold Macmillan*

Die Migrationskrise wurde verschärft durch spektakuläre Terroranschläge. Schon im Frühjahr 2015 war die Redaktion der Satire-Zeitschrift *Charlie Hebdo* in Paris überfallen worden. Vier Redakteure wurden erschossen. Im November 2015 starben bei koordinierten Terroranschlägen in Paris über 140 Menschen. Am 22. März 2016 wurde Brüssel von schweren Anschlägen heimgesucht. In Köln wurden am Silvesterabend 2015/2016 hunderte von Frauen belästigt. In der zweiten Jahreshälfte 2015 kam es in Calais zu massiven Gewaltausbrüchen. Migranten stürmten die Zugänge zum Tunnel unter dem Ärmelkanal in Calais, legten den Verkehr lahm und griffen Lkw mit Stangen und Knüppeln an. Der Verband britischer Spediteure forderte öffentlich den Einsatz von Militär.

Seit 2010 hatte Cameron immer wieder verkündet, er werde Immigration auf „einige Zehntausend" beschränken. Im Mai 2016, kurz vor dem Referendum, wurde die Nettozahl der Einwanderer für 2015 bekannt: 332.000. Diese Migranten kamen beileibe nicht alle aus der EU. Etwa die Hälfte stammte aus Commonwealth-Ländern. Aber in der britischen Öffentlichkeit wurden Migration und innere Sicherheit zu einem Problem, für das die EU verantwortlich gemacht wurde. Genüsslich führten seine Gegner jetzt seine Versprechungen und die Fakten nach sechs Jahren als Premierminister ins Feld. Für viele Briten flossen beide Migrationskrisen zusammen, die durch Freizügigkeit dauerhaft garantierte Mobilität aller EU-Bürger und die Ausnahmesituation des Jahres 2015 mit Gummibooten auf dem Mittelmeer und endlosen Menschenschlangen auf dem Balkan. Wenn alle diese Fremden unregistriert und unkontrolliert in die EU gelangen konnten und innerhalb der EU unbeschränkte Freizügigkeit galt, dann würde ein Teil dieses Zustroms irgendwann auch England erreichen. Denn die deutsche Regierung wurde nicht müde, eine vollständige Integration dieser Migranten zu fordern. Die meisten Briten interpretierten dies so, dass nach erfolgter Integration diese Zuwanderer beispielsweise die deutsche Staatsangehörigkeit erhalten und damit unweigerlich in den Genuss uneingeschränkter Freizügigkeit innerhalb der EU kommen würden. Die zahllosen Bilder des Herbstes 2015 suggerierten jedenfalls eines: Verlust von Kontrolle – *loss of control*. Cameron selbst hatte dies mehrfach öffentlich eingeräumt und die Wiederherstellung von wirksamen Migrationskontrollen als eine seiner vordringlichsten Aufgaben bezeichnet. Wenige Monate später sollte *Take back control!* zu einem der wirksamsten Slogans der *Leave*-Kampagne werden, und Nigel Farage schreckte nicht davor zurück, mit der Aufnahme eines endlosen Menschentreks auf dem Balkan vom Herbst 2015 auf einem Großplakat für Stimmung zu sorgen. Eigenartiger Weise wurde die anhaltend hohe Immigration aus Commonwealth-Ländern nie thematisiert. Dabei drängte sich bei jedem Streifzug durch London auf, wie stark sich das Straßenbild seit den 60er-Jahren verändert hatte. Einige Städte wie Bradford und Rochdale rechnen damit, dass in zwei Generationen die Mehrzahl ihrer Einwohner aus ehemaligen Kolonien stammen würde. Im Grunde war die Migration aus nicht-europäischen Gebieten und die Integration dieser Migranten kein geringeres Problem als die innereuropäische Freizügigkeit. Aber es wurde in Großbritannien ganz anders wahrgenommen, vielleicht auch deshalb, weil sich die meisten Briten längst an Chinesen, Inder, Pakistanis und Afrikaner auf ihren Straßen und an indischen Curry und chinesisches Chop Suey gewöhnt hatten. Die Menschen aus Osteuropa hingegen waren ungewohnt. Vielleicht wirkte das Empire nach: Osteuropa, das waren *far away countries of which we know nothing*. Mit Indern und Chinesen, Kenianern und

Nigerianern war ein Großteil der britischen Bevölkerung seit Generationen vertraut. Es gibt vermutlich noch heute mehr Briten, die Chinesisch, Hindi oder Urdu gelernt haben und in diesen Ländern gelebt haben, als solche, die Polnisch, Tschechisch oder Ungarisch beherrschen und in Osteuropa Landeskenntnisse gesammelt haben.

Auch an der Heimatfront brauten sich Stürme zusammen, die Cameron empfindlich ins Gesicht bliesen. Ende März 2016 kündigte Tata Steel an, dass es sämtliche Stahlwerke in Großbritannien abstoßen wolle. Bis zu 15.000 Arbeitsplätze gerieten in Gefahr, die meisten von ihnen dort, wo wenige Monate später die meisten Stimmen für den Brexit abgegeben werden sollten: Im südlichen Wales (Port Talbot) und im Nordosten (Scunthorpe und Teesside). In wenigen Wochen hektischer Suche wurde mit Greybull Capital eine Firma gefunden, die bereit war, die Stahlwerke von Tata zu übernehmen. Massenentlassungen waren vorerst abgewehrt, und Greybull ließ sogar stolze Traditionen wieder aufleben, indem es auf den Namen *British Steel* zurückgriff – ein geschickter Schachzug in der allgemeinen Stimmung von Nationalismus und Nostalgie. Die Stahlkrise war glimpflich verlaufen. Aber sie hatte gezeigt, dass Cameron keine strategische Voraussicht besaß. Seine Regierung war von der Krise überrumpelt worden und reagierte panisch. Viele Experten glaubten, dass ein früheres aktives Herangehen an die Stahlkrise, die sich schon seit Jahren abgezeichnet hatte, ein besseres Ergebnis für Großbritannien und vor allem für die betroffenen Regionen hätte erwirken können. Im April 2016 lauteten die Schlagzeilen der Boulevardpresse jedoch, dass die britische Stahlkrise von Eurokraten in Brüssel verursacht worden sei, die weder Mitgefühl für die Arbeiter noch Verständnis für strukturschwache Regionen hätten.

Die Stahlkrise war schlimm genug, denn sie ließ die Cameron-Regierung als kalt, hartherzig, unvorbereitet und inkompetent erscheinen. Die nächste Krise traf Cameron mit voller Wucht persönlich. Am 3. April 2016 platze die Bombe der Panama-Papers. Cameron hatte sich seit seinem Regierungsantritt für eine wohlwollende Regulierung von Investmentgesellschaften eingesetzt. Jetzt wurde bekannt, dass sein Vater über 30 Jahre hinweg Direktor einer Briefkastenfirma (*Blairmore Trust*) gewesen war und dass David Cameron selbst Anteile an dieser Firma gehalten hatte. Cameron versuchte abzuwiegeln und flüchtete sich in Floskeln, er und sein Vater hätten nichts Illegales getan, seine Geldanlagen seien private Angelegenheiten. Es war ein Paradebeispiel dafür, wie der Versuch, Dinge zu verschleiern und nachträglich zu bemänteln, nur weiter Öl ins Feuer gießt. Nicht Camerons Finanzgebaren sorgte für den Skandal, sondern seine ungeschickten Versuche, zu vertuschen, zu bagatellisieren und sich mit spitzfindiger Verbalakrobatik herauszuwinden. Cameron geriet in den Verdacht, Steuern hinterzogen zu haben. Das war tödlich. Nach einer Woche vergeblicher Versuche, die Meute investigativer Journalisten abzuwehren, trat Cameron die Flucht nach vorne an. Als erster britischer Premierminister veröffentlichte er seine Steuererklärungen. Cameron selbst hatte seit 2010 immer wieder Unternehmen wie Amazon und Google sowie Privatpersonen wie den Komiker Jimmy Carr wegen ausgeklügelter Steuervermeidungsstrategien angeprangert. Jetzt stand er selbst am Pranger. Sein Name wurde zusammen mit dubiosen Figuren der Halbwelt genannt, sein Gesicht erschien neben dem von Putin, den schattenhaften Rotenberg-Brüdern und notorischen südamerikanischen Kriminellen. Die Auswirkungen auf Camerons Glaubwürdigkeit waren verheerend. Hatte er zuvor schon vielen als Blender und zielloser Taktiker gegolten, als Gaukler, dem es wichtiger ist, was er den Menschen vormachen konnte, als was er tatsächlich erreicht hatte, so gerieten jetzt seine persönliche Integrität, seine Ehrenhaftigkeit als *gentleman*, in lang nachhallende Zweifel. Cameron haftete schon seit dem Coulson-Skandal[60] der Ruf der Unaufrichtigkeit an. Seine nonchalante Art, Summen

---

60 Sein erster Pressesprecher Andy Coulson war 2003 bis 2007 Chefredakteur der Boulevard-Zeitung *News of the World* (sie gehörte zum Medienimperium von Rupert Murdoch) gewesen, die durch besondere Neigung zu Klatsch, Sensationslust und Berichten über Eskapaden der High Soci-

von mehreren tausend Pfund als unbedeutende Kleinigkeiten abzutun, zeigte vielen Briten, wie weit entfernt dieser Mann von der Wirklichkeit ihres ärmlichen Alltags lebte. Cameron soll einmal auf die Frage, ob er mit einem silbernen Löffel im Mund geboren worden sei, geantwortet haben, es seien eigentlich zwei gewesen. Der Reichtum seiner Familie, sein privilegierter Lebenslauf, seine arrogante Selbstgewissheit und seine dubiosen Freundschaften in der Medienwelt – alles das kam wieder hoch und trieb einen tiefen Keil zwischen ihn und die Mehrheit seiner Landsleute.[61]

Gekrönt wurde Cameron Missgeschick, als just im April 2016 seine Partei das Bürgermeisteramt von London verlor. Der Nachfolger von Boris Johnson wurde Sadiq Khan, Sohn pakistanischer Einwanderer und praktizierender Muslim – für viele Konservative, für die ein Engländer ein weißer Anglikaner zu sein hatte, eine Zumutung.[62]

---

ety hervorstach. Er musste 2007 wegen eines Abhörskandals zurücktreten, wurde aber dennoch von Cameron zu seinem persönlichen und später zum Regierungssprecher ernannt. Der Abhörskandal holte ihn jedoch bald ein. Am 8. Juli 2011 wurde er wegen Korruption und Verletzung des Telefongeheimnisses verhaftet. Im Verfahren wurde deutlich, wie eng und fragwürdig die Beziehungen zwischen Coulson, seiner Vorgängerin und Geliebten Rebekah Brooks und David Cameron waren. Cameron verlor dadurch enorm an Respekt und Seriosität.

61 Sein Widersacher Boris Johnson entstammte kaum weniger privilegierten Verhältnissen, konnte aber seinen Ruf als authentische, geradlinige Persönlichkeit durch seine teilweise bizarren Ausfälle eher stärken. Eine Umfrage Ende Mai 2016 ergab, dass nur 18 Prozent der Wähler Cameron vertrauten gegen 31 Prozent, die Johnson für vertrauenswürdig hielten.

62 Über Sadiq Khan kursierten und kursieren bis heute ähnliche Kommentare, wie sie in entsprechenden Kreisen in den USA über Barack Obama und seine Frau Michelle im Umlauf waren. Ein altes Sprichwort besagt, die Anglikanische Kirche sei nichts anderes als die Tories beim Gebet.

2.12 Entfesselte Dämonen (2016)

Zusammenfassung: Hätte sich das Referendum vermeiden lassen? Es war weniger eindeutig als das Referendum von 1975 und ließ die entscheidende Frage offen, was denn an die Stelle einer EU-Mitgliedschaft treten solle. Das Abstimmungsergebnis ist in vieler Hinsicht nicht eindeutig und lässt sich hinterfragen. Den Ausschlag hat England gegeben; Schottland und Nordirland votierten deutlich für einen Verbleib in der EU.

Unleashing demons
Craig Oliver

It is the folly of too many to mistake the echo of a London coffee-house
for the voice of the kingdom
Jonathan Swift

„*You cold unleash demons of which ye know not.*" So bewertete David Cameron die Risiken eines Referendums.[27] Sein engster Weggefährte George Osborne warnte ihn: Ein *in/out*-Referendum sei ein Alles-oder-Nichts-Risiko; verliere er es, gebe es keinen Weg mehr zurück; selbst ein überwältigender Sieg werde die radikalen EU-Gegner nicht zum Schweigen bringen; das Referendum drohe die Konservativen dauerhaft zu spalten statt sie zu versöhnen. [28] Auch Michael Gove, ein enger persönlicher Freund, der später ins *Leave*-Lager wechselte, hielt die Referendum-Idee für ein Desaster. Er meinte, er könne mit anhaltender Unklarheit leben. Ein *in/out*-Referendum aber werde ihn zwingen, Farbe zu bekennen, und dann werde er seinem Gewissen folgen müssen. [29] Kurz bevor Cameron den Abstimmungstermin verkündete, gestand ihm sein Freund Gove: „*I'd put my feelings in a box. Now the box has been opened. My feelings on this have been unleashed.*"[30]

Das Referendum hatte ein knappes Ergebnis geliefert. Für *Leave* hatten 17,4 Millionen gestimmt, für *Remain* 16,1 Millionen. Die Wahlbeteiligung hatte bei 72 Prozent gelegen. 48 Prozent der Wähler hatten Mitglied in der EU bleiben wollen. Rückblickend ergeben sich eine ganze Reihe von Fragezeichen zum Abstimmungsergebnis.

Hätten 700.000 Wähler anders gestimmt, wäre die Kampagne anders verlaufen, hätte die Abstimmung nur wenige Wochen früher oder später stattgefunden, hätten EU-Bürger mitstimmen dürfen – in jedem dieser Fälle wäre es zu einem anderen Ergebnis gekommen. Inzwischen ist der Verdacht aufgetaucht, die *Leave*-Kampagne habe illegal auf datenanalytische Dienste zurückgegriffen. Die *Leave*-Kampagne ist zudem wegen finanzieller Irregularitäten offiziell gerügt worden. Damit gerät das Ergebnis des Referendums zusätzlich ins Zwielicht. Weshalb wurde keine erhöhte Zustimmungsschwelle festgelegt wie 1979, als das erste Devolutionsreferendum in Schottland mit 52 Prozent Ja-Stimmen (Beteiligung: 64 %) ungültig blieb, weil nicht 40 Prozent der stimmberechtigten Wähler zugestimmt hatten? Im EU-Referendum von 2016 haben 37,5 Prozent der Stimmberechtigten für den Austritt gestimmt. Es hätte gute Gründe gegeben, in einer so schicksalhaften Frage die Zustimmungsschwelle höher festzulegen. Hätte er das Referendum gewonnen, wäre Cameron als der politische Houdini des 21. Jahrhunderts gepriesen worden. Oder wäre das Umgekehrte eingetreten? Die unterlegene *Leave*-Seite hätte nicht aufgegeben, hätte weiter mobilisiert und Cameron weiterhin nach Kräften das Leben schwer gemacht?[63] Hätten sich beide große Parteien gespalten und neu formiert in eine *Remain*- und eine *Leave*-Bewegung? Mehr als zwei Jahre nach dem Referendum ist die Gefahr einer Spaltung in beiden großen britischen Parteien nach wie vor akut.

War das Referendum notwendig? Der stetig wachsende Verdruss über die EU brauchte ein Ventil. Insofern war Camerons Instinkt richtig. Allerdings hätten zahlreiche Alternativen bestanden, Druck aus dem Kessel zu nehmen ohne gleich Herd mitsamt Küche zu demolieren.

---

63 Nigel Farage erklärte kurz vor dem Referendum, als es noch ganz so aussah, dass er verlieren werde: *„We may lose this battle, but we will win this war!"* Er ließ keinen Zweifel daran, dass er im Fall einer Niederlage von *Leave* auf ein weiteres Referendum drängen werde – eine Positionierung, an die er sich seither nicht mehr gerne erinnern lässt.

Cameron selbst hat durch sein unbedachtes Erwartungsmanagement einen wesentlichen Teil des Drucks erzeugt, der ihn dann trieb. Er hätte kein *in/out*-Referendum ankündigen müssen. Eine Option wäre gewesen, für das eigene Land und gegenüber den EU-Partnern anzukündigen, in welchen Punkten Großbritannien bei den nächsten Vertragsverhandlungen auf Vertragsänderungen bestehen werde. Das hätte die fanatischen EU-Gegner nicht zufrieden gestellt, aber das Unbehagen der Mehrzahl vorerst beruhigt. Die EU-Gegner hätten unter diesen Voraussetzungen kaum eine Mehrheit hinter sich scharen können. Cameron hätte Zeit gewonnen. Er hätte überhaupt auf Zeit spielen können. Das hätte ihm mehr Optionen offen gehalten und ihm mehr Flexibilität verschafft, um auf Umstände und Veränderungen im politischen Umfeld zu reagieren. Er hätte sich nicht vorschnell auf das Zieldatum 2017 festlegen und dann den Termin nochmals um ein Jahr vorziehen müssen. Sein Regierungsmandat lief bis 2020. Er hätte Zeit gewinnen können, indem er den Termin für das angekündigte Referendum möglichst spät festlegte. Das hätte die Möglichkeit eröffnet, eine gründliche Aufklärungsaktion der eigentlichen Referendumskampagne vorzuschalten. Die Mehrzahl der Briten, die 2016 gegen die EU stimmten, hatte keine Ahnung, worüber sie eigentlich abstimmten. Die meist gestellte Google-Anfrage im britischen Internet war nach dem 23. Juni 2016 „Was ist die EU?"

Cameron wollte eine Abstimmung über die wirtschaftlichen Vorteile der EU. Hierfür hatte er gute Argumente, auch wenn sie von seinem Freund Osborne schlecht präsentiert wurden. Schon im Mai 2016 ging es allerdings nicht mehr um Wirtschaftsfragen. Entscheidend wurden in den letzten Wochen die Themen Migration und Kontrolle. Darauf waren Cameron und die *Britain Stronger in Europe*-Kampagne nicht vorbereitet. Diese Verlagerung des Kernthemas hat sie die sicher geglaubte Mehrheit gekostet. Cameron hat versucht, die ominöse Zahl von 350 Millionen Pfund zu relativieren. Er hat jedoch keinen Versuch gemacht zu erklären, was die EU mit den britischen Nettobeiträgen leistet – nicht nur für andere Mitgliedstaaten, sondern vor allem auch für das Vereinigte Königreich selbst. Vor allem konnte er kein überzeugendes Argument anführen, weshalb es ihm in sechs Amtsjahren nicht gelungen war, die Netto-Immigration wie immer wieder angekündigt unter 100.000 zu drücken, sondern weshalb sie vielmehr auf über 300.000 emporgeschnellt war.

Nach der Ankündigung des Abstimmungstermins verlor er nicht nur seine persönliche Glaubwürdigkeit. Auch die Kontrolle über die öffentliche Debatte entglitt ihm zunehmend. Er glaubte sich in einer unangreifbaren Stellung eingegraben zu haben, aber die Schlacht fand an einer ganz anderen Front statt. Cameron und Osborne hatten sich auf das Thema „Wirtschaftliche Nachteile eines Brexit" fixiert. Die Front war aber längst über sie hinweg gezogen und war durch die Themen Souveränität und Migration bestimmt.

Cameron hätte auch die Option gehabt, bewusst gegen EU-Recht zu verstoßen. Wenn Immigration ein so drängendes Problem war, hätte er sich auf eine nationale Ausnahmesituation, auf eine existenzielle Notlage berufen können.[64] Er wäre dann verklagt worden, der Euro-

---

64 Die Mitgliedstaaten der Eurozone haben insgesamt über 170 mal gegen den Stabilitäts- und Wachstumspakt von 1999 verstoßen, der von Helmut Kohl als eherne Garantie dafür gepriesen worden war, dass der Euro so stabil und so solide sein werde wie die Deutsche Mark. Er hatte damit vor der entscheidenden Abstimmung im Bundestag emphatisch geworben. Zieht man die Fälle ab, in denen glaubhaft Ausnahmebedingungen geltend gemacht wurden (Rezession), dann bleiben immer noch weit über 110 Verstöße, die ungeahndet geblieben sind, obwohl der Pakt eigentlich empfindliche Geldstrafen für Verstöße vorsieht. Frankreich hat regelmäßig gegen die Vorgaben des Paktes verstoßen. Jean-Claude Junker rechtfertigte die Nachsicht der Kommission mit den Worten: „*Parce que c'est la France, la France de toujours*." Angesichts all der anderen drängenden Probleme ist es gut vorstellbar, dass die EU davon abgesehen hätte, drakonische Strafen gegen einen Rechtsverstoß Großbritanniens zu verhängen. Vermutlich wäre Cameron mit einer scharfen verbalen Ermahnung davon gekommen. Vielleicht hätte Junker schließlich resignierend die Untätigkeit der Kommis-

päische Gerichtshof hätte ihn vermutlich verurteilt. Damit wäre Zeit gewonnen worden, während der die EU-Gegner hätten schweigen müssen. Die Strafzumessung wäre eine politische Entscheidung geworden. Die Vergangenheit hat gezeigt, dass die Gemeinschaft der EU-Staaten äußerst zurückhaltend agiert, wenn es darum geht, Normverstöße eines Mitgliedstaates zu sanktionieren – vor allem, wenn es ein großer Mitgliedstaat ist. Frankreich und Deutschland hatten 2003 vorgemacht, wie man die kurz zuvor feierlich vereinbarten Grenzwerte des Stabilitätspaktes folgenlos ignorieren konnte. Die EU-Staaten hatten 2011 ohne Bedenken das Verbot ausgehöhlt, für Staatsschulden anderer Staaten einzustehen. Die EZB hatte mit der Ankündigung von *Outright Monetary Transactions* nach Auffassung vieler ihr Mandat überschritten. Ihr Aufkaufprogramm von Staatsanleihen war eine extrem weite Auslegung des eigenen Auftrags, die ebenfalls scharfe Kritik und juristischen Einspruch auslöste. Cameron hätte die EU damit in eine neue Existenzkrise gestürzt, deren Ausgang völlig ungewiss gewesen wäre. Er hätte seine EU-Partner gezwungen, ihren harten Worten harte Taten folgen zu lassen. Die Risiken, dass es tatsächlich zu einer Verurteilung und zur Suspendierung von Mitwirkungsrechten gekommen wäre, waren gering. Mit einem offenen Verstoß gegen EU-Recht hätte Cameron drei wichtige politische Trümpfe in die Hand bekommen:

- Er hätte begeisterte Zustimmung aller National-Konservativen in seiner Partei gefunden. Die offene Herausforderung der Brüsseler Behörden hätte ganz in ihrem Sinn gelegen.
- Er hätte den Schwarzen Peter des Handelns nach Brüssel weiter gereicht: Sein Land wäre in der EU geblieben, hätte aber keinen Zweifel gelassen, dass es bestimmte Bestimmungen nicht mehr mitzutragen und durchzuführen gewillt ist. Die EU-Verträge lassen es nicht zu, ein Land, aus welchen Gründen auch immer, auszu-

---

sion, der Hüterin der Verträge, mit den Worten gerechtfertigt: „*Parce que c'est le Royaume Uni, le Royaume Uni de toujours.*"

stoßen. Die Frage, wie man mit einem unwilligen Partner von der Bedeutung Großbritanniens umgeht, hätte die EU und ihre Mitgliedstaaten in eine Zwickmühle gebracht. Vermutlich hätten einige Staaten sogar eine gewisse Sympathie für die britische Position signalisiert, viele andere hätten zumindest gezögert, gegen ein Land wie Großbritannien ein Vertragsverletzungsverfahren und damit eine Bestrafung anzudrohen. Die Schwäche der EU liegt in ihrer fehlenden Exekutivmacht: Sie kann verbal verurteilen, ihre Urteile aber nicht gegen den entschlossenen Widerstand eines Mitgliedstaates durchsetzen. Es gibt keine „Reichsexekution" in der EU.

- Er hätte Zeit gewonnen. Nachdem er erklärt hatte, 2020 nicht wieder antreten zu wollen, hätte er ein starkes Zeichen nationaler Selbstbehauptung hinterlassen und die Heilung des von ihm geschaffenen Rechtsverstoßes seinem Nachfolger überlassen.

Cameron scheint jedoch nicht einmal insgeheim ein solches Vorgehen erwogen zu haben.[65] Dies mögen Spekulationen sein, die nach den Ereignissen wohlfeil sind. Sie sollen zeigen, dass das *in/out*-Referendum 2016 keineswegs so unausweichlich war, wie Cameron es glaubte.

Unabhängig hiervon treffen zwei gravierendere Vorwürfe Camerons faktische Versäumnisse: Wenn er schon die Schottland-Kampagne imitieren wollte, so fehlte ein entscheidendes Stück dieser Taktik. Ein Jahr vor dem Referendum über eine Unabhängigkeit Schottlands publizierte die Regierung in Edinburgh eine detaillierte Studie darüber, welche Folgen mit einer Unabhängigkeit für Schottland verbunden sein

---

[65] Unter seinen Beratern wurde erwogen, einseitig Sozialleistungen für EU-Migranten zu kürzen und die Bestimmungen des *referendum-locks* von 2011 zu einer juristisch zwingenden Schranke auszubauen. Die EU offen herauszufordern war Cameron nicht bereit.

könnten.⁶⁶ Jeder, der sich ein Bild über die Alternative zum *status quo* machen wollte, konnte dort nachlesen, in welcher Weise welche Lebensbereiche betroffen sein könnten. Auf über 600 Seiten war dort aufgelistet, wie die schottische Regierung mit den Folgen einer Trennung von England fertig werden wollte – von der Mitgliedschaft in NATO und EU bis hin zu Briefporto und Telefongebühren. Spätestens seit seiner Bloomberg-Rede im Januar 2013 hätte Cameron eine solche Studie in Auftrag geben müssen. Sie fehlte 2016. Insofern gab es auch keine unbestrittene, objektive und verbindliche Argumentationsgrundlage, die den heftigen Zusammenprall gegensätzlicher Meinungen zur EU hätte mildern oder zumindest in vernünftige Bahnen lenken können. Es fehlte ein Bezugsdokument, das dem Kampf um die Meinungsführerschaft eine begriffliche Struktur und einen argumentativen Rahmen hätte vorgeben können. Cameron hatte zugelassen, dass Vorurteile, schiere Ignoranz und tendenziöse Gerüchte zur EU in weiten Teilen der britischen Bevölkerung in einer Frage dominierten, die wesentlich vitaler war als die Frage einer schottischen Unabhängigkeit. Er hatte es versäumt, nicht nur die Ressentiments gegen Brüssel zu korrigieren, er war seiner Aufklärungspflicht nicht nachgekommen, die Wähler über die Folgen ihrer Stimmabgabe auch nur in Grundzügen aufzuklären.

Noch schwerer wog sein zweites Versäumnis. Cameron hatte dem Civil Service untersagt, Eventualplanungen für einen negativen Ausgang des Referendums vorzubereiten. Als Theresa May seine Nachfolgerin wurde, stellte sie fest, dass es in ganz Whitehall keine einzige Schublade mit einem Plan gab, was nun zu geschehen habe. Es gab keine Analyse der ökonomischen Verflechtung und der finanziellen Auswirkungen, keine Strategie für Austrittsverhandlungen mit der EU, es gab keine Prioritätenliste der wichtigsten Maßnahmen, um den Austrittsschock abzufedern, es gab keinerlei Einschätzungen, wie beispielsweise der NHS ohne die zahllosen Ärzte und Pflegekräfte aus EU-Ländern über die

---

66 Das *White Paper* der Schottischen Regierung vom Herbst 2013: http://www.gov.scot/resource/0043/00439021.pdf

Runden kommen sollte. Niemand hatte überschlagen, welche Folgen ein Brexit für Investitionen, für den Finanzplatz London und für wichtige Industriezweige haben könnte. Es waren keine Personalreserven gebildet worden, um die nun erforderlichen strategischen Konzepte zu erarbeiten, es fehlte an Fachleuten mit dem Expertenwissen, den Kontakten und der Erfahrung, um eine völlig neue Wirtschafts- und Handelspolitik zu entwerfen. Niemand hatte durchdacht, welche administrativen Folgen ein Ausscheiden aus Binnenmarkt und Zollunion beispielsweise für die Abfertigung des Warenverkehrs an der Kanalküste und an den Flughäfen haben würde, es gab für die nationalen Behörden, die nun innerhalb von wenigen Jahren aufgestellt werden mussten, weder ein Konzept noch Gebäude, Einrichtung, Personal oder Computer. Vor allem aber gab es keine konzeptionelle Vorbereitung, das „Nein" des Referendums in ein „Ja" zu einer konkreten Alternative zu interpretieren.

Das Schlimmste war nämlich, dass Cameron, darin unterstützt von der Referendumskommission, eine Frage formuliert hatte, deren Beantwortung völlig widersprüchliche Auslegungen zuließ. Seine Nachfolgerin Theresa May wurde nicht müde zu betonen: *„Brexit means Brexit!"* Sie konnte aber mit dieser leeren Phrase nicht davon ablenken, dass ein Brexit eben viele Möglichkeiten umschloss. Die zentralen Fragen waren: Sollte Großbritannien im Binnenmarkt oder wenigstens in der Zollunion bleiben? Was sollte in den übrigen Bereichen geschehen, in denen die EU inzwischen weitreichend Befugnisse gewonnen hatte: Außen- und Sicherheitspolitik, EURATOM und Forschung, Polizei und Justiz, Zulassung von Medikamenten, Umweltfragen? Die Fragen sind zwei Jahre nach dem Referendum nicht einmal ansatzweise beantwortet. Oder gab es sogar die Möglichkeit, das Referendum von 2016 durch ein zweites Referendum wieder außer Kraft zu setzen? Das Volk kann jederzeit erneut abstimmen. Dies hat die EU in mehreren Ländern vorgemacht. Souveränität liegt ja gerade darin, dass der Souveräne seine Meinung ändern kann, vor allem wenn sich die Fakten ändern oder zumindest in einem anderen Licht erscheinen. Wenn das Wesen der Demokratie in der Revidierbarkeit ihrer Entscheidungen liegt, weil Revidierbarkeit Fehler verzeiht und Lernfähigkeit zum Zuge kommen lässt, dann sollten gerade Volksentscheide keine unrevidierbaren Entscheidungen fällen. Ein Vorkämpfer der *out*-Kampagne meinte: *"If people cannot change their mind, democracy ends."* Wenn das Volk das letzte Wort haben soll, kann es dieses nicht nur ein einziges, letztes Mal haben. Das Referendum vom 23. Juni 2016 hat es den Briten extrem schwer gemacht, ihre Meinung zu ändern, und es gibt genügend Politiker, die alles daran setzen, um einen solchen Meinungsumschwung zu verhindern.

Das Referendum warf eine Reihe weiterer Fragen auf: Wer das Volk abstimmen lassen will, muss zuvor festlegen, wer zum Volk gehört. Abstimmungsberechtigt waren am 23. Juni 2016 britische Bürger, die nicht länger als 15 Jahre ihren Wohnsitz dauerhaft im Ausland hatten, Iren und Bürger aus Commonwealth-Ländern mit Wohnsitz im Inland und Einwohner von Gibraltar. Nicht stimmberechtigt waren die Kanalinseln und die Isle of Man[67] sowie Bürger aus EU-Staaten – sofern sie nicht aus Irland, bzw. den Commonwealth-Staaten Malta und Zypern kamen. Das bedeutet: Ein Malaysier, ein Kenianer oder ein Bangladeshi mit Wohnsitz in Großbritannien konnte abstimmen, ein Niederländer, Franzose oder Schwede nicht. Das *Empire* und nostalgische *imperial preferences* wirkten fünfzig Jahre aus der Vergangenheit stärker nach als über vierzig Jahre europäische Gegenwart. Der Vorsprung der *out*-Stimmen betrug 1,3 Millionen Stimmen. Hätten die 3,7 Millionen EU-Bürger mit abstimmen können, hätten sie vermutlich ganz überwiegend für einen Verbleib in der EU gestimmt. Hätten sie nur die allgemeine Beteiligung von 72,2 Prozent erreicht, hätte sich der Vorsprung der *Leave*-Stimmen von 1,3 Millionen Stimmen mehr als ausgleichen lassen. Zudem: Es gab zwar ein einheitliches Votum im Vereinigten

---

67 Die Kanalinseln und die Isle of Man gehören als Krondomänen nicht zum Vereinigten Königreich und nicht zur EU, wohl aber zum Binnenmarkt. Beim Brexit ging es um den Lebensnerv der Kanalinseln. Sie hatten jedoch kein Stimmrecht.

Königreich. Geht man davon aus, dass das Vereinigte Königreich aus vier Nationen (England, Schottland, Wales und Nordirland) besteht und dass jede Nation ein eigenes Volk bildet, gab es Mehrheiten nur in England und Wales. Schottland und Nordirland haben mit 62 Prozent bzw. 56 Prozent eindeutig für einen Verbleib in der EU gestimmt. 2016 haben insgesamt 51,9 Prozent bei einer Beteiligung von 72,2 Prozent (Quote: 37,5 %) für den Austritt gestimmt. Am 5. Juli 1975 haben 67 Prozent bei einer Beteiligung von 64 Prozent (Quote: 42,5 %) für einen Verbleib gestimmt. Was ist nun der Wille „des Volkes"? Oder soll Referendum auf Referendum folgen?

Im Schottland-Referendum war das Abstimmungsalter auf 16 Jahre reduziert worden. Initiativen, für das EU-Referendum das Wahlalter ebenfalls auf 16 Jahre zu reduzieren, wurden zurückgewiesen. Auch eine solche Herabsetzung des Wahlalters hätte das Abstimmungsergebnis beeinflusst.

Wirft schon die Frage, wer zur Abstimmung zugelassen wurde, Fragen nach der Validität dieser Volksentscheidung auf, so stellen sich noch mehr Fragen, wenn man das Abstimmungsergebnis genauer untersucht.

Eine klare Mehrheit gegen die EU hat es nur in England und Wales gegeben. Schottland und Nordirland haben klar für einen Verbleib in der EU gestimmt. Beide Landesteile sind eigene Nationen, Schottland sogar mit eigenem Rechts- und Bildungssystem und einer eigenen Kirchenorganisation. Die Schottische Nationalpartei hat bereits angekündigt, dass sie nach einem EU-Austritt des Vereinigten Königreichs erneut über die staatliche Unabhängigkeit Schottlands abstimmen lassen will. Nordirland profitiert von allen britischen Regionen am meisten von EU-Beihilfen aus dem Struktur- und Kohäsionsfonds. Wenn es diese Mittel verliert und gleichzeitig die Grenze zur Republik Irland eine kontrollierte EU-Außengrenze werden sollte, dürfte es nicht lange dauern, bis erneut Gewaltausbrüche zwischen irischen Republikanern und britischen Unionisten die nordirischen Provinzen erschüttern. (Abb. 2.3)

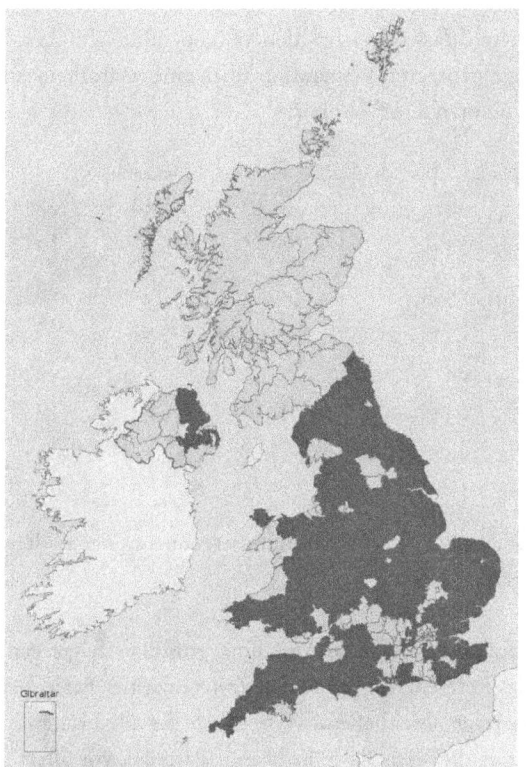

Abb. 2.3: Das Nein zur EU-Mitgliedschaft war ein englisches Nein! Gelb: Remain, Blau: Leave.

Analysen zeigen eine eindeutige Korrelation zwischen Alter, Bildungsgrad und Abstimmungsverhalten: Je älter und je geringer der Bildungsabschluss, um so höher der Anteil der *Leave*-Stimmen. Ältere Wähler haben im Referendum den Ausschlag gegeben. Sie waren zu Zeiten des Empire geboren oder von Eltern erzogen, für die das Empire die natürliche, wenn nicht sogar gottgewollte Weltordnung war. Es war die Generation, die in ihrer Jugend Churchill, Gaitskell, Tony Benn und Enoch Powell gehört hatte. Analysen des Abstimmungsergebnisses suggerieren, dass es letztlich den Triumph einer ältlichen, von Empire-Nostalgie geprägten Generation über eine weltoffene und globalisierte Jugend markiert.[68] (Abb. 2.4)

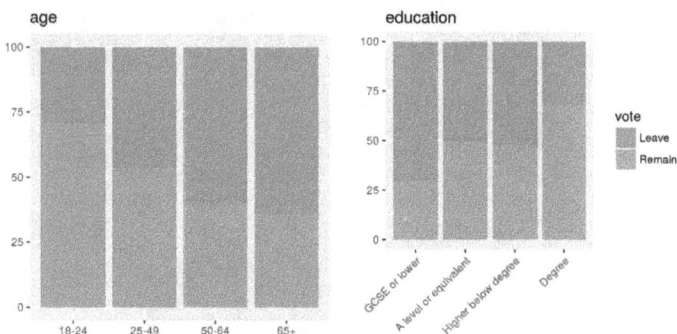

Abb. 2.4:   Analyse des Abstimmungsergebnisses nach Alter und nach Bildungsgrad.

Cameron hat mit einer Annahme grundfalsch gelegen: Er hatte gehofft, das Referendum werde den Zwist in seiner Partei beilegen und die Europafrage abschließend verbindlich für alle beantworten. Stattdessen hat es die alten Risse in beiden Parteien, vor allem aber unter den Tories, erneut aufbersten lassen und unüberbrückbare Gegensätze vertieft. Es hat eine schwache Mehrheit ergeben, die durch Demagogie und Ressentiments, vielleicht sogar unter Rückgriff auf illegale Mittel, zustande gekommen ist, und die Minderheit ist nicht bereit, sich mit diesem Diktum abzufinden.[69]

---

68 Weitere auffällige statistische Korrelationen waren u.a.: Von denen, die für den Brexit gestimmt hatten, befürworteten 53 Prozent die Todesstrafe und 47 Prozent Stockschläge (*caning*) in Schulen.

69 Alistair Burt, Tory MP, meinte nach dem Referendum: „*I argued that the first chance the British people were going to get to vote on the EU, they'd vote NO, no matter, what the question was.*" (Shipman S. 7)

Das EU-Referendum vom 23. Juni 2016 gibt Anlass zu vielen grundlegenden Reflexionen:

- Volksabstimmungen sollten Fragen bestätigen oder verwerfen, die zuvor von Politikern und Experten in den dafür vorgesehen Institutionen repräsentativer Demokratie durchdacht und sorgfältig formuliert worden sind. Sie sollten parlamentarische Abstimmungsprozesse ergänzen, aber nicht ersetzen: Sie sollten approbatorisch oder abrogativ eingesetzt werden, also Entscheidungen, die in repräsentativen Organen rechtmäßig zustande gekommen sind, endgültig in Kraft setzen oder verwerfen.
- Volksabstimmungen liefern selten endgültige Lösungen, weil unterlegene Minderheiten sich nicht mit ihrer Niederlage abfinden und mit allen Mitteln versuchen, das Ergebnis zu revidieren. Sie bergen die Gefahr, statt einen einheitlichen Volkswillen zu dokumentieren, Spaltungen zu vertiefen und Gegensätze zu verfestigen.
- In Volksabstimmungen dominieren selten sachliche Argumente. Sie bieten vielmehr charismatischen Persönlichkeiten, Tribunen, Agitatoren und den *terribles simplificateurs*[31] die große Bühne. Persönliche Schwächen und Stärken der Protagonisten spielen bei der großen Zahl der Unentschiedenen eine ausschlaggebende Rolle.
- Komplexität und Unüberschaulichkeit moderner Strukturen bewegen einfache Wähler dazu, eher emotionalen Impulsen als komplexen Deduktionen sachlicher Argumente zu folgen. Sympathie, Vertrauen, die Identifikation mit bestimmten dominierenden Persönlichkeiten wird wichtiger als die logische Stringenz von Argumenten. In Volksabstimmungen sind diejenigen im Vorteil, die Glaubwürdigkeit, Tatkraft und Vertrauen ausstrahlen und gleichzeitig komplexe Sachthemen auf knappe, eingängige, einleuchtende Formeln bringen können.

152 Der Weg zum Brexit

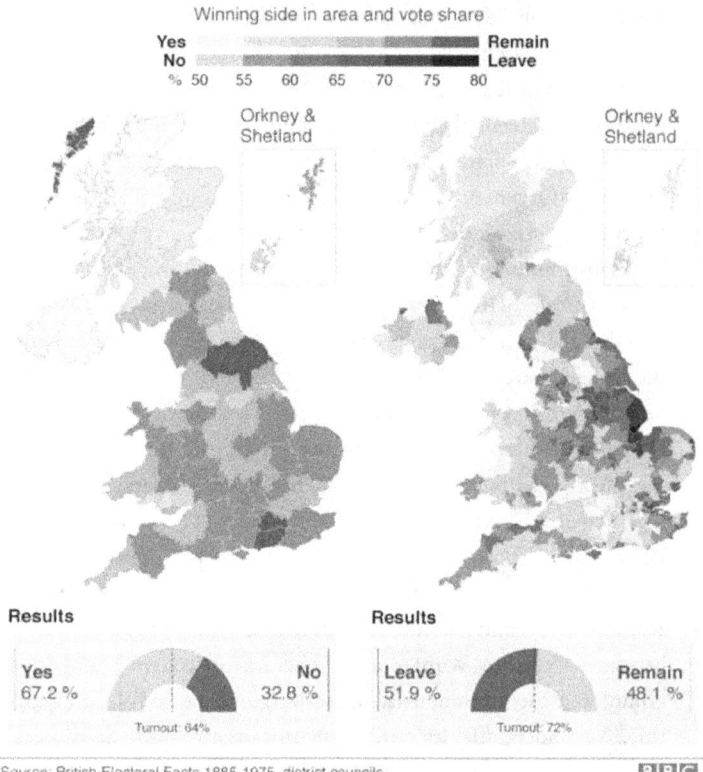

Abb. 2.5: Vergleich der Abstimmungsergebnisse in den EU-Referenden von 1975 und 2016. Auffällig ist, dass der Stimmungsumschwung fast ausschließlich in England stattgefunden hat, am ausgeprägtesten im mittleren und hohen Nordosten, dem Zentrum der ehemaligen Kohle- und Stahlindustrie.

- „*Take back control*" entpuppte sich als unwiderstehlicher Magnet, der Menschen anzog und festhielt. Es war jedoch ein rückwärts gewandtes, nostalgisches Motto, nicht unähnlich dem Traum, Amerika wieder groß zu machen.

Literatur

[1] David Cameron: *Rede auf dem Parteitag der Konservativen in Blackpool*, 3. Oktober 2007 (http://news.bbc.co.uk/2/hi/7026435.stm, 24.02.2018)

[2] David Cameron: *Rede auf dem Parteitag der ODS in Prag*, 24. November 2007 (http://news.bbc.co.uk/2/hi/uk_news/politics/7110538.stm, 24.02.2018)

[3] Unterhausdebatte vom 24. Oktober 2011. Zitate gekürzt. Volle Debatte in Hansard 531 (https://hansard.parliament.uk/Commons/2011-10-24/debates/1110247000001/NationalReferendumOnTheEuropeanUnion, 25.02.2018)

[4] David Cameron, Rede im Bloomberg-Verwaltungssitz in London am 23. Januar 2013 (*EU speech at Bloomberg. Prime Minister David Cameron discussed the future of the European Union at Bloomberg* (https://www.gov.uk/government/speeches/eu-speech-at-bloomberg, 25.02.2018)

[5] *Osborne: If Scotland walks away from the UK, it walks away from the UK pound* (The Herald, 14. Februar 2014; http://www.heraldscotland.com/news/13145744.Osborne__If_Scotland_walks_away_from_the_UK__it_walks_away_from_the_UK_pound/, 24.02.2018)

[6] David Cameron: *The EU ist not working and we will change it*, Daily Telegraph, 15. März 2014 (https://www.telegraph.co.uk/news/newstopics/eureferendum/10700644/David-Cameron-the-EU-is-not-working-and-we-will-change-it.html, 04.03.2018)

[7] Theresa May: *Fight Europe by all means, but not over this Arrest Warrant*, Daily Telegraph, 9. November 2014 (https://www.telegraph.co.uk/news/politics/conservative/11216589/Theresa-May-Fight-Europe-by-all-means-but-not-over-this-Arrest-Warrant.html, 06.03.2018)

[8] Nicholas Watt/Ian Traynor: *Cameron set to go to referendum without EU ratifying treaty changes*, Guardian, 26. Juni 2015 (https://www.theguardian.com/politics/2015/jun/25/david-cameron-set-to-go-to-referendum-without-eu-ratifying-treaty-changes, 28.03.2018). Cameron gab auf diesem Gipfel die Idee einer Vertragsänderung auf. Jetzt ging es nur noch um Nachverhandlungen und Referendum.

[9] David Cameron, Rede im Bloomberg-Verwaltungssitz in London am 23. Januar 2013. Zitat gekürzt. (https://www.gov.uk/government/speeches/eu-speech-at-bloomberg, 19.02.2018)

[10] David Cameron: *Brexit would be the 'gamble of the century'*, Daily Telegraph, 15. März 2014 (http://www.telegraph.co.uk/news/politics/david-cameron/12176325/David-Cameron-Brexit-would-be-gamble-of-the-century.html, 25.02.2018)

[11] Tim Shipman: *All out War. The Full Story of Brexit*, London, Collins (20162), S. 15

[12] David Cameron, Rede im Chatham House am 10. November 2015 in Chatham House. Zitat gekürzt. (https://www.gov.uk/government/speeches/prime-ministers-speech-on-europe., 27.02.2018)

[13] Shipman (2016), S. 116

[14] Shipman (2016), S. 139

[15] Shipman (2016), S. 142

[16] Shipman (2016), S. 143

[17] Shipman (2016), S. 144. Am 27. February 2016 erklärte Cameron in einem Namensartikel im Telegraph: „*A vote to leave is the gamble of the century!*" (http://www.telegraph.co.uk/news/politics/david-cameron/12176325/David-Cameron-Brexit-would-be-gamble-of-the-century.html, 24.03.2018). Die Erklärung, wie er selbst noch zwei Monate zuvor selbst eben dieses Vabanquespiel leidenschaftlich betrieben hatte, blieb er schuldig.

[18] Tom Newton Dunn: *Who do EU think you are kidding Mr Cameron?*, Sun, 3. Februar 2016 (https://www.thesun.co.uk/archives/politics/275289/who-do-eu-think-you-are-kidding-mr-cameron/, 24.03.2018)

[19] James Slack e.a.: *Call that a deal, Dave? Critics savage Cameron's pact for 'special status' in the EU that gives away key demands on welfare, borders and child benefits*, Daily Mail, 19. Februar 2016 (http://www.dailymail.co.uk/news/article-3455306/Drama-European-leaders-come-agreement-UK-marathon-Brussels-talks-threatened-end-humiliating-defeat-Cameron.html, 24.03.2018)

[20] Brian Monteith: *Cameron's EU deal is the biggest political fudge in history*, The Times, 20. Februar 2016 (https://www.thetimes.co.uk/article/thin-gruel-n3t9gv7nzx2, 24.03.2018; siehe auch: http://www.cityam.com/233683/camerons-eu-deal-is-the-biggest-political-fudge-in-history, 24.03.2018). Gute Übersicht über die Reaktion der wichtigsten britischen Zeitungen im Guardian: https://www.theguardian.com/media/greenslade/2016/feb/20/david-camerons-eu-deal-what-the-national-newspapers-said, 24.03.2018)

[21] Interview von Michael Gove mit Faisal Islam auf Sky News vom 3. Juni 2016 (https://www.youtube.com/watch?v=GGgiGtJk7MA, 26.02.2018). Financial Times, 3. Juni 2016 (https://www.ft.com/content/3be49734-29cb-11e6-83e4-abc22d5d108c, 26.02.2018)

[22] Cabinet Office: *Why the government believes that voting to remain in the EU is the best decision for the UK. A booklet providing important information about the EU referendum on 23 June 2016*, 6. April 2016 (https://www.gov.uk/government/publications/why-the-government-believes-that-voting-to-remain-in-the-european-union-is-the-best-decision-for-the-uk, 26.02.2018)

[23] HM Treasury analysis: *The long-term economic impact of EU membership and the alternatives*, 18. April 2016 (https://www.gov.uk/government/publications/hm-treasury-analysis-the-long-term-economic-impact-of-eu-membership-and-the-alternatives, 26.02.2018)

[24] HM Treasury analysis: *The immediate economic impact of leaving the EU* (https://www.gov.uk/government/publications/hm-treasury-analysis-the-immediate-economic-impact-of-leaving-the-eu, 26.02.2018)

[25] Anushka Asthana/Rowena Mason/Phillip Inman: *George Osborne: Vote for Brexit and face £ 30 bn of taxes and spending cuts,* Guardian, 15. Juni 2016 (https://www.theguardian.com/politics/2016/jun/14/osborne-predicts-30bn-hole-in-public-finance-if-uk-votes-to-leave-eu, 26.02.2018)

[26] David Cameron, *Rede in Staffordshire,* 28. November 2014 (https://www.gov.uk/government/speeches/jcb-staffordshire-prime-ministers-speech, 05.05.2018)

[27] Craig Oliver: *Unleashing Demons. The Inside Story of Brexit,* London, Hodder & Stoughton (2016), S. 10

[28] Tim Shipman: *All out War. The Full Story of Brexit*, London, Collins (2017),S. xxii, 3-4, 10

[29] Shipman (2017), S. 11. Die enge Freundschaft zwischen Gove und Cameron ist in der Referendums-Kampagne zerbrochen. Gove ist jedoch mit George Osborne befreundet geblieben.

[30] Shipman (2017), S. 154. Gove hatte schon auf dem Parteitag der Konservativen im Oktober 2012 erklärt, dass er unter den gegenwärtigen Bedingungen aus der EU austreten würde.

[31] Jakob Burckhardt: *Brief an Friedrich von Preen vom 24. Juni 1889*, zitiert in: Wilfried von Bredow/Thomas Noetzel: *Politische Urteilskraft*, Wiesbaden, VS Verlag für Sozialwissenschaften (2009), S. 169

Weiterführende Literatur

Michael Ashcroft/Isabel Oakshott: *Call me Dave. The Unauthorised Biography of David Cameron*, London, Biteback (2016)

Anthony Seldon & Peter Snowdon: *Cameron at No 10. The Verdict*, London, Collins (20162)

Tim Shipman: *All out War. The Full Story of Brexit*, London, Collins (2017)

Owen Bennett: *The Brexit Club. The Inside Story of the Leave Campaign's Shock Victory*, London, Biteback (2016)

Kenneth A. Armstrong: *Brexit Time. Leaving the EU - Why, How and When?*, Cambridge, CUP (2017)

Harold Clarke/Mathew Goodwin/Paul Whiteley: *Brexit. Why Britain voted to leave the European Union*, Cambridge, CUP (2017)

Geoffrey Evans/Anand Menon: *Brexit and British Politics*, Cambridge, Polity (2017)

Federico Fabbrini (Hrsg.): *The Law and Politics of Brexit*, Oxford, OUP (2017)

Gerald Hosp: *Brexit: Zwischen Wahn und Sinn: Eine Klippe für Grossbritannien und Europa*, Zürich, NZZ-Libro (2018)

Malte Kramme/Christian Baldus/Martin Schmidt-Kessel (Hrsg): *Brexit und die juristischen Folgen: Privat- und Wirtschaftsrecht der Europäischen Union*, Baden-Baden, Nomos (2016)

Alexander Niedertmeier/Wolfram Ridder: Das Brexit-Referendum. Hintergründe, Streitthemen, Perspektiven, Wiebaden, Springer VS (2017)

Peter Stäuber: *Sackgasse Brexit: Reportagen aus einem gespaltenen Land,* Zürich, Rotpunkt (2018

Tessa Szyszkowitz: *Echte Engländer: Britannien nach dem Brexit*, Wien, Picus (2018)

Derek J. Taylor: *Who do the British think they are? From the Anglo Saxons to Brexit,* Stroud, The History Press (2017)

Graham Taylor: *Understanding Brexit. Why Britain Voted to Leave the European Union,* Bingley, Emerald Publishing (2017)

3
Brexit bedeutet Brexit – Theresa May und die Quadratur des Kreises

Zusammenfassung: Theresa May steht als Nachfolgerin von David Cameron vor der Aufgabe, das Referendumsergebnis zu interpretieren und in konkrete politische Entscheidungen umzusetzen. Cameron hatte untersagt, für diesen Fall Eventualplanungen vorzubereiten. May muss ein ausgewogenes Kabinett bilden und klare Zielvorstellungen sowie ein taktisches Konzept für die Verhandlungen mit der EU entwickeln. Sie legt sich vorschnell auf einen harten Brexit fest. Im März 2017 löst sie den Austrittsprozess aus. In vorgezogenen Neuwahlen verliert sie ihre bisherige Mehrheit. Erst im Sommer 2018 legt sie in Chequers ein hybrides Austrittskonzept vor. Die Brexit-Diskussion wird danach chaotischer und konfuser. Der Widerstand in den eigenen Reihen wächst, die Opposition lehnt den im November ausgehandelten Austrittsvertrag ab.

3.1 Die Suche nach dem Einstieg in den Ausstieg (2016)

Zusammenfassung: Theresa May muss feststellen, dass es keinerlei Analysen und Pläne für einen negativen Ausgang des Referendums gibt. Sie flüchtet sich in nichtssagende Floskeln.

England has saved herself and will, I trust, save Europe by her example
William Pitt d.J.

Das Volk hatte gestimmt. Die Mehrheit war unbestreitbar – auch wenn sie knapp ausfiel, auch wenn Schottland und Nordirland eindeutig anders gestimmt hatten, auch wenn die Meinungsumfragen in den Monaten zuvor eine Achterbahn aufgewiesen hatten, sodass eine

© Springer Fachmedien Wiesbaden GmbH, ein Teil von Springer Nature 2019
R. G. Adam, *BREXIT*, https://doi.org/10.1007/978-3-658-24590-0_3

Abstimmung zu einem anderen Zeitpunkt ein anderes Ergebnis geliefert hätte, auch wenn die Frage, wer stimmberechtigt war, unbefriedigt beantwortet war, auch wenn nachträglich Zweifel am legalen Verhalten zumindest einer der Kampagnen aufkamen. Das Volk hatte entschieden – allerdings gegen seine Regierung, die es ein Jahr zuvor noch mit unerwartet starker Mehrheit gewählt hatte, gegen beide Häuser seiner politischen Repräsentanten im Parlament, gegen die übereinstimmende Meinung eines Großteils der akademischen, wirtschaftlichen und politischen Elite.

Am Morgen des 24. Juni 2016 kündigte David Cameron seinen Rücktritt an. Wenige Politiker haben einen solchen Absturz erlebt wie er: Innerhalb eines Jahres vom triumphalen Wahlsieger zum geschmähten Verlierer – vom Höhepunkt der politischen Karriere und unangefochtener Machtfülle hinab zu politischer Bedeutungslosigkeit und zum jähen, vorzeitigen Ende als Politiker. Um die Einheit seiner Partei zu retten, hatte er die Einheit seines Landes aufs Spiel gesetzt. Um die Zukunft seiner Partei zu sichern, hatte er sein Land in eine beispiellose Ungewissheit gestürzt. Um seine Position zu festigen, hatte er sie verwettet und verloren.[1]

Einen Monat später wurde Theresa May von Königin Elizabeth II. zur Premierministerin ernannt. Sie hatte nun das Ergebnis des Referendums, den Brexit[2], in konkrete politische Entscheidungen umzusetzen.

---

1   Sein Amt legte er erst nach der Wahl Theresa Mays zu seiner Nachfolgerin am 13. Juli 2016 nieder. Nachdem er diesen Entschluss einen Tag zuvor verkündet hatte, kehrte er zum letzten Mal durch die Tür in Number 10 zurück und summte dabei vernehmlich eine Melodie, zu der folgender Text gehört: *Don't think me unkind, Words are hard to find, They're only cheques I've left unsigned, From the banks of chaos in my mind. De do do do, de da da da, Is all I want to say to you.* Zufall oder kalkuliert-hintergründiger Wink?

2   Um die Begriffe der Referendumskampagne bildeten sich rasch tendenziöse Neologismen: *Beleavers, Bremoaners, Bregretters, Braccident, Bremainers, Bremaniacs* und einige andere.

Theresa May war seit 2010 Innenministerin (*Home Secretary*). In dieser Funktion hatte sie 2013 eine *opt-out*-Klausel im Bereich der EU-Zusammenarbeit bei Justiz und Polizei in Anspruch genommen und den Austritt ihres Landes aus 133 polizeirechtlichen Bestimmungen der EU verfügt.[3] Unmittelbar darauf setzte sie 35 ausgewählte Bestimmungen davon einseitig wieder in Kraft. Damit hatte sie doppelt triumphiert: Sie hatte sich im Ergebnis 98 selbst ausgewählten EU-Bestimmungen entzogen. Sie hatte verhindert, dass der Europäische Gerichtshof in diesen Bereichen Befugnisse behielt und weiter unmittelbar in englisches Recht hineinwirken konnte. Sie hatte effektiv und erfolgreich „Rosinenpickerei" betrieben! Sie konnte den EU-Skeptikern verkünden, sie habe wichtige Rechtsbefugnisse repatriiert und damit die Souveränität des Landes auf Kosten von Brüssel (bzw. von Luxemburg[4]) gestärkt. Sie hatte bewiesen, dass Zuständigkeiten nicht nur auf die EU-Ebene abfließen, sondern auch von dort zurückgeholt werden können. Sie hatte gehofft, rechtzeitig vor den Wahlen zum Europaparlament im Mai 2014 mit diesem Schachzug UKIP Wind aus den Segeln zu nehmen. Die Erfahrung von 2013 prägte Mays Auffassung von der EU und einer möglichen Trennung nachhaltig. Sie muss auch 2016 zunächst von der Vorstellung ausgegangen sein, ihr Land könne zunächst einmal alle Beziehungen aufkündigen und sich dann selbst aussuchen, welche dieser Beziehungen es für sich wieder einseitig in Kraft setzen wolle. Dass ihr *opt-out* von 2013 auf einer einmaligen,

---

3 Die von Tony Blair ausgehandelte Sonderregelung in Protokoll 36 des Lissaboner Vertrags sah vor, dass Großbritannien bis Juni 2014 das Recht hatte, aus den strafrechtlich relevanten Regelungen des Vertrags auszutreten. Dieser Austritt konnte allerdings nur umfassend vollzogen werden. Damit sollte eine „Rosinenpickerei" verhindert werden. Allerdings sah das Protokoll für Großbritannien die Möglichkeit vor, sich danach an einzelnen Rechtsakten unilateral wieder zu beteiligen.

4 Der Europäische Gerichtshof hat seinen Sitz in Luxemburg.

spezifischen Ausnahmeregelung beruhte und sich in keiner Weise auf die gesamte EU übertragen ließ, scheint ihr zunächst nicht bewusst gewesen zu sein.[5]

Diese Erfahrungen blieben für May auch als Premierministerin prägend. Sie hatte wenig Erfahrung mit der EU, überhaupt mit auswärtigen Beziehungen sammeln können. In ihrer politischen Karriere war sie in verschiedenen Schattenkabinetten mit innenpolitischen Themen befasst gewesen: Verkehr und Soziales hatten dazugehört. Sie hatte Geographie studiert und einige Jahre im Bankgeschäft gearbeitet. Vertiefte Einsichten in Wirtschaft, Außenpolitik und vor allem in die komplexen Mechanismen der EU-Politik hat sie nie gewinnen können.

May hatte sich in den Debatten um das Referendum nicht nach vorn gedrängt. Sie hatte allerdings im November 2014 sehr deutlich erklärt, dass sie die EU in ihrer gegebenen Form nicht für akzeptabel hielt. Einer ihrer engsten Mitarbeiter, Nick Timothy, war bekennender und praktizierender Brexiteer. Am 29. August 2015 hatte May auf dem Höhepunkt der Migrationskrise einen Aufsatz publiziert, in dem sie ein Ende der EU-Freizügigkeit forderte. Illegale Migranten sollten keinen Anspruch auf Sozialleistungen haben. Wörtlich stellte sie klar: *"When it was first enshrined, free movement meant the freedom to move to a job, not the freedom to look for work or to claim benefits."* [1] Sie griff das Thema auf dem Höhepunkt der Brexit-Kampagne wieder auf, wandte sich aber primär gegen den Europäischen Menschenrechtsgerichtshof. Wieder stellte sie Migration und innere Sicherheit in den Mittelpunkt ihrer Rede – und bewies damit, dass sie besser als Cameron und Osborne begriffen hatte, worum es in diesem Referendum ging. Über wirtschaftliche und finanzielle Folgen sagte sie hingegen wenig, und was sie sagte war penibel austariert: *"The question is not whether we can survive Brexit: it is whether Brexit would make us better off."* Sie verband

---

5   Die Sonderoption, die 133 Artikel außer Kraft zu setzen und dann selektiv wieder zu akzeptieren, war festgeschrieben im Vertrag von Lissabon (AEUV) (Artikel 10 des Protokolls 36)

Kritik am Zustand der EU geschickt mit einer tiefen Verbeugung vor einem nationalen Führungsanspruch: „*It shouldn't be a notable exception when Britain leads in Europe: it should become the norm.*" Nach so viel Einerseits-Andererseits und so viel Bedacht, zwischen den Stühlen zu bleiben, kam die Schlussfolgerung ein wenig überraschend: „*It is clearly in our national interest to remain a member of the European Union.*"[2] May hatte das Kunststück fertig gebracht, ihren Premierminister in seiner *Remain*-Position loyal zu unterstützen, aber gleichzeitig an ihren Bedenken gegen diese Position keinen Zweifel zu lassen. Wollte sie sich damals schon als Vermittlerin zwischen den Parteiflügeln empfehlen? Hatte sie damals schon die Cameron-Nachfolge fest im Blick?

Ihr letzter Beitrag für die *Remain*-Kampagne kam eine Woche vor dem Referendum. Am 15. Juni 2016 erneuerte sie in einem BBC-Interview ihre Forderung nach weitreichenden Reformen der Freizügigkeitsregeln in der EU und widersprach damit Schatzkanzler Osborne, der diese Regeln gerade für unveränderbar erklärt hatte.[3]

May stand als Premierministerin vor zwei schier unlösbaren Aufgaben: Sie musste ihre zerrissene Partei wieder versöhnen und ein Kabinett zusammenstellen, das beide verfeindete Parteiflügel sorgsam ausbalancierte. Sie hatte zweitens eine Antwort darauf zu geben, wie das Votum des Volkes zu deuten und in praktische Politik umzusetzen war.

Die erste Aufgabe löste sie, indem sie einigen der prominentesten EU-Kritiker zentrale Regierungsämter übertrug: Boris Johnson wurde Außenminister, David Davis trat an die Spitze des für ihn neu zugeschnittenen Department for Exiting the European Union (DExEU) und Liam Fox erhielt das Department for International Trade. Damit lagen alle wichtigen Handelsfragen und die gesamten institutionellen Beziehungen zur EU in den Händen von Politikern, die prominent für *Leave* eingetreten waren.[6] Andererseits besetzte sie nicht weniger wich-

---

6 Die Gründung des neugeschaffenen Ministeriums für den Austritt aus der EU (DExEU) bedeutete, dass ihr Rivale Boris Johnson, obwohl Außenminister, in Brexit-Fragen keine Zuständigkeit mehr besaß. Die Außenhan-

tige Ministerien wie das Schatzamt (*Treasury*) und das Innenministerium mit ausgewiesenen *Remainern* (Philipp Hammond und Amber Rudd).

Theresa May stand vor einer Aufgabe, für die keinerlei Vorarbeit geleistet worden war. Es gab keine Eventualpläne für ein negatives Referendum-Ergebnis. Es gab nicht einmal zuverlässige Kalkulationen, welche Folgen ein Ausscheiden aus der EU haben könnte, noch viel weniger taktische Überlegungen, wie in einem solchen Fall Prioritäten gesetzt und die notwendigen Schritte in eine stimmige zeitliche Abfolge gebracht werden könnten. May behalf sich damit, dass sie die Formel prägte: „*Brexit means Brexit!*" – eine banale Tautologie, die Entschlossenheit signalisieren sollte, aber das eigentliche Problem nur verschleierte. Denn worin ein Brexit bestehen sollte, was er bedeuten könnte, wie weit und wie tief der Schnitt zur EU gehen sollte, war völlig unklar und heftig umstritten. Das Referendum hatte keine abschließende Antwort geliefert, sondern den Streit über den richtigen Weg überhaupt erst richtig angeheizt. Das Signal zum Aufbruch sagte nichts darüber, wohin die Reise gehen sollte. Mit dem Referendum hatte die Besatzung des britischen Staatsschiffes bildlich gesprochen fürs Ablegen gestimmt: „Leinen los!", hieß das Kommando. Aber nichts war über den Bestimmungsort bekannt, noch viel weniger über die jetzt notwendigen Manöver, um ihn zu erreichen. Niemand wusste, wo man neu vor Anker gehen wollte und welche Gefahren, Kosten und Gewinne die Reise barg. Genügte es, von der Kaimauer weg zu bugsieren über Lade- und Landungsbrücken aber mit ihr verbunden zu bleiben? Genügte es, den Binnenhafen zu verlassen und im Vorhafen anzudocken? Oder in Sichtweite vom Hafen auf Reede zu liegen? Oder sollte man wohlge-

---

delskompetenzen des Foreign Office wanderten gleichzeitig zum größten Teil an das Außenhandelsministerium unter Liam Fox ab. Damit war der Machtbereich von Johnson empfindlich beschnitten und die prominenten Brexiteers in eine institutionelle Rivalität gezwungen – machtpolitisch clever, in der Sache jedoch ziemlich desaströs.

mut hinaus dampfen aufs offene Meer und nach neuen Häfen auf neuen Kontinenten suchen? Aber war das Schiff überhaupt hochseetüchtig, war es für eine derart riskante Fahrt ausgerüstet und proviantiert? Gab es überhaupt einen Navigator, der den Kurs kannte mitsamt den Sandbänken und Riffen, die dabei drohten?

3.2 Die Suche nach dem maßgeschneiderten Abkommen

Zusammenfassung: Für einen Brexit stehen fünf verschiedene Modelle zur Verfügung. May verwirft die ersten beiden, will aber Elemente aus ihnen in ein maßgeschneidertes Abkommen hinüberretten.

> *We are part of the community of Europe*
> *and we must do our duty as such*
> *Lord Salisbury*

Grundsätzlich standen verschiedene Modelle zur Auswahl, um das zukünftige Verhältnis zwischen Großbritannien und der EU auf eine neue Basis zu stellen. Die EU unterhält mit vielen Staaten Handels- und Kooperationsverträge. Es gibt Assoziierungsabkommen und Sonderregelungen für ehemalige Kolonien (Lomé-Abkommen mit den Afrika-Karibik-Pazifik (AKP)-Staaten). Großbritannien stand vor der Wahl, welchen Status, welche Rechte und Pflichten es gegenüber der EU und welche Optionen es gegenüber dem Rest der Welt nun anstreben wollte. Dabei orientierte sich die Debatte grob an vier unterschiedlichen Modellen.

Das Norwegen-Modell

Norwegen hat mehrfach eine Mitgliedschaft in der EU abgelehnt.[7] Es ist aber seit 1994 Mitglied im Europäischen Wirtschaftsraum und hat

---

[7] Norwegen hat im September 1972 den Beitritt zur EU in einem Referendum abgelehnt (53,5≈% stimmten damals dagegen, 46,5≈% dafür). Ein zweites Referendum über eine EU-Mitgliedschaft scheiterte im November desselben Jahres erneut (52,2≈% Ablehnung, 47,8≈% Zustimmung, Beteiligung: 88,6≈%). Ausschlaggebend waren die Fischerei- und Landwirtschaftspolitik und die hohen Nettozahlungen, die Norwegen aufgrund seiner Öleinnahmen hätte zahlen müssen.

damit uneingeschränkt Zugang zum Binnenmarkt. Im Gegenzug muss Norwegen die EU-Regeln und Normen für diesen Binnenmarkt anwenden, hat aber an deren Zustandekommen keine Mitwirkungsrechte. Das gilt insbesondere für die vier Grundfreiheiten für Güter, Dienstleistungen, Finanztransfers und Personenfreizügigkeit. Norwegen muss für diese Zugangsrechte und seine Teilhabe an EU-Programmen hohe Beiträge entrichten.[8] In Disputen bleibt Norwegen an die Rechtsprechung des EuGH gebunden.

Das Schweiz-Modell

Die Schweiz ist in ähnlicher Weise mit der EU verbunden. Sie ist nicht Mitglied im Europäischen Wirtschaftsraum, hat aber in einer Vielzahl von Einzelverträgen weitgehend äquivalente Beziehungen zur EU aufgebaut. Das Problem liegt darin, dass diese Einzelverträge keine automatischen Anpassungsklauseln enthalten. Es kommt deshalb ständig zu Nachverhandlungen (mit entsprechenden Reibungen).[9]

---

8   Für Norwegen dürften rein quantitativ etwa 22 Prozent der EU-Vorschriften gelten (70≈% der Richtlinien, 20≈% der Verordnungen). Die Beiträge Norwegens zum EU-Haushalt berechnen sich nach seinem Bruttoinlandsprodukt und liegen deshalb relativ hoch. Durchschnittlich zahlt Norwegen knapp 1 Mrd. € jährlich an die EU.

9   Ein bis heute ungelöstes Problem hat die schweizer Volksabstimmung vom 9. Februar 2014 „Gegen Masseneinwanderung" aufgeworfen, das eine hauchdünne Mehrheit von 50,3 Prozent ergab (Beteiligung: 56,6≈%). Es steht im Widersrpuch zur Freizügigkeit mit der EU, zu der die Schweiz sich verpflichtet hat.

Das Türkei-Modell

Die Türkei ist seit 1996 mit der EU in einer Zollunion verbunden. Industrielle Güter und Agrarerzeugnisse sind damit von Zollabgaben befreit. Die Zollunion ist durch einen Gemeinsamen Außenzoll gegenüber dem Rest der Welt abgegrenzt. Importierte Vorprodukte, die innerhalb der Zollunion weiter verarbeitet werden, unterliegen komplizierten Ursprungsregeln. In der Zollunion gelten weder die Regeln des Binnenmarktes noch die vier Grundfreiheiten. Der EuGH hat keine Jurisdiktion gegenüber der Türkei. Die Türkei leistet keine Beiträge zum EU-Haushalt. Das Modell einer Zollunion enthält eine Asymmetrie, die problematisch werden kann: Als Mitglied der Zollunion muss die Türkei Drittstaaten den gleichen Zugang zum eigenen Markt gewähren wie die EU. Da sie rechtlich aber nicht Mitglied der EU ist, hat sie nicht unbedingt Teil an den reziproken Zugangsvergünstigungen, die Drittstaaten der EU gewähren. Auf diese Weise werden Importe erleichtert, Exporte unter Umständen erschwert.

Das Kanada-Modell

Die EU hat mit Kanada ein Freihandelsabkommen geschlossen (*Comprehensive Economic and Trade Agreement*: CETA). Das Abkommen sieht vor, dass Zölle aufgehoben und industrielle Normen und Standards kompatibel gemacht werden (nicht-tarifäre Hemmnisse). Zollbefreiungen umfassen auch einige landwirtschaftliche Güter, für die allerdings Mengenbeschränkungen (Kontingente) und Abschöpfungen gelten. Das Abkommen umfasst keine Dienstleistungen. Das Abkommen kam nach siebenjährigen harten und komplizierten Verhandlungen zustande. Es ist seit 2017 vorläufig in Kraft. Es wird endgültig erst in Kraft treten, wenn alle erforderlichen Ratifikationen vorliegen.

Das WTO-Modell

Kommt es zu keiner Verständigung, werden die ökonomischen Beziehungen zwischen EU und Großbritannien von den Regeln der World Trade Organisation (WTO) bestimmt. Deren Kern liegt in der Meistbegünstigungsklausel. Sie legt fest, dass jeder Mitgliedstaat Handelsvorteile, die er einem Staat einräumt, jedem anderen Mitgliedstaat ebenfalls im Sinne der Gleichberechtigung gewähren muss. Damit wären Sonderbeziehungen, die dem Prinzip der Meistbegünstigung zuwider laufen, schwer zu vereinbaren. Freihandelszonen wie etwa die EU sind mit dieser Regel vereinbar, sofern ihre äußeren Handelsschranken keine Diskriminierungen enthalten. Ein Rückfall auf WTO-Regeln wird von vielen radikalen Brexiteers befürwortet. Ihre Position ist in jüngster Zeit dadurch erschüttert worden, dass die USA unter Trump nicht nur einseitig prohibitive Zölle verhängt haben, die kaum Aussicht haben, von der WTO gebilligt zu werden. Trump hat der WTO auch gedroht, dass er für den Fall, dass sie seine Zölle für unzulässig erklären sollte, die WTO verlassen und alles unternehmen werde, um sie zu schwächen. Zudem haben einige WTO-Mitglieder, darunter Russland, Einwände dagegen erhoben, dass Großbritannien die bisherigen Quoten-Regeln der EU proportional als nationale Bestimmungen übernehmen will.[10] Das WTO-Modell lässt zwei sehr unterschiedliche Ausprägungen zu.

---

10 Es geht vor allem um Nahrungsmittelimporte. Im schlimmsten Fall muss Großbritannien zähe Verhandlungen mit mehr als zwanzig WTO-Mitgliedern führen. Allein diese Entwicklung zeigt, wie töricht und unrealistisch Liam Fox war, als er 2016 nach dem Referendum tönte, neue Handelsverträge auszuhandeln werde die leichteste Aufgabe von allen werden.

Synchronisierung mit dem EU-Binnenmarkt von außen

Sollte Großbritannien auf WTO-Status zurückfallen, könnte es freiwillig die eigene Gesetzgebung weitgehend synchron mit Produkt- und Prozessregulierungen der EU halten, um damit weiterhin ungehinderten Zugang zu dem wichtigsten Absatzmarkt zu behalten und um die Einfuhr von Vorprodukten aus der EU nicht zu erschweren. Damit könnte Großbritannien einerseits uneingeschränkt seine Souveränität proklamieren. Andererseits wäre es faktisch gezwungen, wie ein Schatten jede Bewegung der EU automatisch nachzuvollziehen, um Divergenzen nicht so weit anwachsen zu lassen, dass sie die Handelsbeziehungen beeinträchtigen. Theoretisch könnte die EU sich auch britischen Normen anpassen. Kurzfristig und für eine Übergangszeit mag dies sinnvoll sein, allein schon um den Schock einer Umstellung zu mildern. Langfristig wäre solch ein Zwang zur exakten Mimikry nicht durchzuhalten. Er würde auf eine faktische Unterordnung der britischen Rechtsetzung unter die Vorgaben der EU hinauslaufen. Die Optionen, von diesen Vorgaben abzuweichen, wären auf irrelevante Bereiche beschränkt, Souveränität wäre nur dem Anschein nach zurückgewonnen. Die uneingeschränkte Handels- und Handlungsfähigkeit, die die Brexiteers anstreben, würde verfehlt. Das im Juli 2018 von May vorgelegte Weißbuch kommt mit der Vorstellung eines *Common Rulebook* diesem Modell sehr nahe. Allerdings würde diese Option letztlich den Brexit sinnlos machen, weil sie Großbritannien weiterhin an die EU fesseln würde, allerdings ohne Mitwirkungsrechte und ohne Zugang zum Binnenmarkt.

Das Singapur-Modell (Deregulierung, Niedrigsteuern, klassischer Kapitalismus)

Die Alternative zu einer möglichst engen freiwilligen Assimilierung an die EU läge in einer bewussten Abkehr von EU-Vorgaben. Großbritannien könnte in offener Rivalität die Wettbewerbsfähigkeit der eigenen Wirtschaft zu Lasten der EU stärken. Befürworter dieser Option sprechen vom Singapur-Modell: Steuern radikal senken, globale Dienstleistungen anbieten, staatliche Bürokratie reduzieren, Märkte deregulieren, Investoren begünstigen und internationales Kapital anlocken. Vermutlich wäre dieses Modell mit hohen staatlichen Sozialleistungen schwer vereinbar.[11] Es würde Großbritannien schnell in einen Interessengegensatz zur EU geraten lassen und erhebliche Spannungen aufbauen. Vorwürfe unfairen Steuerwettbewerbs und unfairer Handelspraktiken, von Dumpingpreisen und Begünstigung dubioser Investoren würden erhoben werden und könnten die Atmosphäre mit Misstrauen und Ärger belasten. Das hätte unweigerlich weitreichende Auswirkungen auch auf andere Bereiche und würde längerfristig auf beiden Seiten zu Antipathie, Vorwürfen unfairer Praktiken und Missgunst führen. Populisten auf beiden Seiten erhielten die Chance, für eigene Fehlschläge und Versäumnisse die Schuld beim anderen zu suchen. Langfristig bestünde eine wachsende Gefahr, dass Wettbewerb in offene Rivalität und Rivalität in Gegnerschaft, wenn nicht Feindseligkeit umschlagen könnte.

---

11 Die Bezeichnung „Singapur-Modell" ist irreführend. Etwa 20% des BSP werden in Singapur von Staatsunternehmen erbracht. Die Regierung hat sehr weitreichende Kontroll- und Interventionsrechte im gesamten Wirtschaftsgeschehen. Sie betreibt eine paternalistische Sozialpolitik. Singapur ist kapitalistisch, aber nicht liberal.

3.3 Lancaster House: May bezieht Position (2017)

Zusammenfassung: Mays erste öffentliche programmatische Rede deutet auf einen harten Brexit hin.

> *As it will be the right of all, so it will be the duty of some,*
> *definitely to prepare for a separation,*
> *amicably if they can, violently if they must*
> Josiah Quincy

Der Rest des Jahres war von hektischen Versuchen gekennzeichnet, Prioritäten zu definieren, Folgen abzuschätzen, den eigenen Verhandlungsraum auszuloten und einen stimmigen politischen Handlungsrahmen zu entwickeln, den beide Flügel der konservativen Partei mittragen konnten. Gesucht wurde ein Konzept, das der britischen Öffentlichkeit vermittelt werden konnte und in der EU nicht glattweg auf Ablehnung stieß. May hatte aus Camerons Scheitern vier wichtige Lektionen für sich selbst abgeleitet:

- Sie durfte ihre Forderungen nicht vorab an den rechtlichen Vorgaben der EU ausrichten.
- Sie musste glaubhaft mit einem Abbruch der Verhandlungen drohen, um Zugeständnisse zu erreichen.
- Sie durfte eine in jedem Fall prekäre Verhandlungslinie nicht durch falsches Erwartungsmanagement und vorzeitige Geschwätzigkeit zerreden lassen.
- Kein konservativer Premierminister kann gegen die *Daily Mail* gewinnen. May pflegte ein auffallend enges Verhältnis zu diesem rabaukenhaften, erzkonservativen Boulevardblatt. 2017 ernannte sie James Slack, zuvor verantwortlich für das politische Ressort dieser Zeitung, zu ihrem Sprecher.

Hinzu kam ihre grundlegende Erfahrung von 2013: Damals konnte sie einseitig alle Beziehungen zur EU im Bereich Innere Sicherheit und Polizei aufkündigen und nach eigenem Belieben einige davon später wieder aufleben lassen. Was damals für einen Teilbereich der EU möglich war, weshalb sollte das nicht jetzt für die gesamte EU möglich sein? Verhandlungstaktisch war klar, dass jede Seite mit Maximalforderungen beginnen und sich langsam Kompromisslinien annähern würde. Zeitdruck würde die Kompromissbereitschaft steigen lassen. Je früher Zugeständnisse gemacht wurden, um so eher verschlechterte sich die eigene Verhandlungsposition für die restlichen Punkte. May hoffte zudem, dass die großen Wirtschaftsmächte der EU, die wichtigsten Handelspartner ihres Landes, auf Zugeständnisse drängen würden, sobald sie das Ausmaß der eigenen potenziellen Verluste ermessen konnten. Sie zählte darauf, dass allen voran Deutschland mit seiner Automobilindustrie, die Niederlande, die zehn Prozent ihres Außenhandels mit Großbritannien abwickeln sowie Schweden und Frankreich ein vitales Interesse haben müssten, bestehende Handelsbeziehungen nicht über Nacht wegbrechen zu lassen. Wie ihrem Vorgänger Cameron fehlten auch Theresa May die Erfahrung, die Intuition und die Empathie, um zu verstehen, wie stark gerade Berlin und Paris an Prinzipien festzuhalten entschlossen waren, um die sie Jahrzehnte gekämpft hatten. Der Fortbestand der EU ohne Großbritannien war ihnen wichtiger als Konzessionen an einen bedeutenden Partner, der aber die Fundamente der EU lockern wollte und drohte, das ganze Gebäude zum Einsturz zu bringen.

May behauptete, wie ihre Vorgänger und ein Großteil ihres Volkes, dass die EU stärker auf Großbritannien angewiesen sei als umgekehrt. Aus dieser Annahme folgte, dass Großbritannien in der stärkeren Position war, „sämtliche Trümpfe auf der Hand hielt", wie David Davis im März 2017 hinausposaunte. May schien zu glauben, zur Scheidung genüge ein einfaches „Ich will nicht mehr!", und Artikel 50 schien ihr Recht zu geben. Dass sich hinter Artikel 50 ein verwickeltes Konvolut von bewusst vage gelassenen Rechtsfolgen verbarg und die Probleme im Kleingedruckten, in diesem Nicht-Gedruckten, lagen, scheint weder ihr noch der Mehrzahl ihrer Kabinettskollegen bewusst gewesen zu sein. Was die Austrittsdrohung für Cameron war, das wurde jetzt die Drohung mit dem *no deal* für May, nämlich die EU ohne vertragliche Vereinbarung zu verlassen. May beging den gleichen Fehler wie ihr Vorgänger: Sie suchte mit Drohung, Druck und Bluff Maximalforderungen durchzusetzen, anstatt diskret zu sondieren, was der Verhandlungsspielraum der EU und deren maximaler Konzessionsraum war, um dann behutsam auf einen realistischen Kompromiss hinzusteuern. Sie sollte erst zu spät merken, dass ihre Annahme und die von ihr abgeleitete Taktik in eine Sackgasse führte.

Noch im Herbst kündigte May vor der Parteikonferenz an, dass sie vor Ende März 2017 den Austrittsantrag nach Artikel 50 des EU-Vertrags stellen werde. Sie wiederholte den Fehler Camerons, sich selbst ohne zwingende Not unter Zeit- und Handlungsdruck zu setzen. Weshalb so kurzfristig ein Datum nennen, wenn es doch intern an allen konzeptionellen, administrativen und operativen Vorbereitungen mangelte? Angesichts der Tatsache, dass es für einen solchen Schritt weder eine abgestimmte Zielvorstellung noch einen klaren Zeitplan gab, war dies eine kühne Entscheidung. In ihrer Regierung gab es weder Übereinstimmung über den Landeplatz, den man nach dem Absprung anpeilen sollte, noch strategisch-taktische Konzepte, wie die anstehenden Verhandlungen zu führen seien. Es war kein klarer politischer Wille auszumachen, es gab keine generalstabsmäßige Führung und es fehlten eingespielte Expertenteams, die die komplexen, neuartigen Verhandlungen im Detail führen konnten. Großbritannien war schlichtweg unvorbereitet.

May sah sich wachsendem Druck ausgesetzt, das Votum des Referendums nicht länger in der Luft hängen zu lassen, sondern operative Konsequenzen zu ziehen – selbst wenn noch nicht klar war, wie diese Konsequenzen konkret aussehen sollten. Stattdessen erschöpfte sie sich in hochtönenden, aber hohlen Phrasen. Brexit wurde zur Ideologie. Man berauschte sich daran, nationale Größe und Stolz zurück zu gewinnen, versprach ein Paradies ungeahnter Freiheiten und grenzenloser Möglichkeiten, sobald Großbritannien erst einmal die Knebelung der EU-Bürokraten abgestreift habe, malte die Gegenwart in hoffnungslosem Schwarz und die Zukunft in um so leuchtenderen Farben. Ständig wurden die gleichen Klischees wiederholt: *A deep and special relationship, a partnership of interests, a mutually beneficial symbiosis, keeping the good and discarding the bad, leaving entrammeling bureaucracy and opening the way for bold, enterprising pioneers, getting the right deal for Britain, exciting opportunities, embracing change, never look backward, always look forward, turning Britain into the global, modern, competitive, open, liberal country it ought to be, we'll make this an unprecedented, enduring success, we are looking for an encompassing, ambitious start into a bright future, a stronger, fairer, Britain, more united, more outward looking, secure, prosperous, tolerant.* May and Johnson wiederholten diese Phrasen und versuchten damit, die Stimmung im Land zu stabilisieren und die eigene Orientierungslosigkeit zu kaschieren. Denn es fehlte jeglicher Ansatz, diese betörenden Sirenengesänge irgendwie in konkrete Vorschläge oder realistische Pläne herunter zu brechen. Es wurde höchste Zeit, die Position der Regierung nicht nur der eigenen Öffentlichkeit, sondern auch den Verhandlungsführern in Brüssel im Detail darzulegen.

Bevor May dies tun konnte, war noch eine verfassungsmäßige Hürde zu überwinden. Das Referendum war nach übereinstimmender Auffassung aller juristischen Experten rechtlich nicht bindend. Es hatte lediglich beratende Wirkung, stellte jedoch ein politisches Signal dar, das niemand ignorieren konnte. Die Regierung May vertrat die Auffassung, das Abstimmungsergebnis ermächtige sie, unmittelbar den Austritt zu erklären und damit den zweijährigen Trennungsprozess in Gang zu setzten, wie ihn Artikel 50 des EU-Vertrags vorsieht.[12]

---

12 Sie berief sich dabei auf königliche Prärogative, die der Krone als Staatsoberhaupt und damit als Inkarnation der Souveränität und als Oberbefehlshaber der Streitkräfte zukommt.

Dagegen regte sich Widerstand, der zu einer Klage vor dem Obersten Gerichtshof (*Supreme Court*) führte.[13] Gina Miller, eine Investmentbankerin klagte, dass nur das Westminster Parlament seine eigene frühere Entscheidung aufheben kann. Juristische Logik sprach für diese Position. Mays Regierung hielt jedoch verbissen an der Auffassung fest, diese Entscheidung falle unter die Prärogative der Krone und benötige deshalb keine parlamentarische Ermächtigung.[14] Am 3. November ließen drei Richter des High Court die Klage zu. Diese Entscheidung, die lediglich die Zulässigkeit der Klage und das verfassungsgemäße Verfahren, jedoch noch nicht die politische Substanz betraf, löste einen Wutausbruch der Boulevardpresse aus. Die *Daily Mail* titelte *Enemies of the People* und bildete die Portraits der drei Richter auf der Frontseite ab. Sie griff damit auf stalinistischen Sprachgebrauch zurück.[15]

Der Supreme Court erklärte wenig später die konstitutive Zustimmung des Parlaments für unabdingbar, bevor die Regierung den Austritt aus der Europäischen Union erklären könne.[4]

---

13 Der Supreme Court ist der höchste Gerichtshof für England, Wales und Nordirland und damit oberste Berufungsinstanz. Er trat in dieser Funktion 2009 an die Stelle des House of Lords. Er ist weder ein volles Verwaltungs- noch ein Verfassungsgericht, da die Theorie uneingeschränkter Souveränität des Parlamentes es verbietet, dass die Gesetzgebung des Parlaments einer richterlichen Überprüfung unterworfen werden kann. Er ist jedoch berufen, in strittigen Zuständigkeitsfragen die geltende (weitgehend ungeschriebene) Verfassung des Vereinigten Königreichs verbindlich zu interpretieren.

14 Diese Position, an der die Regierung mit überraschender Hartnäckigkeit bis zuletzt fest hielt, entsprang der Angst, dass das Parlament seine Zustimmung verweigern und Großbritannien in eine offene Verfassungskrise schlittern könnte, wenn das Parlament als höchstes, das Volk repräsentierende Organ mehrheitlich dem politischen Willen der Mehrheit des Volkes widersprechen würde.

15 Besonders delikat war, dass der Verfasser dieser polemischen Invektive, James Slack, drei Monate später offizieller Sprecher der Premierministerin wurde.

Im Januar 2017 bezog May zum ersten Mal inhaltlich Stellung. In einer lange vorbereiteten und in vielen Passagen heiß umstrittenen Rede legte sie Eckpunkte fest. Zum Entsetzen vieler Landleute, der Mehrheit in Schottland und in Nordirland und der gesamten EU legte sie sich auf einen harten Brexit[16] fest: Sie ließ keinen Zweifel, dass sie die Zukunft ihres Landes weder im Binnenmarkt noch in der Zollunion sah. Sie forderte ein maßgeschneidertes Abkommen (*bespoke agreement*), blieb allerdings vage, wie das aussehen könnte.

„*The decision to leave the EU represents no desire to become more distant to you, our friends and neighbours. We are leaving the European Union, but we are not leaving Europe. And that is why we seek a new and equal partnership – between an independent, self-governing Global Britain and our friends and allies in the EU. We do not seek to hold on to bits of membership as we leave. We will take back control of our laws and bring an end to the jurisdiction of the European Court of Justice in Britain. We will get control of the number of people coming to Britain from the EU. We will pursue a bold and ambitious free trade agreement with the European Union. What I am proposing cannot mean membership of the single market. That means I do not want Britain to be part of the Common Commercial Policy and I do not want us to be bound by the Common External Tariff. But I do want us to have a customs agreement with the EU. Control of our own laws. Strengthening the United Kingdom. Maintaining the Common Travel Area with Ireland. Control of immigration. Rights for EU nationals in Britain, and British nationals in the EU. Enhancing rights for workers. Free trade with European markets. New trade agreements with other countries. We do not want to undermine the single market, and we do not want to undermine the European Union. Britain wants to remain a good friend and neighbour to Europe. But: No deal for Britain is better than a bad deal for Britain.*"[5]

---

16 „Harter Brexit" bedeutet im üblichen Sprachgebrauch einen Brexit, der sowohl Zollunion wie auch Binnenmarkt ohne privilegierte Sonderbeziehungen verlässt. Der *no deal*-Brexit ist seine extremste Form.

Das waren starke Worte. Sie ließen keinen Zweifel daran, dass May die Brücken zur EU vollends abbrechen wollte, um dann neue Planken notdürftig an deren Stelle zu legen. Die *Daily Mail* jubelte. Für den Austritt aus der EU gab es weder ausformulierte rechtliche Regeln noch Präzedenzfälle.[17] May beging den gleichen Fehler wie ihr Vorgänger Cameron: Sie stellte einseitige Forderungen und weckte damit hochgespannte Erwartungen, ohne die absehbaren Reaktionen ihrer EU-Partner in Erwägung zu ziehen. Sie wusste damals nicht, wie schnell sich die stolzen Worte *no deal is better than a bad deal for Britain* in ihr Gegenteil verkehren sollten. Keine 18 Monate später verbreitete Mays Regierung die Losung: *Any deal is better than no deal.*

Ende Januar stimmte das Unterhaus mit 494 zu 122 Stimmen für die kurze Gesetzesvorlage der Regierung, die den Weg freigab, den Austritt zu erklären. Die Labour-Fraktion war angewiesen worden, für die Ermächtigung zu stimmen. Allerdings widersetzten sich sowohl einige konservative wie auch einige Labour-Abgeordnete der Fraktionsdisziplin.[18] Wenig später stimmte das House of Lords zu. Der Weg zum Brexit war frei.

---

17 Es hatte zuvor drei Austritte aus der EU gegeben, die sich allerdings unter völlig unvergleichbaren Umständen vollzogen hatten: Algerien war als überseeisches Territorium Frankreichs 1957 automatisch Teil der EWG geworden. Mit Erlangung der Unabhängigkeit verließ es 1962 auch die EWG. Grönland trat 1985 aus, Saint Barthélemy 2012. Beide Territorien waren überseeische Provinzen von EU-Mitgliedstaaten. Grönland erhielt 1979 Autonomie und verließ nach langwierigen Verhandlungen (5 Jahre!) die EWG, behielt aber seine Bindungen an Dänemark. Dabei ging es in diesen Trennungsverhandlungen eigentlich nur um Fischfangrechte. Saint Barthélemy trennte sich 2012 von Guadaloupe, ein überseeisches französisches Territorium. Es erhielt den Status eines assoziierten Landes.

18 Abstimmung am 8. Februar 2017. Sämtliche Liberaldemokraten und alle Abgeordnete der Schottischen Nationalpartei stimmten dagegen.

3.4 Aufbruch ohne Wiederkehr? (2017)

Zusammenfassung: May erklärt die Austrittsabsicht am 30. März 2017, ohne dass ein Verhandlungskonzept steht und ohne dass Einigkeit besteht, was das Verhandlungsziel sein soll.

Condemned to be free
Jean Paul Sartre

Am 30. März 2017 übergab der britische Botschafter bei der Europäischen Union Tim Barrow den Brief der Premierministerin, in dem diese den Vorsitzenden des Europäischen Rates Donald Tusk von der Absicht ihres Landes in Kenntnis setzte, die EU zu verlassen.[6] Damit war nach Artikel 50 des Lissaboner Vertrags (EUV) die Zweijahresfrist in Gang gesetzt, nach der das Vereinigte Königreich aufhören würde, Mitglied der EU zu sein.[19] Diese Frist erhöhte den Zeitdruck auf britischer Seite. Denn weil der Austrittswunsch von britischer Seite ausging, vertrat die EU die Auffassung, dass es an Großbritannien liege, Vorstellungen darüber vorzulegen, wie die Trennung vollzogen werden solle und wie das Verhältnis künftig zu regeln sei.

Zwei Bereiche mussten vertraglich ausgehandelt und geregelt werden:

- Zunächst ging es darum, wie die bestehenden Verpflichtungen, die sich aus der Mitgliedschaft in der EU ergeben hatten, aufzulösen sind. Es war sozusagen die Güteraufteilung und der Versorgungsausgleich dieser Scheidung. Sehr schnell stellte sich heraus, dass dies drei große Problemfelder betraf:

---

19 Der Artikel lässt eine Fristverlängerung auf unbestimmte Zeit zu, sofern alle Betroffenen sich darauf einigen können. Ansonsten enthält der Artikel keine näheren Vorgaben für das Verfahren, die Bedingungen oder die Regelung der Trennungsfolgen.

- Auflösung der gegenseitigen finanziellen Verpflichtungen: Großbritannien hatte viele EU-Projekte mitgetragen, die zum Zeitpunkt seines Ausscheidens noch nicht abgewickelt sein würden. Hier sollte Großbritannien bis zum Abschluss dieser Projekte weiterhin entsprechende Zahlungen leisten. Weiterhin waren Beiträge für Pensionen und sonstige Zahlungen an EU-Personal fällig, das während der Mitgliedschaft Großbritanniens Dienst in Brüssel geleistet hatte. Großbritannien hatte seinerseits Ansprüche, für seine Anteile am EU-Vermögen (Gebäude, Grundstücke) entschädigt zu werden.
- Die Rechte der Bürger, die sich im jeweils anderen Territorialbereich befanden, mussten geregelt werden. Es ging um Rechte des Aufenthalts, der Niederlassung, der sozialen Absicherung und der Berufsausübung.
- Schließlich musste eine Lösung für die Grenze auf der irischen Insel gefunden werden. Das Vereinigte Königreich und Irland waren 1973 gemeinsam der EU beigetreten, nicht zuletzt, um Probleme an dieser Grenze zu vermeiden. Sie war seit dem Karfreitagsabkommen eine offene Grenze ohne Kontrollen und ohne Bewachung. Das offene Grenzregime hatte wesentlich dazu beigetragen, die Spannungen zwischen irisch-treuen, katholischen Republikanern und britisch-treuen, protestantischen Unionisten in Nordirland zu beruhigen. Diese Grenze würde mit dem Ausscheiden des Vereinigten Königreiches zu einer EU-Außengrenze mit entsprechenden Waren- und Personenkontrollen. Wie sich schnell herausstellte, sollte das Grenzregime zu Nordirland zu einem der schwierigsten und umstrittensten Probleme der Brexit-Regelung werden. Dies waren die wichtigsten Fragen einer Scheidungsregelung.

- Darüber hinaus mussten sich beide Seiten verständigen, wie ihr Verhältnis nach vollzogener Scheidung aussehen sollte. Hier ging es um die im Kapitel 3.2. vorgestellten fünf Optionen. Während der Scheidungsvertrag relativ einfach war, weil er letztlich pekuniäre Ansprüche ausglich und sich mit Geld alles irgendwie regeln lässt, drehte sich die Frage des künftigen Verhältnisses um Nationalstolz, Souveränität, wirtschaftliche Wettbewerbsvorteile, Gewinnchancen und strukturelle Nachteile. Vor allem gab es für diese Probleme keinerlei Präzedenzfälle, aus denen sich Orientierung hätte ableiten lassen. Auf der einen Seite stand das relativ rigide Gefüge des Binnenmarktes, der keine Halbheiten zuließ, auf der anderen Seite betonte Großbritannien, dass es keineswegs in Ärger und Zorn sich von der EU abwende, sondern ihr so eng wie möglich zugetan und verbunden bleiben wollte. Die Frage nach der Grenze auf der irischen Insel verknüpfte beide Fragenkomplexe und wurde damit zum Schlüsselproblem des gesamten Brexit.

Artikel 50 des EU-Vertrags lautet in seinem entscheidenden Absatz: „Ein Mitgliedstaat, der auszutreten beschließt, teilt dem Europäischen Rat seine Absicht mit."[7] Es handelt sich um eine einseitige Absichtserklärung. Bis ein Austrittsvertrag unterzeichnet ist, besteht keine gegenseitige rechtliche Bindung. Viele Rechtsexperten vertreten die Auffassung, dass bis zur Unterzeichnung eines Austrittsvertrags nur eine einseitige Absichtserklärung vorliegt, die auch einseitig wieder zurückgenommen werden kann. Diese Auffassung hat der EuGH am 10. Dezember 2018 offiziell bestätigt.[20] Damit könnte Großbritannien bis

---

20 Diese Auffassung ist vom Generalanwalt beim EuGH Campos Sanchez-Bordona am 4. Dezember 2018 offiziell bestätigt worden. (https://curia.europa.eu/jcms/upload/docs/application/pdf/2018-12/cp180187en.pdf, 04.12.2018). Zum gleichen Ergebnis kommt John Kerr, Lord Kerr of Kinlochard, der als Generalsekretär des Verfassungskonvents letztlich die Formulierungen zu verantworten hatte, die im Verfassungsentwurf von 2004 den Austritt aus der EU regeln sollten.

zum 29. März 2019 seine Absichtserklärung wieder einseitig zurücknehmen und bliebe dann Mitglied der EU zu den bisherigen Bedingungen. Damit hat Premierministerin May ein mächtiges Druckinstrument in der Hand: Sollte das Parlament ihren Vertrag zurückweisen, könnte sie nicht nur mit einem *no deal*-Brexit, sondern auch mit einer Absage des gesamten Brexit drohen. Damit würde sich das Parlament in eklatanten Widerspruch zum Ergebnis des Referendums begeben.

Nicht wenige Vertreter aus Wissenschaft und Wirtschaft, die die Brexit-Entscheidung für einen gravierenden Fehler hielten, haben auf diese Option verwiesen und versucht, auf eine solche Wendung hinzuwirken.[8] Die EU ist gut beraten, diese Option offen zu halten und zu gegebener Zeit darauf hinzuweisen.

Der Vertrag von Lissabon hat diesen Wortlaut vollständig übernommen. (https://www.bestforbritain.org/it_s_far_from_over_article_50, 24.03.2018). Er hat diese Auffassung jüngst bekräftigt mit einem dringenden Aufruf zu einem erneuten Referendum. John Kerr: *I drafted article 50. We can and must delay Brexit for a referendum*, The Guardian, 6. Dezember 2018 (https://www.theguardian.com/commentisfree/2018/dec/06/drafted-article-50-brexit-referendum-eu-state?utm_term=R-WRpdG9yaWFsX0Jlc3RRPZkd1YXJkaWFuT3BpbmlvblVLLTE4MTI-wNg%3D%3D&utm_source=esp&utm_medium=Email&utm_campaign=BestOfGuardianOpinionUK&CMP=opinionuk_email, 06.12.2018). Der EuGH hat diese Auffassung in seiner Entscheidung vom 10. Deuember 2018 offiziell bestätigt. *UK can cancel Brexit, says EU court*, BBC 10. Dezember 2018 (https://www.bbc.com/news/uk-scotland-scotland-politics-46481643, 10.12.2018)

Urteil des EuGH vom 10. Dezember 2018, Curia 621/18 (http://curia.europa.eu/juris/document/document.jsf?text=&docid=208636&pageIndex=0&doclang=EN&mode=lst&dir=&occ=first&part=1&cid=1188376, 10.12.2018)

3.5 Die Wahlen vom 8. Juni 2017: May verliert Zeit und Macht

Zusammenfassung: May ruft unerwartet Neuwahlen aus, die ihr eine deutlich verminderte Mehrheit bescheren. Sie ist auf die Unterstützung der nordirischen Unionisten angewiesen. Die Wahlen zeigen erneut, dass die EU-Mitgliedschaft nicht das Hauptthema ist, das die britischen Wähler umtreibt, und dass die Meinung in der Bevölkerung noch ebenso gespalten ist wie ein Jahr zuvor.

I wasted time, and now doth time waste me.
William Shakespeare

Alles hätte dafür gesprochen, nach dem 30. März 2017 sämtliche verfügbaren Kräfte darauf zu konzentrieren, eine kohärente Brexit-Strategie und eine umsichtige Verhandlungstaktik zu entwickeln. Stattdessen rief die Premierministerin keine drei Wochen später vorgezogene Neuwahlen aus. Sie widersprach damit nicht nur wiederholten Zusagen, die sie seit Amtsantritt gemacht hatte.[21] Sie verunsicherte ihre Partner auf EU-Seite, sie warf die gesamte administrative und politische Maschinerie in Westminster in Ausnahmezustand. Das Land, das nach den Tumulten des Vorjahres endlich Gewissheit und Stetigkeit suchte, wurde unvorbereitet in neue Unsicherheit gestürzt.

Was den plötzlichen Sinneswandel Mays in einer so wichtigen Frage so kurzfristig ausgelöst hat, wird vorerst unklar bleiben. Sicher scheint, dass folgende Überlegungen ausschlaggebend waren:

- Alle Meinungsumfragen wiesen auf einen 20-prozentigen Vorsprung der Konservativen vor Labour hin.[22] Es war unwidersteh-

---

21 In der Andrew-Marr-Show vom 4. September 2016 hatte Theresa May erklärt: „*I'm not going to be calling a snap election*". Siehe auch: http://time.com/4744117/theresa-may-general-election/
22 Eine Meinungsumfrage vom 24. April 2017 ergab für die Konservativen 47 Prozent, für Labour 28 Prozent.

lich, diesen Vorsprung auszunutzen und in eine langfristige parlamentarische Mehrheit umzumünzen. An der Spitze von Labour stand mit Jeremy Corbyn ein Vertreter des sozialistischen Flügels. Ein Jahr zuvor hatte seine Fraktion ihn stürzen wollen. Gestützt auf ein Mitgliedervotum gelang es ihm allerdings im Herbst 2016, seine Stellung nicht nur zu behaupten, sondern auszubauen. Er hatte noch nie Sympathie für die EU gezeigt und seine Partei bislang die Brexit-Strategie der Regierung mittragen lassen. May und ihre Berater waren überzeugt, dass es ein Leichtes sei, gegen Corbyn zu gewinnen, der zudem mit einem Programm antrat, das die Verstaatlichung der Energieunternehmen, der Eisenbahnen und der Post vorsah. Zeitungen karikierten Corbyn als verkappten Gefolgsmann von May.

- Ihre Umgebung redete auf sie ein, nicht den Fehler von Gordon Brown zu wiederholen. Der war 2007 Tony Blair als Premierminister ohne Wahl gefolgt, hatte die Bestätigung in einer Wahl aber so lange hinausgezögert, bis es zu spät war und er die Wahl 2010 verlor. May, so hieß es nun, brauche ihre eigene demokratische Legitimation durch Neuwahlen, um ihre eigenen Vorstellungen auch gegen Widerstände durchsetzen zu können. Sie hoffte, die schwierigen Brexit-Verhandlungen auf eine überwältigende absolute Mehrheit im Parlament abstützen zu können.

- Die reguläre Legislaturperiode hätte 2020 geendet. Brexiteers in Mays Kabinett wie David Davis fürchteten, dass Großbritannien sich dann in entscheidenden Verhandlungen über ein neues Handelsregime mit der EU befinden werde, nachdem beide Seiten grundsätzlich eine Übergangsfrist bis Ende 2020 vereinbart hatten. Parlamentswahlen zu diesem Zeitpunkt könnten die Verhandlungsposition Großbritanniens erheblich schwächen. Neuwahlen 2017 würden die nächsten Unterhauswahlen auf 2022 verschieben.

- Seit Sommer 2016 waren May und ihr Kabinett nicht müde geworden ihre Litanei zu wiederholen, dass Brexit eben Brexit bedeutet. Nach Mays Rede im Lancaster House regte sich Widerstand gegen den harten Brexit, den sie verkündet hatte. Es mehrten sich die Stimmen, die darauf hinwiesen, dass immerhin 48 Prozent gegen einen Brexit gestimmt hatten – was sollte aus diesen Stimmen werden? May hatte im Februar ihre Vorstellungen in einem Weißbuch der Regierung vorgestellt.[9] Darin hatte sie nicht nur behauptet, *„after all the division and discord, the country is coming together"*, sondern auch: *„65 million people willing us to make it happen".* Beides war nachweislich falsch. Für den Brexit hatten 17,4 Millionen gestimmt, nicht 65 Millionen. Das Land war nach ihrer scharfen Rede gespaltener als je zuvor, die eigene Partei nicht weniger. May wollte mit einem so gut wie sicher geglaubten triumphalen Wahlsieg ihre Position innerhalb ihrer Partei und im Parlament untermauern, das Land hinter ihrem Kurs einen und ihre Verhandlungsposition gegenüber der EU stärken. Die Boulevardpresse bestärkte sie darin, etwaige Zweifler am Brexit endgültig kaltzustellen.

Der Wahlkampf drehte sich allerdings um ganz andere Themen als um Brexit und lieferte damit einen weiteren Beweis, dass das Verhältnis zur EU keineswegs das Problem war, das die britischen Wähler am stärksten umtrieb. Im Vordergrund standen die Zukunft der Pflegeversicherung, Studiengebühren und sozialer Wohnungsbau. Dies waren die alltäglichen Sorgen der Briten, nicht der Binnenmarkt oder die Zollunion, weder die Brüsseler Bürokratie noch Handelspräferenzen. Insofern konnte das Wahlergebnis nicht als Votum über den Brexit gewertet werden. Dies mag May schließlich gerettet haben. Denn statt ihre Position zu stärken, schwächte das Wahlergebnis Mays Partei und bescherte der Opposition einen unerwarteten Machtzuwachs. Die Konservativen verloren 13 Sitze und blieben mit 317 knapp unter der absoluten Mehrheit, die sie zuvor mit deutlicher Überlegenheit besessen hatten. Labour gewann 30 Sitze hinzu und kam auf 262. May war auf Unterstützung aus Nordirland angewiesen. Nach zähen Verhandlungen und einer Sonderzuwendung von einer Milliarde Pfund an Nordirland erklärte sich die Democratic Unionist Party (DUP) bereit, Mays Kabinett zu unterstützen.[23] Damit hatte May sich zur Geisel dogmatischer Radikaler aus Belfast gemacht, die einen Hebel in die Hand bekamen, um Konzessionen in der explosiven Frage eines künftigen Grenzregimes auf der irischen Insel zu verhindern.

May hatte eigentlich gar nicht so schlecht abgeschnitten: Sie hatte ihren Stimmenanteil auf 42,6 Prozent (13,6 Mio.) steigern können.[24] UKIP spielte keine Rolle mehr. Die Liberaldemokraten blieben unbedeutend. Die schottische Nationalpartei musste empfindliche Verluste hinnehmen. Die Niederlage entsprang nicht ihrer Schwäche, sondern dem unerwartet starken Abschneiden von Labour. Labour hatte einen Monat zuvor bei Lokalwahlen desaströse Verluste hinnehmen müssen. Jetzt holte die Opposition plötzlich auf und erhielt 40 Prozent der Stimmen.[25] Das Wahlergebnis belegte auch das zunehmende Auseinanderdriften der Landesteile des Vereinigten Königreichs. Die Konservativen holten in England 46,5 Prozent, in Schottland 25,3 Prozent und in Wales lediglich 18,8 Prozent. In Nordirland waren sie ohnehin nicht vertreten.

Statt *strong and stable leadership*, was May im Wahlkampf immer wieder versprochen hatte, ging May aus dieser Wahl deutlich angeschlagen hervor. Bei der Verkündung des Wahlergebnisses brach sie in unkontrolliertes Schluchzen aus. In der Partei wuchs die Überzeugung,

---

23 Da die Democratic Union Party mit 10 Abgeordneten im Westminster Parlament vertreten war, kalkulierten zynische Beobachter, diese Zusage laufe auf eine Bestechung jedes Abgeordneten mit £ 100 Mio. hinaus.

24 Es war das beste Tory-Ergebnis seit Margaret Thatcher. David Cameron hatte zwei Jahre zuvor nur 11,3 Mio. Stimmen erhalten und war damit auf 36,8 Prozent der Stimmen gekommen.

25 Oder 12,9 Mio. Stimmen. 2015 hatte Labour bei 30,4 Prozent gelegen.

dass May nicht die Spitzenkandidatin für die nächste Wahl sein konnte. Alle Versuche, sie zu stürzen, schlugen jedoch fehl, weil man sich auf keinen akzeptablen Nachfolger einigen konnte. Man verständigte sich darauf, dass May das Land durch die Katarakte des Brexit steuern solle; aber sie war Kapitän auf Abruf. Die Abrechnung mit ihr war lediglich aufgeschoben. Ihre Autorität war erschüttert, sie selbst angezählt. Sie verdankte ihre Position nicht ihrer Stärke, sondern der Unfähigkeit ihrer Gegner, sich auf einen Nachfolger zu einigen, der sie vom Thron stoßen konnte. Viele folgten ihr mit geballten Fäusten in den Taschen, weil sie es nicht riskieren wollten, mitten im reißenden Strom die Pferde zu wechseln.

May reagierte seither noch verschlossener, noch vorsichtiger. Sie verlor ihre beiden wichtigsten Berater, die die Verantwortung für das Wahlergebnis übernahmen.[26] Jetzt tastete sie sich zögernd, zaudernd, mehr getrieben als selbst treibend auf ungewissem Boden langsam voran. May musste zwischen Skylla und Charybdis lavieren: Auf der einen Seite stieg der Druck, einen harten Brexit und den jähen Absturz aus bisherigen Handelsbeziehungen zu vermeiden. Aber jedesmal, wenn sie versuchte, derartige Besorgnisse bei ihrer Positionierung zu berücksichtigen, schossen ihr die Brexit-Fundamentalisten aus ihrem Kabinett vor den Bug und ließen sie zurückschrecken.

---

26 Nick Timothy und Fiona Hill waren seit Jahren ihre engsten Zuarbeiter gewesen, hatten maßgeblichen Anteil daran, dass sie 2016 Premierministerin wurde, und hatten seither gemeinsam als Stabschefs fungiert.

3.6 Die Rede von Florenz und Boris Johnsons Querschuss

Zusammenfassung: Nach dem Schock des Wahlergebnisses versucht May in einem zweiten Anlauf ein überzeugendes Konzept für den Brexit vorzulegen. Sie stößt auf erbitterten Widerstand aus ihren eigenen Reihen.

> *Fifty years from now Britain will still be the country of long shadows on county grounds, warm beer, invincible green suburbs, dog-lovers and old maids bicycling to Holy Communion through morning mist*
>
> *John Major*

May musste nach diesem Rückschlag beweisen, dass sie nach wie vor die Fäden in der Hand hielt. Sie musste ihre programmatischen Aussagen vom Frühjahr bekräftigen. Zwar hatten sich die offiziellen Verhandlungsführer, David Davis auf britischer Seite und Michel Barnier auf Seiten der EU, am 19. Juni 2017 zur ersten Verhandlungsrunde getroffen, aber kurz darauf begann die Sommerpause, sodass substanzielle Verhandlungen über den Brexit erst im September 2017 begannen.[27] Ein halbes Jahr war verschenkt worden – ein Viertel der insgesamt zur Verfügung stehenden Zeit. Angesichts der Komplexität der Verhandlungen und der Tatsache, dass es um Fragen ging, für die sich nirgends ein Präzedenzfall fand, war dies ein Verlust, der nicht ohne Auswirkungen auf das Verhandlungsergebnis bleiben konnte. Die Zeit drängte. Die EU hatte gefordert, die wesentlichen Elemente einer Trennungsvereinbarung bis Ende des Jahres festzulegen. Vorher könne es keine Verhandlungen über ein künftiges Handelsregime geben.

---

27 Also über ein Jahr nach dem Referendum und volle sechs Monate nach der Austrittserklärung! Ein Viertel der Austrittsfrist war damit ergebnislos vertan.

May plante eine zweite Grundsatzrede. Dafür wählte sie Florenz, weil diese Stadt Inbegriff der europäischen Renaissance ist, weil ihr ein weltweiter Ruf für Vernunft, Kreativität und künstlerische Maßstäbe anhaftet, weil sie Pionier eines europaweiten Handelsnetzes und innovativer Unternehmensführung und Sitz des europäischen Hochschulinstituts war. Am 22. September 2017 trat sie in der Kirche Santa Maria Novella vor die Öffentlichkeit.

May hatte beabsichtigt, dem unerbittlich wachsenden Druck nachzugeben und ihre Haltung zum Brexit aufzuweichen. Sie wollte den Weg für ein Norwegen-Modell öffnen. Zehn Tage vor ihrem Auftritt zirkulierte sie ihren Redeentwurf im Kabinett. Boris Johnson, der gerade auf Auslandsreise war, war außer sich, als er den Text las. Es war in seinen Augen glatter Verrat am Referendum und allem, was die Regierung seither erreicht hatte. Am 15. September publizierte er einen Text, den er mit niemandem zuvor abgestimmt hatte. Es war ein feuriger Appell für einen harten Brexit: *„There are some people who think Brexit isn't going to happen."* Er goss vernichtende Kritik über die EU und schmeichelte britischem Nationalstolz. Er wiederholte die nachweislich falsche Aussage, ein Brexit werde jede Woche 350 Millionen Pfund freisetzen, die dann dem NHS zufließen könnten. Seine euphorische Beschwörung all der Vorteile, die ein radikaler Brexit mit sich brächte, kulminierte in dem trumpistischen Ausruf: *„I believe we can be the greatest country on Earth!"* [10]

Das war ein scharfer Schuss vor Mays Bug, bevor sie überhaupt ausgelaufen war. Sie änderte den Duktus ihres Redeentwurfs und sprach härter und kompromissloser, als sie eigentlich geplant hatte. Die Rede begann mit einem auffälligen Werben um eine möglichst enge Partnerschaft mit der EU. Brexit sei beschlossene Sache, aber *„it does not mean we are no longer a proud member of the family of European nations. And it does not mean we are turning our back on Europe; or worse that we do not wish the EU to succeed."* Ebenso auffällig war, wie ausführlich sie auf die Nordirland-Problematik einging. Im Januar hatte sie die *common* *travel area* nur kursorisch gestreift. Inzwischen schien ihr klar geworden zu sein, wie schwierig eine Lösung dieser komplizierten Lage sein würde. May zeigte zum ersten Mal Nachdenklichkeit: *„We recognise that we can't leave the EU and have everything stay the same. Life for us will be different."* Aber dann kamen wieder kompromisslose Sätze: *„We will no longer be members of its single market or its customs union. We want to work hand in hand with the European Union, rather than as part of the European Union."* Das Norwegen-Modell wie das Freihandelsabkommen mit Kanada wurden explizit verworfen. Statt dessen trat wieder Wunschdenken hervor, die Beschwörung eines idyllischen, wenn nicht paradiesischen Zustands allgemeinen Einvernehmens, Wohlwollens und Wohlstands: *„Let us be creative as well as practical in designing an ambitious economic partnership which respects the freedoms and principles of the EU, and the wishes of the British people."* Dass hier ein unauflöslicher, vielleicht sogar tragischer Widerspruch liegen könnte, dass die Grundsätze der EU und die Wünsche Großbritanniens sich gegenseitig ausschließen könnten, scheint ihr nicht in den Sinn gekommen zu sein. Jedenfalls ließ sie derartige Gedanken nicht einmal durchblicken.[11]

Hatte May gehofft, mit dieser Rede den Streitigkeiten in den eigenen Reihen ein Ende setzen zu können, wurde sie bitter enttäuscht. Zwei Wochen später geriet ihre Rede vor der Parteikonferenz in Manchester zum kompletten Fiasko: Ihre Stimme versagte, ein Witzbold steckte ihr ein Kündigungsformular zu, Buchstaben lösten sich langsam von dem Tagungsslogan, als ob sie den schrittweisen Verfall ihrer Machtposition symbolisierten.[12] Wieder erhoben sich Stimmen, die ihren Rücktritt forderten, wieder verstummten sie, als es darum ging, wer denn ihre Nachfolge antreten könne.

Eine Wochen später kam es zum neuen Eklat. Schatzkanzler Hammond hatte sich geweigert, im Haushaltsplan Rückstellungen und Sonderzuweisungen für den Eventualfall eines harten Brexit vorzusehen. Die Presse rügte ihn öffentlich: *„Philip Hammond refuses to budget for hard Brexit"*[13].

Die Brexiteers liefen erneut Sturm, die Premierministerin distanzierte sich im Parlament von ihrem Schatzkanzler und sagte £ 250 Mio. für Inneres und Steuerbehörden zu. Eineinhalb Jahre nach dem Referendum gab es in der britischen Regierung weder ein abgestimmtes Programm noch eine Prioritätenlisten, wie der Brexit eigentlich umzusetzen sei. Die Grabenkämpfe waren keineswegs abgeflaut, sondern hatten an Schärfe gewonnen, das Land war weniger geeint als je zuvor. Labour fand langsam und vorsichtig in die Rolle einer offensiven Opposition zurück: Im August hatte sich Labour zum ersten Mal für eine Übergangsfrist ausgesprochen, die den status quo vorläufig bewahren sollte. Ein halbes Jahr später sprach sich Jeremy Corbyn für einen Vertrag aus, der uneingeschränkten Zugang zum Binnenmarkt offen hält, und für eine Zollunion aus.[14] Irland und Spanien ließen keinen Zweifel, dass sie ein Abkommen mit Großbritannien blockieren würden, wenn es keine für sie befriedigende Regelung der Grenzregime in Irland und zu Gibraltar enthielt. Die EU drängte darauf, endlich zu einer Einigung beim Trennungsvertrag zu kommen. Der Druck auf May stieg von allen Seiten, sich endlich auf konkrete Zusagen festzulegen.

Abb. 3.1: Economist, 7. September 2017

3.7 Der Trennungsvertrag und die *European Union Withdrawal Bill*

Zusammenfassung: Im Dezember gelingt eine vorläufige Einigung über die Bedingungen, nach denen das Vereinigte Königreich die EU verlassen kann. Strittig bleibt der Hauptpunkt: Die künftige Grenze auf der irischen Insel. Hierfür wird eine Rückfallposition vereinbart, die sich als kaum zu lösendes Kernproblem des ganzen Brexit herausstellt.

> *The continent will not suffer England*
> *to become the workshop of the world*
> Benjamin Disraeli

Am 8. Dezember 2017 gelang eine Einigung zwischen der EU und dem Vereinigten Königreich über die Eckpunkte eines Trennungsvertrags. Sie betreffen die ausstehenden finanziellen Verpflichtungen, die Rechte von EU-Bürgern in Großbritannien und die Grenze auf der irischen Insel.[15]

- Das Vereinigte Königreich wird bis Ende 2020, also bis zum Ende des laufenden siebenjährigen EU-Finanzrahmens, seine regulären Beiträge entrichten, als ob es Mitglied der EU wäre. Für den Ausgleich weiterer ausstehender finanzieller Verpflichtungen wurde inoffiziell eine Summe in der Größenordnung von 50≈Milliarden≈Euro genannt.[28]
- Die Rechte von Bürgern, die sich im jeweils anderen Gebiet aufhalten, werden geschützt, einschließlich ihrer Angehörigen. Streitfälle können bis zu acht Jahre nach dem Ausscheiden Großbritanniens dem EuGH zur Entscheidung vorgelegt werden.

---

28 Dies war ein vernünftiger Kompromiss zwischen den ursprünglichen von der EU geforderten 100 Mrd. € und der schnoddrigen Bemerk*ung von* Boris Johnson, die EU könne sich derartige Forderungen abschminken *(„go whistle for it")*, sein Land werde die EU ohne jegliche Zahlung verlassen.

- Das nordirische Grenzregime soll unverändert bleiben. Gegenüber Irland soll eine harte Grenze vermieden werden, es soll auch zu keiner administrativen Grenze zwischen Nordirland und dem Rest des Vereinigten Königreichs kommen. Für den Fall, dass sich für das Grenzregime keine Lösung finden lässt, die diese Vorgaben berücksichtigt, soll Nordirland bis auf weiteres in der Zollunion bleiben. Die notwendigen Waren- und Personenkontrollen sollen diskret zwischen Großbritannien und Nordirland stattfinden.[29]

Dieser sogenannte *backstop* sollte sich als schwierigstes Element der Verhandlungen entpuppen.[30]

---

29 Michel Barnier: *Speech by Michel Barnier at the closing session of Eurochambre's European Parliament of Enterprises 2018*, 10.Oktober.2018: *The UK wants to and will leave the Single Market and the Customs Union. This means that there must be checks on goods travelling between the EU and the UK – checks that do not exist today:*
 • *customs and VAT checks;*
 • *and compliance checks with our standards to protect our consumers, our economic traders and our businesses.*
We have agreed with the UK that these checks cannot be performed at the border between Northern Ireland and Ireland. A crucial question is, therefore, where they will take place. The EU is committed to respecting the territorial integrity and constitutional order of the UK, just like the UK has committed to respecting the integrity of our Single Market, including Ireland, obviously. There will be administrative procedures that do not exist today for goods travelling to Northern Ireland from the rest of the UK. Our challenge is to make sure those procedures are as easy as possible and not too burdensome, in particular for smaller businesses. Our proposal limits itself to what is absolutely necessary to avoid a hard border: customs procedures and the respect of EU standards for products.
http://europa.eu/rapid/press-release_SPEECH-18-6089_en.htm?utm_source=POLITICO.EU&utm_campaign=78964745e8-EMAIL_CAMPAIGN_2018_10_11_04_27&utm_medium=email&utm_term=0_10959edeb5-78964745e8-189197625)

30 Der Backstop ist eine Rückfallposition/Auffanglösung, die sicherstellen soll, dass es auf der irischen Insel unter keinen Umständen zu einer harten Grenze kommt. Sie sieht vor, dass Nordirland so lange in der Zollunion und

Beide Seiten waren sich einig, dass diese Vereinbarungen vorläufig sind und erst Wirkung entfalten, wenn die künftigen Beziehungen zwischen der EU und dem Vereinigten Königreich endgültig vereinbart sind. Dies gilt insbesondere für die Grenze in Nordirland. Der Grundsatz „Harter Brexit bedeutet harte Grenze in Nordirland" wurde hier elegant verbal umgangen. Er tauchte aber in aller Deutlichkeit wieder auf, als die Kommission diese Vereinbarung in Vertragssprache übersetzte und Anfang März 2018 publizierte.[16][31]

Gleichzeitig gelang es der Regierung May, innerstaatlich die gesetzlichen Grundlagen für den Brexit zu schaffen. Die *European Union Withdrawal Bill* (zuvor *Great Repeal Bill*) ist bestimmt, sämtliche Gesetze, Normen und Standards der EU zunächst einmal in nationales englisches Recht zu transformieren. Sie widerruft den Parlamentsbeschluss von

---

im Binnenmarkt bleibt, bis beide Seiten sich auf eine bessere Lösung einigen können. (https://fullfact.org/europe/irish-backstop/, 22.08.2018). Der entscheidende Satz im Joint report from the negotiators of the European Union and the United Kingdom Government on progress during Phase 1 of negotiations under article 50 TEU on the United Kingdom's orderly withdrawal from the European Union lautet (Ziffer 49): *„In the absence of agreed solutions, the United Kingdom will maintain full alignment with those rules of the Internal Market and the Customs Union which, now or in the future, support North-South cooperation, the all-island economy and the protection of the 1998 Agreement."* (https://assets.publishing.service.gov.uk/government/uploads/system/uploads/attachment_data/file/665869/Joint_report_on_progress_during_phase_1_of_negotiations_under_Article_50_TEU_on_the_United_Kingdom_s_orderly_withdrawal_from_the_European_Union.pdf, 22.08.2018)

31 Der ursprüngliche Entwurf wurde nochmals überarbeitet und am 15. März 2018 veröffentlich:https://ec.europa.eu/commission/sites/beta-political/files/negotiation-agreements-atom-energy-15mar_en.pdf. Er enthält 168 Artikel und ein Zusatzprotokoll zu Nordirland, das nochmals aus 16 Artikeln besteht. Artikel 3 setzt der traditionellen *common travel area* eine *common regulatory area* entgegen, die der EU über den Austritt des Vereinigten Königreichs hinaus dauerhaft Mitspracherecht in Nordirland einräumen würde.

1972, mit dem Großbritannien der EWG beitrat. Sie beendet die Jurisdiktion des EuGH in Großbritannien. Sie soll nationale Gesetze, die auf EU-Normen Bezug nehmen, korrigieren. Da dies ein gigantisches Unterfangen ist – nach allgemeiner Auffassung ist dies das ehrgeizigste und komplizierteste Gesetz, das je das Unterhaus passiert hat –, und da die Zeit drängt, sollen Ministerien die Kompetenz erhalten, notwendige Gesetzeskorrekturen auf dem Verordnungsweg vornehmen zu können.[32] Das Gesetz war heftig umstritten, wurde aber schließlich im Januar 2018 mit 324 zu 295 Stimmen im Unterhaus angenommen. Das Abstimmungsergebnis zeigt, dass die Mehrheit für den Brexit dünner wird. Labour hatte sich endlich entschieden, gegen das Regierungsprojekt zu stimmen. Zum ersten Mal seit David Cameron das Referendum angekündigt hatte, nahm Labour die Funktion einer Opposition in der Brexit-Frage sichtbar wahr. Bis dahin hatte Labour entweder die Regierung gestützt oder sich enthalten. Das knappe Ergebnis war kein gutes Vorzeichen für die Arbeit der Regierung, den Brexit weiter voran zu treiben.

Die innerstaatliche Gesetzgebung zum Austritt aus der EU warf ein gravierendes Problem auf, das die Beziehungen zwischen den Nationen im Vereinigten Königreich betraf. Viele der aus Brüssel zurück zu verlagernden Kompetenzen betrafen Bereiche, die nach der Zuständigkeitsaufteilung (*devolution*) bei den Regionalparlamenten in Edinburgh und Cardiff lagen, wie beispielsweise Landwirtschaft, Fischerei, Umwelt

---

32 Die sogenannten *Henry VIII.-powers*. Sie leiten ihren Namen von den Vollmachten ab, die Heinrich VIII. sich selbst zuerkannte, um sein Land von der katholischen Kirche zu lösen. Damals mussten sämtliche Bezüge auf die römische Kirche und ihr Kanonisches Recht über Nacht aus dem englischen Recht getilgt werden. Dies geschah, indem die Exekutive in diesen Fragen außerordentliche gesetzgeberische Sondervollmachten erhielt, um die notwendigen Anpassungen vorzunehmen. Dies soll analog mit bislang gültigen EU-Gesetzen geschehen. Manche Bobachter befürchten, dass diese außerordentlichen Befugnisse exzessiv genutzt werden und damit das gesetzgeberische Monopol des Parlaments aushebeln könnten.

und einige andere Bereiche. Die Premierministerin und ihr Kabinett vertraten die Auffassung, dass sämtliche EU-Befugnisse zunächst an die Zentralregierung in London fallen sollten, die sie dann nach interner Prüfung und nach eigenem Ermessen an die Regionalregierungen bzw. die Regionalparlamente weiter reichen würde. Die betroffenen Regionen sahen dies natürlich anders und protestierten energisch.

Ein besonderes Problem ergibt sich in Nordirland. Die Befriedung dieses Gebietes nach dem Karfreitagsabkommen (1998) beruht im wesentlichen darauf, dass Nordirland und die Republik Irland den gemeinsamen Regeln der EU unterliegen.[33] Seither fließen massive Geldströme ins Land, die beiden verfeindeten Seiten zugute kommen. Jede Seite profitiert davon, jede Seite kann mit diesen Geldern ihre Gefolgschaft zufrieden stellen und Vorzeigeprojekte finanzieren.[34] Nordirland wird in vielerlei Hinsicht am stärksten vom Brexit betroffen sein. Gerade in dieser entscheidenden Phase besteht jedoch keine eigene politische Repräsentation dieses Territoriums, weil es seit Anfang 2017 keine Regionalregierung mehr gibt. Die im Karfreitagsabkommen festgeschriebene Große Koalition zwischen Unionisten und Republi-

---

[33] Das Karfreitagsabkommen nimmt an zahlreichen Stellen Bezug auf die EU, legt jedoch nicht verbindlich fest, dass seine Gültigkeit darauf beruht, dass beide Teile der EU angehören. Der Austritt des Vereinigten Königreichs und damit Nordirlands aus der EU hebt deshalb nicht *ipso facto* das Karfreitagsabkommen auf, schafft aber dutzende von Reibungspunkten, weil damit die gemeinsame Bezugsgrundlage wegfällt. Radikale Brexiteers fordern deshalb auch konsequent, das Karfreitagsabkommen zur Disposition zu stellen.

[34] Die Nettofinanzzuflüsse nach Nordirland betrugen 2017 etwa 600 Mio. €. (https://ec.europa.eu/unitedkingdom/sites/unitedkingdom/files/eu_funding_in_ni_2007-2013_and_2014-2020_1.pdf). Die Gesamtausgaben der Regionalregierung liegen bei etwa £ 10 Mrd. Daneben fließen beträchtlich Geldströme aus den USA nach Nordirland. Nordirland hat seit Anfang 2017 keine funktionsfähige Regionalregierung mehr und wird direkt von London aus verwaltet. Zum Budget für 2018: https://www.ft.com/content/0146a180-c88a-11e7-ab18-7a9fb7d6163e

kanern war damals zerbrochen. Sie zerbrach damals, weil die irischen Republikaner (Sinn Féin) nicht bereit waren, Korruption und Kungeleien des Koalitionspartners, der DUP, mitzutragen. Die Abgeordneten der DUP sind die einzigen Abgeordneten aus Nordirland im Westminsterparlament, weil die ebenso starke Fraktion der Sinn Féin sich weigert, die ihnen zustehenden Sitze dort einzunehmen. Theresa May ist zudem auf die zehn DUP-Abgeordneten als Mehrheitsbeschaffer angewiesen. Auf diese Weise wird Nordirland nicht nur faktisch von einer radikalen Minderheitenpartei in Westminster vertreten[35], sind Sie ist bis Ende 2018 nicht wieder zustande gekommen. Das Nordirlandproblem ist das schwierigste im gesamten Brexit-Paket. Es erfordert die Quadratur des Kreises, weil alle Forderungen, die bisher aus London zu hören waren, sich nicht mit der Zusage vereinbaren lassen, das gegenwärtige Grenzregime unverändert zu lassen.

Nachdem die Eckpunkte eines Trennungsvertrags vereinbart waren, ging es nun um die viel schwierigere Frage, einen Rahmen für die künftigen Beziehungen nach dem Brexit zu finden. Im März 2018 stand diese Frage auf der Tagesordnung des Europäischen Rates. Die Premierministerin wollte rechtzeitig die Willensbildung in der EU beeinflussen und hielt am 2. März 2018 ihre dritte große Rede zum Brexit. Sie wandte sich in auffälliger Weise an gesellschaftliche Schichten, die nicht die Kernwählerschaft der Konservativen darstellen: Die ärmeren, im Tory-Jargon die JAMs (*Just about managing*). Ihnen, nicht den Mächtigen, Reichen, Privilegierten gelte ihre ganze Regierungsarbeit. May wollte mit dieser Geste Wählerschichten zurückgewinnen, die sie neun Monate zuvor im Stich gelassen hatten und zu Labour geschwenkt waren. Sie verwarf erneut sowohl das Norwegen- wie das Kanadamodell und lehnte einen Rückfall auf bloße WTO-Regeln ab. Nordirland

---

35 Die DUP erhielt bei den letzten Regionalwahlen in Nordirland am 2. März 2017 nur 28,1 % der Stimmen. Sinn Féin kam auf 27,9 %, beide Parteien lagen 1.200 Stimmen auseinander. Bei den Wahlen zum Westminsterparlament am 8. Juni 2017 erhielt die DUP 36 %, Sinn Féin 29,4 %.

widmete sie mehrere Absätze. Darin wies sie sowohl jegliche Änderung an der bestehenden offenen Grenze zur Republik Irland wie die Einführung neuer Grenzen zwischen Nordirland und Großbritannien zurück: *„I am not going to let our departure from the European Union do anything to set back the historic progress that we have made in Northern Ireland – nor will I allow anything that would damage the integrity of our precious Union."* Dann gab sie sich nachdenklich und betonte, dass es logische Zusammenhänge gebe, die zwangsläufige Folgen nach sich ziehen müssten: *„We all need to face up to some hard facts".* Zum ersten Mal sprach ein britisches Regierungsmitglied davon, dass die Position der EU mit zu berücksichtigen sei und das Vereinigte Königreich sich vor unbequeme Alternativen gestellt sehen könne. Das bedeute zunächst, dass Großbritannien auch nach dem Austritt aus der EU direkt und indirekt von Entscheidungen des EuGH betroffen sein könne. In vielen Bereichen werde sich die Notwendigkeit ergeben, die zurückgewonnene Autonomie freiwillig in Harmonie mit der EU zu halten, mit anderen Worten: Die nationale Gesetzgebung müsse identisch oder zumindest kompatibel mit der EU bleiben. Im Klartext bedeutete das, dass angesichts der unterschiedlichen Gewichte Großbritannien den Vorgaben der EU zu folgen hätte. Und dann endlich die Einsicht, nachdem sie und ihr Vorgänger so oft so viele einseitige Forderungen erhoben hatten, dass Kompromisse notwendig und Abstriche von Maximalforderungen unumgänglich werden könnten: *„We both need to face the fact that this is a negotiation and neither of us can have exactly what we want".* Das war zwar elegant verpackt, lief aber im Ende darauf hinaus, ihre Landsleute darauf vorzubereiten, dass viele der Erwartungen, die in den letzten Jahren geweckt worden waren, sich nicht ohne schmerzhafte Abstriche würden verwirklichen lassen. Dieser Anflug von Realismus wich dann aber schnell wieder phrasenhaftem Wunschdenken: *„I want the broadest and deepest possible partnership – covering more sectors and co-operating more fully than any Free Trade Agreement anywhere in the world today".* Diese Floskeln untermauerte sie indes mit einigen konkreteren

Ansagen, die erneut zeigten, dass sie die Grenzen dessen, was bestenfalls erreichbar war, erkannt hatte: *„We need commitments reflecting the extent to which the UK and EU economies are entertwined. We will need an arbitration mechanism that is completely independent – something which, again, is common to Free Trade Agreements. We will want to make sure our regulators continue to work together. We will need a comprehensive system of mutual recognition."* Zum ersten Mal zeichneten sich die Umrisse eines künftigen Beziehungsrahmens ab. Er wurde ergänzt durch die Option einer assoziierten Mitgliedschaft in nachgeordneten EU-Behörden, wie beispielsweise der Arzneimittel-Agentur oder der Agentur für Flugsicherheit. May bekräftigte nochmals ihre Absage an eine Zollunion, schlug dann aber zwei Optionen vor, die im Endeffekt auf eine weitreichende Angleichung der jeweiligen Zollregime hinauslaufen würden. Für Finanzdienstleistungen sah May ein kooperatives System vor: *„UK and EU maintain the same regulatory outcomes over time, with a mechanism for determining proportionate consequences where they are not maintained. Given the highly regulated nature of financial services, and our shared desire to manage financial stability risks, we would need a collaborative, objective framework that is reciprocal, mutually agreed, and permanent and therefore reliable for businesses".* Das war nicht sonderlich konkret, aber immerhin eine grobe Orientierung, was ihr vorschwebte. Und selbst in die optimistischen Schlussfanfaren, in denen sie in gewohnter Weise *„a Global Britain which thrives in the world by forging a bold and comprehensive economic partnership with our neighbours in the EU in any negotiation"* beschwor, flocht sie die Warnung ein: *„No-one will get everything they want".* Insgesamt eine Rede, die neben den üblichen Phrasen der Zuversicht und der Selbstvergewisserung nachdenkliche und warnende Töne enthielt.[17]

Freilich kam aus Brüssel prompt eine Zurückweisung. Sowohl Jean-Claude Juncker wie Michel Barnier betonten, dass es für Sonderreglungen keinen Raum gebe und die internen Regeln der EU unverrückbar seien.

3.8 Der Brexit nimmt Gestalt an (2018)

Zusammenfassung: Zunächst spielen beide Seiten weiter auf Zeit. Mit dem Weißbuch von Chequers, so glaubt May, kann der Durchbruch gelingen. Sie verliert zwei weitere Minister ihres Kabinetts, der Widerstand unter den **backbenchers** verschärft sich. Aus der EU kommt Ablehnung.

Ein neuer Kurs wird gesucht

> *Ignoranti quem portum petat, nullus suus ventus est*
> *Wer den Zielhafen nicht kennt, wartet vergeblich auf günstigen Wind*
> *Seneca d.J.*

Nach dem Durchbruch im März herrschte bis zum Sommer 2018 Ruhe. Auf britischer Seite suchte man verzweifelt nach der magischen Formel, um zwei unvereinbare Erwartungen zu erfüllen: Einerseits das, was Theresa May als den Auftrag des Referendums bezeichnet hatte. Sie hatte in ihren Reden keinen Zweifel daran gelassen, dass ihr Land Zollunion und Binnenmarkt verlassen, sich jeglichen Eingriffen des EuGH entziehen und der Freizügigkeit ein Ende setzen werde. Andererseits eine möglichst reibungslose Fortsetzung des bisherigen Zugangs zum Binnenmarkt, Harmonisierung der Marktregeln und gesicherter ungehinderter Zugang britischer Dienstleister zu den lukrativen Märkten des Kontinents. Vor allem aber ging es um eine tragfähige Lösung für die Landgrenze auf der irischen Insel. Wie ließ sich ein harter Brexit mit einem weichen Grenzregime in Einklang bringen, wie die scharfe Abgrenzung des Vereinigten Königreichs von der EU mit engen, offenen Verbindungen zum EU-Mitglied Irland?

Verschiedene Ideen wurden ins Spiel gebracht: Eine vollautomatisierte Grenze mit elektronischer Überwachung des Autoverkehrs, Nordirland als Brücke zwischen zwei Welten und Doppelmitgliedschaft sowohl in der EU wie auch in einem Vereinigten Königreich, das sich von der EU entfernt.[36] Immer wieder wurde auf britischer Seite der Ruf laut, die EU müsse mehr Flexibilität zeigen, sie wolle aus Rache oder um ein Exempel zu statuieren Großbritannien besonders schlecht behandeln.[37] Die EU wies ihrerseits darauf hin, dass Großbritannien die EU verlasse und einen neuen Weg suche. Diesen Weg müsse nun London selbst skizzieren, die EU könne nur Kooperation anbieten. Sie werde jedoch unter keinen Umständen ihr gewachsenes Gefüge gefährden. Die EU werde dem Land keine unnötigen Hürden in den Weg stellen, aber nicht die eigenen Strukturen und die eigene Identität verbiegen, um jemandem, der von der ganzen Sache nichts mehr wissen wolle, eine goldene Brücke zu bauen. Es sei Aufgabe Großbritanniens, praktikable Lösungen vorzuschlagen, die die Grundlagen der EU in ihren Institutionen, ihren politischen und wirtschaftlichen Prinzipien und ihren Funktionsweisen berücksichtigen. Ein hoher Beamter aus dem Verhandlungsteam von Michel Barnier äußerte seinen Unmut:

„I am concerned because the pre-condition for fruitful discussions has to be that the UK accepts the consequences of its own choices ... I have

---

36 Manche dieser Gedankenspiele erinnerten an die kühnen Konstruktionen während der Verhandlungen über Deutschlands Vereinigung. Damals wurde der Vorschlag gemacht, das vereinigte Deutschland solle sowohl der NATO als auch dem Warschauer Pakt, der EU ebenso wie dem RGW angehören. (https://www.thesun.co.uk/news/6423932/david-davis-northern-ireland-brexit-plans-dup/, 13.10.2018)

37 Es begann die boshafte Definition zu zirkulieren, die Brexit-Verhandlungen seien *the undefined being negotiated by the unprepared in order to get the unspecified for the uninformed.*

*the impression that the UK thinks everything has to change on the
EU's side so that everything can stay the same for the UK.*"[38]

Ein anderer klagte, als das Vereinigte Königreich EU-Mitglied gewesen sei, habe es ständig *opt-outs* gesucht, jetzt suche es nach seinem Ausscheiden ständig *opt-ins*.[39] Die Gründe für diesen Stillstand lagen auf der Hand: May gelang es nicht, ihr Kabinett auf eine konsistente Position einzuschwören. Immer wieder drangen tiefgreifende Meinungsverschiedenheiten an die Öffentlichkeit. Die Boulevardpresse, allen voran Daily Mail und The Sun ergriffen dabei vehement Partei für die radikalen Brexiteers. Sie verbreiteten Lobhudeleien über David Davis, Liam Fox, Michael Gove und Boris Johnson und prangerten Philip Hammond, David Lidington, Jeremy Hunt und Theresa May[40] als zaudernd, feige und mutlos an. May war nicht nur durch das desaströse Wahlergebnis vom Juni 2017 und den Verlust von zwei ihrer engsten und vertrautesten Mitarbeiter geschwächt. Noch vor Jahresende verlor sie zwei weitere Weggefährten, ihren Stabschef Damian Green und Verteidigungsminister Michael Fallon. Fallon hatte sich selbst zwar als EU-Skeptiker bezeichnet, trat aber für einen Verbleib in der EU ein. Im April 2018 trat Innenministerin Amber Rudd wegen unfairer Behandlung von Immigranten zurück (Windrush-Affäre). Rudd war eine prononcierte *Remainerin*. Ihr Bruder Roland steht an der Spitze von *Business for New Europe*, eines einflussreichen pro-EU Lobbyverbandes.[41] Ihr Nachfolger wurde Sajid Javid, der in der Brexitfrage deutlich zurückhaltender auftrat als seine Vorgängerin. Im Juni 2018 verlor sie Justizmi-

---

38 Persönliche Mitteilung
39 Das kommentierte ein eingefleischter Engländer trocken: Die Insellage ist in sich selbst schon ein struktureller *opt-out*.
40 Die ersten vier Minister für den Austritt aus der EU, Außenhandelsminister, Umweltminister und Außenminister, die letzten vier Finanzminister, Stabschef im Cabinet Office, Gesundheitsminister und Premierministerin.
41 http://businessforneweurope.org

nister Phillip Lee, kein Schwergewicht, aber ein konsistenter *Remainer*. Er trat zurück, weil er dem Ermächtigungsgesetz der Regierung, die die Mitwirkungsrechte des Parlaments in den Brexit-Verhandlungen weitgehend beschnitt, nicht zustimmen konnte.

May hatte in ihrem Kabinett 2017 darauf geachtet, Brexiteers und *Remainers* sorgsam auszubalancieren. Im Verlauf des ersten Jahres nach den Wahlen senkte sich die Waage zugunsten der Brexiteers. Gleichzeitig wuchs der Widerstand gegen die von May verfolgte Linie. Bei Labour ergriffen mehrere prominente Politiker eine Initiative, um ihren nach wie vor zögerlichen und im Herzen EU-skeptischen Parteiführer Jeremy Corbyn zu einer energischeren Opposition gegen den Brexit-Kurs der Regierung aufzurufen. George Soros kündigte eine Initiative an, um die Bevölkerung aufzuklären und zu mobilisieren. Julian Dunkerton, Gründer des erfolgreichen Textilunternehmens Superdry und mehrfacher Millionär, spendete eine Million Pfund an die NGO *People's Vote*,[42] die den Brexit durch ein erneutes Referendum aufzuhalten sucht. Die Wirtschaft, allen voran die Finanzinstitute, warnte immer eindringlicher vor einem harten Brexit.

Wie zwei Ringer umschlichen sich das Vereinigte Königreich und die EU. Jeder hoffte auf eine Schwäche des anderen. Die Brexiteers spekulierten darauf, dass, je näher der Brexit rückte, die Einheitsfront der übrigen 27 EU-Staaten aufbrechen und so die Verhandlungsposition von Michel Barnier schwächen könnte. Wenn absehbar würde, wie stark einige EU-Staaten betroffen sein würden, könnten diese schließlich doch bereit sein, Großbritannien das gewünschte maßgeschneiderte Abkommen zu bieten. Sie erwarteten, dass speziell die exportintensive Industrie Deutschlands Druck auf die Regierung ausüben würde, um Großbritannien entgegen zu kommen. Sie übersahen dabei, dass eben diese Industrie sich längst schon tief und breit mit Zulieferern aus anderen EU-Ländern verflochten hatte und diese Verflechtung

---

42 https://www.peoples-vote.uk

keinesfalls gefährden wollte um der Absatzzahlen jenseits des Kanals willen. Zudem konnte die deutsche Industrie kein Interesse daran haben, im Vereinigten Königreich eine Konkurrenz zu haben, die zu den gleichen Bedingungen verkaufen konnte, aber nicht zu vergleichbaren Bedingungen produzieren musste.

Die EU spekulierte ihrerseits auf die offensichtliche Schwäche von Theresa May, auf die Uneinigkeit ihres Kabinetts und ihrer Partei. Würde sie nicht, vor die Wahl gestellt, ein problematisches Abkommen zu unterzeichnen oder gar keines zu bekommen, in letzter Minute Bedingungen akzeptieren, die sie zuvor schroff abgelehnt hatte? Würde die britische Wirtschaft, deren Spenden für die konservative Partei entscheidend waren, nicht ihren Druck auf die Partei verstärken? Was war ein Abkommen wert, das mit einer schwachen und zerstrittenen Regierung ausgehandelt wurde? Könnte sie nicht bald von einer neuen Regierung abgelöst werden, die wieder alles infrage stellen könnte? Was sollte geschehen, wenn ein ausgehandelter Vertrag im Parlament scheiterte? Die EU hatte angesichts all dieser Unwägbarkeiten keinerlei Interesse daran, sich vorzeitig auf Konzessionen festzulegen.

Das Weißbuch vom Juli 2018

I may not have gone where I intended to go,
but I think I have ended up where I need to be
Douglas Adams

May spürte, dass ihr die Zeit davon lief und sie vor der Sommerpause einen konkreten Vorschlag vorlegen musste. Sie berief ihr Kabinett zu einer Klausur am 6. Juli auf ihren Landsitz Chequers. Am Tag zuvor war sie in Berlin gewesen, um sich der Position Deutschlands zu vergewissern. Vorsorglich wurde allen Ministern mitgeteilt, wer an Rücktritt denke, möge sich bitte ein Taxi für die Rückfahrt besorgen, weil

Dienstwagen dann nicht mehr zur Verfügung stünden – kein Auftakt für ein harmonisches Treffen. May hatte das Treffen akribisch vorbereiten lassen. Es gelang ihr, die gesamte Regierung auf Eckpunkte festzulegen, die wenige Tage später in ein Weißbuch einflossen. Entscheidend waren fünf Elemente:

- Der Warenhandel sollte ungehindert weiter laufen.
- Das Vereinigte Königreich sollte sämtliche Regeln der EU zum Warenhandel in einem *Common Rulebook* spiegeln und somit für einheitliche Marktregeln sorgen.
- Dienstleister (Banken, Versicherer, Anwaltskanzleien, Logistik- und Touristikunternehmen) sollten hiervon ausgenommen bleiben.
- Ein *Facilitated Customs Arrangement* würde dafür sorgen, dass jede Seite die jeweils fälligen Zölle und Abgaben erhebt.
- Und es sollte ein gemeinsames Schiedsverfahren für Streitfälle geben. [18][43]

Mays Triumph schien komplett: Sie hatte nicht nur ihre eigene rigide Haltung der voraufgehenden zwei Jahre merklich abgemildert, sie hatte es geschafft, sogar die radikalen Wortführer eines kompromisslosen Brexit widerspruchslos einzubinden. Sie hatte nicht nur ihr Kabinett, sie hatte sich selbst auf eine Position festgelegt, die sie bisher vehement abgelehnt hatte. Es ist schwer auszumachen, ob ihre bisherige Intransigenz taktisch motiviert war, ob sie schon immer die radikalen Brexiteers in ihrem Kabinett unter Zeitdruck zu überrumpeln gedachte, oder ob sie tatsächlich erst einzulenken begann, als sie einsehen musste, wie geschlossen und unnachgiebig die EU blieb. Vermutlich war Chequers auch ihr Versuch, die Labour-Forderung nach einem

---

43 Das Ergebnis von Chequers wurde sofort nach Beendigung der Klausur in allen Details als Pressemitteilung am 6. Juli 2018 bekannt gegeben. (https://briefingsforbrexit.com/statement-from-hm-government-chequers-6-july-2018/, 09.07.2018)

Verbleib in der Zollunion aufzufangen, für die auch viele aus den Reihen ihrer eigenen Partei Sympathie zeigten. Vermutlich ist ihr erst im Frühjahr 2018 aufgegangen, dass der Brexit sich nach ganz anderen Regeln vollziehen würde als der von ihr 2013 so bravourös verfügte Ausstieg aus 133 Bestimmungen im Bereich Justiz und Inneres, dem sie dann den noch triumphaleren Wiedereinstieg in 35 Bestimmungen folgen ließ.

Das Ergebnis der Gespräche in Chequers wurde in aller Eile in ein förmliches Regierungsdokument gegossen.[44] Mit dem Weißbuch vom 12. Juli 2018 lag gut zwei Jahre nach dem Volksentscheid und fast eineinhalb Jahre nach der Erklärung der Austrittsabsicht nach Art. 50 EUV zum ersten Mal ein offizielles Regierungsdokument vor, das über das negative „Nein" zur EU hinausging und positive Ziel formulierte, wohin die Reise eigentlich gehen sollte. Im Grunde hätte dieses Papier lange vor Juni 2016 erarbeitet und einige Monate vor dem Referendum vorgelegt werden müssen. Zumindest war es schwer nachzuvollziehen, wie May im März 2017 den Austrittsprozess auslösen konnte, obwohl sie eine Kursbestimmung, wohin es eigentlich gehen sollte, erst 16 Monate später vorlegen konnte.[45] Logik hätte dafür gesprochen, den Austrittsprozess erst dann auszulösen, wenn eine konsolidierte Regierungsposition vorlag – in einer so grundlegenden Frage sogar besser noch eine Position, deren Eckpunkte mit der Opposition abgestimmt waren. May hatte sich selbst ohne Not unter ungeheuren Zeitdruck gesetzt. Jetzt versuchte sie, diesen Zeitdruck zu nutzen, um ihre parteiinternen Gegner in ihr Fahrwasser zu zwingen. Sie machte aus ihrer

---

44 Das Weißbuch der Regierung vom 12. Juli 2018: *The Future Relationship between the United Kingdom and the European Union* (https://assets.publishing.service.gov.uk/government/uploads/system/uploads/attachment_data/file/725288/ und https://www.gov.uk/government/publications/the-future-relationship-between-the-united-kingdom-and-the-european-union, 20. Juli 2018)

45 Sir Humphrey Appleby, die Hauptfigur in der Fernsehserie *Yes, Minister* und *Yes, Prime Minister*, hätte von einer *courageous decision* gesprochen.

strategischen Schwäche eine taktische Stärke, weil es unter dem wachsenden Zeitdruck immer weniger eine praktikable Alternative zu ihr und zu ihren Vorstellungen gab. Wenn das Schiff auf die Felsenküste zutreibt, erübrigen sich Diskussionen über den Kurs des Kapitäns – und es ist der ungünstigste Moment für Meuterei.

Plötzlich wollte die Regierung Dienstleistungen aus einem EU-Abkommen völlig hinausfallen lassen. Dienstleistungen warfen jedoch einen namhaften Teil der gesamten Steuereinnahmen ab. Der Grund hierfür lässt sich nur darin finden, dass es Mays Kabinett zu dämmern begann, dass eine Unterbrechung der dichten Wertschöpfungsketten sofort augenfällige Folgen auslösen würde: Staus in Dover, Flugausfälle, leere Regale in Supermärkten, Verknappung von Medikamenten. Dies wäre von den Medien begierig aufgegriffen und zu vernichtenden Angriffen auf die Regierung ausgeschlachtet worden. Verluste der Dienstleister bleiben dagegen weitgehend unsichtbar. Finanzdienstleister, so die Überzeugung in Chequers, sind flexibel, zügig und reibungslos adaptierfähig, haben die erforderlichen Ressourcen und genießen in der breiten Bevölkerung ohnehin wenig Sympathie. Die Furcht vor negativen Fernsehbildern stand letztlich hinter dieser Entscheidung. Die Regierung war auch zu der Überzeugung gekommen, dass die logistischen Probleme industrieller Produktion mit eng verwobenen internationalen Lieferketten sehr viel größere Anpassungsprobleme haben würde als Dienstleister, insbesondere Finanzdienstleister, die flexibler waren und deren logistische Verkettungen vor allem elektronisch liefen.

Als wenig hilfreich erwies sich der Besuch von US-Präsident Donald Trump. Er nutzte die Gelegenheit, um sich in einem Interview darüber zu verbreiten, dass er May guten Rat gegeben habe, sie ihm jedoch nicht gefolgt sei; Boris Johnson könne einen großartigen Premierminister abgeben. Er selbst könne zweifellos einen weitaus besseren *deal* für das Vereinigte Königreich aushandeln; ein Handelsabkommen mit den

USA werde nach den jüngsten Vorschlägen schwieriger.[46] Boris Johnson revanchierte sich kurz darauf mit der Bemerkung, es brauche einen Mann wie Donald Trump, um einen grandiosen Brexit zu erreichen.[47]

Für die kurzfristig angesetzte Debatte im Unterhaus wurden die frischgedruckten Exemplare den Abgeordneten zugeworfen. Nichts hätte die totale Überrumpelung des Unterhauses besser vor Augen führen können, als das komplette Chaos, in dem Saaldiener den schreienden und gestikulierenden Abgeordneten die Exemplare des Berichts in ihre Sitzreihen hoch schleuderten. Vorgestellt wurde das Papier vom neuen Minister für Brexit-Verhandlungen – Dominic Raab.[19]

---

46 Interview von Präsident Donald Trump mit der Sun vom 13. Juli 2018 (https://www.thesun.co.uk/news/6766531/trump-may-brexit-us-deal-off/, 17.07.2018)

47 Alex Spence: *Let Trump Handle Brexit: An Explosive Leaked Recording Reveals Boris Johnson's Private Views About Britain's Foreign Policy*, BuzzfeedNews, 7. Juni 2018 (https://www.buzzfeed.com/alexspence/boris-johnson-trump-brexit-leaked-recording?utm_term=.adj2nXr0p#.uaAjpY7Re, 18.07.2018). Nichts zeigt die suspekten und obskuren Argumente der Brexit-Kampagne und die persönlichen Ambitionen, die sich hinter ihnen versteckten, als diese unseriösen Lobhudeleien.

Zwei Mann über Bord – aber keine Meuterei

> *It seems to me after a fellow has been mutinied against*
> *three or four times, there is something to it besides bad luck*
> Naomi Novik

> *It's all mutiny, but no one deserts*
> Harry Hershfield

Mays Triumph währte nur kurz. Zwei Tage später erklärte David Davis, der für die Brexit-Verhandlungen zuständige Minister, seinen Rücktritt. Ihm folgte wenige Stunden später Boris Johnson. Damit hatte May einen ihrer schärfsten Kritiker und ihren aussichtsreichsten Rivalen vorläufig schachmatt gesetzt. Sie hatte den Zwist aber nur aus dem Kabinett in die Partei zurückverlagert. Denn aus der Kabinettsdisziplin entlassen, verstärkten die beiden die Reihen der radikalen Brexiteers um die *European Research Group* (ERG).[48] Zwar ersetzte May beide Minister sofort mit Nachfolgern: Dominic Raab wurde mit den Brexit-Verhandlungen betraut. Neuer Außenminister wurde Jeremy Hunt. Raab war ein ausgewiesener Brexiteer,[49] Hunt hingegen hatte sich 2016

---

48 Unter dem harmlos klingenden Namen *European Research Group* hatten sich die radikalen, dogmatischen Brexiteers in der Konservativen Partei zusammengeschlossen. Ihr Sprecher war seit Anfang 2018 Jacob Rees-Mogg. Zu einem der wichtigsten Akteure wurde Steve Baker nach seinem Rücktritt als Junior Minister im Department for Exiting the European Union im Juli 2018. .

49 Dominic Raab hatte schon 2012 zusammen mit anderen prominenten Tory-Brexiteers (Priti Patel, Elizabeth Truss, Chris Skidmore und Kwasi Kwarteng) ein Buch publiziert mit dem pompösen Titel: *Britannia Unchained: Global Lessons for Growth and Prosperity,* London, Palgrave Macmillan (2012). Die Autoren kündigten ihr Buch mit einer Fanfare an: „*We are convinced that Britain's best days are not behind us. We cannot afford to listen to the siren voices of the statists who are happy for Britain to become a second rate power in Europe, and a third rate power in the world. Decline*

eindeutig für *remain* ausgesprochen. May nutzte den Ministerwechsel zu einer entscheidenden Kompetenzverlagerung: Sie zog die Brexit-Verhandlungen an sich. Dominic Raab fungierte nur noch als ihr Stellvertreter. Mit der täglichen Koordination der schwierigen Verhandlungen wurde ihr Berater Oliver Robbins in Europa-Fragen betraut.[50]

Theresa May hat in gut einem Jahr nach den Wahlen vom Juni 2017 fast die Hälfte ihres Kabinetts und zwei Minister ohne Kabinettsrang verloren.[51] Das war ein miserables Zwischenergebnis. Es zeigte, wie zerrissen die eigene Partei war, die nur mit immer vernehmlicherem

---

is not inevitable." Sie kontrastieren Japan, Israel, Kanada und die USA als unternehmerfreundliche, risikofreudige und dynamische ökonomische Modelle mit einer stagnierenden, bürokratisch gelähmten und zurückfallenden EU. Das Buch fand eine reservierte bis offen kritische Aufnahme.

50 May kannte Oliver Robbins seit langem. Er hatte ihr 2015-2016 als Staatssekretär im Innenministerium gedient, war dann zu Mays wichtigstem Berater in EU-Fragen geworden, als sie Premierministerin wurde. Schon 2017 holte sie ihn aus dem von David Davis geleiteten Department for Exiting the European Union in ihren Stab hinüber. Seit Juli 2018 ist er faktisch der wichtigste und mächtigste Man in allen Brexit-Fragen. Er hatte vor 2016 jedoch keine EU-Erfahrungen.

51 Am 1. November 2017 musste Michael Fallon als Verteidigungsminister zurücktreten. Er wurde durch Gavin Williamson ersetzt. Am 8. November 2017 entließ May ihre Entwicklungsministerin Priti Patel (Nachfolgerin: Penny Mordaunt). Am 20. Dezember 2017 wurde ihr Stabschef Damian Green zum Rücktritt gezwungen (Nachfolger: David Lidington). Am 8. Januar trat Bildungsministerin Justine Greening zurück, weil sie die von May vorgesehene Versetzung in ein anderes Ressort ablehnte (Nachfolger: Damian Hinds). Am 29. April 2018 musste Innenministerin Amber Rudd zurücktreten (Nachfolger: Sajid Javid). Am 21. Juni 2018 trat Greg Hands aus Protest gegen die Pläne zum Ausbau des Flughafens Heathrow zurück. Am 8. Juli 2018 legte David Davis sein Amt als Brexit-Minister nieder zeitgleich mit seinem Junior-Minister Steve Baker (Nachfolger: Dominic Raab), einen Tag später folgte Außenminister Boris Johnson (Nachfolger: Jeremy Hunt). Dieser ungewöhnlich hohe Wechsel fand Niederschlag in einigen gehässigen Kommentaren über May's hohen Verschleiß an Ministern, der mehr als doppelt so hoch liegt wie der aller ihrer Vorgänger.

Zähneknirschen bereit war, sie zu tragen. Boris Johnson nutzte den Sommer, um zwei Breitseiten auf seine Parteichefin abzufeuern: Großbritannien werde eine Kolonie, ein Vasallenstaat der EU. May habe dem Land einen Dynamitgürtel umgelegt und den Zünder Michel Barnier in die Hände gegeben.[20] Er donnerte: Die EU habe vor, Nordirland zu annektieren und britische Unternehmen einer unkontrollierten Sturzflut von Regulierungen auszusetzen.[21] Er nahm Kontakt zu Steven Bannon auf.

Anfang Juli war zusammen mit David Davis auch dessen Junior Minister Steve Baker zurückgetreten. Er wurde schnell zum Wortführer und Organisator der Parteirebellen: 80 Abgeordnete seien bereit, gegen die Bedingungen des Weißbuchs zu stimmen. Wenn May dennoch versuche, mithilfe von Stimmen der Opposition einen Vertrag zu diesen Bedingungen dem Unterhaus vorzulegen, werde dies zur Spaltung der Konservativen Partei führen.[22][52]

Die Reaktion der EU fiel vorsichtig-verhalten aus. Barnier wies zwar darauf hin, dass der Vorschlag eines *Facilitated Customs Arrangement* kaum Chancen auf Verwirklichung habe. Es schaffe unnötige Bürokratien, es sei bei der engen Verflechtung der Warenströme extrem kompliziert, für jede Ware den jeweiligen Anteil von Herkunfts- und Bestimmungsländern zu ermitteln, außerdem eröffne es weite Einfallstore für

---

52 Einige Woche später geißelte Baker den Dachverband der britischen Industrie (CBI) als *timid and relentlessly wrong*. Zusammen mit Johnson's abfälliger Bemerkung *fuck business*, gefährdeten diese Äußerungen die an sich industriefreundliche Grundhaltung der Konservativen(https://www.telegraph.co.uk/news/2018/09/29/business-needs-alternative-timid-relentlessly-wrong-cbi/; https://www.bbc.com/news/uk-politics-44618154, 12.10.2018). Theresa May spielte ironisch auf diese Äußerungen in ihrer Parteitagsrede am 3. Oktober 2018 in Birmingham an: „*And to all businesses – large and small – you may have heard that there is a four-letter word to describe what we Conservatives want to do to you. It has a single syllable. It is of Anglo-Saxon derivation. It ends in the letter „K". Back business!*" (https://blogs.spectator.co.uk/2018/10/full-text-theresa-mays-conservative-conference-speech/, 06.12.2018)

Betrug und Schmuggel. Der Vorschlag enthalte jedoch einige konstruktive Elemente, die weiter ausgelotet werden müssten. Er bestand darauf, dass es keine neuen Bürokratien und keine zusätzlichen Belastungen für EU-Unternehmen geben dürfe. Binnenmarkt, Zollunion, Gemeinsame Handelspolitik, die regulatorische Autonomie und die Finanzhoheit der EU dürften nicht angetastet werden. Die EU werde niemals die Erhebung von Zöllen, Steuern und die Anwendung ihrer Vorschriften einem Nicht-Mitglied anvertrauen, das der EU nicht rechenschaftspflichtig ist.[23]

Mit dem Weißbuch hatte May auch Barnier in ein Dilemma gestürzt: Einerseits musste er weite Teile der britischen Vorschläge zurückweisen. Andererseits wusste er, dass angesichts des Zeitdrucks ein völlig neuer Ansatz aus London nicht mehr zu erwarten war und dass er May als die einzige, die noch ein Abkommen ermöglichen konnte, vor dem Parteitag der Konservativen Anfang Oktober nicht beschädigen durfte. Er konnte zwar Bedenken andeuten, musste sich aber insgesamt optimistisch geben. Nach der Sommerpause wurde klar, dass die Verhandlungen in ihre Endphase eingetreten waren und es jetzt vor allem darum ging, die öffentliche Stimmung behutsam auf einen Vertrag vorzubereiten, der irgendwo in der Nähe des Weißbuches vom Sommer lag. Die Experten waren sich schon längst klar, wohin sie wollten: Es sollte bei einer Zollunion bleiben, die aber unter keinen Umständen so heißen durfte. Großbritannien würde *de facto* ein Sonderstatus zugebilligt werden, für den man eine neue Bezeichnung erfinden musste, die möglichst wenig Assoziationen zu „Zollunion" oder „Binnenmarkt" auslösen durfte, damit er den Brexiteers als Triumph britischer Unabhängigkeit verkauft werden konnte. Das war semantische Akrobatik, aber für Diplomaten keine unlösbare Aufgabe. Man war sich einig, dass ein Rahmenabkommen möglich war, dass allerdings zahllose technische Details künftigen Verhandlungen zwischen Experten überlassen würde. Und jedem war klar, dass, wie überall, der Teufel im Detail stecken würde und die konkrete Interpretation dessen, was politisch vereinbart war, viel künftige Reibungen versprach.

May hatte die Zuständigkeit für den Brexit an sich gezogen. Jeder wusste, dass es so kurz vor dem Ablauf der Frist mit jedem Tag schwieriger wurde, sie noch zu stürzen. Es zeichnete sich immer deutlicher ab: Entweder ein Abkommen mit May oder ein chaotischer *no deal*. Der hätte unabsehbare Folgen für Warenverkehr und Dienstleistungen, weil damit kurzfristig höchste Rechtsunsicherheit eintreten würde. May war der Kapitän, gegen den seine Mannschaft eigentlich meutern wollte, aber niemand war bereit, aus der Deckung zu kommen und den Dolch zu schwingen. Es gab schärfste verbale Kritik aus den Reihen ihrer eigenen Partei, aber selbst ihre schärfsten Widersacher wie Boris Johnson oder Jacob Rees-Mogg wurden nicht müde, ihre Loyalität gegenüber ihrer Chefin zu betonen. May war der einzige Lotse, der wusste, wie sich das britische Staatsschiff jetzt noch unbeschadet durch schwierigste Gewässer zum Brexit-Abkommen navigieren ließ. Sie war, zumindest kurzfristig, unersetzlich. Aber sie war nur geduldet, so lange sie nützlich und unersetzlich war. Es wurde immer klarer, dass ihre Tage nach vollzogenem Brexit gezählt sein würden. Die Frage war nur noch, ob sie von oder über Bord gehen würde.

May machte sich diese Unersetzlichkeit taktisch zunutze. Einerseits hob sie die geradezu ideale Kombination von Unabhängigkeit und ungehinderten Handelsmöglichkeiten hervor, die ihr Vorschlag von Chequers bot. Andererseits schürte sie zusammen mit Dominic Raab die Angst vor einem *no deal*-Brexit. Raab publizierte im September eine Reihe von Handreichungen (*guidance*)[24], die drastisch und streckenweise alarmistisch die Folgen eines *no deal*-Brexit beschrieben. Sie betrafen vor allem Bereiche, die jeden Briten empfindlich treffen würde: Reiseeinschränkungen, Behinderung des Geldverkehrs, Ungültigkeit britischer Führerscheine auf dem Kontinent, Verknappung von Medikamenten, Versicherungsschutz, Busreisen, Flugreisen, Flugsicherheit, Nahrungsmittelsicherheit. Michael Carney, Gouverneur der Bank of England, zeichnete ein Schreckensbild eines *no deal*: Arbeitslosigkeit, tiefe Einbrüche im Kreditwesen, anhaltende Störungen im Überweisungsverkehr. May zeigt den Rebellen ihrer eigenen Partei all die Folterwerkzeuge, die nach einem vertragslosen Brexit drohten. Von der stolzen Selbstsicherheit der Phrase *No deal is better than a bad deal* war nichts mehr zu spüren. Jetzt lautete Mays Botschaft: *Nothing could be worse than no deal!* Es gab wenig Zweifel, dass dies alles dazu bestimmt war, Unruhe und Besorgnis in der Bevölkerung auszulösen und die Bereitschaft zu einem Kompromiss mit der EU zu erhöhen – es war Mays Äquivalent zu Camerons *project fear*.

Gleichzeitig kamen aus der EU versöhnlichere Töne: Man habe schon 80 % des Vertragstextes fertig, mit etwas gutem Willen werde es gelingen, sich noch über die restlichen 20 % zu einigen. Beide Seiten demonstrierten Zuversicht, dass eine Einigung eigentlich mit Händen zu greifen sei, und warnten zugleich immer eindringlicher vor einem Brexit ohne Einigung.

Salzburg und Birmingham – Land in Sicht oder Fata Morgana?

> *Regrets about the journey, maybe, but not the destination*
> *Nicholas Sparks*

Mays Hoffnungen, dass Land in Sicht war, platzten jäh auf dem EU-Sondergipfel in Salzburg am 20. September 2018. Sie hatte am Vortag einen Namensartikel in der deutschen Tageszeitung *Die Welt* publiziert.[27] Darin hatte sie einen forschen Ton angeschlagen und für ihren Chequers-Plan geworben. Sie stellte ihn praktisch als alternativlos hin und verlangte, nachdem sich ihr Land bewegt habe, müsse die EU das jetzt auch tun. Ihre mündliche Intervention in Salzburg trug sie im gleichen fordernden Ton vor. Vielleicht hatte Sie gehofft, mit ihrer massiven Bestimmtheit zögernde EU-Mitglieder auf ihre Seite zu ziehen. Die Wirkung war genau entgegengesetzt. May stieß auf eine geschlossene Front der 27, die ihr einseitiges Vorpreschen als Versuch empfanden, sie vorzuführen und vor Beginn der Gespräche in die Defensive zu bringen.[53] May erhielt eine kühle, komplette Absage. Tusk bemerkte nur kurz und knapp, dass die Chequers-Vorschläge nicht funktionieren würden.[54] Insgesamt ergab der Gipfel von Salzburg drei Brexit-Ergebnisse:

---

53 Es gibt wenige andere Hypothesen, die das ungewöhnliche Vorgehen der britischen Regierung in diesem Fall erklären könnten. Wie auch immer die Annahmen in London waren, der Vorgang zeigte erneut, wie wenig man es in London verstand, Motivation, politische Prioritäten und Empfindlichkeiten der kontinentalen Partner richtig einzuschätzen. Hätte May eine andere Tonlage gewählt, hätte sie vermutlich in der Sache nicht viel mehr erreicht. Die Abfuhr wäre aber nicht so schroff ausgefallen.

54 Die Atmosphäre in Salzburg wurde zusätzlich durch eine Bemerkung von Michael Gove belastet, der im Interview mit Andrew Marr erklärt hatte, was immer in einem Brexit-Vertrag stehe, könne nachträglich von einem dann wieder uneingeschränkt souveränen Parlament verändert werden. (*"A future prime minister can always choose to alter the relationship between Britain and the European Union."*) Er wollte damit vermutlich den Widerstand gegen Mays Pläne in der eigenen Partei dämpfen. Er wollte vielleicht auch darauf hinweisen, dass es völlig unrealistisch war anzunehmen, dass ein Austrittsvertrag hochkomplexe Materien abschließend konnte. Nachbesserungen würden in jedem Fall unausweichlich werden. Aber Gove stellte dies so dar, als brauche sich sein Land nicht an Abmachungen gebunden zu fühlen und könne sie nachträglich einseitig zu seinen eigenen Gunsten abändern. Das ließ sich so verstehen, dass Teile der britischen Regierung bereit waren, bösgläubig zu verhandeln, d.h. Zusagen zu machen, die sie nicht einzuhalten gedachten. Seine Botschaft wurde in Brüssel so verstanden: Egal, welche Zugeständnisse wir im Austrittsvertrag machen, danach spielen wir ohnehin nach anderen Regeln. Kommentatoren sprachen davon, Gove empfehle Mafia-Methoden. Da Michael Gove als aussichtsreicher Diadoche in der May-Nachfolge galt, lösten seine Bemerkungen auf Seiten der EU Argwohn aus. (https://www.bbc.co.uk/programmes/p06lbdqy, 15.10.2018)

- Der Chequers-Entwurf löst nicht das Irland-Problem.
- Die britische Vorstellung eines Binnenmarkts *à la carte* ist unrealistisch.
- Die EU wird weder einem *Common Rulebook* noch einem *Facilitated Customs Arrangement* zustimmen.

Die Kommission verkündete gleichzeitig, dass sie Großbritannien vor dem EuGH verklagt habe, weil Großbritannien über mehrere Jahre hinweg Steuern falsch deklariert und falsch erhoben habe. Dies war ein doppelter Schlag gegen May: Denn wie konnte die EU einem Nicht-Mitglied die Erhebung von EU-Steuern anvertrauen, das schon als Mitglied geschummelt hatte?[55] Großbritannien kurz vor dem Parteitag der Konservativen und in der ohnehin verfahrenen Situation vor den verhassten EuGH zu zerren, war Hochwasser auf die Mühlen aller radikaler Brexiteers.

Wie tief May getroffen war, zeigte sich, als sie am folgenden Tag etwas tat, was britische Premierminister nur in äußersten Notlagen getan hatten: Sie wandte sich in einer Fernsehansprache direkt an ihr Volk. Darin sprach sie von einer Sackgasse (*impasse*) und erneuerte trotzig ihr kategorisches *no deal is better than a bad deal* – obwohl sie in den Wochen zuvor eigentlich gerade die entgegengesetzte Botschaft verbreitet hatte. Sie bekannte sich in stolzer Entschlossenheit zur unauflöslichen Einheit des Vereinigten Königreichs:

---

55 Im November 2018 kam ein weiteres Verfahren hinzu. Die Kommission stellte Großbritannien zur Rede wegen der Steuervergünstigungen auf der Isle of Man. Dort können Superreiche ihre Privatjets praktisch steuerfrei registrieren. Mehr als 1.000 Privatjets sind auf der Isle of Man registriert. Die meisten haben eine Kapazität von 60 bis 100 Passagieren. Die Isle of Man zählt 85.000 Einwohner. Es wäre theoretisch also möglich, die gesamte Bevölkerung gleichzeitig in den dort registrierten Flugzeugen in die Luft zu bringen.

"Creating any form of customs border between Northern Ireland and the rest of the UK would not respect that Northern Ireland is an integral part of the United Kingdom, in line with the principle of consent, as set out clearly in the Belfast/ Good Friday Agreement. It is something I will never agree to - indeed, in my judgement it is something no British Prime Minister would ever agree to. If the EU believe I will, they are making a fundamental mistake. Anything which fails to respect the referendum or which effectively divides our country in two would be a bad deal and I have always said no deal is better than a bad deal." [28]

Wie gespannt die Atmosphäre war, beleuchtete eine an sich unbedeutende Episode: Donald Tusk postete auf Instagram ein Bild, auf dem er Theresa May ein Stück Kuchen anbietet, mit der ironischen Unterschrift: *A piece of cake, perhaps? Sorry, no cherries.*[29] Außenminister Hunt reagierte empört und behauptete, Tusk habe Theresa May und die britische Nation beleidigt und eine ohnehin schwierige Situation unnötig weiter belastet.[56]

Diese leicht verbissene Reaktion ließ viele Beobachter fragen, wo der britische Humor geblieben sei. Britische Karikaturen zogen zur gleichen Zeit viel sarkastischer über die eigene Regierung her. Dennoch zeigte sich ein eigenartiges Phänomen: Gerade Zeitungen, die zuvor an Mays Chequers-Plänen kein gutes Haar gelassen hatten, eiferten sich nach Salzburg darüber, dass die EU es gewagt hatte, diese Pläne zurückzuweisen. Dieser Mangel an Konsistenz ließ darauf schließen, dass es weniger um die Sache, als um nationale Gefühle ging. In ihrer Fernsehansprache hatte May schon halb voller Selbstmitleid, halb vorwurfsvoll geklagt: *"I have treated the EU with nothing but respect. The UK expects the same."*

Das Treffen von Salzburg hatte ihre Position nicht verbessert, als sie zehn Tage später vor die Delegierten ihrer Parteikonferenz in Birmingham treten musste. Denn in der Zwischenzeit verhärtete sich die Positi-

---

56 Selbst der Economist, sonst eher May-kritisch, meinte: *„Salzburg delivered a slap in the face to Mrs. May. It did so in the rudest way possible."* (Economist, 21. September 2018, Bagehot)

onierung auf beiden Seiten mit einer verhängnisvollen Dynamik: Präsident Macron hatte in Salzburg die Wortführer eines harten Brexit als Lügner bezeichnet. Der Tag der Deutschen Industrie am 25. September 2018 erwies, dass die deutsche Industrie in der Brexit-Frage geschlossen hinter der Regierung stand. Die Hoffnung mancher Brexiteers, die exportabhängige deutsche Industrie werde Berlin unter Druck setzen, kompromissbereiter zu werden, entpuppte sich als Wunschdenken. BDI und DIHK begannen vielmehr, systematische Hinweise für einen vertragslosen Brexit zu verteilen. Die Zuversicht, die vor Salzburg noch eine Mehrheit von Unternehmern auf dem Kontinent gezeigt hatte, verflog in wenigen Tagen und machte düsterem Pessimismus Platz. In Großbritannien wurden zwei Studien publiziert, die dem Chequers-Plan einen radikalen Bruch mit der EU und einen Rückfall auf WTO-Regeln entgegensetzten.[30] Die ERG allerdings, die innerparteiliche Opposition zu May, sagte die Publikation eines alternativen Plans zu den Chequers-Vorschlägen kurzfristig ab.[57]

Die Konservativen gingen in ihren Parteitag zerrissener als je zuvor. Am Vorabend griffen David Davis und Boris Johnson den Kurs von May scharf an. Johnson sprach davon, ihr Ansatz sei rückgratlos (*invertebrate*) und verrückt (*deranged*), May habe nie an den Brexit geglaubt, sie versuche jetzt nur noch, dem Oppositionsführer Corbyn hinterherzulaufen.[58] Dominic Grieve, einer der Wortführer eines gemäßigten Brexit hielt ihnen entgegen, das Land brauche einen pragmatischen Ansatz,

---

57 Innerhalb der ERG war kein Konsens über einige der radikalen Forderungen der 140-seitigen Studie zu erzielen. Nach außen wurde der Rückzieher damit begründet, man wolle der Regierung keine Vorlage bieten, die diese dann auf dem Parteitag zerschießen könnte. (https://www.ft.com/content/fce2c8ea-b4d7-11e8-bbc3-ccd7de085ffe, 22.10.2018)

58 Zwei Wochen zuvor hatte Boris Johnson jede Sonderlösung für Nordirland polemisch zurückgewiesen: „*This version of the Irish backstop is little short of an attempt to annex Northern Ireland. It would imply customs and regulatory controls between Britain and Northern Ireland, and therefore a border down the Irish sea. The protocol would amount to a change in Northern Ireland's cons-*

keine dogmatischen Kämpfe, und es führe keine Weg an einem erneuten Referendum vorbei.[33] Eine zweite Volksabstimmung hatte May bereits mehrfach verworfen. Aus ihrer Umgebung wurden Gerüchte über erneut vorgezogene Neuwahlen lanciert. Am 22. September fand in Bolton eine Kundgebung statt. Als Redner traten auf: Nigel Farage, David Davis und Kate Hoey von der Labour Partei. Zum ersten Mal konnte Farage sich von zwei Vertretern der etablierten Parteien flankieren und damit aufwerten lassen. Die Veranstaltung war ausverkauft und endete in einem betäubenden Taumel von britischem Überlegenheitsgefühl und veräcktlichen Tiraden gegen die EU. Zwei Wochen später konnte sich Farage über eine noch bedeutendere Aufwertung seiner Respektabilität freuen: Er trat in Torquay neben Jacob Rees-Mogg, dem Vorsitzenden der einflussreichen European Research Group auf.[59] In der Referendumskampagne war Farage von Politikern beider großer Parteien wie ein Aussätziger gemieden worden. Niemand wollte damals zusammen mit ihm öffentlich auftreten. Jetzt war er im Herzen des poli-

---

titutional status without its people's consent – a total breach of the peace settlement. For Ulster Unionists of any description, for the Tory party, for anyone who cares about the union between Britain and Northern Ireland, it is a monstrosity." (https://www.telegraph.co.uk/politics/2018/09/16/heading-car-crash-brexit-theresa-mays-chequers-plan/, 10.10.2018). Dass jede andere Lösung eine Zumutung für irische Republikaner war, die nicht ganz zu Unrecht in den Brexit-Plänen eine einseitige Veränderung des verfassungsmäßigen Zustands in Nordirland sahen, kam ihm nicht in den Sinn.

Philip Hammond lieferte eine treffende Karikatur von Johnsons Redeweise: „Boris sits there and at the end of it he says, 'Yeah but, er, there must be a way, I mean, if you just, if you, erm, come on, we can do it Phil, we can do it. I know we can get there." (https://www.theguardian.com/politics/blog/live/2018/oct/01/conservative-conference-hammond-says-johnson-will-never-be-pm-politics-live?page=with:block-5bb1e9c6e-4b09764a1533a79#liveblog-navigation, 10.10.2018)

59 Das Pikante an diesem Auftritt war, dass Rees-Mogg wenige Tage zuvor auf dem Parteitag in Birmingham selbst vor einer *Ukipisation* seiner Partei gewarnt hatte.

tischen Establishments angelangt. Niemand konnte ihm Respekt versagen, wenn er in solcher Gemeinschaft auftrat.

Der Parteitag war überschattet vom enttäuschenden Ergebnis des Salzburg-Gipfels. Unter den in Birmingham versammelten Tories war eine Wagenburg-Mentalität auszumachen. Das gesamte Kabinett scharte sich um May und schlug Töne von verletztem Nationalstolz und wagemutigem Optimismus an: Großbritannien werde sich nicht in eine Ecke drängen lassen, sondern zurückschlagen; sollte die EU versuchen, Großbritannien über die Hintertür in der Zollunion zu halten, werde Großbritannien sämtliche Türen zuschlagen; Appelle an den *Dunkirk Spirit*[60] machten die Runde. Aus den Reden klang trotziges Selbstbewusstsein: Jenseits des Brexit liege keineswegs Abstieg und Verarmung, sondern ungeahnte Wachstumsmöglichkeiten. Tusk habe gemeint, Chequers werde nicht funktionieren, aber das hätten die Menschen auch von der Glühbirne 1878 gesagt. David Davis ließ sich in der Bomberjacke eines Kampfpiloten der Battle of Britain ablichten und forderte eine Flugverbotszone für die EU im Luftraum des Vereinigten Königreichs. Philip Hammond versuchte den Schaden, den Steve Baker und Boris Johnson gegenüber Unternehmern angerichtet hatten, einzufangen: „*The Conservative Party is, and always will be, the party of business.*" Raab klagte, der Gipfel von Salzburg habe May und damit Großbritannien mit Sticheleien verhöhnt. Die EU sei an der Reihe, sich endlich zu bewegen. Beobachter wussten nicht, ob dies der *Spirit of the Light Brigade*[61] war, oder ob

---

60 In Dünkirchen wurde fast die gesamte britische Armee 1940 vom Vormarsch deutscher Truppen überrascht und konnte nur in einer halsbrecherisch improvisierten Aktion in letzter Minute evakuiert werden. Das Drama kam 2017 als Film in die Kinos.

61 Die Light Brigade unternahm im Krimkrieg einen aussichtslosen Angriff auf schwer befestigte russische Positionen und erlitt schwerste Verlust. Ihr Untergang, der auf inkompetente Führung und mangelhafte Kommunikation zurückging, wurde von Lord Tennyson heroisiert als selbstloses Opfer für das Vaterland (*The Charge of the Light Brigade*). Berühmt ist der Refrain: *Into the valley of death Rode the six hundred*. Die letzten Zeilen

Mays Kabinett tatsächlich immer noch darauf zählte, mit einem tragfähigen Vertrag die EU verlassen zu können.

Geht der Kapitän von oder über Bord?

Inside the harbour, no need for a navigator
But on the high sea neither

Mit einer fulminanten Rede, in der sie ihre Brexit-Position in ein umfassendes Programm für ihr Land einbettete, sich selbst ironisierte und verdeckt Johnson kritisierte, gelang es May ihre Partei für einen Moment voll hinter sich zu bringen. Zum Brexit legte sie ihre Position allerdings in einer Weise dar, die die Zweifel an einer Einigung mit der EU vermehrten:

„No-one wants a good deal more than me. But that has never meant getting a deal at any cost. Leaving without a deal – introducing tariffs and costly checks at the border – would be a bad outcome for the UK and the EU. It would be tough at first, but the resilience and ingenuity of the British people would see us through. If I ruled out the no deal option, that would mean accepting one of two things. Either a deal that keeps us in the EU in all but name. Or a deal that carves off Northern Ireland effectively leaving it in the EU's Custom's Union. We will never accept either of those choices! We will not betray the result of the referendum. And we will never break up our country. Our proposal is for a free trade deal that provides for frictionless trade in goods." [34]

Hatte May in Birmingham ihre Partei noch einmal geschlossen hinter sich bringen können, brachen gleich danach die alten Gegensätze mit

---

lauten: *Honour the charge they made, Honour the Light Brigade, Noble six hundred.* Die beiden für diese sinnlose Operation verantwortlichen Generäle wurden nach ihrer Rückkehr gefeiert und befördert.

schneidender Schärfe wieder auf. Mays Regierung setzte ihren Doppelkurs fort: Einerseits wurde sie nicht müde zu betonen, dass ein Abkommen mit der EU zum Greifen nah sei; 95 % des Textes seien bereits fest vereinbart. Andererseits häuften sich die Warnungen vor einem *no deal*. Medikamente und Nahrungsmittel wurden angeblich bevorratet, Schiffe gechartert, um Lieferengpässe zu überwinden. Zeitungen berichteten über Familien, die Mehl, Konserven, Trinkwasser und Toilettenpapier horteten und in ihren Gärten Kartoffeln und Rüben anbauten. Der Ton in der konservativen Partei wurde noch feindseliger. Um Andrea Leadsom, Jacob Rees-Mogg, Chris Grayling und David Davis bildete sich eine Gruppe, die offen den Sturz der Premierministerin betrieb.[62] Als May den Hinterbänklern ihrer Fraktion Rede und Antwort stehen sollte, hieß es, sie solle den Strick gleich mitbringen, man werde ihr den Dolch in die Brust rammen und ihn genüsslich umdrehen. Kalkulationen machten die Runde, dass May etwa 25 Überläufer aus den Reihen von Labour benötige, weil etwa 15 Mitglieder ihrer eigenen Partei und die zehn Abgeordneten der DUP aus Nordirland sie in der entscheidenden Abstimmung im Stich lassen könnten. Jeremy Corbyn rief deshalb seine Partei immer wieder zum geschlossenem Widerstand gegen die Linie der Tory-Regierung auf. Jetzt rächte sich, dass May ihre komfortable Mehrheit im April 2017 leichtsinnig aufs Spiel gesetzt und sich von der Unterstützung der zehn radikalen nordirischen DUP-Abgeordneten abhängig gemacht hatte. May wurde zunehmend zwischen den unversöhnlichen Fronten in ihrer eigenen Partei zerrieben: Die *Remainer* bereiteten eine parteiübergreifende Initiative vor, um May in der entscheidenden Abstimmung scheitern zu lassen und so ein weiteres Referendum zu erzwingen. Radikale *Leavers* planten unverhüllt ihren Sturz. Arlene Foster, die DUP-Chefin aus Belfast, weigerte sich strikt, der EU in der Grenzfrage entgegenzukommen, Ruth Davidson, Anführerin der schottischen Konservativen,

---

62 Weil die Teilnehmer sich gewöhnlich Pizza zu ihren Treffen kommen ließen, erhielt sie den Namen „Pizza-Group".

drängte darauf, ein Abkommen nicht wegen der Grenzfrage scheitern zu lassen.

Am 20. Oktober zogen etwa 700.000 Menschen durch Londons Straßen und demonstrierten gegen den Brexit. Es war die größte Demonstration in Großbritannien seit Menschengedenken, organisiert von *People's Vote*.

Ende Oktober ergaben Umfragen, dass etwa 51 % der Briten gegen den Brexit stimmen würden, nur 34 % dafür. 54 % hielten die Umsetzung des Referendums von 21016 für falsch, 38 % glaubten, dass Theresa May richtig vorgegangen sei. Wissenschaftler versuchten, die öffentliche Meinung zu beeinflussen; die einen, indem sie die Kosten eines Austritts ohne Vertrag herunterrechneten und sogar einen geringen Wachstumseffekt auszumachen glaubten, die anderen, indem sie vor einem Zusammenbruch der öffentlichen Versorgung und anhaltenden Wohlstandsverlusten warnen. [35]

Großbritannien bot im November 2018 ein zutiefst zerrissenes, orientierungsloses Bild. Das Fundament von politischem Grundkonsens und in Jahrhunderten gefestigten britischem Selbstbewusstsein schien ins Wanken geraten. Die allgemeine Ratlosigkeit stärkte jedoch die Position der Premierministerin, denn sie war die einzige, die behauptete, zu wissen, wohin die Reise gehen solle. Sie sah sich zwar von einer kläffenden Meute umgeben, die Zähne fletschten und wütend bellten. Niemand wagte jedoch, wirklich zuzubeißen. Ihre zunehmende Schwäche münzte sie geschickt in taktische Stärke um. Sie wusste, dass sie zwar unbeliebt war, dass es aber niemanden gab, der sich danach drängte, ihr das Kreuz auf dem Weg nach Golgatha abzunehmen. Angesichts der Zerrissenheit der eigenen Partei konnten sich selbst prominente Parteimitglieder wenig Hoffnung machen, nach einem etwaigen Regierungssturz Mays Nachfolge antreten zu können.

Wie ihr Vorgänger hatte Theresa May mit einem widrigen internationalen Umfeld zu kämpfen. Brexit war nicht das drängendste Problem für die übrigen EU-Mitglieder: Trumps konfrontative Handelspolitik mit ihren ausufernden Strafzöllen und ihren Auswirkungen auf die Weltwirtschaft stellte eine viel größere Herausforderung dar. Die spektakulären Gipfeltreffen von Trump mit Nordkoreas Kim Jong-Un und mit Russlands Wladimir Putin dominierten die Schlagzeilen und nicht die unverständliche Begrifflichkeit des Chequers-Papiers. Dass Italien sich eigenmächtig über die EU-Finanzdisziplin hinwegsetzte und damit die Stabilität der Eurozone gefährdete, schien der EU eine virulentere und unmittelbarere Gefahr als der Brexit.[63] Schließlich kündigte Bundeskanzlerin Merkel ihren Rückzug an. Kreative Ideen oder strategische Impulse waren damit von Deutschland nicht mehr zu erwarten. Sie waren vorher schon selten gewesen.

Nach dem Parteitag wurde die politische Debatte in Großbritannien zunehmend radikaler und chaotischer. Beobachter hatten den Eindruck, dass sie zunehmend Orientierung und Realitätsbezug verlor. Steve Baker organisierte in der European Research Group den Widerstand gegen Mays Brexit-Pläne innerhalb der Tory-Fraktion. Mitte November behauptete er, 80 konservative Abgeordnete würden gegen May stimmen. Er kündigte ein Misstrauensvotum aus den Reihen der eigenen Partei gegen die Premierministerin an. Die hierfür satzungsmäßig notwendigen 48 schriftlichen Erklärungen brachte er jedoch bis Ende des Monats nicht zusammen.

Am 14. November weihte May ihr Kabinett in den Entwurf eines Brexit-Vertrags ein. Am folgenden Tag trat Dominc Raab nach nur vier Monaten als Brexit-Minister zurück. Er begründete seine Entscheidung:

„For my part, I cannot support the proposed deal for two reasons. First, I believe that the regulatory regime proposed for Northern Ireland presents a very real threat to the integrity of the United Kingdom. Second, I cannot support an indefinite backstop arrangement, where the EU holds a veto

---

63 Die EU-Kommission kündigte am 21. November 2018 ein Defizitverfahren gegen Italien an.

over our ability to exit. The terms of the backstop amount to a hybrid of the EU customs union and single market obligations." [37]

Da er selbst der für diese Verhandlungen verantwortliche Minister war, klangen seine Worte wenig überzeugend. Wenn seine Bedenken so gravierend waren, hätte er dann nicht viel früher zurücktreten oder das Amt von vorneherein ablehnen müssen?

Zusammen mit Raab traten Esther McVey, die Sozialministerin, und Sailesh Vara, Junior Minister for Northern Ireland, zurück. Wenige Tage später erklärte auch Jo Johnson, Junior Minister für Verkehr und jüngerer Bruder von Boris Johnson, seinen Rücktritt. Obwohl Jo Johnson für *Remain* gestimmt hatte, erntete er gewaltigen Applaus vor allem von radikalen *Leavern*, allen voran von seinem älteren Bruder.

Mit der Vorlage des Vertragsentwurfs stellte sich heraus, dass May den *backstop*, der zunächst nur für Nordirland gelten sollte, auf das gesamte Vereinigte Königreich ausgedehnt hatte. Das ganze Land sollte so lange in der Zollunion bleiben, bis eine für beide Seiten befriedigende Lösung für die Ausgestaltung der irischen Grenze gefunden war, eine Lösung, die gleichzeitig die Grenze offen wie bisher halten und wirksame Kontrollen gewährleisten musste. Um diesen Schwebezustand zu beenden, mussten beide Seiten eine Übereinkunft finden. Das bedeutete, dass im schlimmsten Fall die EU den Zeitpunkt bestimmen konnte, zu dem das Vereinigte Königreich die Zollunion verlassen konnte. So stand es auch in dem Rechtsgutachten des Generalstaatsanwalts (*Attorney General*) Geoffrey Cox.[38] Mays Regierung machte ihre Position nicht leichter, indem sie sich zunächst weigerte, den vollen Text dieses Gutachtens dem Parlament zugänglich zu machen. Erst nachdem das Parlament die Regierung deshalb förmlich getadelt hatte, ließ sie den vollen Wortlaut veröffentlichen. Dass die Regierung Transparenz in dieser wichtigen Frage zunächst verweigert hatte, dann aber zurückgewichen war, steigerte das Misstrauen und den Verdacht, die Regierung habe etwas zu verbergen.

Der Europäische Rat stimmte auf einer Sondersitzung erwartungsgemäß dem Vertrag zu. Damit war die letzte Hürde, die es noch zu überwinden galt, die Zustimmung des Parlaments in Westminster – und diese Hürde wurde von Tag zu Tag höher. Der Vertrag, der von beiden Verhandlungspartnern am 25. November gebilligt wurde, bestand aus einem Hauptteil, der auf 584 Seiten die Austrittsbedingungen festlegt, und einer Absichtserklärung über die künftigen Beziehungen auf 36 Seiten.[39] Kernpunkt der Kritik war die *backstop*-Lösung, ursprünglich nur für Nordirland gedacht, von May in letzter Minute auf das ganze Land ausgedehnt. Ihr zufolge blieb das Vereinigte Königreich bis auf weiteres in der Zollunion mit der EU und konnte sich ohne Zustimmung der EU daraus nicht befreien. Solange diese Zollunion bestand, konnte Großbritannien neue Handelsverträge zwar aushandeln, aber nicht abschließen. Ein marginales Problem, die Grenze auf der irischen Insel, das niemand vor dem Referendum gesehen oder angesprochen hatte, entpuppte sich als Kernproblem des ganzen Abkommens. Es liegt eine gewisse historische Ironie darin, dass die Teilung der Insel, die das überlegene Vereinigte Königreich den Iren abgetrotzt hatte, sich fast hundert Jahre später als Fessel herausstellen sollte, die das Vereinigte Königreich daran hindert, die EU vollständig und nach eigenen Vorstellungen zu verlassen.

Die Sprache der politischen Absichtserklärung war selbst für diplomatische Maßstäbe ungewöhnlich vage und wies viele Anzeichen einer hastigen und unausgewogenen Redaktion auf.[64] Das Dokument versuchte den Mangel an konkreter Substanz durch pathetisch

---

64 Einige Beispiele mögen genügen: „*the Parties will establish general principles, terms and conditions for the United Kingdoms's participation in Union programmes*", „*the Parties should engage in dialogue and exchange in areas of shared interest, with a view to identifying opportunities to cooperate*", „*the Parties agree to delevop an ambitious, wide-ranging and balanced economic partnership*", „*promote regulatory approaches that are transparent, efficient, promote avoidance of unnecessary barriers to trade*", *the Parties will put in place ambitious customs arrangements*" usw.

aufgeplusterte Phrasen zu überdecken. Es gab nur eine Handvoll Stellen, an denen wirklich konkrete Entscheidungskriterien erschienen.

May versuchte, die Initiative an sich zu reißen: Noch am Tag des Europäischen Rates publizierte sie einen am Vortag geschriebenen Brief an die Nation, um für ihr Verhandlungsergebnis zu werben.[44][65] Sie ließ ihr Kabinett ausschwärmen, um die Stimmung an der Basis zu beeinflussen, sie nahm Abgeordnete einzeln ins Gebet, um sie auf Zustimmung einzuschwören. Sie konnte aber nicht verhindern, dass fast jeden Tag neue Abgeordnete öffentlich gegen ihren Plan Stellung nahmen. Anfang Dezember hieß es, 80 bis 100 Abgeordnete aus den eigenen Reihen – fast ein Drittel der Fraktion – würden gegen die Regierung stimmen.

Vermutlich hatte May gehofft, mit weiteren Warnmeldungen vor einem *no deal* schwankende Abgeordnete doch noch für sich gewinnen zu können. Ende November publizierten die Treasury und die Bank of England pessimistische Analysen der künftigen Wirtschaftsentwicklung Großbritanniens.[45] Beide Einschätzungen kamen zu dem Ergebnis, dass der Brexit Großbritanniens Wirtschaftsleistung mindern werde.[66] Offen war nur der Umfang. Das zentrale Diagramm der Studie der Bank of England zeigt das Ausmaß möglicher Verluste:

---

65 In diesem Brief bekräftigte May ihre Zusage vom Parteitag, das Budget des nationalen Gesundheitsdienstes künftig um £ 394 Mio. wöchentlich aufzustocken. Sie blieb die Auskunft schuldig, woher diese gewaltige Summe kommen sollte.

66 Bezeichnend für die aufgepeitschte Stimmung war die Reaktion einige führender Brexiteers: David Davis meinte:
"*Treasury forecasts in the past have almost never been right and have more often been dramatically wrong*." und sprach von einem „*propaganda onslaught*" derjenigen, die den Brexit noch aufhalten wollten. Jacob Rees-Mogg bezeichnete Mark Carney, den Governor der Bank of England, einer der angesehensten und respektabelsten Institutionen des Landes, als „*high priest of project fear whose reputation for inaccurate and politically motivated forecasting has damaged the reputation of the Bank of England*." (https://www.express.co.uk/news/politics/1051730/no-deal-brexit-news-jacob-rees-mogg-mark-carney-bank-of-england., 08.12.2018)

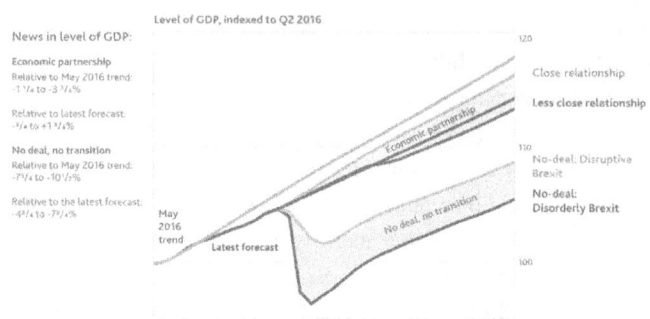

Abb. 3.2: Das Diagramm der Analyse der Bank of England über Wachstumsverlust nach einem Brexit

Umsonst, dass May warnte, eine Ablehnung ihres Verhandlungsergebnisses werde die Zerwürfnisse in der Gesellschaft vertiefen und die Ungewissheiten verstärken, umsonst dass David Lidington, der für die Koordinierung der Regierungsarbeit zuständige Minister, vor entsetzlichem Chaos (*most appalling chaos*) und katastrophalen Konsequenzen warnte, umsonst, dass die EU immer wieder betonte, ein anderes Abkommen als das ausgehandelte werde es nicht geben, der Widerstand wuchs ständig. Am Vorabend der Parlamentsdebatte war ihr Ausgang ungewisser als je zuvor.

Es half May auch nicht, dass die neuesten Zahlen einen dramatischen Rückgang der Migration belegten.[67] Es half auch nicht, dass Anfang Dezember eine Petition mit über einer Million Unterschriften vorgelegt wurde, die eine erneute Volksabstimmung verlangte.

---

67 Die vorläufigen Migrationszahlen für 2018 lauten: EU: 100.000, nicht-EU: 250.000. Die Zahlen belegen, dass quantitativ das Hauptproblem nicht die Herkunftsländer der EU, sondern der nicht-EU sind.

Es half auch nicht, dass Norwegen in ungewöhnlich deutlicher Sprache erklärte, dass das Vereinigte Königreich nicht im Europäischen Wirtschaftsraum willkommen sei.

Meinungsumfragen vervollständigten die Konfusion. Die eine ergab, dass 53 % vom Brexit zurücktreten und 43 % daran festhalten wollten. Andere ergaben, dass zwar 21 % den ausgehandelten Vertrag besser fanden, als in der EU zu bleiben, aber 42 % ihn für noch schlimmer hielten – ohne freilich zu einer Mitgliedschaft zurückkehren zu wollen. Niemand wagte offen auszusprechen, was in dieser Situation eigentlich nahe lag: Zumindest vorerst in der EU zu bleiben und den gesamten Austrittsprozess wenn nicht völlig aufzugeben, so doch zumindest so lange aufzuschieben, bis ein ausgereifteres Stimmungsbild und eine genaue Analyse aller Optionen und deren Folgen vorlag.

May hielt unbeirrt an ihrer Linie fest: Sie vertraute darauf, dass in letzter Minute kein Tory es wagen würde, Labour an die Macht zu bringen und Jeremy Corbyn zum Premierminister zu machen oder das Land in einen unabsehbaren *no deal*-Austritt zu stürzen. Am 9. Dezember wandte sie sich in einem langen Interview in der Daily Mail an ihre Parteifreunde.[68] Sie wies darauf hin, dass kein Vertrag ohne Übergangsfrist auskomme, dass angesichts der Zerrissenheit des Landes jeder Vertrag einen Kompromiss darstellen und Widerstand hervorrufen müsse; jeder andere Vertrag werde auf noch mehr Ablehnung stoßen; die einzigen realistischen Alternativen zu ihrem Plan seien, entweder den Brexit ganz aufzugeben oder einen *no deal* zu riskieren; ein besserer Vertrag als der vorliegende sei nicht zu haben. Am 10. Dezember sah es so aus, als werde May ein krachende Niederlage von 250:350 Stim-

---

[68] Glen Owen/Harry Cole: *Back me or get Jeremy Corbyn and no Brexit: Theresa May warns against voting down deal - as she reveals how she keeps calm by eating Peanut Butter out of the jar and even has a 'bloody difficult woman' mug on her desk*, Daily Mail, 9. Dezember 2018 (https://www.dailymail.co.uk/news/article-6475169/Theresa-Jeremy-Corbyn-No-Brexit.html, 09.12.2018)

men hinnehmen müssen. May hatte ihr Land in eine nahezu ausweglose Lage gesteuert, das Kabinett war zerstritten, die Partei stand vor einer endgültigen Spaltung, eine Verfassungskrise drohte. Die Abstimmung fand am nächsten Tag statt.

3.9 Eine unendliche Geschichte

Zusammenfassung: Der ausgehandelte Vertragsentwurf scheitert am 15. Januar 2019 im Unterhaus. Die Mehrheit zeigt deutlich die drei Gruppen, die gegeneinander stehen: Überzeugte Remainers, fanatische **Leavers**, die einen **no deal** dem Vertrag vorziehen, und Pragmatiker, die einen **no deal** unbedingt vermeiden und deshalb einen Vertrag wollen. Allerdings gibt es auch dort eine starke Untergruppe, die den vorliegenden Vertrag nicht für optimal hält. Damit hat sich Großbritannien in eine Sackgasse manövriert. Die Lösung kann nur langfristig und in einem beruhigten Umfeld gefunden werden. Wahrscheinlich werden damit zwei Optionen: Entweder eine Rücknahme des Austrittsantrags, um Zeit für reiflichere Überlegungen zu finden, oder ein **no deal**-Brexit. Für diesen Fall sollte die EU Großbritannien zumindest für eine gewisse Periode anbieten, notfalls ohne förmliches Neuaufnahmeverfahren wieder in seine alte Mitgliedsposition zurückkehren zu können.

Zwei Dinge sind unendlich, das Universum und die menschliche Dummheit, aber beim Universum bin ich mir nicht ganz sicher
Albert Einstein

Hätte Theresa May die Gunst der Stunde genutzt, um gleich nach dem Europäischen Rat vom 25. November den Vertrag vors Unterhaus zu bringen und abstimmen zu lassen, hätte sie vielleicht noch eine Chance gehabt, den Vertrag knapp durchs Parlament zu bringen. Sie setzte die Abstimmung jedoch volle vier Wochen nach Bekanntwerden des Textes (14. November) auf den 11. Dezember fest. Ihre Gegner nutzten die Zeit, um sich abzusprechen und ihren Widerstand zu formieren. Hatten sich im November noch fünfzig Tories gegen den Vertrag ausgesprochen, waren es am Ende der ersten Dezemberwoche schon fast hundert. May warb schon fast flehentlich um Zustimmung. Aber ihre Überzeugungskraft schwand. Immer wieder flüchtete sie sich in Phrasen und wich präzisen Fragen mit wolkigen, bisweilen roboterhaft wiederholten Wendungen aus. Als sich abzeichnete, dass ihre Niederlage unausweichlich werden würde, ließ sie kurzfristig die Abstimmung von der Tagesordnung des Parlaments absetzen. Der *Daily Telegraph* ätzte: *„The lady is for turning!"* und spielte damit auf die legendären

Worte von Margaret Thatcher an.[69] Am 12. Dezember überlebte May einen Misstrauensantrag aus den Reihen der eigenen Partei.[70] May setzte nun ihre ganze Hoffnung auf den Europäischen Rat, der am 13. und 14. Dezember tagte. Von dort erhielt sie aber zwar freundliche, aber unverbindliche Worte. Die EU bekräftigte ihren Willen, möglichst eng mit Großbritannien in Zukunft zusammenarbeiten zu wollen. Der *backstop* sei lediglich eine Rückversicherung, eine Auffangposition, die niemand anstrebe. Selbst wenn er in Kraft treten müsse, dann nur als Provisorium bis eine besserer Lösung gefunden sei, die die Grenze auf der irischen Insel offen hält. Am Wortlaut des Vertragsentwurfs änderte sich nichts.

May versuchte über die Feiertage in Direktgesprächen mit Brüssel, Berlin, Paris und anderen Hauptstädten verbindlichere Zusagen zum *backstop* zu erhalten. Sie blieb erfolglos. Unterdessen verdüsterte sich die Atmosphäre: Um die Jahreswende kündigte Jaguar/Rover an, 5.000 Arbeiter zu entlassen.[71] Die Stimmen, die vor katastrophalen Folgen eines *no deal* warnten, wurden lauter und eindringlicher. May betonte, eine Ablehnung ihres Vertragsentwurfs bedeute schlimmsten Verrat am Volkswillen. Sie konnte die Abstimmung aber nicht nochmals verschieben. Am 15. Januar 2019 abends stimmte das Unterhaus ab. 432 Abgeordnete stimmten gegen Mays Vertrag, nur 202 waren bereit, ihr noch zu folgen. 118 Tories hatten gegen die eigene Regierung gestimmt,

---

69 Margaret Thatcher: *Rede auf dem Parteitag der Konservativen Partei*, Brighton, 10.10.1980: *"You turn if you want to. The lady's not for turning."* (https://www.margaretthatcher.org/document/104431, 16.01.2019)

70 Das Abstimmungsergebnis war 200:117 Stimmen. Das war kritisch, aber weniger kritisch, wenn es mit dem Wahlergebnis vom Sommer 2016 vergleichen wird. Damals stimmten 199 Tory-Abgeordnete für sie als Nachfolgerin von Cameron, 130 stimmten gegen sie.

71 Boris Johnson kommentierte diese Nachricht, er verstehe mehr vom Automobilmarkt als der Chef von Jaguar/Rover Ralf Speth. Nick Ferrari: Interview mit Boris Johnson, LBC 14.01.2019 (https://www.lbc.co.uk/radio/presenters/nick-ferrari/boris-johnson-knows-more-than-jaguar-boss/, 14.01.2019)

zusammen mit Labour, den geschlossenen Fraktionen der Schottischen Nationalpartei, der Liberaldemokraten und der DUP. May war es lediglich gelungen, drei Abgeordnete von Labour und drei von Plaid Cymru auf ihre Seite zu ziehen. Selbst die einzige grüne Abgeordnete stimmte gegen sie.

Das war seit über hundert Jahren die schlimmste Niederlage, die je eine britische Regierung im Parlament erlitten hat. Normalerweise hätte solch ein Mehrheitsverlust unweigerlich zum Rücktritt des Premierministers geführt. May überstand jedoch erwartungsgemäß den Misstrauensantrag der Opposition am Folgetag. Dies ergab eine präzedenzlose Verfassungskrise: Das Parlament verweigert der Regierung die Zustimmung in der wichtigsten politischen Frage, die diese Regierung zu entscheiden hat, hält sie aber dennoch im Amt. Einige Abgeordnete schmiedeten bereits Pläne, einige Exekutivbefugnisse der Regierung zu entwinden und in die eigenen Hände zu nehmen.

Die Verfassungsorgane des Vereinigten Königreichs haben sich damit in eine Sackgasse manövriert, aus der nur schwer ein Ausweg zu finden sein wird.

Zunächst beleuchtet die Abstimmung vom 15. Januar in aller Deutlichkeit die Zerrissenheit von Parlament und Bevölkerung. Es haben sich seit Sommer drei Gruppierungen verfestigt:

1. Die Remainer, die den ganzen Brexit am liebsten abblasen und in der EU bleiben wollen. Sie stimmen deshalb gegen den Austrittsvertrag.
2. Die Freihandelsfundamentalisten und die Souveränitätszeloten, die unter allen Umständen aus der EU hinaus wollen, besser ohne als mit Vertrag, weil der Vertrag auf unbestimmte Zeit ihr Land zumindest in der Zollunion belässt, die die Rücksicht auf die irische Grenze für übertrieben und selbst als Übergangslösung eine Situation ihres Landes für inakzeptabel halten, in der es weiterhin Pflichten, aber keine Mitwirkungsrechte mehr hat – *pay but no say*! Sie

lehnen Mays Vertragsentwurf grundsätzlich ab. Die radikalen Brexiteers haben alle die Regierung verlassen. Sie sind mit ihren großsprecherischen Versprechungen allesamt gescheitert. Sie beschränken sich darauf, die Bemühungen der eigenen Regierung zu torpedieren. Eine gangbare, auch für die EU akzeptable Lösung hat keiner von ihnen vorgelegt.
3. Und schließlich die Pragmatiker, die von der Notwendigkeit des Brexit überzeugt sind, aber unter allen Umständen einen *no deal* vermeiden wollen. Sie zerfallen allerdings nochmals in diejenigen, die den Vertrag für gut halten, und den weitaus größeren Teil derjenigen, die unbedingt noch nachbessern wollen.

Damit stehen sich drei Gruppierungen gegenüber, von denen zwei durch ihre dominanten Negativagenden verbunden sind. Am 15. Januar hatte jeder dieser Gruppierungen gut 200 Abgeordnete hinter sich bringen können. Damit steht die Verweigerungsfront, eine konstruktive, vorwärtsweisende Lösung ist weiter entfernt als je zuvor.

Wie könnte es dennoch weiter gehen? Es geht dabei um zwei Stränge: Wie kann Großbritannien zu einer legitimen, politisch akzeptierten und ökonomisch sinnvollen Lösung finden? Wie kann die EU reagieren, um die Suche nach dieser Lösung zu erleichtern?

Natürlich wirbeln alle möglichen Optionen durch die Luft: Sturz der Premierministerin, Neuwahlen, ein erneutes Referendum. Alle genannten Optionen beschreiben jedoch rein formale politische Prozeduren. Sie gehen nicht auf das Kernproblem der politischen Willensbildung ein. Ohne dass sich eine neue, stabile Mehrheit unter Wählern und Gewählten bildet, wird keine dieser Optionen dieses Kernproblem lösen.

Ein Sturz Mays kann nicht viel bewirken. Sie hat zwei Misstrauensvoten überlebt. Der Appetit möglicher Herausforderer ist jetzt, wo sie so offensichtlich am Kreuz hängt, noch geringer, hinaufzusteigen und sich statt ihrer kreuzigen zu lassen. Wer sollte ihr Nachfolger werden?

Drei Lager sind innerhalb der Konservativen Partei zutiefst zerstritten. Wird es dann nicht auf einen schwachen Kompromisskandidaten hinauslaufen, vielleicht Jeremy Hunt oder Michael Gove, der sich in letzter Zeit auffällig zurückgehalten hat? Und dann? Jeder Nachfolger stünde vor genau dem gleichen Problem, an dem May gescheitert ist. Großbritannien bräuchte jetzt einen Politiker von der Statur eines Churchill, eines de Gaulle oder eines Adenauer. Aber der ist weit und breit nicht in Sicht.

Neuwahlen erfordern eine Zweidrittelmehrheit im Parlament, also die Zustimmung der Konservativen, und die sind sich bei allen Gegensätzen in einem Punkt einig: Neuwahlen verhindern, die den eigenen Sitz und die eigene Mehrheit gefährden könnten. Neuwahlen würden entweder die konservative Mehrheit bestätigen oder Labour eine schwache Mehrheit geben. Im ersten Fall träfen die Überlegungen des vorigen Absatzes zu. Jeremy Corbyn als Premierminister müsste ein neues Kabinett bilden, zahllose Regierungsbeamte austauschen und ein Regierungskonzept entwickeln. Das würde vermutlich mindestens zwei Monate erfordern. Und dann? Dann würde Corbyn nach Brüssel pilgern und nochmals nachverhandeln. Seine Aussichten wären mit finster noch positiv beschrieben.

Bleibt schließlich ein erneutes Referendum, die Patentlösung für viele. Sie würde zunächst Zeit erfordern. Gesetzgebung, Vorbereitung und Durchführung einer Volksabstimmung benötigen mindestens sechs, vermutlich eher acht bis zehn Monate. Angesichts volatiler Umfrageergebnisse wäre ein solches Referendum ein erneutes Wagnis. Letzte Umfragen ergeben zwar meist einen Vorsprung für *Remain*, aber der bleibt knapp. Eine gute Kampagne, die Nicht-Wähler mobilisiert, könnte hier Überraschungen liefern – wie ja auch das Ergebnis 2016 eine Überraschung war. Wenn es eine Mehrheit für *Remain* ergeben würde, bliebe sie knapp. *Leavers* würden sich um ihren Sieg betrogen fühlen und das Ergebnis nicht anerkennen. Was, wenn das Referendum ein erneutes Nein bringt? Was wäre – und das ist derzeit das wahrscheinlichste Ergebnis –, wenn England erneut deutlich (um 55 %) mit Nein stimmt, die anderen drei Landesteile aber noch deutlicher (um 60 %) mit Ja?

Keiner dieser Ansätze löst das Grundproblem: Politik und Bevölkerung sind zerstritten, wenn nicht verfeindet. Wer in dieser Stimmungslage abstimmen lässt, wird kein Ergebnis erhalten, das Bestand hat und als Fundament für eine stetige Politik dienen kann. Politik muss Zeit gewinnen und diese Zeit nutzen, um die aufgepeitschten Brexit-Wogen wieder zu beruhigen. Das kann nur auf zwei Weisen geschehen: Entweder das Kind fällt ins Wasser, erhält aber eine Zusicherung, dass es notfalls nach einer gewissen Zeit wieder triefend aus dem kalten Wasser heraus kann. Oder alles wird zunächst angehalten und die so gewonnene Zeit genutzt, um die Tiefe, Temperatur und Strömungen dieser unbekannten Gewässer zunächst einmal auszuloten, bevor dann erneut entschieden wird.

Damit fällt der EU eine entscheidende Rolle zu. Sie kann den Briten die innenpolitische Entscheidung nicht abnehmen. Sie kann aber die Folgen abpuffern.

Zunächst Nachverhandlungen. Diese Hoffnungen sind utopisch. Die EU würde ihre gesamte Glaubwürdigkeit verspielen, wenn sie zunächst einen Vertrag aushandelt, diesen zwei Monate lang gegen verzweifelte Nachbesserungswünsche verteidigt, dann aber plötzlich einknickt, bloß weil ein neuer Premierminister in Brüssel erscheint. Auch Jeremy Corbyn – oder vielleicht gerade er – wird dort auf Granit beißen. Die EU hat kein Interesse, die gegenwärtige Agonie der Briten zu verlängern. Nach allen Erfahrungen würde jedes Zugeständnis nur Forderungen nach weiteren Konzessionen auslösen.

Bleibt als nächste Möglichkeit, die Austrittsfrist nach Art. 50 einstimmig zu verlängern. Einer solchen Verlängerung sind Grenzen gesetzt durch die bevorstehenden Wahlen zum Europaparlament, die Bestallung einer neuen Kommission und die Verhandlungen über den neuen siebenjährigen Finanzrahmen, die schon ohne Großbritannien schwierig genug zu werden versprechen. Eine Verlängerung bis zur Sommerpause wäre vor diesem Hintergrund das alleräußerste, dass die EU zubilligen könnte, ohne sich selbst in unnötige Schwierigkeiten zu bringen. Der Durchbruch zu einer neuen, unbestritten mehrheitsfähigen Lösung in Großbritannien ist in diesem Zeitraum aber nicht absehbar.

Das lässt nur noch zwei Lösungsansätze übrig, die vorher schon angedeutet worden sind. Die einfachste und bequemste bestünde darin, dass Großbritanniens Regierung die Brücke beschreitet, die der EuGH ihr am 10. Dezember gebaut hat, und den Austrittsantrag zurück nimmt. Die britische Politik hätte nichts verloren, alle Optionen blieben gewahrt, Parlament und Öffentlichkeit in Großbritannien könnten in Ruhe und ohne Zeitdruck darüber reflektieren, was die Vor- und Nachteile der EU-Mitgliedschaft bzw. eines Brexit eigentlich sind.

Der zweite Ansatz wäre riskanter und vermutlich mit hohen Verlusten verbunden. Die EU würde Großbritannien in ein *no deal*-Szenario fallen lassen. Es würde zu enormen Verwerfungen kommen, deren Auswirkungen niemand genau abschätzen kann. Die EU sollte diesen Fall mit der Zusage flankieren, dass das Vereinigte Königreich das Recht behält, während einer gewissen Zeit (fünf bis zehn Jahre?) ohne erneutes zeitraubendes Ausnahmeverfahren wieder zu den alten Bedingungen in eine EU-Mitgliedschaft zurückzukehren. Sie wäre sogar gut beraten, in einem solchen Fall die gleichen Bedingungen anzubieten, wie sie mit Cameron im Februar 2016 vereinbart waren. Dann wäre der britische Schwimmer zwar ins kalte Brexit-Wasser gesprungen, hätte aber einen Rettungsring und könnte wieder an Land kommen. Die EU ihrerseits könnte diese Zeit nutzen, sich selbst zu reformieren.

Die Parallele mit der Bürgerkriegssituation von 1642 wird häufig gezogen. Vielleicht hilft es, die damals folgenden Ereignisse nicht aus dem Blick zu verlieren: Die Engländer köpften ihren König und fügten sich mehr oder weniger begeistert unter die faktische Diktatur ihres Lord Protector Oliver Cromwell. Nach dessen Tod gab es nur noch eine verschwindende Minderheit, die sich für diese Regierungsform begeistern konnte. Kleinlaut und ohne großes Aufheben holte man den rechtmäßigen Nachfolger aus der Stuart-Dynastie, den Sohn des geköpften Königs, wieder zurück. Vielleicht führen auch die revolutionären Impulse der Brexiteers schließlich zu einer verschämten Rückkehr zum *status quo ante*?

Theresa May ist mehrfach gescheitert. Sie hat die Komplexität der Verhandlungen unterschätzt, sie hat den Austritt erklärt, als sie weder ein im Kabinett abgestimmtes, strategisches Konzept noch eine Vorstellung vom taktischen Vorgehen hatte. Sie hat wertvolle Zeit vertan mit den fatalen Neuwahlen, die ihre Verhandlungsposition nur geschwächt haben. Sie ist schließlich an Problemen gescheitert, die sie viel zu spät in ihrer politischen Brisanz erkannt hat: Das Problem Nordirland, die Zerfaserung der eigenen Partei in drei gleich starke, verfeindete Flügel und die Implikationen eines radikalen Brexit für die sensitiven, komplexen Lieferketten, mit denen die britische Wirtschaft mit dem Kontinent verbunden ist.

Die unglückliche Beziehung zwischen Großbritannien und der EU war fünfzig Jahre über voller Widersprüche, voller überzogener Erwartungen und verdeckter Animositäten. Es wird weitere fünfzig Jahre brauchen, bevor sich die durch den Brexit aufgewirbelten Wasser wieder beruhigen. Ein Schwede, der lange wissenschaftlich und politisch mit dem Brexit befasst war, meinte: *„There is so much venom in the system, so much dogmatic rigorism and infallible self-righteousness. It will take ages, probably a generation, to drain that out of the system again."*

Literatur

[1] Theresa May: *A borderless EU harms everyone but the gangs that sell false dreams*, The Sunday Times, 29. August 2015 (https://www.thetimes.co.uk/article/a-borderless-eu-harms-everyone-but-the-gangs-that-sell-false-dreams-nrqqz3hdzbb, 12.06.2018)

[2] Theresa May: *Rede vor dem Institute of Mechanical Engineers vom 25. April 2016 in London* (https://www.gov.uk/government/speeches/home-secretarys-speech-on-the-uk-eu-and-our-place-in-the-world, 13.06.2018)

[3] Theresa May: *Fernsehinterview mit Laura Kuensberg vom 15. Juni 2016* (http://www.bbc.com/news/uk-politics-eu-referendum-36543472, 13.06.2018)

[4] Supreme Courts: *Judgement R (on the application of Miller and another) (Respondents) v Secretary of State for Exiting the European Union (Appellant) vom 24. Januar 2017* (https://www.supremecourt.uk/cases/docs/uksc-2016-0196-judgment.pdf, 26.01.2018). Eine gute Zusammenfassung gibt der Guardian (https://www.theguardian.com/politics/2017/jan/24/article-50-judgment-key-points-supreme-court-ruling, 26.01.2018).

[5] Theresa May: *Rede im Lancaster House*, 17. Januar 2017 (https://www.gov.uk/government/speeches/the-governments-negotiating-objectives-for-exiting-the-eu-pm-speech, 19.01.2018)

[6] The Prime Minister: *Brief an Donald Tusk, Präsident des Europäischen Rates,* 29. März 2017. (http://www.bbc.com/news/uk-politics-39431070, 24.03.2018)

[7] EUV Art. 50 (2)

[8] Nick Clegg: *How to Stop Brexit (And Make Britain Great Again)*, London, Bodley Head (2017); Timothy Garton Ash: *We can stop Brexit. But we'll need some help from across the Channel*, Guardian, 5. Januar 2018 (https://www.theguardian.com/commentisfree/2018/jan/05/we-can-stop-brexit-politics-britain-eu, 18.01.2018).

[9] Department for Exiting the European Union: *The United Kingdom's exit from and new partnership with the European Union*, White Paper, 2. Februar 2017 (https://www.gov.uk/government/publications/the-united-kingdoms-exit-from-and-new-partnership-with-the-european-union-white-paper, 19.03.2018)

[10] Boris Johnson: *My vision for a bold, thriving Britain enabled by Brexit*, Daily Telegraph, 15. September 2017 (https://www.telegraph.co.uk/politics/2017/09/15/boris-johnson-vision-bold-thriving-britain-enabled-brexit/, 15.09.2018)

[11] Theresa May: *PM's Florence speech: A new era of cooperation and partnership between the UK and the EU* (https://www.gov.uk/government/speeches/pms-florence-speech-a-new-era-of-cooperation-and-partnership-between-the-uk-and-the-eu, 16.09.2018)

[12] Theresa May: *Rede auf dem Parteitag der Konservativen*, Manchester, 4. Oktober 2017. Von dieser verhängnisvollen Ansprache existiert ein vollständige Video. (http://www.bbc.com/news/av/uk-politics-41503214/in-full-theresa-may-s-conservative-conference-speech-2017, 22.07.2018)

[13] Francis Elliot/Sam Coates: *Philip Hammond refuses to budget for hard Brexit*, The Times, 11. Oktober 2017 (https://www.thetimes.co.uk/article/philip-hammond-refuses-to-budget-for-hard-brexit-d5lb2vqn3, 23.07.2018)

[14] Jeremy Corbyn: *Brexit-Rede an der Universität Coventry*, 26. Februar 2018 (https://www.newstatesman.com/politics/staggers/2018/02/jeremy-corbyn-s-coventry-speech-brexit-full, 18.07.2018)

[15] Joint report from the negotiators of the European Union and the United Kingdom Government on progress during phase 1 of negotiations under Article 50 TEU on the United Kingdom's orderly withdrawal from the European Union, 8. Dezember 2017 (https://ec.europa.eu/commission/sites/beta-political/files/joint_report.pdf, 10.12.2017)

[16] EU-Kommission: *Draft Agreement on the withdrawal of the United Kingdom of Great Britain and Northern Ireland from the European Union and the European Atomic Energy Community*, 15. März 2018 (https://ec.europa.eu/commission/sites/beta-political/files/negotiation-agreements-atom-energy-15mar_en.pdf, 18.03.2018)

[17] Theresa May: *PM speech on our future economic partnership with the European Union*, 2. März 2018 (https://www.gov.uk/government/speeches/pm-speech-on-our-future-economic-partnership-with-the-european-union, 04.03.2018)

[18] Das Weißbuch der Regierung *The future relationship between the United Kingdom and the European Union* vom 12. Juli 2018 (https://assets.publishing.service.gov.uk/government/uploads/system/uploads/attachment_data/file/725288/ und https://www.gov.uk/government/publications/the-future-relationship-between-the-united-kingdom-and-the-european-union, 14.07.2018

[19] Dominic Raab: *Statement on the future relationship between the United Kingdom and the European Union*, 12. Juli 2018 (https://www.gov.uk/government/speeches/sos-dominic-raab-statement-on-the-future-relations-

hip-between-the-united-kingdom-and-the-european-union-12-july-2018, 14.08.2018)
[20] Boris Johnson/Jeremy Hunt: *'It is a humiliation. We look like a seven-stone weakling being comically bent out of shape by a 500 lb gorilla' BORIS JOHNSON'S blistering denunciation of our Brexit strategy... and his successor JEREMY HUNT'S trenchant defence,* Mail Online, 8. September 2018 (https://www.dailymail.co.uk/news/article-6146853/BORIS-JOHNSON-JEREMY-HUNT-debate-Chequers-deal.html, 14.09.2018)
[21] Boris Johnson: *The EU are treating us with naked contempt - we must abandon this surrender of our country,* Telegraph, 15. Oktober 2018 (https://www.telegraph.co.uk/politics/2018/10/14/remaining-eus-customs-union-would-disastrous-surrender-country/, 24.10.2018)
[22] BBC: *Brexit plan: 80 MPs will reject Chequers deal, says ex-minister,* 10. September 2018 (https://www.bbc.co.uk/news/uk-45468544, 20.09.2018). Einige Woche später geißelte Baker den Dachverband der britischen Industrie (CBI) als *timid and relentlessly wrong.* Zusammen mit Johnson's abfälliger Bemerkung *fuck business,* gefährdeten diese Äußerungen die an sich industriefreundliche Grundhaltung der Konservativen(https://www.telegraph.co.uk/news/2018/09/29/business-needs-alternative-timid-relentlessly-wrong-cbi/; https://www.bbc.com/news/uk-politics-44618154, 21.09.2018)
[23] Benjamin Fox: *Barnier gives tepid welcome to UK Brexit paper,* euractiv 22. Juli 2018 (https://www.euractiv.com/section/uk-europe/news/barnier-gives-tepid-welcome-to-uk-brexit-paper/, 15.08.2018)
[24] UK Government: *Guidance. UK Government's preparations for a 'no deal' scenario,* 24. August 2018 (https://www.gov.uk/government/publications/uk-governments-prepa-

rations-for-a-no-deal-scenario/uk-governments-preparations-for-a-no-deal-scenario, 02.09.2018)

[25] UK government: *How to prepare if the UK leaves the EU with no deal. Guidance on how to prepare for Brexit if there's no deal*, 12. Oktober 2018 (.https://www.gov.uk/government/collections/how-to-prepare-if-the-uk-leaves-the-eu-with-no-deal, 16.10.2018)

[26] Die Direktorin der CBI Carolyn Fairbairn kommentierte diese Publikationen so: „*These notices make clear firms would be hit with a sledgehammer in the event of 'no deal'. They also illustrate the extent of the disruption consumers can expect if ideology wins over evidence. Commitments to continue regional funding and maintain high environmental standards are positive. However extra costs, duplication of certification and interruptions to data flows would damage the economy, with a knock-on impact for living standards.*"

[27] Theresa May: *Keine Seite kann von der anderen völlig Inakzeptables verlangen*, Die Welt, 19. September 2018 (https://www.welt.de/debatte/kommentare/article181577710/Gastbeitrag-Theresa-May-Keine-Seite-kann-von-der-anderen-voellig-Inakzeptables-verlangen.html, 20.09.2018)

[28] Theresa May: *TV Adress to the British People*, 21. September 2018 (https://www.bloomberg.com/news/articles/2018-09-21/full-text-of-theresa-may-s-statement-on-brexit-negotiations und https://www.youtube.com/watch?v=rMFBYYsZZz4, 22.09.2018)

[29] Der Spiegel: *Tusk witzelt* über May - und erzürnt britischen Außenminister, 22. September 2018 (http://www.spiegel.de/politik/ausland/donald-tusk-witzelt-ueber-theresa-may-britischer-aussenminister-ist-wuetend-a-1229555.html, 23.09.2018)

[30] Economists for Free Trade: *A World Trade Deal. The Complete Guide*, September 2018 (https://www.economistsforfreetrade.com/wp-content/uploads/2018/09/A-World-Trade-Deal-The-Complete-Guide-Final-Upload.pdf, 02.10.2018).

[31] Institute for Economic Affairs (IEA): *Plan A+: Creating a prosperous post-Brexit UK* (https://iea.org.uk/publications/plan-a-creating-a-prosperous-post-brexit-uk/, 04.10.2018)

[32] Die erste Studie unterstellt, die Kommission könne böswillig gegen internationales Recht verstoßen, um das Vereinigte Königreich einseitig zu diskriminieren und es so für den Austritt zu bestrafen. Die zweite Studie ist inzwischen (8. Dezember 2018) gelöscht worden!

[33] Dominic Grieve: *The time has come for a polite rebellion by pragmatic Conservatives - back a new referendum*, The Telegraph, 29.09.2018 (https://www.telegraph.co.uk/politics/2018/09/29/time-has-come-polite-rebellion-pragmatic-conservatives-back/, 12.10.2018)

[34] Theresa May: *Conservative party conference speech*, 4. Oktober 2018 (https://www.telegraph.co.uk/politics/2018/10/03/theresa-mays-conservative-party-conference-speech-full-transcript/, 10.10.2018)

[35] Open Europe: *No Deal: The economic consequences and how they could be mitigated*, 15. Oktober 2018 (https://openeurope.org.uk/intelligence/britain-and-the-eu/no-deal-the-economic-consequences-and-how-they-could-be-mitigated/, 24.10.2018)

[36] The UK in a Changing Europe: *Cost of No Deal Revisited*, 3. September 2018 (http://ukandeu.ac.uk/research-papers/cost-of-no-deal-revisited/, 24.10.2018)

[37] Dominic Raab: *Brief an Premierministerin Theresa May*, 15. November 2018 (https://twitter.com/DominicRaab/status/1062992019449098241/photo/1?ref_src=twsrc%5Etfw%7Ctwcamp%5Etweetembed&ref_url=https%3A%2F%2Fwww.dw.com%2Fen%2Fuk-brexit-minister-dominic-raab-and-others-resign-over-exit-deal%2Fa-46301484, 08.12.2018: Kopie des Originalschreibens)

[38] Attorney General (Geoffrey Cox): *Exiting the EU: Publication of Legal Advice*, London, 5. Dezember 2018 (https://www.gov.uk/government/publications/exiting-the-eu-publication-of-legal-advice, 06.12.2018)

[39] Europäischer Rat: *Entwurf eines Abkommens über den Austritt des Vereinigten Königreichs aus der EU*, 25. November 2018 (https://www.consilium.europa.eu/media/37099/draft_withdrawal_agreement_incl_art132.pdf, 08.12.2018)

[40] Eine gute Übersicht über den umfangreichen Text findet sich in der Presseerklärung (*Fact Sheet*) vom 14. November 2018 (http://europa.eu/rapid/press-release_MEMO-18-6422_en.htm, 08.12.2018)

[41] Europäischer Rat: *Politische Erklärung zur Festlegung des Rahmens für die künftigen Beziehungen zwischen der EU und dem Vereinigten Königreich*, 22. November 2018 (https://www.consilium.europa.eu/media/37138/25-special-euco-statement-de.pdf, 08.12.2018

[42] Europäischer Rat: *Erklärungen*, 25. November 2018 (https://www.consilium.europa.eu/media/37138/25-special-euco-statement-de.pdf, 08.12.2018)

[43] Europäischer Rat: *Schlussfolgerungen*, 25. November 2018 (http://data.consilium.europa.eu/doc/document/XT-20015-2018-INIT/de/pdf, 08.12.2018)

[44] Theresa May: *PM letter to the nation: 24 November 2018* (https://www.gov.uk/government/publications/pm-letter-to-the-nation-24-november-2018, 08.12.2018)
[45] HM Government: *EU Exit. Long-term economic analysis November 2018* (https://assets.publishing.service.gov.uk/government/uploads/system/uploads/attachment_data/file/759762/28_November_EU_Exit_-_Long-term_economic_analysis.pdf, 08.12.2018)
[46] Bank of England: *EU withdrawal scenarios and monetary and financial stability*
[47] *A response to the House of Commons Treasury Committee*
[48] *November 2018* (https://www.bankofengland.co.uk/-/media/boe/files/report/2018/eu-withdrawal-scenarios-and-monetary-and-financial-stability.pdf?la=en&hash=B5F6EDCDF90DCC10286FC0BC599D94CAB8735DFB, 08.12.2018)

Weiterführende Literatur

John Crace: *I, Maybot. The Rise and Fall*, London, Faber & Faber (2017)

Tim Shipman: *Fall Out. A Year of Political Mayhem*, London Collins (2017)

4
Der Brexit und seine Folgen

4.1 Ein Einordnungsversuch

Zusammenfassung: Der Brexit stellt Großbritannien und die EU vor existenzielle Fragen. Er wird Großbritannien tiefgreifender und langfristiger verändern als der Zweite Weltkrieg. Er ist das Ergebnis einer weit in die Geschichte zurückreichenden Entfremdung. Der Brexit vereint höchst unterschiedliche soziale und politische Strömungen.

> *But 'tis the talent of our English nation*
> *Still to be plotting some new reformation*
> *John Dryden*

Der Brexit ist ein Lehrbuchbeispiel, wie man eine Volksabstimmung unter keinen Umständen durchführen sollte. Cameron hat sich selbst in eine Sackgasse getrieben, aus der das Referendum den einzigen Ausweg bot. Selbst wenn ein Volksentscheid in der leidigen Frage einer EU-Mitgliedschaft früher oder später unumgänglich gewesen sein sollte, war die Art, mit der Cameron in dieses Abenteuer gestolpert ist, einfach draufgängerisch. Eine Entscheidung von historischer Tragweite, eine Entscheidung, die sich auf Jahrzehnte und Generationen nicht korrigieren lässt, hätte längere, systematischere und umsichtigere Vorbereitung erfordert. Statt die Kluft innerhalb seiner eigenen Partei zu überbrücken, hat er mit dem unbedachten Referendum nicht nur die eigene Partei noch tiefer gespalten, sondern auch Labour in ein unauflösliches Dilemma gestürzt und das gesamte britische Volk so erbittert entzweit, dass sich Vergleiche mit den Bürgerkriegsparteien im 17. Jahrhundert, den Royalisten und Puritanern, aufdrängen.

Nicht weniger unbedacht war Mays überstürzte Austrittserklärung vom 30. März 2017, als in ihrer Regierung nicht einmal ansatzweise Konzepte vorlagen, wie Verhandlungen zu führen seien und welche Ziele man mit ihnen erreichen wollte. Die Austrittsverhandlungen waren schwieriges Neuland. Sie einem aus dem Boden gestampften neuen Ministerium anzuvertrauen, das weder über eingespielte Teams noch über erprobte Verfahren verfügte, war ein Wagnis, das vor allem von dem Wunsch diktiert war, irgendwelche Zuständigkeiten für den Brexit keinesfalls in den Händen von Boris Johnson und damit im Außenministerium zu belassen.

Als drittes Element kam die Unfähigkeit (oder Unerfahrenheit?) britischer Regierungen hinzu, Prioritäten, Mentalitäten und Animositäten der kontinentalen Nachbarn zu verstehen. Immer wieder glaubten sie, mit Drohungen, Druck und Bluff voran zu kommen. Immer wieder machten sie halbherzige Versuche, durch bilaterale Initiativen die Phalanx der 27 aufzubrechen, waren aber nicht bereit, dafür eigene Positionen zu revidieren, um soliden gemeinsamen Boden zu finden. Sie zogen es vor, mit abschreckenden Negativ-Szenarien zu operieren, statt auf positive Möglichkeiten abzuheben. Sie schüchterten ein, wo sie hätten werben sollen, sie forderten forsch und überreizten ihre Hand. Sie glichen Schachspielern, die mit einer aggressiven Eröffnung starten, aber im Endspiel versagen. Noch in Salzburg erwies sich, wie wenig Fingerspitzengefühl die britische Politik für die EU entwickelt hatte – und leider auch umgekehrt: Wie falsch kontinentale Politiker immer wieder die politischen Impulse der Briten einschätzten. Ein Diplomat kommentierte resignierend: Nach vierzig Jahren verlassen die Briten die EU, ohne sie je verstanden zu haben. Es ließe sich ergänzen: In diesen vierzig Jahren hat es auch die EU nicht verstanden, die Briten von ihren Vorzügen zu überzeugen und ihnen eine Position zu bieten, in der sie sich wohl fühlen konnten.

Die EU ist auf dem Kontinent überall präsent: Die blaue Flagge mit den goldenen Sternen flattert vor jedem öffentlichen Gebäude, keine Sonntagsrede ohne emphatisches Bekenntnis zur EU, in den Schulen stellt die Geschichte der EU und ihr institutioneller Aufbau ein wichtiges Unterrichtsthema dar, unzählige Forschungsinstitute und Lehrstühle beschäftigen sich mit Integrationspolitik und allen denkbaren Aspekten der EU. Sie publizieren einen unablässigen Strom von Studien, Handbüchern, Analysen, Szenarien, Konzepten für die Zukunft. Im Vereinigten Königreich ist von alledem nichts zu spüren. Die EU-Flagge wird nur vor den EU-Botschaften in London gehisst. Sie fehlt sonst vollkommen im öffentlichen Leben. EU-Studien spielen an Schulen gar keine, an Universitäten eine marginale Rolle. Zwar gibt es Think Tanks, die sich primär mit der EU beschäftigen, sie verstehen sich aber ausdrücklich nicht als Apologeten des Bestehenden, sondern als Kritiker und Pioniere, die Fehlentwicklungen diagnostizieren und Therapievorschläge machen.[1] Wenn britische Politiker die EU erwähnen, dann meist kritisch, wenn nicht sarkastisch. Die EU ist im Bewusstsein der Briten viel weniger präsent als auf dem Kontinent, und wo sie präsent ist, trägt sie überwiegend negative Konnotationen. Kein Brite hat die EU je als Erlösung von einer schuldbeladenen chaotischen Vergangenheit betrachtet, noch viel weniger als Überwindung des eigenen Nationalismus. Die volle Wucht des ungebrochenen Nationalstolzes in Großbritannien erlebt nur, wer einmal bei einem der großen nationalen Feiertage durch britische Straßen geschlendert ist:[2] Dann sind Straßen und Pubs, Geschäfte und öffentliche Gebäude über und über mit Union Jacks drapiert, die Menschen tragen Kostüme und Hüte in den Nationalfarben, schminken sich die Gesichter entsprechend, und

---

1 Centre for European Reform, Open Europe, European Policy Forum, Institute for Government

2 Queen's Birthday, noch ausgeprägter die Thronjubiläen, vor allem das letzte, als Queen Elizabeth alle Rekorde früherer Monarchen gebrochen hat. Gegenwärtig blickt sie auf über 65 Jahre als Königin zurück.

überall ertönen die Lieder, die als Nationalhymnen gelten: *Land of Hope and Glory* und *Britannia rules the Waves*.

Der Brexit hat die Unterschiede zwischen dem Selbstverständnis der Briten (in erster Linie der Engländer) und der Kontinentaleuropäer in scharfes Schlaglicht getaucht: Engländer haben sich um 1500 vom Kontinent abgewandt. Damals verloren sie ihre letzten Besitzungen auf der anderen Kanalküste, der seit der normannischen Eroberung für ein halbes Jahrtausend England mit dem Kontinent verbunden hatte.[3] Gleichzeitig löste Heinrich VIII. die Bindungen an Rom und etablierte eine Nationalkirche. Engländern fehlt seither die zwiespältige Erfahrung unterschiedlicher religiöser und politischer Loyalitäten, wie sie gerade in Deutschland und Frankreich Religionskriege ausgelöst hat. Der Kanal führte dazu, dass die englische Aristokratie weitgehend unter sich blieb. Während auf dem Kontinent Adelshäuser sich ständig miteinander versippten, suchten sich zwar die Herrscher Englands[4] ihre Ehepartner auf dem Kontinent, nicht aber der Rest der Aristokratie: Sie blieb unter sich und durch die strikte männliche Primogenitur auch kleiner, überschaubarer und homogener als der Adel auf dem Kontinent. England hängt an seiner Common Law-Tradition, das das Recht im Einzel- und Präzedenzfall sucht; die Systematik und begriffliche Hierarchie des Römischen Rechts ist ihm fremd geblie-

---

3 England kontrollierte über viele Jahrzehnte weitere Teile des heutigen Frankreichs als die französischen Könige. Die englische Monarchie beanspruchte bis 1802 den Thron Frankreichs und führte die französischen Lilien im Wappen.

4 Streng genommen hatte England nie eine Herrscherdynastie, die aus dem eigenen Land stammte. Die Plantagenets waren französisch, die Tudors walisisch, die Stuarts schottisch, Wilhelm III. und Anna niederländisch und die Hannoveraner und das Haus Sachsen-Coburg-Gotha deutsch. Erst 1915, unter dem Eindruck des Kriegs gegen Deutschland, änderte das Königshaus seine Bezeichnung in „Windsor". Prinz Philipp, ist ein geborener Battenberg, eine hessische Adelsfamilie, die seit Jahrhunderten auf dem Kontinent prominente Positionen besetzt hat.

ben. Die Beziehungen zu den englischstämmigen Bevölkerungen in den ehemaligen Kolonien wie Kanada, Australien, Neuseeland und natürlich vor allem in den USA sind Engländern näher und vertrauter als die zu den kontinentalen Nachbarn. Auf dem Kontinent sprechen die meisten Menschen mindestens eine, inzwischen immer öfter sogar zwei oder drei Fremdsprachen. In England bleiben Fremdsprachenkenntnisse eine Seltenheit. Die englische Monarchie hält nicht nur das Vereinigte Königreich zusammen,[5] sie fungiert gleichzeitig als Staatsoberhaupt in sechzehn Commonwealth-Staaten. Der Monarch ist zugleich Oberhaupt der anglikanischen Nationalkirche. Schließlich haben die Erfahrungen aus zwei Weltkriegen, die das Vereinigte Königreich als Sieger, ohne nennenswerte Kriegshandlungen auf dem eigenen Territorium und ohne Besatzung überstanden hat, zu einem Sonderbewusstsein geführt. Dies sind einige der Faktoren, die erklären, weshalb Engländer viel tiefer und hartnäckiger an ihrer Sonderidentität festhalten als die meisten Europäer. Dazu gehören auch Schrullen wie das krampfhafte Festhalten an eigenen Maßen und Gewichten und am Linksverkehr. Das metrische System gilt vielen Briten immer noch als Zumutung, ein rationalistisches Produkt der französischen Revolution, traditionsverachtend und durch und durch unbritisch. Vermutlich nimmt die EU-Begeisterung überall in Europa langsam ab. Aber auf dem Kontinent steht ihr kein so ausgeprägter Nationalismus mehr entgegen.

Der Brexit wird von drei unterschiedlichen Strömungen getragen. Da sind zunächst die radikalen Weggenossen von Margaret Thatcher, die es nicht verkraftet haben, dass Maastricht und der Schwarze Mittwoch ihre Partei letztlich dreizehn Jahre lang auf die Oppositionsbänke verbannt hat. Für sie ist Brüssel der Inbegriff einer *meddling bureaucracy*,

---

5 Das Vereinigte Königreich ist der einzige Staat der Welt, der sich allein durch seine Regierungsform definiert und ohne jeglichen Bezug auf ein Volk oder ein Territorium auskommt. Der einzige andere Staat, der sich ebenfalls allein durch seine Regierungsform ohne Bezug auf Volk oder Territorium definierte, ist 1991 untergegangen. Es war die Sowjetunion.

wenn nicht schon der Anfang einer Planwirtschaft. Es ist eine Ironie der Geschichte, dass Margaret Thatcher Feuer und Flamme für den Binnenmarkt war und dafür sogar Mehrheitsentscheidungen im Rat hinzunehmen bereit war, aber nicht merkte, dass dieser Binnenmarkt das Einfallstor für aus ihrer Sicht sozialistische Regulierungen bot, wie sie Jacques Delors massiv vorantrieb, und dass Mehrheitsentscheidungen langsam aber unwiderstehlich zu einer wachsenden Isolierung Großbritanniens führen mussten, und zwar um so schneller, je weitreichendere Ausnahmebedingungen Großbritannien für sich durchsetzte. Beide Entscheidungen setzten Entwicklungen in Gang, die schließlich zum Brexit führten.

Das zeigt sich im heutigen Dilemma vieler Konservativer. Sie drängen auf Vollendung des Binnenmarktes, meinen damit aber freien Wettbewerb in einem möglichst wenig regulierten Markt. In dem Maße, wie die EU ein immer dichteres Netz von Richtlinien und Direktiven über den Binnenmarkt wirft, erlischt die Begeisterung der britischen Radikalen für dieses Projekt. Sie wollen die Staatsquote reduzieren und Rechte von Arbeitnehmern und Konsumenten zurückdrängen. Sie lassen sich von dem Modell einer reinen Marktwirtschaft leiten, wie es die liberale Tradition seit Adam Smith und John Stuart Mill geprägt hat, mit freien Marktkräften und einem Nachtwächterstaat. Sie wollen das meiste zurückdrehen, was Labour seit Harold Wilson an staatlichen Eingriffsmöglichkeiten geschaffen hat.[6] Sie übersehen dabei, dass gerade diese Option auf eine aktive staatliche Steuer- und Subventionspolitik angewiesen ist, um ausländische Investoren anzuziehen.

Die zweite Strömung umfasst kleinere und mittlere Unternehmen, die unter den Auflagen der EU stöhnen. Für sie ist die EU eine Verschwörung der Deutschen und Franzosen, um sich handelspolitische Vorteile auf Kosten der Briten zu verschaffen, indem sie deren Wettbewerbsvorteile durch unnötige Zusatzkosten zunichte machen. Die

---

6   Interessanter Weise wagen es selbst die radikalsten Freihändler nicht, den staatlichen National Health Service in Frage zu stellen.

Ökonomen sprechen davon, die Kosten der Konkurrenz in die Höhe zu treiben: *raising rivals' costs*. Sie verkennt, dass der Großteil der Vorschriften, die bisher die EU gemacht hat, in nationale Vorschriften (und neue nationale Behörden) transformiert werden muss. Was zunächst als *Great Repeal Bill* bezeichnet wurde, ist in Wirklichkeit eine *Great Incorporation Bill*,[7] weil zunächst einmal sämtliche EU-Regeln in nationales Recht übernommen werden. Sie können dann modifiziert werden. Aber in den meisten Fällen bleibt ein objektiver Regelungsbedarf bestehen.

Die dritte Strömung ist die umfangreichste und diffuseste. In ihr finden sich alle Steuerzahler wieder, die sich empören, dass Fremde ins Land kommen und sich mit staatlicher Unterstützung ins gemachte Nest setzen, während sie selbst immer neue staatliche Ausgabenkürzungen hinnehmen müssen. Weshalb dürfen Migranten Sozialhilfe beziehen, weshalb dürfen sie den Gesundheitsdienst ebenso in Anspruch nehmen wie diejenigen, die dafür zahlen? Ihnen sind Freihandel und Globalisierung suspekt, sie wollen ein *England for English people*! Es ist auffällig, dass seit einigen Jahren die alte englische Nationalfahne, das rote Georgskreuz auf weißem Grund, immer häufiger zu sehen ist, inzwischen oft gleichberechtigt neben dem Union Jack. Diese Engländer sind gegen Migration – verstehen aber nicht, dass Migration innerhalb der EU etwas anderes ist als Immigration aus außereuropäischen Gebieten. Sie wollen die Überweisungen nach Brüssel stoppen – sehen aber nicht, dass Großbritannien gemessen an seiner Wirtschaftsleistung und mit seinem Rabatt ohnehin privilegiert ist und dass die Abflüsse nach Brüssel ein Bruchteil dessen sind, was die eigene Regierung wöchentlich für Sozialausgaben aufwendet.[8] Theresa May steht dieser dritten Gruppe am nächsten.

---

7   Inzwischen heißt das Gesetz offiziell *European Union (Withdrawal) Act*.
8   Der britische Staatshaushalt übersteigt £ 800 Mrd. Der Haushalt der EU beträgt etwa £ 150 Mrd. Davon trägt Großbritannien etwa £ 18 Mrd., reine Transfers (ohne Rabatte und Rückflüsse) belaufen sich auf £ 5 Mrd. –

Das Problem liegt darin, dass keine dieser drei Gruppen über eine Mehrheit verfügt. Das einzige, was sie eint, ist ihre Ablehnung der EU. Aber ihre Vorstellungen dessen, was an deren Stelle treten soll, liegen weit auseinander.

Der Brexit ist auch die Reaktion auf den radikalen individualistischen Liberalismus, den Margaret Thatcher in ihr Land gebracht hat. Sie hat damit die Axt an den feudal-aristokratischen und den sozialistisch-gewerkschaftlichen Paternalismus gelegt, wie ihn Tories und Labour bis 1980 verkörpert hatten. Nirgends wird dies deutlicher als in den Veränderungen, die die City of London und die Gewerkschaftsbewegung seither durchgemacht haben. Traditionelle Engländer haben in zwanzig Jahren einen Großteil ihrer vertrauten Einrichtungen verloren: Die Isle of Dogs ist mit ihrem amerikanischen Futurismus der Gegenentwurf zur traditionellen City mit holzgetäfelten Büros und *Bowler Hat* und Regenschirm. Lyons Tea Corner ist durch Espressobars wie Nero, Costa oder Starbucks ersetzt worden. Statt *Fish and Chips* werden Wraps, Sushi und Spring Rolls angeboten, das behäbige Geschäftsessen mit drei Gängen und einem Glas *Claret* ist abgelöst worden von Fast Food, das EAT, Pret à Manger, Café Rouge oder Nando's bestenfalls mit Saft oder Mineralwasser anbieten. Mit der De-Industrialisierung sind die klassischen *blue collar workers* und damit die traditionelle Basis der Gewerkschaften verschwunden. Die *Unite the union* unter Len McCluskey ist mit 1,5 Millionen Mitgliedern die einzige große verbliebene Gewerkschaft. Die übrigen Arbeitnehmerorganisationen umfassen hauptsächlich Lehrer, Kaufhausangestellte und Krankenhauspersonal. Die Zeiten, in denen Gewerkschaften Regierungen die Stirn bieten und mit Streiks das Land lähmen konnten, sind längst vorbei.

---

also weniger als 0,6 % des nationalen Gesamtbudgets. Michael Bloomberg bemerkte 2017, der Brexit sei *"the single stupidest thing any country has ever done"*.

Der Brexit kam nicht aus heiterem Himmel. Seine Wurzeln reichen bis in die Nachkriegszeit zurück, seine Folgen werden ebenso lang zu spüren sein. Alle Argumente, die heute für den Brexit zu hören sind, lassen sich fast wortgleich über sechzig Jahre zurück verfolgen – und sie werden noch in sechzig Jahren zu hören sein. Der Brexit wird auf Jahrzehnte das politische und wirtschaftliche Leben im Vereinigten Königreich bestimmen. Er stellt siebzig Jahre nach Ende des Zweiten Weltkriegs und fünfzig Jahre nach dem Zerfall des Empire erneut die Grundsatzfrage, welche Rolle dieses Land spielen will. Achesons Ausspruch hat nichts von seiner Relevanz verloren: *„Great Britain has lost an Empire and has not yet found a role."*[9]

Auf Jahre hinaus werden wertvolle Ressourcen gebunden sein, um mit den Folgen des Brexit fertig zu werden. Großbritannien wird sich innerlich und in seinem politischen Profil von der EU entfernen und versuchen, erneut eine Rolle als Globalmacht zu spielen. Wo dies misslingen sollte, wird die EU als Sündenbock herhalten müssen. Die Schuld daran, dass die Dinge sich schwieriger entwickeln als von den Brexit-Propheten 2016 großspurig verkündet, schieben die Boulevardzeitungen schon jetzt der EU zu. Umgekehrt wachsen auf dem Kontinent Unmut und Ungeduld mit einem Partner, der ständig nach Sonderregelungen, Vergünstigungen oder Nachverhandlungen verlangt und, in den unsterblichen Worten von Boris Johnson, seinen Kuchen haben und essen will.[10]

---

9 Speech at West Point (5. Dezember 1962)
10 Boris Johnson am 30. September 2016: *„I'm rather for having my cake and eating it, too!"* (https://www.thesun.co.uk/news/1889723/boris-johnson-joins-forces-with-liam-foxand-declares-support-for-hard-brexit-which-will-liberate-britain-to-champion-free-trade/, 23.05.2018)
Johnson forderte auf dem Parteitag der DUP in Belfast *"junk the backstop and agree that neither side will introduce a hard border in Northern Ireland"*. Die meisten nationalkonservativen Tories verachten die Iren. Als Herzog Wellington aufgrund seiner Geburt in Dublin als „Ire" bezeichnet wurde,

Wichtiger als die materiellen und institutionellen Folgen könnten die psychologischen Auswirkungen werden: Nach fast zwei Generationen begann die britische Bevölkerung, ihre Zugehörigkeit zu Europa zu spüren. Bei vielen löste dies Abwehrreflexe aus. Die Art der Trennung, der absehbare jahrelange Streit um die Details der Trennung bzw. über die juristisch komplizierten Formeln einer neuen Kooperation wird auf beiden Seiten Enttäuschung und Argwohn wecken. Viele Briten werden der EU Rachsucht und böswillige Schikane unterstellen. Die Menschen in der EU werden wenig Verständnis für ein Land haben, das einerseits den Club verlassen will, in dem sie sich selbst gut aufgehoben fühlen, gleichzeitig aber erneut Sonderbedingungen und Sonderrechte fordert.[11] Die Gefahr liegt darin, dass alte nationalistische Vorurteile zu neuem Leben erweckt werden und der Kontinent wieder über *perfidious Albion* und den *English spleen*, Großbritannien über pedantisch-kleinliche *krauts,* herrschsüchtige *huns* und bürokratisch-formalistische *frogs* lästert. Der mit endlosen Streitigkeiten und Reibungen verbundene Verlust von Vertrauen und gegenseitiger Achtung könnte zur gefährlichsten Auswirkung des Brexit werden.[12] Die Gefahren des Nationalismus liegen weniger in der Überhöhung der eigenen Nation als in der herablassenden Verachtung gegenüber anderen Nationen.

Die meisten der Versprechungen und Befürchtungen, die während der Kampagne 2016 geäußert wurden, sind bislang nicht eingetroffen, zumindest nicht in der schroffen Form, in der sie vorhergesagt wurden.

---

entgegnete er herablassend: *„Being born in a stable does not make one a horse".*

11 Ein Gesprächspartner brachte es auf die knappe Formel: „Als die Briten in der EU waren, wollten sie ständig 'raus. Jetzt kommen sie endlich 'raus, und wollen ständig wieder 'rein!"

12 Jeremy Hunt wies darauf während seines Besuchs in Berlin hin (22. Juli 2018), als er meinte, die Gefahr eines *no deal-Brexit* wachse mit jedem Tag, man sei dabei, schlafwandlerisch in einen Abgrund zu stürzen. Dies werde die Haltung zur EU in seinem Land auf Generationen hinaus prägen und zu einem Riss in den Beziehungen führen.

Die Zweifel, ob es gelingen kann, für die absehbaren wirtschaftlichen Verluste an anderen Stellen adäquaten Ersatz zu finden, sind massiv.[13]

Die Abschätzung der Brexit-Folgen für das Vereinigte Königreich, für Deutschland, die EU und den Rest der Welt sind in weiten Bereichen spekulativ, weil viele Einzelheiten noch ausgehandelt werden müssen und viele Fragen so komplex sind, dass sich gar nicht kalkulieren lässt, wie diese höchst verschiedenen Faktoren zusammenwirken werden. Statistischen Prognosen bzw. Extrapolationen, Modellrechnungen und Zahlenschätzungen sollte mit äußerster Vorsicht begegnet werden. Die Wirklichkeit beugt sich selten abstrakt-theoretischen Modellen. Exakte Vorhersagen wirken unseriös in einem Bereich, für den es keine empirischen Erkenntnisse gibt und der sich allenfalls kontrafaktisch skizzieren lässt. Niemand kann vorhersagen, wie schwer die Folgen des Brexit wiegen, wie lange sie zu spüren sein werden oder wen sie genau wie treffen werden. Sie können neue Energien und Kreativität freisetzen oder aber zu Frustration, Passivität und Ressentiments führen. Es geht um Trends und dynamische Zusammenhänge, nicht um exakte Prophezeiungen; um Wahrscheinlichkeiten, nicht um Fakten; um Tendenzen, nicht um präzise Szenarien. Mit diesen Vorbehalten sollten die folgenden Kapitel gelesen werden.

---

13 Viele der prominenten *Leave*-Vertreter haben mit völlig unrealistischen Wunschphantasien argumentiert. David Davis prahlte im Unterhaus im Januar 2017, er werde einen Vertrag vorlegen, in dem Großbritannien sämtliche Vergünstigungen der EU-Mitgliedschaft behalte und gleichzeitig freie Hand gewönne, beliebige Handelsverträge mit anderen Staaten abzuschließen. Liam Fox behauptete, der Brexit-Vertrag werde der einfachste Vertrag werden, den es je auszuhandeln galt.

4.2 Folgen für das Vereinigte Königreich

Zusammenfassung: Der Brexit stellt jenseits aller ökonomischen Folgen Großbritannien vor schwerwiegende Verfassungsprobleme. Er hängt ein Fragezeichen über die Zukunft der Union der vier Landesteile und über die bisherige Position des Parlaments. Er könnte die Parteienlandschaft umkrempeln. Er hat die Spaltung der Parteien und in der Bevölkerung nicht geheilt, sondern vertieft. Die Gewinne auf den fünf Gebieten, um die es im Referendum ging (Souveränität, Wirtschaft, Migration, Staatshaushalt und neue Handelschancen) sind ungewiss und werden von hohen Risiken relativiert.

> *A soggy little island, huffing and puffing*
> *to keep up with Western Europe*
> John Updike

> *England is sticky with self-pity and not prepa-*
> *red to accept peacefully and wisely the fact that her posi-*
> *tion and her resources are not what they once were*
> John Maynard Keynes

Der Brexit wird langfristig die innere politische Landschaft des Vereinigten Königreichs verändern, neue Verfassungsfragen aufwerfen und Profil und Programme der politischen Parteien auf Jahre hinaus dominieren. Der Brexit wird den Außenhandel mit der restlichen EU verringern und behindern. Völlig offen ist, wie, wo und in welchem Umfang diese absehbaren Verluste durch neue Gewinne an anderer Stelle aufgefangen werden können. Großbritannien hat prinzipiell drei Wege, um mit den Brexit-Folgen fertig zu werden:

- Es kann seine Innovationsfähigkeit fördern, die besten kreativen Geister weltweit anziehen und sich zu einer Schmiede neuer Gedanken, Technologien oder Produkte wandeln. Das wird in der neuen Randlage schwieriger werden als vorher.
- Es kann die Produktivität erhöhen, indem es Kosten senkt und Arbeitsabläufe strafft und damit effizienter macht. Die Erfah-

rungen der britischen Automobilindustrie sprechen gegen dieses Modell: Über Jahrzehnte hat der britische Automobilbau weltweit und schließlich sogar auf dem eigenen Markt zuhause Anteile verloren, bis ausländisches Management kam und binnen weniger Jahre diesen Trend umkehrte. Historische Erfahrung spricht dagegen, dass dieses Modell funktionieren wird.

- Der letzte Weg bestünde darin, durch Abwertung, Senkung von Lohnkosten, geringere Sicherheits- und Umweltstandards Wettbewerbsvorteile zu gewinnen. Dieser Weg würde kurzfristige Gewinne mit hohen langfristigen Kosten erkaufen. Der traditionelle Weg, Wettbewerbsfähigkeit durch wiederkehrende Abwertungen herzustellen, zeichnet sich bereits ab und dürfte die nächste Zukunft zunächst bestimmen.

Innenpolitische Folgen

Der Brexit ist genau genommen kein Brexit sondern ein „Exit", d. h. ein Austrittswunsch, Englands, nicht des gesamten Vereinigten Königreichs. Es ist kein Zufall, dass England am stärksten von Migration betroffen ist, wohingegen die anderen drei Landesteile wenig davon spüren. UKIP und die Tories haben dort keine Rolle gespielt. Lediglich Wales, der historisch, geographisch und wirtschaftlich am engsten mit England verflochtene Landesteil, ist England gefolgt. Schottland und Nordirland haben unzweideutig für einen Verbleib in der EU gestimmt. Brexit wird die divergierenden Tendenzen zwischen den vier Nationen im Vereinigten Königreich verstärken. Die Einigkeit wird schwächer, zentrifugale Tendenzen nehmen zu. Wenn das Vereinigte Königreich englischer und konservativer wird – und das Referendumsergebnis war ein Triumph des ländlich-konservativen Englands gegen die übrigen Landesteile und das kosmopolitische London – wird sein Zusammenhalt schwächer, denn gerade gegen diese traditionelle Dominanz

Englands wehren sich die anderen drei Landesteile. Der Fortbestand des heutigen Staates ist keineswegs mehr so gewiss wie er das die letzten 300 Jahre über war. Das Verhältnis zu der englisch-schottischen Exklave in Nordirland ist durch den Brexit in den Fokus der politischen Debatte gerückt. Kontinentaleuropäern, die noch nie von den Problemen auf der irischen Insel gehört haben, ist dieses Problem durch die Brexit-Debatte geläufig geworden. Das Zusammenspiel zwischen politisch-wirtschaftlichem Zentrum in London und der Peripherie, das durch die Devolution unter Tony Blair eingeleitet wurde, ist neu auszutarieren, weil Zuständigkeiten zurückverlagert werden und heftiger Streit absehbar ist, wo sie letztlich landen sollen. Die Zukunft Schottlands und Nordirlands könnte sich nach dem Brexit rascher verändern als vorher. Es geht künftig um die Frage, ob es überhaupt ein einheitliches, in vier Nationen gegliedertes Staatsvolk gibt, wie Mehrheiten in einer zunehmend heterogenen Gesellschaft zustande kommen und wie Minderheiten sich gegen Totalitätsansprüche von Mehrheiten schützen können.

Das Damoklesschwert einer Unabhängigkeit Schottlands hängt weiter über dem Vereinigten Königreich. Die Schottische Nationalpartei will das Unabhängigkeitsreferendum wiederholen. Eine volle Unabhängigkeit ist allerdings durch den Brexit keineswegs wahrscheinlicher geworden. Einerseits hat sich in Schottland der Wunsch, sich von der Bevormundung Englands loszusagen, nach dem Brexit-Votum verstärkt. Schon 2014 war das Versprechen, in der EU zu bleiben, ein Kernpunkt der schottischen Nationalisten. Andererseits bestand 2014 noch die Perspektive, mit England weiterhin einen einheitlichen Wirtschaftsraum zu bilden. Die Queen sollte gemeinsames Staatsoberhaupt, das Pfund gemeinsame Währung bleiben. Schwer vorstellbar, dass die EU es einem Mitgliedstaat gestatten könnte, die Währung eines Fremdstaates zu nutzen, der die EU explizit abgelehnt hat. 2014 hatte Schottland noch gehofft, die EU-Mitgliedschaft mit in die Unabhängigkeit nehmen zu können. Nach vollzogenem Brexit führt kein Weg daran vorbei, einen neuen Aufnahmeantrag zu stellen und die gesamte

Aufnahmeprozedur zu durchlaufen. Die schottisch-englische Grenze, die seit Jahrhunderten aus dem Bewusstsein geschwunden ist, würde zu einer EU-Außengrenze mit Waren- und Personenkontrollen. Das Grenzproblem auf der irischen Insel würde mit einem Grenzproblem auf der Insel Großbritannien dupliziert. Damit stehen die Befürworter einer schottischen Unabhängigkeit vor einem Dilemma: Einerseits verstärkt der gegen ihren erklärten Willen vollzogene Brexit das Streben nach nationaler Selbstbestimmung. Andererseits wären die Folgen einer Unabhängigkeit viel radikaler und einschneidender. Der Graben, den eine Unabhängigkeit ziehen würde, wäre tiefer und schmerzlicher mit der Gefahr, dass er im Laufe der Zeit noch breiter würde, je stärker EU und England sich voneinander entfernen. Deshalb erhöht der Brexit in paradoxer Weise den Wunsch nach Sezession, reduziert aber die Bereitschaft, ihn zu verwirklichen. Allerdings wird Schottland um so nachhaltiger insistieren, dass die Rolle der Regionalinstitutionen (Parlament und Regierung in Edinburgh) aufgewertet werden und überproportionalen Anteil an den aus Brüssel zurückfließenden Kompetenzen erhalten.

Nordirland wird auf Jahre nicht zur Ruhe kommen, weil der im Karfreitagsabkommen gefundene Kompromiss zwischen beiden verfeindeten Gruppierungen kippt. Arlene Foster, die Anführerin der Unionisten, spielt sich zwar als Wortführerin der gesamten Provinz auf. Bei den letzten Wahlen erhielt ihre Partei 28,1 Prozent der Stimmen und damit 0,2 Prozent mehr als die republikanische Sinn Féin. Es ist eine Tragödie, dass Nordirland in dieser entscheidenden Phase über keine demokratisch legitimierte Vertretung verfügt und somit die radikale Stimme von Foster als Stimme Nordirlands gilt. Die Selbstverwaltung Nordirlands ist Anfang 2017 zusammengebrochen. Deshalb kann Nordirland nicht in politisch legitimierter Weise an der Brexit-Debatte mitwirken. Dadurch, dass die DUP in Westminster als Mehrheitsbeschaffer der konservativen Regierung May unentbehrlich ist, gewinnt sie unter der resoluten Führung der Hardlinerin Foster überproportional Einfluss auf Regierungsentscheidungen des Vereinigten Königreichs. An Fosters Unnachgiebigkeit ist bereits die Koalitionsregierung mit Sinn Féin zerbrochen. Ihre Position reflektiert lediglich eine Minderheit und ist unvereinbar mit dem ungewöhnlich hohen Votum für einen Verbleib in der EU, den das Referendum von 2016 in Nordirland ergeben hat. Mehr als die Hälfte der nordirischen Bevölkerung ist in Brexit-Fragen nicht repräsentiert. Etwa ein Drittel hat irische Staatsbürgerschaft. Die sieben gewählten Abgeordneten von Sinn Féin weigern sich traditionell, ihre Sitze im Westminster-Parlament einzunehmen. Wer in Nordirland irisch-republikanisch gesonnen und für einen Verbleib in der EU ist, hat in Westminster keine Stimme. Was der Austrittsvertrag über Nordirland festlegt, berücksichtigt nicht das, was die meisten Bewohner dieses Gebietes wollen. Damit werden demokratische Grundsätze und Verfahren übergangen und eine ohnehin verbitterte Bevölkerung weiter entfremdet. Das könnte sich verhängnisvoll auswirken.[14]

Für Nordirland gilt die Faustformel: Je härter der Brexit, um so härter das Grenzregime zwischen Nordirland und der Republik. Nordirland hat im Grunde vier Optionen:

- Kommt es zu keinem Brexit, tauchen keine neuen Probleme auf.
- Wählt das Vereinigte Königreich einen weichen Brexit (Norwegen-Modell), bleiben ebenfalls neue Probleme aus.
- Der EU-Vorschlag sieht vor, dass im Falle eines harten Brexit für Nordirland eine Sonderlösung (faktisch ein weicher Brexit) gelten soll.
- Scheidet das gesamte Vereinigte Königreich mit einem harten Brexit aus, wird die innerirische Grenze zu einer harten Außengrenze.

---

14 Mary C. Murphy: *Transition and Ireland/Northern Ireland* (http://ukandeu.ac.uk/wp-content/uploads/2018/09/UKICE-Transition-Report.pdf)

Aus nordirischer Sicht sind die ersten drei Optionen akzeptabel, die dritte unter keinen Umständen.

Denn je härter diese Grenze, um so höher die Wahrscheinlichkeit, dass es erneut zu Gewalttätigkeiten und blutigen Zusammenstößen kommt. Das Karfreitagsabkommen wird von vielen Engländern als unverrückbar betrachtet. Tatsächlich ist es höchst fragil und kann leicht den Weg zurück in die Gewaltextreme öffnen, die Nordirland dreißig Jahre vorher heimgesucht haben.[15] Die Republikaner in Nordirland (Sinn Féin) wollen keinerlei Barrieren zwischen sich und dem Süden der Insel. Die Unionisten wollen keinerlei Sonderstatus im Vergleich zum restlichen Vereinigten Königreich. Die einen wollen keine Landgrenze, die anderen keine Grenze in der irischen See. Eine bestimmbare, kontrollierte Grenze wird es jedoch irgendwo irgendwie geben müssen. Die Republik Irland will in der EU bleiben. Die Regierung in Dublin lässt wenig Zweifel daran, dass sie notfalls ihre Zustimmung verweigern wird, um ein für sie inakzeptables Grenzregime zu verhindern.[16] Jeder Ansatz zu einer Abtrennung von der Republik Irland wird von Sinn Féin (und unter Umständen von einer wieder erwachten IRA) bekämpft werden. Jede Distanzierung zwischen Nordirland und dem Rest des Vereinigten Königreichs wird auf erbitterten Widerstand der Unionisten stoßen. Aus den drei Jahrzehnten von 1969 bis 1999, den Zeiten der *trouble*, funktionieren noch die alten Organisationen, bestehen noch die persönlichen Beziehungen, leben noch viele Anführer des Untergrund. Vermutlich existieren sogar noch illegale Waffenver-

---

15 Der Historiker Roy Foster hierzu: „*The days of contraband checks, identity interrogations and angry queues had long been gone. To assume that they cannot return after Brexit, is another instance of wishful (or rather slothful) thinking*".

16 Das Hobsonsche Dilemma für die Regierung in Dublin liegt darin, dass die einzige wirksame Drohung, nämlich den Austrittsvertrag am Grenzregime scheitern zu lassen, gleichzeitig für sie selbst die schlechteste Option darstellt, weil damit scharfe Grenzkontrollen unumgänglich werden, die sie gerade verhindern will.

stecke. Es bedarf nur eines Funkens, um blutige Anschläge und erbitterte Straßenkämpfe erneut zum Alltag werden zu lassen. Die reichlichen Geldströme aus Brüssel, die bislang nach Belfast geflossen sind, werden austrocknen. Die Perspektive, gleichermaßen an diesen Geldströmen teilzuhaben, war eine wichtige materielle Grundlage für die Kooperationsbereitschaft zwischen Unionisten und Republikanern. London müsste für diese Zahlungen einspringen, aber solange die DUP die Regierung in London stützt, gilt London nicht als unparteiisch. Es besteht wenig Hoffnung, dass der Brexit die Chancen für eine Bewahrung der Stabilität, die seit dem historischen Kompromiss von 1998[17] geherrscht hat, erleichtert.

Die Unabhängigkeitsbestrebungen Schottlands und die alten Antagonismen zwischen Unionisten und Republikanern in Nordirland glimmen fort. Ein Brexit könnte diese Glut wieder emporlodern lassen. Wenn die konservative Regierung in London zu sehr den eigenen Parteiinteressen, die auf England beschränkt sind, Vorrang einräumt,

---

17 Seit 1999 funktionierte die Regierung in Nordirland als mandatorische Koalitionsregierung, in der die an sich verfeindeten Gruppierungen Unionisten (DUP und UUP) und Republikaner (Sinn Féin) eine gemeinsame Regierung bildeten und im Parlament (Stormont) gemeinsam abstimmten. Beide Gruppierungen haben dadurch Zugang zu den massiven Geldtransfers aus den USA, aus der EU und aus London, die den Friedensprozess absichern sollen. Seit 2017 funktioniert diese mandatorische Koalition nicht mehr, Nordirland steht unter Direktverwaltung aus London, und nichts deutet darauf hin, dass diese Krise bald überwunden sein wird. Der Brexit schürt im Gegenteil Misstrauen und Ängste, weil er eine unkalkulierbare Dynamik in dieses Gleichgewicht bringt und jede Seite fürchtet, auf dem Altar englischer Interessen geopfert zu werden. Arlene Foster hat die Rückkehr zu einer *Direct Rule* ins Spiel gebracht, unter der sämtliche politische Regionalinstitutionen zwischen 1972 und 1999 suspendiert waren. London hat der Option, gemeinsam mit der Republik Irland direkte politische Verantwortung für Nordirland zu übernehmen, eine strikte Absage erteilt. Der Brexit erhöht die Wahrscheinlichkeit, dass Nordirland nicht zu einem eigenen inneren politischen Gleichgewicht zurückfindet und deshalb längerfristig von London aus verwaltet werden muss.

droht letztlich womöglich ein Little England ohne Schottland und eine nach viel Blutvergießen wieder vereinigte Insel Irland. Die Ablösung von der Europäischen Union könnte zur Auflösung der Union von 1707 führen.

Mit dem Brexit werden umfangreiche Zuständigkeiten in der Agrar- und Fischereipolitik, die bisher in Brüssel lagen, ans Vereinigte Königreich zurückfallen. Nach den Devolutionsverträgen bilden viele dieser Zuständigkeiten Teil der devolvierten Befugnisse. Schottland und Wales drängen deshalb darauf, dass diese Kompetenzen von Brüssel unmittelbar an sie übergehen. Das Westminster-Parlament besteht darauf, dass sie Teil eines Gesamtpakets sind, das zunächst in seine eigene Verfügung zurückfällt, um dann nach eventuell notwendigen Korrekturen an die Regionalbehörden weitergereicht zu werden. Der Streit um diese Zuständigkeiten wird den grundlegenden Streit über die Verfassung des Vereinigten Königreichs neu anheizen. Devolution ist nicht Föderalismus. Dieser stattet die Föderationssubjekte mit originären Rechten aus. Devolution bedeutet, dass die Zentralgewalt Zuständigkeiten abgibt, diese aber jederzeit einseitig wieder zurückholen kann. Die Besonderheit im Vereinigten Königreich liegt darin, dass es zwar Regionalparlamente und Regionalregierungen für Schottland, Wales und Nordirland gibt, nicht jedoch für England. Das Parlament in Westminster ist gleichzeitig das Parlament des Vereinigten Königreichs und die einzige politische Autorität in England. Das bedeutet, dass schottische, walisische und nordirische Abgeordnete in Fragen, die allein England betreffen, ein Mitspracherecht haben, dies umgekehrt jedoch nicht gilt.[18] Bisher handelte es sich hierbei um wenige und marginale Fragen. Die Fischereipolitik könnte jedoch rasch zu erbitterten Streitigkeiten führen, weil sie zwar weitgehend unter devolvierte Zuständigkei-

---

18 In der britischen Verfassungsdiskussion ist dies als die *West-Lothian Question* bekannt. Sie hat 2015 zu der *English votes for English laws*-Prozedur (EVEL) im Westminster Parlament geführt, nach der englische Abgeordnete Gesetzgebung verhindern können, die nur England betrifft.

ten fällt, aber eben bislang in Brüssel zentral koordiniert wurde. So fragwürdig die EU-Fischereipolitik in manchen ihrer Ergebnisse sein mag, so wenig lässt sich die Logik bestreiten, dass Fangrechte und -quoten in einem einheitlichen Lebensraum möglichst gemeinsam geregelt sein sollten.

Die Auswirkungen des Brexit werden das Vereinigte Königreich auf eine Zerreißprobe stellen. Die Frage nach Form und Grenzen staatlicher Einheit wird sich mit erneuter Dringlichkeit stellen, und sie wird nicht so schnell verschwinden. Sie kann beantwortet werden, indem man wie bisher pragmatische, aber nicht unbedingt systematische *ad-hoc*-Lösungen sucht (*muddling through*). Es kann ebenso gut sein, dass der traditionelle Zentralismus gestärkt aus dieser Krise hervorgeht wie, dass Ansätze zu echter Föderierung Auftrieb erhalten und auch England eine Regionalregierung erhält (oder mehrere). Der Brexit wird Loslösungstendenzen in Schottland und Nordirland verstärken; er könnte in Nordirland zusammen mit demographischen Verschiebungen langfristig den Weg für eine Wiedervereinigung der Insel unter republikanischen Vorzeichen bereiten. Eine Wiedervereinigung der irischen Insel wird sich jedoch nicht ohne gewaltige Erschütterungen und gewalttätige Auseinandersetzungen vollziehen.

Diese verfassungsrechtlichen Fragen werden von nicht weniger gravierenden Verschiebungen in der Parteienlandschaft begleitet. Wilson und Cameron hofften, durch die Referenden über die EU-Mitgliedschaft die eigene Partei wieder geschlossen hinter sich zu bringen. Beide haben genau das Gegenteil erreicht. Die leidenschaftlichen Debatten über die EU haben die Kluft in beiden Parteien vertieft, Gegensätze sind unversöhnlicher geworden. Das Referendum von 1975 hat nicht verhindert, dass wenige Jahre später namhafte Mitglieder die Labour-Partei verließen und die Sozialdemokratische Partei[19]

---

19 SDP. Die Gründer waren 1981 David Owen, Roy Jenkins (später Kommissionspräsident in Brüssel), Bill Rodgers und Shirley Williams. 1988 schlossen sich SDP und Liberale zur Liberaldemokratischen Partei zusammen.

gründeten. Die konservative Partei ist seit dem Referendum von 2016 zerrissener denn je. Die einzige Opposition, die May zu fürchten hat, ist die aus den eigenen Reihen. Diejenigen, die den Austritt aus der EU wollen, waren bis 2016 eine Minderheit. Heute geben sie den Ton an. Die Gegensätze innerhalb der Partei werden tiefer und polemischer, je klarer sich die Folgen des Brexit abzeichnen. In über zwei Jahren ist es der konservativen Partei nicht gelungen, ein kohärentes, mehrheitsfähiges Konzept für den Brexit zu entwickeln. Dass ein Außenminister seiner Regierungschefin immer wieder öffentlich in die Parade fährt, war bislang unerhört.

Die konservative Partei wird auf Jahre hinaus an der Spaltung zwischen *Leavers* und *Remainers* leiden. Beide Flügel werden sich gegenseitig Vorwürfe machen, wenn das Land in Schwierigkeiten gerät – der eine, weil der Brexit nur halbherzig und nicht radikal genug vollzogen wurde, der andere, weil der Brexit impulsivem Wunschdenken entsprang und kein Konzept dahinter stand, wie er konkret auszugestalten sei. UKIP ist verschwunden – aber um den Preis, dass ihre Wählerschaft weitgehend von den Konservativen aufgesogen worden ist und nationalistische Strömungen in der ohnehin national-konservativen Partei verstärkt hat.

Viele klassische Labour-Wahlkreise haben auffällig hoch für den Brexit gestimmt. Deshalb muss auch Labour in dieser Frage vorsichtig operieren. Die Partei ist hin und her gerissen zwischen einer Führung, die den EU-Austritt eigentlich begrüßt, und einer wachsenden Zahl in den eigenen Reihen, die den Brexit möglichst abmildern, wenn nicht sogar gänzlich vermeiden will. Die Gewerkschaften, die noch vor 30 Jahren die EU vehement bekämpft haben, treten heute mehrheitlich für den Verbleib im Binnenmarkt ein. Jeremy Corbyn lässt an seiner persönlichen Ablehnung der EU keinen Zweifel und umgibt sich mit Beratern ähnlicher Überzeugung. Der Verbleib in der Zollunion ist zwar seit Februar 2018 nominell Forderung von Labour, hat aber weder in der Rhetorik noch in Initiativen der Parteiführung einen Niederschlag gefunden. Der innere Zwiespalt in der Brexit-Frage hindert Labour daran, ihren eigentlichen politischen Auftrag wahrzunehmen und eine wirkungsvolle Opposition gegen die konservative Regierung zu betreiben. Seit der Sommerpause wittert Labour Morgenluft und arbeitet auf baldige Neuwahlen hin, von denen sich die Partei einen überwältigenden Sieg erhofft.

Die beiden traditionellen etablierten Parteien stehen vor einer Zerreißprobe, und es kann gut sein, dass ein Teil der Konservativen sich abspaltet. Die Konservativen bildeten traditionell eine Allianz aus den großbürgerlichen, global aktiven Unternehmern und finanziellen Dienstleistern in London und der Provinz, wo Engländer ihrer ländlichen Idylle von gemächlicher Gartenpflege, Kirche, Tradition und Geborgenheit anhängen konnten. Labour hingegen bestand aus einem Amalgam zwischen einer traditionellen Arbeiterklasse, die in England ein ungewöhnlich starkes Selbstbewusstsein entwickelt hatte, und einer intellektuellen Mittelschicht. Die einen hatten handfeste, lokale Interessen an höheren Löhnen und verbesserten Arbeitsbedingungen. Die anderen dachten universalistisch und idealistisch. Traditionell stimmten Provinz und *business* konservativ, Industriestädte und Universitätsstädte eher für Labour. Brexit hat diese alten sozialen Strukturen zusammenstürzen lassen. Es geht nicht mehr um traditionelle Klassenschranken, es hat sich eine völlig neue unternehmerische und politische Elite gebildet. Auf der einen Seite geht die idyllische Landschaft zusammen mit den verwahrlosten Industriebrachen und will Protektionismus und Immigrationskontrollen; dort fürchtet man die Auswirkungen der Globalisierung und fühlt sich hilflos fremden Veränderungszwängen ausgeliefert. Dem steht ein neues Lager gegenüber, in dem sich plötzlich das Londoner Großkapital mit den Gewerkschaften wiederfindet. Großunternehmer finden sich plötzlich an der Seite traditioneller Gewerkschafter wieder, weil diese auf den Arbeitnehmerschutz der EU nicht verzichten wollen, jene um Markzugang und Lieferketten fürchten. Wie überall in Europa verlieren die traditionellen Volksparteien an Zustimmung. UKIP hat vorgemacht, wie leicht und schnell sich das traditionelle Parteiensystem aus den Angeln heben lässt. Dem Parteiensystem und dem Wahlrecht sind wichtige Fundamente weggebrochen.

Das Referendum sollte dem schwelenden Streit um die EU in Großbritannien ein legitimes, unbestreitbares Ende setzten.[20] Auch dies erweist sich als Fehlkalkulation. Statt das Volk zu einen, hat das Referendum aus einer von der Mehrheit als nebensächlich empfundenen Sache einen Zankapfel gemacht, um den mit geradezu religiöser Inbrunst gestritten wird. Historiker meinen, seit dem Bürgerkrieg vor nahezu 400 Jahren sei die Gesellschaft Englands nicht mehr so erbittert in sich zerstritten gewesen. Die Abstimmungsmehrheit war dünn, sie war nicht einheitlich, die Minderheit wird sich ebenso wenig passiv-resignierend in ihr Schicksal fügen, wie dies die schottischen Nationalisten nach 2014 getan haben. Deshalb wird auch eine erneute Volksabstimmung unter den gegenwärtigen Umständen keine eindeutige Klarheit bringen, sondern die Emotionen nur weiter aufpeitschen. Das Volk, wenn man es fragt, antwortet eben nie mit einer, sondern immer mit mehreren Stimmen. Gegenwärtig gibt das zerrissene und entscheidungsunfähige Parlament ein getreues Abbild des Volkes wider und ist insoweit wahrhaft repräsentativ.

Der Riss zwischen EU-freundlichen und EU-feindlichen Meinungen wird sich weiter vertiefen, wenn sich in künftigen Jahren Enttäuschungen und Rückschläge abzeichnen. Einige Historiker vergleichen die Entwicklungen um den britischen Brexit mit dem Ablauf der Französischen Revolution: Wie die Franzosen sich von der Monarchie abwandten, so wenden sich derzeit die Briten von der EU ab. Zunächst setzten sich die Girondisten für eine konstitutionelle Monarchie ein

---

20 Dies war eine vermessene Annahme, denn schon das Referendum von 1975 hatte die Debatte nicht zum SChweigen bringen können. Labour zog vielmehr acht Jahre später mit einem Programm in den Wahlkampf von 1983, das ausdrücklich den Austritt aus der EU vorsah - ohne weitere Volksabstimmung. Danach musste klar sein, dass Volksabstimmungen eine kurze halbwertszeit haben.

– das gegenwärtige Äquivalent sind die Befürworter eines *soft Brexit*. Schließlich setzten sich die radikalen Jakobiner unter Robespierre und Danton durch – im heutigen Großbritannien spielen Johnson und Rees-Mogg diese Rolle.[21] Nach der Französischen Revolution hat der Gegensatz zwischen Royalisten und Republikanern die Innenpolitik Frankreichs auf Generationen überlagert. Es wäre ein Wunder, wenn die tief wurzelnden Gegensätze über die künftige Rolle (und die künftige Identität) Englands bzw. des Vereinigten Königreichs schneller in einen friedlichen Konsens münden würden. Jedes Mal, wenn das Parlament ein Gesetz erlässt, das sich an EU-Vorbilder anlehnt, werden sich Stimmen erheben, die sklavische Nachahmung, nationale Erniedrigung, koloniale Abhängigkeit beklagen. Jeder Gesetzentwurf, der den Graben zur EU vertieft, wird diejenigen auf den Plan rufen, die den ganzen Brexit für eine Fehlentscheidung halten. Diese Streitereien werden Zeit, Ressourcen und Energie von anderen Themen abziehen, die während dieser Zeit liegen bleiben müssen. Der Brexit verursacht nicht nur hohe direkte operative Kosten, sondern noch viel schwerer abschätzbare Opportunitätskosten, d. h. Kosten die dadurch entstehen, dass wertvolle Ressourcen vom Brexit absorbiert werden und nicht für andere, vielleicht vordringlichere Aufgaben zur Verfügung stehen. Rückblickend war der damalige Außenminister Ernest Bevin mehr als weitsichtig, als er zum Vorschlag der EGKS 1950 meinte: *„I don't like it. If you open that Pandora's box, you never know what Trojan 'orses will fly out."* [1]

Die Themen Souveränität, Wirtschaft, Migration und Geld bestimmten die Referendumskampagne. Sie beflügelten die Austrittsdebatte und gaben schließlich den Ausschlag für das Abstimmungsergebnis. Wie lassen sich die Folgen in diesen vier Bereichen abschätzen?

---

21 Manche gehen so weit, mit dem Vornamen von Rees-Mogg zu spielen. Er heißt Jacob. Da liegt es nahe, seine Anhänger als Jakobiner zu bezeichnen.

Souveränität

Das Referendum von 2016 war das zweite zur EU-Mitgliedschaft. Unmittelbar nachdem das Ergebnis verkündet war, erhoben sich Forderungen nach einem dritten Referendum. Diese Stimmen sind seither nicht verstummt.[22] Manches spricht dafür, ein drittes, besser vorbereitetes Referendum abzuhalten. Dafür müsste sich jedoch die Stimmung im Land erheblich verändern und konsolidieren. Die beiden wichtigsten Parteien müssten zu geschlossenen Positionen finden. Gegenwärtig reflektiert die Zerrissenheit des Parlaments ziemlich exakt die Zerrissenheit im Volk. In der durch die Referendumskampagne und den Boulevard angeheizten Stimmung wird es einiger ernüchternder Erfahrungen bedürfen, damit sich die gegenwärtige hysterische Stimmung beruhigt. Das könnte Jahre dauern. Ein drittes Referendum über die EU macht erst dann Sinn, wenn sich eine eindeutige, stabile Mehrheit abzeichnet. Es besteht keine realistische Aussicht, den Brexit vor dem 30. März 2019 durch ein Gegen-Referendum abzubiegen.[23]

Keineswegs auszuschließen ist eine Entwicklung, wonach der Brexit zu einer Enttäuschung für die Mehrheit der britischen Bevölkerung wird und nach einer Generation der Wunsch laut wird, sich der EU doch wieder zuzuwenden. Dann werden beide Vertragspartner sich jedoch in unterschiedliche Richtungen entwickeln und sich weiter voneinander entfernt haben. Das Vereinigte Königreich hätte dann erneut wesentliche Weichenstellungen verpasst. Nach Dekaden, in denen man bewusst

---

22 Jüngst forderte auch Sadiq Khan, Bürgermeister von London, ein weiteres Referendum: https://www.theguardian.com/commentisfree/2018/sep/15/people-vote-brexit-sadiq-khan.

23 Wie dies Nick Clegg, Timothy Garton Ash, Vernon Bogdanor und einige andere fordern. Dem widerspricht Anand Menon (Guardian, 25. Juli 2018: *A second Brexit referendum would be a painful, toxic waste of time*, https://www.theguardian.com/commentisfree/2018/jul/25/second-brexit-referendum-toxic-waste-time)

auseinander gegangen ist, sich wieder anzunähern, wird unvergleichlich viel schwerer werden als dies 1973 der Fall war.

Die unumschränkte Souveränität des Parlaments ist durch den Volksentscheid in sein Gegenteil umgeschlagen. Anfang 2016 ergaben Meinungsumfragen unter Abgeordneten über alle Parteigrenzen hinweg eine Mehrheit von 80 Prozent für einen Verbleib in der EU. Nach der Volksabstimmung kehrte sich dieses Verhältnis um in eine parlamentarische Mehrheit von etwa 60 Prozent für den Brexit. Das Referendum war verfassungsrechtlich nicht bindend, wurde aber von der Politik für bindend erklärt. Die Volksabstimmung hätte ein im Parlament ausgearbeitetes Gesetzeskonvolut in Kraft setzen oder es verwerfen können. Ein solcher Gesetzesentwurf hätte Optionen enthalten müssen, wie sich das künftige Verhältnis zur EU gestalten könnte. Dazu wären umfangreiche Vorabstimmungen mit der EU erforderlich gewesen. Eine solide Vorbereitung des Referendums hätte erfordert, eine möglichst parteiübergreifende Analyse zu den Austrittsoptionen und ihren Folgen vorzulegen. Das wäre vor der polarisierenden Kampagne vielleicht noch möglich gewesen. Ein solches Dokument hätte als gemeinsame Berufungsgrundlage in den Debatten dienen können und hätte unseriösen Prophezeiungen den Boden entzogen. Das Volk mit einer Frage zu überfallen, die unzureichend vorbereitet war, und es damit zu einer aus Wunschdenken geborenen Spontanreaktion einzuladen, war verhängnisvoll. Auf diese Weise wurde Demagogen und Agitatoren mit ihren haarsträubenden Versprechungen und ihrer hemmungslosen Polemik der Weg bereitet. In der Debatte über den Brexit wurden Ängste geschürt, Vorurteile bedient, Ressentiments kultiviert, Ärger und Frustration auf den Sündenbock EU abgeleitet, aus der Luft gegriffene, falsche Verheißungen gemacht, Wähler mit forschen Sprüchen geködert.

Die damit eingeleitete verfassungsrechtliche Dynamik könnte schwerwiegende Verwicklungen nach sich ziehen. Seit die Regierung Heath am 8. März 1973 ein regionales Referendum über die staatliche

Zugehörigkeit Nordirlands durchführen ließ, um der dortigen Spirale blutiger Gewalt zu entkommen, hat es eine Serie von regionalen und nationalen Referenden gegeben.[24] Jedes dieser Referenden hat die seit 1688 praktizierte und seit William Blackstone und A.V. Dicey[25] theoretisch untermauerte uneingeschränkte Souveränität des Parlaments untergraben. Jedes Referendum setzt an die Stelle parlamentarischer Debatten und systematischer Abwägungen, in denen erfahrene politische und administrative Experten Beschlussvorlagen bis ins verwinkeltste Detail ausleuchten, die unreflektierte, spontane Willensäußerung der Wähler. Dem prozeduralen Zwang, jedes Gesetz dreimal im Parlament auf die Tagesordnung zu setzen, steht die einmalige Volksabstimmung gegenüber. Während dem Parlament ein hoch qualifizierter wissenschaftlicher Dienst zur Verfügung steht, entscheiden Wähler ohne hinreichende Information, oft aus einem stimmungsmäßigen Impuls heraus. Während Parlamente alle vier bzw. fünf Jahre neu gewählt werden und dann frühere Beschlüsse aufheben können, bedeutet ein Volksentscheid eine auf mittlere Frist unwiderrufbare Festlegung. Jeder, der eine Revision fordert, setzt sich dem Vorwurf aus, den Willen des Volkes zu missachten und schlimmstenfalls ein Volksfeind zu sein. Jede Volksabstimmung verschiebt die Machtbalance zwischen Repräsentanten und Repräsentierten zugunsten letzterer. Souveränität lag in England seit 1688 uneingeschränkt beim Parlament. Die Glorious Revolution hat den Absolutismus des Monarchen durch den Absolutismus des Parlaments abgelöst. Es liegt mehr als historische Ironie darin,

---

24 Regionale Referenden: Devolution für Schottland und Wales 1979 und 1997, London Greater Authority 1998, Karfreitagsabkommen in Nordirland 1998, Devolution für Nordostengland 2004, Devolution für Wales 2011, Unabhängigkeit für Schottland 2014. Nationale Referenden: EU 1975, *Alternative Vote*-Wahlrecht 2011, EU 2016.

25 Sir William Blackstone: *Commentaries on the Laws of England (1765-1770)* und Albert Venn Dicey: *Introduction to the Study of the Law of the Constitution* (1885)

dass Großbritannien seine von Brüssel bedrohte Souveränität des Parlaments dadurch zurückholt, dass es sie zunächst in die Hände des Volkes legt, das gegen das Parlament entscheidet, dass die Regierung sich vor Gericht auf die königliche Prärogative (*royal prerogative*) beruft, um eine parlamentarische Abstimmung über Artikel 50 des EU-Vertrags zu vermeiden und sich schließlich auf *Henry VIII.-powers* stützt, die nichts anderes als ein Ermächtigungsgesetz sind, mit dem das Parlament wichtige gesetzgeberische Befugnisse an die Regierung abtritt.

Gleichzeitig ist das Oberhaus aus einer Versammlung durch Geburt oder kirchliches Amt Privilegierter zu einem Sammelbecken von Günstlingen, Spendern und ehemaligen Parteigrößen geworden. Als Elizabeth II. 1952 den Thron bestieg, erwiesen ihr weniger als 300 Lords, Angehörige des britischen (überwiegend englischen) Adels, die Ehre. Heute dominieren ehemalige Politiker, hochrangige Staatsdiener und Soldaten und wichtige Geldgeber der Parteien. Das Oberhaus zählt inzwischen 830 Mitglieder und macht damit das britische Parlament nach dem chinesischen Volkskongress zur zahlenmäßig größten Volksvertretung der Welt.[26] Das House of Lords ist mehrfach reformiert worden.[27] Die Initiativen für weitere Reformen reißen nicht ab. Premierministerin May hat im Mai 2018 neue Mitglieder ernannt, um den Widerstand der

---

26 Zu den 830 Lords im Oberhaus. der Zweiten Kammer, sind die 650 Mitglieder des Unterhauses, der Ersten Kammer, hinzuzuzählen. Damit hat das Parlament von Westminster 1.480 Mitglieder. Der chinesische Volkskongress bringt es auf 2.980 Mitglieder.

27 Die wichtigsten Reformen erfolgten 1911, 1949 (House of Lords kann Gesetzgebung verzögern, aber nicht aufhalten), 1958 (Zulassung von Frauen und Ernennung von Lords auf Lebenszeit, keine zahlenmäßige Begrenzung), 1999 (Beschneidung der erblichen Sitze auf 92, Bewahrung der Sitze, die die Church of England *ex officio* einnimmt; das House of Lords wird zu einem überwiegend ernannten Gremium) und 2011 (gescheiterte Reform für ein gewähltes Oberhaus), 2014 (Möglichkeit, auf den Sitz zu verzichten, Disqualifikation für ständige Abwesenheit), 2015 (Lords können aus dem Oberhaus ausgestoßen werden).

Lords gegen ihre Brexitpläne zu brechen. Gleichwohl hat sich das House of Lords als wichtige Korrektur- und Bremsinstanz gegen überhastete Brexitpläne und gegen eine schleichende Entmachtung des Parlaments erwiesen. Die Zukunft dieser Parlamentskammer ist ungewiss. Ebenso ungewiss ist, wie weit heute noch die königliche Prärogative reicht, die jede Regierung ermächtigt, auch ohne Zustimmung des Parlaments Entscheidungen zu treffen.[28] Elizabeth II. ist es gelungen, durch ihre unaufdringliche, stetige Art und durch die beiden glanzvollen Hochzeiten ihrer Enkel massive Zustimmung für die Monarchie zurückzugewinnen. Das darf den Blick dafür nicht verstellen, dass auf dem Höhepunkt der mit dem Namen Diana verbundenen Krise die Zukunft der Monarchie keineswegs gesichert war. Ein König Charles III. könnte schnell die Sympathien verspielen, die seinen Vorfahren entgegen gebracht wurden, und republikanischen Tendenzen Auftrieb geben.

Das Vereinigte Königreich schiebt seit über hundert Jahren ungelöste Verfassungsprobleme vor sich her. Letztlich geht es um die Frage, wie die Vollmachten der Krone, der parlamentarischen Volksrepräsentanten und der Volkswille in Einklang zu bringen sind. Ein Referendum bedeutet die Kapitulation der Willensbildung durch Wahlen und Parteien. Jedes Referendum ist anfechtbar, weil der überstimmten Minderheit keinerlei Revisionsmöglichkeiten bleiben, weil es keine Korrekturen zulässt und weil es der absolute Gegenpol jeglicher Proportionalität ist. Ein Hauptgrund für diese Krise repräsentativer Demokratie liegt darin, dass es den beiden wichtigsten Parteien immer weniger gelingt, die politische Willensbildung im Volk zu kanalisieren und auf zwei klare Brennpunkte zu fokussieren.

---

28 Die Regierung Theresa Mays hatte sich vor dem Supreme Court auf diese königliche Prärogative berufen, konnte sich damit aber nicht durchsetzen. Das Gericht entschied überzeugend, dass ein *Act of Parliament* nur durch einen neuen *Act of Parliament* aufgehoben werden kann.

Wirtschaft: Industrie, Landwirtschaft, Außenhandel

Die EU begann als Wirtschaftsgemeinschaft. Wirtschaft und Handel machen immer noch den Kern ihres Geschäftes aus. Deshalb werden die Auswirkungen des Brexit am stärksten in Handel und Wirtschaft zu spüren sein. Mit dem Brexit will sich das Vereinigte Königreich vom traditionellen Kern der EU, vom EWG-Kern, abwenden. Die übrigen Bereiche, für die die EU seit dem britischen Beitritt neue Kompetenzen an sich gezogen hat, spielen dabei kaum eine Rolle. Großbritannien ist an möglichst breiter fortgesetzter Mitwirkung in der Gemeinsamen Außen- und Sicherheitspolitik, am engen Austausch nachrichtendienstlicher Informationen, an der Zusammenarbeit in Justiz- und Polizeiangelegenheiten und an den Agenturen interessiert, die sich mit Flugsicherheit, Zulassung von Medikamenten und Sicherung von Nuklearmaterialien befassen.

Die Treasury hatte im April/Mai 2016 unter George Osborne zwei detaillierte Analysen über lang- und kurzfristige Folgen eines Brexit vorgelegt. Sie waren damals wegen ihrer pessimistischen Schlussfolgerungen heftig kritisiert worden. Um so überraschender ist es, dass im Januar 2018 eine neue Analyse aus dem Schatzamt bekannt wurde. Sie kam zu fast denselben Ergebnissen wie die Papiere, die George Osborne zwanzig Monate zuvor vorgelegt hatte: Im schlimmsten Fall würde die Wirtschaftsleistung des Landes (BSP) um -5 % bis -10,3 %, im mittleren Szenario (Freihandelsabkommen) um -3,1 % bis -6,6 %, im günstigsten Fall (Weiterer Zugang zum Binnenmarkt) um 0,6 % bis 2,6 % zurückgehen, im. Inzwischen hat die Treasury eine weitere Analyse publiziert. Darin prognostiziert sie für den Fall eines no deal einen Rückgang der Wirtschaftsleistung von -7,6 %. Sollte es gelingen, Freihandelsverträge nach dem Vorbild von CETA zu schließen, geht das BSP um -4,9 % zurück. Sollte das Vereinigte Königreich im Europäischen Wirtschaftsraum bleiben (Norwegen Modell), betrügen die Einbußen -1,4 %, im Fall einer Lösung, wie sie im Chequers-Weißbuch vorgeschlagen wurde, nur noch -0,7%. Die drei Analysen kommen bei Berücksichtigung der Ungewissheiten zu weitgehend identischen Ergebnissen. Ein Verlust ist mit jeder Lösung verbunden. In anderen Worten: Die wirtschaftlich beste Lösung wäre es, in der EU zu bleiben![2][29]

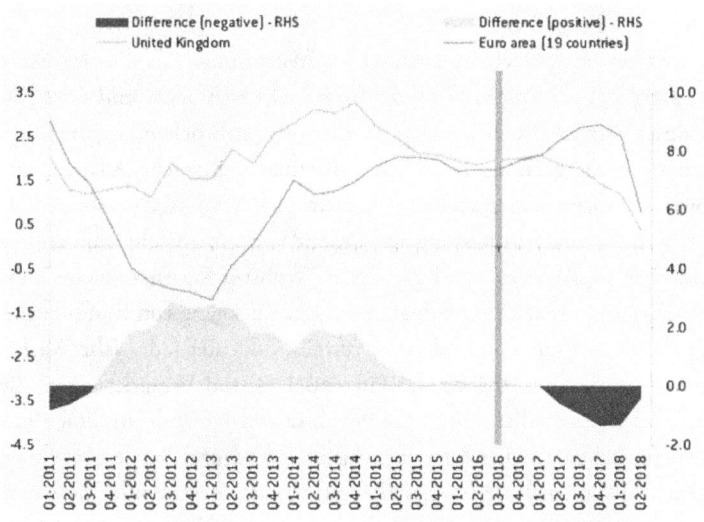

Abb. 4.1: Wachstumsraten in GB und EU. Quelle: OECD

Die Graphik zeigt deutlich, dass Großbritannien von 2011 bis 2016 höhere Wachstumsraten hatte als die Eurozone, dass sie aber seit dem Referendumsdatum 2016 deutlich dahinter zurückblieb.

George Osborne hatte am 18. April 2016 eine Schätzung publizieren lassen, die die günstigste Option (Verbleib im Europäischen Wirtschaftsraum) wesentlich ungünstiger ausgemalt hatte, für die anderen beiden Optionen aber zu optimistischeren Schätzungen gekommen

---

29 Das Papier datiert vom November 2018. Es konnte deshalb noch nicht die Lösung berücksichtigen, die der Vertragsentwurf vom 25. November 2018 enthält.

war. Da die Regierung mehrfach einen Verbleib im Europäischen Wirtschaftsraum ausgeschlossen hat, bedeuten die Zahlen vom Januar 2018 eine deutliche Verschlechterung der absehbaren gesamtwirtschaftlichen Folgen eines Brexit. Banken (Goldman Sachs, Barclays, Deutsche Bank Research) und internationale Organisationen (IWF, OECD) kamen zu ähnlichen Prognosen.[30]

Es besteht jedoch kein Anlass zu Alarmismus. Als die Brexiteers Anfang 2017 triumphierten, der Brexit sei beschlossen und Großbritannien wirtschaftlich noch nicht zusammengebrochen, argumentierten sie vordergründig. Natürlich vollziehen sich solche Adaptationsprozesse nicht schlagartig und katastrophal (*cliff-edge-scenario*). Die britische Wirtschaftsleistung wird nicht von einem Jahr aufs andere einbrechen. Aber sie wird geringere Wachstumsraten erreichen, ihr Wachstumspotenzial wird abnehmen. Ein Rückgang von fünf bis zehn Prozent, über ein Dutzend Jahre verteilt, bedeutet jedes Jahr Wachstumseinbußen von 0,2 bis 0,6 Prozent. Das sind Veränderungen, die niemand spürt. Alles deutet drauf hin, dass das Handelsvolumen mit den restlichen EU-Ländern zurückgehen wird und dass ausländische Direktinvestitionen spärlicher fließen werden. Bestehende Investitionen werden kaum ruckartig aufgelöst, aber es wird beispielsweise in den großen Automobilwerken keine Erweiterungen und später keine Erhaltinvestitionen geben. In jedem Fall werden derartig langfristige strategische Entscheidungen erst fallen, wenn der Rahmen künftiger Beziehungen absehbar ist, also zwischen Anfang 2019 und dem Auslaufen der Übergangsperiode Ende 2020. Investitionsentscheidungen wirken sich mit erheblichen Verzögerungen aus. Die langfristigen Folgen des Brexit werden sich erst langfristig abzeichnen.

Die jüngsten Prognosen der Treasury scheinen genau darauf hin zu deuten: Für 2018 geht das Schatzamt von einem Wachstum der britischen Wirtschaft von 1,9 Prozent statt ursprünglich 2,4 Prozent aus.

---

30 Der Fairness halber muss erwähnt werden, dass es natürlich auch entgegengesetzte Studien der Economists for Brexit oder von Open Europe gibt.

Dieses Wachstum wird bis 2020 voraussichtlich auf 1,5 Prozent pro Jahr weiter zurückgehen. Die britische Wirtschaft wird wachsen, aber unter ihrem Potenzial als EU-Mitglied bleiben.[31]

Kalkulationen werden dadurch erschwert, dass das Pfund Sterling seit dem Referendum etwa 18 Prozent an Außenwert verloren hat. Dieser Abwertungseffekt dürfte sich mittelfristig deutlicher auswirken als die Brexit-Folgen: Selbst wenn britische Exporte nach 2020 durch Tarifhürden der EU und zusätzliche bürokratische Formalitäten behindert werden sollten, werden diese Effekte zusammen nicht die Wettbewerbsgewinne einer 18-prozentigen Abwertung zunichte machen.[32] Gegenwärtig scheinen weitere Abwertungen wahrscheinlich. Die Aussichten britischer Produzenten dürften sich daher eher weiter verbessern. Die Zeche zahlt freilich der britische Konsument, für den importierte Güter – darunter auch Lebensmittel – teurer werden, der einen Rückgang seiner Kaufkraft hinnehmen muss. Vermutlich wird es, wie schon in der Vergangenheit, zu einer patriotischen *buy British*!-Bewegung kommen.

---

31 Ernst & Young weisen nach, dass ausländische Direktinvestitionen (FDI) in Großbritannien zwar auch nach 2016 gestiegen sind, der Anteil Großbritanniens am Gesamtvolumen von FDI innerhalb der EU aber zurückgegangen ist, von 21 Prozent auf 18 Prozent. Überproportional war der Finanzdienstsektor betroffen. Er ging in Großbritannien um 26 Prozent zurück, wohingegen er im Rest der EU um 10 Prozent wuchs. Großbritannien wurde nach 2016 verstärkt selbst zum Direktinvestor in der restlichen EU (https://www.ey.com/gl/en/issues/business-environment/ey-attractiveness-survey-europe-june-2018#section1).

32 Die höchsten Zolltarife der EU liegen bei 10 Prozent, im Schnitt liegt der Außenzolle bei 5 Prozent. Veranschlagt man noch 3 Prozent für erhöhten administrativen Aufwand, bleiben die Zusatzkosten trotzdem deutlich unter den Abwertungseffekten.

Alle akademischen Studien gehen von einer Verschlechterung der *terms of trade* aus.[33] Die negativen Auswirken des Brexit zu kalkulieren ist ebenso schwierig, wie rückwirkend die positiven Auswirkungen des britischen EU-Beitritts zu berechnen. Denn was damals positiv gewirkt hat, müsste heute negativ wirken. Die Hypothese, dass Schrumpfungsprozesse spiegelbildlich zu Wachstumsprozessen verlaufen, steht jedoch auf wackeligen Beinen. Alle ökonomische Erfahrung deutet darauf hin, dass Wachstumsprozesse anders verlaufen als wirtschaftliche Einbrüche, weil schon die Erwartungspsychologie in beiden Fällen völlig anders ist. Politiker und Wissenschaftler stimmen jedoch darin überein, dass der markante Aufschwung der britischen Wirtschaft nach den Thatcherschen Reformen ohne die wachsende Verflechtung mit den kaufkräftigen Märkten des Kontinents und die massiven Investitionen von dort nicht möglich gewesen wäre. BMW und VW haben damals britische Traditionsfirmen wie RollsRoyce, Bentley und Mini gerettet und zu neuen Erfolgen auf dem Weltmarkt geführt. Als BMW bei RollsRoyce einstieg, hatte sich der Hersteller von Luxusautos in eine Sackgasse manövriert und stand kurz vor dem Ende. In den 20 Jahren seither sind die Verkaufszahlen nach oben geschnellt, von weniger als 400 auf weit über 4.000 pro Jahr. Nissan, Toyota und Honda haben in den 80er-Jahren ihre großen Werke in Großbritannien gebaut. Nissan hat sein Werk in Sunderland (8.000 Beschäftigte) als *European investment, based in the UK* bezeichnet. Für Luxusautos wie RollsRoyce oder Bentley würde ein Zollaufschlag von zehn Prozent nicht ins Gewicht fallen, weil Käufer dieser Autos wenig auf den Preis achten. Für Mittelklassewagen sieht das ganz anders aus. Alle drei japanischen Hersteller haben angekündigt, ihre Produktion in Großbritannien zurückzufahren. Der britische

---

33 Patrick Minford von der Universität Cardiff ist einer der wenigen, die positive Wachstumsimpulse erwarten, wenn der Zugang zum Binnenmarkt fortfällt. Für eine Analyse des Brexit und seiner ökonomischen Folgen in deutscher Sprache siehe: Paul J.J. Welfens: *Brexit aus Versehen* (Wiesbaden 2018_2)

Binnenmarkt für sich allein lohnt nicht die Investition in ein eigenes Werk. BMW überlegt, die Mini-Fertigung aus Cowley bei Oxford nach Osteuropa oder China zu verlagern. 80 Prozent sämtlicher Bauteile für in Großbritannien gefertigte Autos werden importiert, 80 Prozent dieser Autos werden exportiert. In der Automobilindustrie sind die Lieferketten mit der EU intensiv verflochten.

Die Pharmaindustrie wird Zulieferer und Absatzmärkte verlieren. Für alle Produkte gilt, dass heutzutage die reibungslosen Lieferketten fast noch wichtiger als die Produktion selbst geworden sind. BMW ist auf die stundengenaue Ankunft von täglich über 400 Lkw vom Kontinent angewiesen, bei Lidl sind es etwa 1.500 Lkw. Solche Logistikketten sind extrem empfindlich und komplex. Jeder Unternehmer wird sie nur antasten, wenn es unabdingbar notwendig ist und er genau weiß, auf welche Lieferwege er künftig bauen kann. Logistik fasst man so wenig wie möglich an, und wenn, dann möglichst nur einmal. Die absehbare Übergangsfrist bis Ende 2020 gibt den meisten Unternehmen hinreichend Zeit, bestehende Zulieferströme umzulenken. Migrationskontrollen und -beschränkungen werden Probleme für Bauwirtschaft und Landwirtschaft nach sich ziehen. Auch in England erntet kein Engländer mehr Spargel oder Erdbeeren, in Schlachthäusern arbeiten Migranten. Auf Baustellen in Großbritannien tummeln sich Arbeiter aus aller Welt.

Britische Dienstleistungsexporte in die EU haben nach 2008 steil zugelegt. Seit 2010 erzielt Großbritannien in diesem Bereich wachsende Überschüsse.[34] Britische Dienstleistungen werden nicht wegbrechen, aber sie werden nicht weiter so dynamisch ansteigen wie im letzten Jahrzehnt.

Globalzahlen sagen wenig aus. Wirtschaftliche Verluste werden in Großbritannien regional und nach Branchen ganz unterschiedlich

---

34 2016/2017 trugen allein Finanzdienstleistungen £ 68 Mrd. zur Außenwirtschaftsbilanz bei und generierten £ 72 Mrd. (=11 %) des gesamten Steueraufkommens.

anfallen. Der EU-Beitritt hat traditionelle Wirtschaftszentren ausbluten und neue aufblühen lassen. Die traditionellen Atlantikhäfen Bristol, Liverpool und Glasgow sind nur noch ein Schatten ihrer früheren Bedeutung. Stattdessen verzeichnen die Nordseehäfen Felixstowe, Tilbury und Dover atemberaubende Zuwächse. Für diese Häfen wird der Brexit eine schwere Krise bedeuten. Fraglich ist jedoch, ob sich der Umschlag in den alten Atlantikhäfen wieder beleben lässt.

Besondere Probleme werden sich in Dover ergeben. Durch Dover/Folkstone läuft die Hauptlast des gesamten Straßen- und Schienenverkehrs mit dem Kontinent. Das bedeutet über 10.000 Lkw pro Tag. Gegenwärtig werden nur 500 davon kontrolliert, weil sie aus Nicht-EU-Ländern kommen. Systematische Grenzkontrollen mit Erhebung von Zöllen würde erfordern, dass das Abfertigungsgelände, Zollpersonal und erforderliche Gebäude verzwanzigfacht werden. Nach den Erfahrungen von Streiks der letzten Jahre muss mit Rückstaus von bis zu 30 Kilometern gerechnet werden. Natürlich könnte ein elektronisches System errichtet werden, das vollautomatisch alle Fahrzeug- und Ladedaten erfasst und abrechnet – ähnlich wie das deutsche Mautsystem. Das würde aber 20 Milliarden Pfund kosten und mehrere Jahre brauchen, bis es betriebsreif ist. Der Brexit wird den strukturell schwachen Regionen im Vereinigten Königreich zusätzliche Probleme bringen, während die Landesteile, in denen bisher schon weit über dem Durchschnitt verdient wurde, sich flexibler anpassen können.

Großbritannien hat das Rückgrat seiner traditionellen Industrie verloren: Kohle, Stahl, Maschinenbau spielen kaum noch eine Rolle. Großbritannien wollte nach dem Zweiten Weltkrieg weiterhin eine technologische Pionierrolle spielen: Es war Vorreiter bei der zivilen Nutzung der Kernenergie, beim Bau strahlgetriebener Passagierflugzeuge, beim Überschallflugzeug Concorde, bei Luftkissenfahrzeugen und bei Senkrechtstartern. Keiner dieser technischen Durchbrüche führte zu Markterfolgen. Die britische Wirtschaft hat traditionell ein Problem mit

Produktivität[35] und Qualität. Beides verbesserte sich entschieden, als Managementerfahrung vom Kontinent sich mit britischem technischen *know how* verband. Großbritannien mag immer noch ein hoch innovatives Land sein. Es fällt ihm jedoch schwer, sich mit Industrieprodukten erfolgreich am Weltmarkt zu behaupten. *Made in England* ist längst nicht mehr das Gütesiegel, das es einst war. Der Brexit wird Investoren vorsichtiger machen – selbst wenn Zollabgaben zunächst niedrig bleiben. Wenn der Brexit überhaupt einen Sinn hat, werden sich Standards und Normen, Abgaben, Umweltvorgaben und Sicherheitsvorschriften, Marktordnungen und Arbeitsgesetzgebung zwischen Großbritannien und der EU auseinander entwickeln. Für viele Investoren war Großbritannien das bequeme Tor zum EU-Binnenmarkt. Es bot eine Weltsprache, ein liberales, unternehmerfreundliches Umfeld, eine zuverlässige Rechtsordnung und gleichzeitig Zugang zu Märkten, die diese positiven Randbedingungen nicht in gleichem Maße boten. Viele dieser Standortvorteile werden entfallen. Divergierende Wirtschaftsordnungen werden wachsende Probleme aufwerfen, z. B. für Nukleartransporte, wenn mit der EU- auch die EURATOM-Mitgliedschaft entfällt, für die Luftfahrt, wenn Luftsicherungsabkommen und Verkehrsrechte neu ausgehandelt werden müssen, wenn Marken- und Herkunftsbezeichnungen ihren Schutz verlieren.

Großbritannien hat traditionell ein Handelsbilanzdefizit mit der kontinentalen EU. Die jüngsten Zahlen lauten: Einem Defizit von -90 Milliarden Pfund im Warenverkehr steht ein Überschuss von +23 Milliarden Pfund bei Dienstleistungen gegenüber und ergibt einen Schlusssaldo der Leistungsbilanz von -67 Milliarden Pfund. Diese chronisch defizitäre Leistungsbilanz und der dynamische Zuwachs des Handelsaustauschs mit nicht-EU-Partnern beflügelt die Hoffnungen, dass es nach dem Brexit zu mehr Handel mit dynamischeren Wachs-

---

35 Die Produktivität der britischen Industrie liegt bei etwa 90 Prozent des EU-weiten Durchschnitts. Der Abstand zu Deutschland beträgt 26 Prozent, zu den übrigen G7 16 Prozent.

tumsregionen kommt. Das Problem betrifft nicht nur Großbritannien. Auch für Deutschland ist der EU-Anteil am Außenhandel in den letzten Jahren zurückgegangen zugunsten von nicht-EU-Handelspartnern. Dahinter stecken vor allem China und die übrigen BRICS-Staaten. Vom absoluten Volumen her finden sich jedoch die mit Abstand wichtigsten Handelspartner sowohl für Deutschland wie für Großbritannien weiterhin in der EU.

Die Mitgliedschaft in der EU hat Großbritannien gezwungen, alte privilegierte Luftverkehrsbeziehungen zu den USA aufzugeben. Sie hat andererseits den meteorhaften Aufstieg von Billiganbietern wie Ryan Air und Easy Jet ermöglicht. Das Vereinigte Königreich wird seine Mitgliedschaft in der Europäischen Investitionsbank und in der europäischen Zulassungsbehörde für Medikamente verlieren. Für alle diese Beziehungen lassen sich Ersatzabkommen finden. Aber sie auszuhandeln wird Zeit erfordern. Großbritannien wird bestenfalls ein Äquivalent für den *status quo* erhalten; viel wahrscheinlicher ist, dass neu ausgehandelte Arrangements weniger vorteilhaft für Großbritannien sein werden.

Ein Sonderpunkt werden Landwirtschaft und Fischerei sein. Die Landwirtschaft war in Großbritannien vor dem EU-Beitritt produktiver als auf dem Kontinent, konnte den nationalen Bedarf an Lebensmitteln jedoch nicht decken. Großbritannien ist traditionell stärker auf Einfuhr von Nahrungsmitteln angewiesen als die meisten anderen EU-Partner. Das führte einerseits dazu, dass Agrarsubventionen der EU, soweit sie an Flächengrößen gekoppelt sind, ohnehin reiche Großgrundbesitzer begünstigten, die prekären und kleinen Familienbetriebe in entlegenen Bergregionen aber kaum förderten. Die Queen erhält auf diese Weise ein jährliches Zusatzeinkommen von 650.000 Pfund aus Brüssel, der Duke of Westminster, ohnehin einer der reichsten Landbesitzer, von immerhin 640.000 Pfund. Insgesamt erhielt Großbritannien 2015 aus dem Agrarfonds der EU 3,1 Milliarden Pfund, während es 5,3 Milliarden Pfund eingezahlt hat – eine britische Subvention für Agrarbetriebe auf dem Kontinent von 2,2 Milliarden Pfund. Dies ist der einzige Nettobeitrag, den Großbritannien mit Sicherheit wird einsparen können. Dafür wird es aber eine eigene nationale Agrarpolitik aufbauen müssen – was erneut Geld kostet. Es wird seine Importabhängigkeit bei Nahrungsmitteln nicht massiv reduzieren können und sich neue Lieferanten suchen müssen. Die früheren Lieferanten, vor allem Australien und Neuseeland, haben sich inzwischen längst neu orientiert. Die Vorstellung, man könne den Geist des Commonwealth heraufbeschwören und an alte imperiale Präferenzen anknüpfen, dürfte sich als Illusion entpuppen. Der Brexit wird höhere Lebensmittelpreise in Großbritannien bedeuten.

Großbritannien hatte eine sozial wichtige Fischereitradition. *Fish and Chips* galt Generationen als Inbegriff englischer Küche. Das Land wurde von der Gemeinsamen Fischereipolitik überrumpelt, die von den ursprünglichen sechs EWG-Mitgliedern am Vortag der Verhandlungen über den Beitritt von Dänemark, Norwegen, Großbritannien und Irland – Länder mit höchst ergiebigen Fischereigründen – verabschiedet und damit zum nicht disponiblen Teil des *acquis communautaire* gemacht wurde. Bis 1973 wurden jedes Jahr etwa eine Million Tonnen Fisch in britischen (v. a. englischen!) Häfen angelandet. Heute sind es weniger als 0,4 Millionen Tonnen – ein Rückgang auf weniger als die Hälfte in einer Generation. Die Zahl registrierter Fischer ist von 25.000 im Jahre 1973 auf 10.000 zurückgegangen, die der Fischerboote von 9.000 auf 6.000. Gleichzeitig stieg der Importbedarf auf knapp 0,3 Millionen Tonnen. EU-Partnerländer holen jedes Jahr über 0,6 Millionen Tonnen Fisch aus der exklusiven britischen Wirtschaftszone. Viele Brexit-Befürworter argumentieren, dass die Briten mehr Fisch verschenken, als sie selbst fangen, und davon die Hälfte teurer zurückkaufen. Großbritannien hat seine Fischerei nicht umstrukturiert. Kleine Fischerboote unter zehn Meter Länge, die lediglich küstennah operieren können, machen 77 Prozent der britischen Fangflotte aus. Sie landen jedoch nur vier Prozent der Fangquote an. Vollautomatisierte

Großtrawler hingegen, die meisten zwar unter britischer Flagge, aber in spanischem, dänischem oder niederländischem Besitz, sammeln bis zu 95 Prozent sämtlicher Fänge in ihren Netzen. Wenig hat die britische Öffentlichkeit so empört wie die Fischereipolitik der EU. Trotzdem: Fischerei ist vielleicht ein regionales Problem in Grimsby, Whitby oder Kingston upon Hull, aber die gesamte Fischwirtschaft macht weniger als ein Zehntel allein der britischen Whisky-Produktion aus.[36]

Wie ist es dazu gekommen? Regierung und Wirtschaft in Großbritannien hielten nach 1973 an alten Praktiken fest, ohne sich um Chancen und Gefahren der neuen EU-Regeln zu kümmern. Niemand kümmerte sich um ein neues Konzept zur Strukturanpassung der Fischwirtschaft. Die englische Fischerei blieb kleinteilig und unkoordiniert: Familienbetriebe mit kleinen Kuttern. Als Spanien 1986, immerhin 13 Jahre nach dem Vereinigten Königreich, der EU beitrat, reagierte es ganz anders. Spanien nutzte Strukturbeihilfen der EU, um seine Fischereiflotte umfassend zu modernisieren. Spanische Unternehmen ließen sich in Großbritannien registrieren, kauften britische Fischereiboote samt Fangquoten auf und konnten so mit wesentlich leistungsfähigeren Booten in EU-Gewässern fischen und ihre Fänge auf britische Quoten anrechnen lassen. Wer heute in Madrid frische *mariscos* verzehrt, wird dabei wahrscheinlich zu 50 Prozent auf Fänge aus Großbritannien beißen. Ebenso gut wie sich die Spanier in die britische Fischindustrie hineingedrängt haben, hätten die Briten es umgekehrt machen können.

Als die britische Regierung hier gegen vorging und vorschrieb, dass ein britischer Fischereibetrieb mindestens zu 75 Prozent britische Eigentümer haben muss, hob das House of Lords – damals noch oberster Gerichtshof – diese Regelung unter Berufung auf zwingendes EU-Recht als unzulässige nationale Diskriminierung auf. Der EuGH

---

36 Im ersten Quartal 2018 wurden im Vereinigten Königreich Fischfänge im Wert von £ 213 Mio. angelandet. 2017 betrug der Exportertrag der schottischen Whiskyproduktion £ 4,5 Mrd.

bestätigte diese Rechtsprechung.[37] Es war das erste Urteil, mit dem ein nationales britisches Gesetz einfach beiseite geschoben und durch eine Regelung ersetzt wurde, die genau das Gegenteil dessen bewirkte, was das britische Gesetz erreichen sollte. Das Urteil erregte erheblichen Unmut und war der Beginn eines Ansehens- und Autoritätsverlustes des EuGH in Großbritannien, in den die übrigen EU-Institutionen schnell mit hineingezogen wurden.

Vollends deutlich wird das Elend der britischen Fischereiwirtschaft allerdings erst, wenn man bedenkt, dass gleichzeitig zum EU-Beitritt sowohl Island wie Norwegen ihre Gewässer für britische Fischer schlossen. Der Verlust dieser überaus ergiebigen Fanggründe stellte britische Fischer vor wesentlich größere Probleme als die EU-Fischereipolitik. In der Öffentlichkeit wurde dies jedoch anders wahrgenommen: Die EU wurde an den Pranger gestellt. Island und Norwegen begegnete man hingegen mit Verständnis – freilich auch erst, nachdem man vergeblich versucht hatte, mit der Entsendung von Kriegsschiffen und brutalen Einschüchterungsmethoden die Isländer zum Einlenken zu bewegen.

Kein Wunder, dass die Ablehnung der EU in Fischerorten am höchsten lag: Die Zustimmung zum Brexit betrug in Scarborough bei 62 Prozent, in Kingston upon Hull fast 68 Prozent und in Grimsby 70 Prozent. Nirgends zeigt sich die nostalgische Seite des Brexit-Votums so deutlich wie in diesen Zahlen. Denn das Nein zur EU war ja mit der vagen Hoffnung verbunden, nach dem Brexit zum einstigen Goldenen Zeitalter zurückkehren zu können, als Netze voll, Fischer zufrieden und Gemeinden wohlhabend waren. Die gute alte Zeit wird jedoch nicht zurückkehren. Island oder Norwegen werden ihre Gewässer nicht öffnen. Spanische Unternehmen in Großbritannien müssten aufgekauft oder enteignet werden – beides kostspielige und riskante Aktionen. Vor allem müssten die britischen Fischerboote modernisiert und

---

37 Factortame-Fall, Urteil des EuGH vom 25. Juli 1991 (http://eur-lex. europa.eu/resource.html?uri=cellar:97139ccb-b4eb-4387-8dec-a6e-2afdd240c.0003.03/DOC_1&format=PDF)

damit produktiver werden. Zu befürchten ist zudem ein Wettlauf nach unten, bei dem jeder Anrainer der Nordsee versucht, in seinen Territorialgewässern so viel zu fangen wie eben möglich und Bestände dauerhaft überfischt werden. Das kann allein durch ein multilaterales Abkommen zwischen EU, Norwegen und post-Brexit-Großbritannien verhindert werden, und damit wäre Großbritannien doch wieder gezwungen, EU-Vorgaben bei den eigenen Fangquoten zu berücksichtigen. Michael Gove, jetzt Umwelt-und Agrarminister, hat bereits angekündigt, dass sich an der bisherigen Vergabepraxis der Fangquoten nach dem Brexit nicht viel ändern wird[6] – eine bittere Enttäuschung für alle Fischer des Landes!

Britische Unternehmen haben die Chancen, die der Binnenmarkt bot, selten so aggressiv und expansiv genutzt wie Unternehmer aus anderen Ländern. Easy Jet im Luftverkehr, Banken und Anwaltskanzleien bilden eine Ausnahme. Sonst haben wenige britische Industrieunternehmen versucht, Unternehmen in EU-Partnerländern zu übernehmen oder mit eigenen Filialen dort Fuß zu fassen.

Wesentlich betroffen sein werden die City of London, Banken, Finanzdienstleister und die von ihnen abhängigen Anwaltskanzleien und Beratungsunternehmen. Zwischen 10.000 und 12.000 Finanzexperten werden London verlassen.[38] Das ist angesichts einer Gesamtzahl von über 250.000 im Bankwesen Beschäftigten zu verkraften (5 %). Die meisten dieser Fachkräfte werden nach Dublin, Paris, Frankfurt oder Luxemburg abwandern. Dabei dürfte Paris den Vorteil der besten Verkehrsanbindung an London haben. Es ist ohne weiteres möglich, in Paris zu arbeiten und in London zu wohnen. Für viele Paare ein wichtiger Aspekt: Der eine könnte weiterhin in London wohnen und arbei-

---

38 Pessimistische Studien gehen von einem Verlust von bis zu 75.000 Arbeitsplätzen und daraus resultierenden Steuermindereinnahmen von £ 10 Mrd. aus. (Oliver Wyman: *Brexit impact on the UK-based Financial Services Sector* https://www.oliverwyman.com/our-expertise/insights/2016/oct/The-impact-of-Brexit-on-the-UK-based-Financial-Services-sector.html)

ten, während der Partner wöchentlich zwischen Paris und London pendelt. Paris hat bereits das Rennen um den neuen Sitz der EU-Bankenaufsichtsbehörde (EBA *European Banking Authority*) gemacht. Frankfurt rechnet damit, dass 5.000 Finanzexperten bis 2020 aus London an den Main umziehen werden. Viele Banken planen ein zweites Headquarter innerhalb der EU, schon um die *passporting rights* zu bewahren, d. h. die Berechtigung, frei im Binnenmarkt Geschäfte zu machen. Goldman Sachs hat angekündigt, Frankfurt zu seinem neuen Regionalschwerpunkt zu machen und seinen neuen Firmensitz in London zu verkaufen. Shell und Unilever, beides britisch-niederländische Konzerne, haben angekündigt, ihr administratives Gewicht von London auf den Kontinent zu verlagern.[39] Bloomberg wird den Großteil seiner EU-Aktivitäten nach Amsterdam verlegen. 40 Prozent sämtlicher Vermögensverwalter haben angekündigt, Teile ihres Geschäfts nach Paris, Luxemburg oder Dublin zu verlegen. Viele Banken verkaufen ihre Büros und mieten zurück, um flexibler zu sein. Ein Großteil der Geschäfte in Euro-Währung wird abwandern. London Clearing House wird einen wesentlichen Teil seiner Geschäfte verlieren. Anders als traditionelle Industrien mit hohen, standortgebundenen Kosten sind Finanzdienstleistungen mobil und flexibel. Die City of London wird sich rasch anpassen, so wie sie sich nach dem *big bang* von 1986 angepasst hat. Die City wird den Brexit überleben. Aber sie wird Narben davon tragen, vielleicht auch Amputationen.

Insgesamt wird Großbritannien mit seinem Ruf, ein berechenbares, stabiles und konstantes regulatorisches Umfeld zu bieten, wichtige Sandortvorteile verlieren.

Einige Beispiele aus anderen Lebensbereichen mögen das Bild erweitern. Großbritannien war und ist ein Nachzügler bei der Umset-

---

39 Unilever hat diese Ankündigung inzwischen nach vielem Hin und Her wieder zurückgenommen. Banken, die erhebliche Verlagerungen ihrer Aktivitäten auf den Kontinent angekündigt haben, umfassen Barclays, Lloyds, HSBC, UBS.

zung von Umweltrichtlinien der EU. Es war zwar Pionier und ist heute noch Vorbild im Landschafts- und Denkmalschutz. Die Reinhaltung von Luft und Wasser hat in Großbritannien jedoch eine nachgeordnete Rolle gespielt. Man dachte in Marktprinzipien und Kostenfaktoren und versäumte es, an der Küste Kläranlagen zu bauen oder die Luftqualität in Großstädten zu verbessern. London ist zwar den traditionellen *smog* durch den *Clean Air Act* von 1956 los geworden. Es gilt heute jedoch als eine der am stärksten durch Stickoxyde und Mikropartikel belasteten Großstädte. Es ist wahrscheinlich, dass Umweltschutz zu den Bereichen gehört, in denen man den „erdrückenden Ballast bürokratischer Vorschriften aus Brüssel" abwerfen wird.

Das gleiche gilt für den Schutz am Arbeitsplatz, Bau- und sonstige Sicherheitsvorschriften. Dass als Reaktion auf das verheerende Feuer im Grenfell-Tower vom Juni 2017 die Behörden sich weiterhin weigern, ein generelles Verbot von entflammbaren Materialen bei der Verkleidung von Hochhäusern zu verhängen, lässt nichts Gutes ahnen. Die Arbeitszeit-Richtlinie war seit jeher Inbegriff einer *meddling EU-bureaucracy*. England genoss fast ein Jahrhundert nach der Industrialisierung eine globale quasi-Monopolstellung. Es hatte bis 1880 keine ernsthaften Wettbewerber am Weltmarkt, auf dem heimischen Markt schon gar nicht. Englische Unternehmer suchten Wettbewerbsvorteile traditionell eher in Kosten-(Lohn-)senkungen und Abwertungen als in gesteigerter Produktivität. Niedrige Produktivität, mangelhafte Qualität, unzureichende berufliche Qualifikationen und daraus resultierende Spannungen zwischen Management und Beschäftigten waren und sind bis heute die Achillesferse britischer Industrie. Es steht zu befürchten, dass der Brexit und die damit verfolgte Lockerung von betrieblichen Auflagen, Arbeiterschutzbestimmungen und Umweltstandards traditionelle britische Neigungen bestärken wird, Wettbewerbsfähigkeit durch Kostensenkungen und aggressives Marketing statt durch Innovation, Höherqualifikation und zuverlässige Produktqualität zu steigern. Hier wirkt die Anfangszeit der Industrialisierung nach, als Externalitäten problemlos auszulagern waren und Unternehmer sowohl ihren Mitarbeitern wie ihren Kunden Geschäftsbedingungen diktieren konnten. Nicht der Kunde, sondern der Produzent galt damals als König. Es wäre nicht überraschend, wenn sich Symptome des alten *British disease* der 60er- und 70er-Jahre wieder zeigen könnten.

Vier der sechs großen Energieversorgungsunternehmen im Vereinigten Königreich gehören Unternehmen in EU-Partnerländern.[40] Fraglich ist, ob das Land weiterhin an einer im Prinzip grünen Energiepolitik festhält oder verstärkt auf fossile und nukleare Brennstoffe setzt. Großbritannien wird in den nächsten Jahren mehrere Kernkraftwerke schließen und ersetzen müssen. In Hinkley Point in Somerset wird an der Atlantikküste gerade das erste Kernkraftwerk der neuen Generation von einem Konsortium der französischen Unternehmen EDF/Areva und dem chinesischen Staatsunternehmen China General Nuclear Power Group (CGNPG) gebaut. EDF hat dafür einen über 30 Jahre laufenden Stromliefervertrag. Der Vertrag wurde von Theresa May im September 2017 bestätigt. Der Brexit wird derartige transnationale Projekte erschweren, allein schon weil der Austausch von Personal und die Zulieferung von Komponenten zusätzliche bürokratische Kontrollen durchlaufen müssen.

Migration

Migration war ein entscheidendes Thema in der Kampagne und mitverantwortlich für das Ergebnis. Migration wurde als Hauptargument benutzt, um den Slogan *Take back control* mit konkretem Inhalt zu füllen. Grenzen und die Zusammensetzung der Bevölkerung im Vereinigten Königreich sollten wieder uneingeschränkt und umfassend der Kontrolle britischer Behörden unterliegen.

---

40 EDF und EON operieren unter eigenem Namen. Scottish Power ist in spanischer Hand, Npower gehört zu Innogy bzw. RWE.

Großbritannien war traditionell ein Auswanderungsland. Erst nach dem Zweiten Weltkrieg kam die erste, noch bescheidene Migration in umgekehrter Richtung. 1948 stiegen 492 Menschen aus dem Dampfer Windrush in Tilbury an Land. Sie und ihre Nachfolger werden seither als *Windrush generation* bezeichnet. Um 1960 begann Großbritannien, Gastarbeiter ins Land zu holen, um die Lohnkosten in der kriselnden Textilindustrie zu senken. Diese Gastarbeiter kamen vor allem aus Pakistan. Wenige Jahre später gewährte Großbritannien etwa 40.000 Indern Zuflucht, die Idi Amin aus Uganda vertrieben hatte.

Migration spielte im Referendum von 1975 keine Rolle. Die Wirtschaftslage damals war schwierig, der Ausblick düster. Dies änderte sich schlagartig 15 Jahre später. Die radikalen Reformen von Margaret Thatcher brachten dem Land hohe Wachstumsraten, wenn auch um den Preis eines radikalen Strukturwandels. Aus dem Land von Kohle und Stahl mit der traditionellen, lokal fest verwurzelten britischen Arbeiterschaft wurde ein Land von Banken, Versicherern und Anwaltskanzleien, die sich global ausrichteten und ihr Personal weltweit rekrutierten. Das Schengen-Abkommen (1985) und der Vertrag von Maastricht (1992) schufen eine Unionsbürgerschaft, unbeschränkte Reise- und Niederlassungsfreiheit und Anspruch auf Gleichbehandlung aller Unionsbürger. Gleichzeitig brach der kommunistische Ostblock zusammen, der Eiserne Vorhang verschwand, die dortige Bevölkerung, die bis dahin hinter unüberwindlichen Grenzen eingepfercht war, konnte frei reisen.

Großbritannien hat sich seit jeher mit Immigration schwer getan. Ursprünglich genossen alle Bewohner des British Empire britisches Bürgerrecht und hatten damit Anspruch auf freie Einreise und Niederlassung in Großbritannien. Theoretisch galt Freizügigkeit im Commonwealth bis 1962. Diese Rechte konnten jedoch kaum praktisch wahrgenommen werden, weil Kommunikations- und Verkehrsmöglichkeiten in den zwei Dekaden nach dem Weltkrieg für die meisten unerschwinglich blieben. Als der Luft- und Schiffsverkehr erschwinglicher wurde und als Fernsehen und Telefon die Kontinente miteinander verbanden, wuchs die Zahl derer, die weite Entfernungen überwinden konnten und im Mutterland des Commonwealth eine bessere Zukunft suchten. Um einen absehbaren Ansturm abzuwenden, wurden die Rechte der Commonwealth-Bürger zwischen 1962 und 1971 weitgehend aufgehoben.[41]

2004 erfolgte die Osterweiterung der EU, die Großbritannien vehement befürwortet hatte. In der Folge ergoss sich ein mächtiger Strom von Migranten nach England. Insgesamt stieg die Zahl der Einwohner, die nicht im Land geboren sind, von 3,7 Millionen im Jahre 1993 auf 8,7 Millionen im Jahre 2015 – 13,5 Prozent an der Gesamtbevölkerung von 65 Millionen.

Polen machen das größte Kontingent aus EU-Staaten aus. Offiziell halten sich 911.000 Polen in Großbritannien auf – inoffiziell dürften es weit über eine Million sein. Nach 2004 drängten vor allem Polen ins Land. 1947 hatte Großbritannien etwa 200.000 Polen, die sich in Großbritannien aufhielten und nicht in die kommunistische Heimat zurück wollten, großzügig eingebürgert.[42] Es gab also bereits eine starke polnische Diaspora, die nach 2004 natürlich sofort alte Bekannte und Verwandte einlud. Zwischen 2004 und 2014 strömten etwa zwei Millionen Bürger aus EU-Staaten nach Großbritannien. 2014 endeten die Beschränkungen für Rumänien und Bulgarien und ließen die Einwanderungszahlen nochmals weiter emporschnellen. Deutsche und Franzosen kommen auf rund 350.000, Rumänen auf 220.000. Diese Zahlen müssen jedoch gesehen werden im Verhältnis zu Migranten aus Nicht-EU-Staaten. In Großbritannien leben 1,5 Millionen Inder, 1,3 Millionen Pakistani, 500.000 Bangladeshi, 450.000 Chinesen, 250.000 Nigerianer. Jede Untersuchung zeigt, dass Immigranten aus EU-Ländern in der Regel qualifiziertere und produktivere Tätigkeiten ausüben

---

41 *Commonwealth Immigration Acts* von 1962 und 1968, *Immigration Act* von 1971

42 Es waren zum großen Teil polnische Soldaten, die Seite an Seite mit den britischen Streitkräften gekämpft hatten, und deren Familien. Der polnische Anteil an der Battle of Britain wird immer noch eher unterschätzt.

als Immigranten aus Nicht-EU-Ländern. Bei näherer Betrachtung zeigt sich, dass 90 Prozent dieser Ausländer in England leben. Nach Schottland oder Wales haben sie sich nur vereinzelt verirrt.[43] Migration ist somit primär ein englisches, nicht so sehr ein britisches Problem. Innerhalb Englands wirkt sich Migration völlig unterschiedlich aus. Unbestritten ist, dass Migration insgesamt einen positiven Beitrag zur Wirtschaftsleistung des Landes liefert. Dies trifft vor allem auf die Boom-Region in und um London und einige Industriezentren in den Midlands zu. Migranten drängen aber gerade in Städte und Regionen, die sich bereits in einer Strukturkrise befinden. Dort ist Wohnraum günstig zu haben, dort sind häufig schon Landsleute ansässig, die Hilfe leisten können, die die Kultur der Heimat pflegen und halb legal oder illegal Beschäftigung besorgen. Dies erhöht den Lohndruck auf schlecht qualifizierte englische Arbeiter. Diese haben noch weniger Aufstiegs- oder Ausweichchancen. Das erhöht auch den Druck auf kommunale Einrichtungen wie Krankenhäuser, Schulen, Kindergärten, Sportanlagen. Engländer, die es sich leisten können, verlassen solche Städte.[44] Übrig bleibt ein englisches Prekariat, das sich durch die Einwanderer unter wachsenden Konkurrenzdruck gesetzt sieht und befürchtet, fremd in der eigenen Heimat zu werden. In solchen Städten geraten auch Migranten schneller in Abhängigkeit von staatlichen Sozialleistungen als in London, wo reiche Privathaushalte und die boomende Serviceindustrie sich über jede billige Arbeitskraft freuen und keine hohen Anforderungen an Qualifikationen stellen.

Wie erklärt sich, dass Migration aus der EU auf so viel Ressentiment stößt, Migration aus viel entfernteren Kulturkreisen hingegen seit Jahrzehnten widerspruchslos hingenommen wird? Die kuturelle Fremdheit

---

43 In Schottland und Wales leben insgesamt 140.000 Menschen vom indischen Subkontinent (2,4 %) und 47.000 Chinesen (1,1 %). In Nordirland fehlen Ausländer nahezu vollständig.

44 Bradford und Rochdale sind typische Beispiele, wie Strukturwandel zum Bevölkerungs- und Kulturwandel führt.

der Migranten dürfte weniger ausschlaggebend sein als die Modalitäten der Einwanderung. Die Migration aus dem Commonwealth entspricht dem traditionellen Einwanderungsschema: Wer kommt, muss für sich selbst sorgen, sich mit eigenen Kräften durchschlagen. Er entspricht der Vorstellung des *self-made man* und damit dem individualistisch-liberalen Menschenbild der Briten. Migranten aus EU-Ländern haben Anspruch auf Sozialleistungen des Staates, den Briten mit ihren Steuern finanzieren. Viele empfinden, dass die Ankömmlinge mehr Unterstützung erhalten als alteingesessene Briten; obwohl sie nichts zur Solidargemeinschaft beigetragen haben, stellen sie weitreichende Forderungen. Dies erscheint unfair – in dem Mutterland der Fairness schlimmstes moralisches Fehlverhalten! Neben xenophobischen Reflexen finden in der Abwehr der EU-Freizügigkeit tiefsitzende Vorstellungen von Liberalismus und Fairness ihren Ausdruck.

Inzwischen ist klar, dass 2014/2015 in keiner Weise typisch für Einwanderungsbewegungen war. Der Anteil der Migranten aus EU-Staaten überstieg in dieser Zeit ausnahmsweise den aus Nicht-EU-Staaten. Inzwischen ist das traditionelle Verhältnis zurückgekehrt: Immigration aus Nicht-EU-Staaten liegt um etwa 50 Prozent über der aus EU-Staaten. Hinzu kommt, dass die Brexit-Entscheidung zu einem massiven Rückstrom von EU-Bürgern aus Großbritannien geführt hat.

Gegenwärtig arbeiten 62.000 Bürger aus EU-Staaten im National Health Service,[45] darunter 11.000 Ärzte und 21.000 Pfleger.[46] Setzt man die Kosten für ein Medizinstudium mit 200.000 Euro an, hat Großbritannien durch den Import von Ärzten aus der EU etwa 2,2 Milliarden Euro gespart. Selbst wenn das gesamte medizinische Personal aus EU-Staaten ihre Dienstverträge nicht vorzeitig kündigen

---

45 Von insgesamt 1,2 Mio. Beschäftigten. (5,6 %)
46 Sie machen damit fast 10 Prozent aus. Ärzte kommen vorwiegend aus Irland und Griechenland, Pflegepersonal aus Irland, Portugal und Spanien.

würde,[47] müsste der britische Gesundheitsminister unverzüglich die Zahl britischer Medizinstudenten um mindestens acht Prozent erhöhen, oder er müsste wesentlich mehr qualifizierte Ärzte aus Nicht-EU-Ländern anwerben.

Ähnliche Probleme stellen sich in allen Industrie- und Dienstleistungsbereichen, die international verflochten sind oder ausländischen Investoren gehören. Für Unternehmen wie BMW oder VW ist es lebensnotwendig, ihr Personal, vor allem Führungs- und Fachpersonal, ständig und jederzeit zwischen britischen und kontinentalen Standorten pendeln zu lassen. Den materiellen Lieferketten entsprechen die personellen Verflechtungen, um die Einheitlichkeit innerhalb des Unternehmens zu sichern. Banken, Anwaltskanzleien, Versicherer, Speditionen sind nicht weniger auf raschen, unbürokratischen Personalaustausch angewiesen. Die Wertschöpfungsketten sind so eng miteinander verflochten, dass das Personal entlang diesen Ketten reibungslos aufeinander eingespielt sein muss.

Großbritanniens Wirtschaft ist über seine Banken, Versicherer, Kanzleien, Think Tanks und Großunternehmen wie Shell, BP, BAE Systems oder Vodafone global verwoben. Dies bedeutet einen ständigen Strom von Experten, Fach- und Führungskräften über die Landesgrenzen. Diese absolut notwendige Migration und Mobilität mit Restriktionen bei weniger qualifizierten Migranten in Einklang zu bringen, wird schwer werden. Entweder werden diskriminierende Schablonen angewandt, oder es wird zu langen, detaillierten und weit in die Privatsphäre eindringenden Befragungen kommen. Die Regierung wird Arbeitsverhältnisse überprüfen, quantitative Vorbedingungen für die Aufnahme einer bezahlten Beschäftigung verhängen und ständig mit Kontrollen präsent sein – der Staat wird sich in die Arbeitswelt hineindrängen

---

47 Bisherige Statistiken legen nahe, dass vermutlich etwa 20 Prozent ihren Dienst im NHS vorzeitig beenden und in ein EU-Land zurückkehren werden.

und traditionelle Freiheitsrechte beschneiden. Die liberale Freiheitsidee wird durch den Brexit nicht gefördert.

Sie wird noch an weiteren Stellen eingeschränkt werden. Eine zuverlässige Unterscheidung zwischen einheimischen Staatsbürgern, legalen Ausländern und illegalen Einwanderern wird erfordern, dass Personen sich prompt identifizieren lassen. Das lässt sich am besten durch Identitätspapiere, also Personalausweise, gewährleisten. Gegen eine solche Ausweispflicht haben sich Briten seit Generationen heftig gewehrt. Der Skandal um Angehörige der Windrush-Generation, die sich im Frühjahr 2018 nicht hinreichend legitimieren konnten, führte zum Rücktritt der Innenministerin Amber Rudd. Er beleuchtete dieses Dilemma schlagartig: Die Devise lautet: Wer sich nicht ausweisen kann, wird ausgewiesen![7] Theresa May, die lange Jahre über Vorgängerin von Amber Rudd war, hat eine ganz ähnliche Politik des Drucks, der Einschüchterung und strikter Kontrollen gegenüber Migranten betrieben.

Take back control ist nicht gleichbedeutend mit Grenzkontrollen. Waren lassen sich an Grenzen kontrollieren, Menschen nicht, zumindest solange Großbritannien den EU-Ländern visafreie Einreise zum Urlaub, für Besuche oder Geschäftsreisen gestattet. Es macht wenig Sinn, strikte Personenkontrollen zu fordern, gleichzeitig aber zu behaupten, Warenströme könnten wie bisher ungehindert fließen. Einige Einreisende werden illegal bleiben. Andere werden den Umweg über Dublin nehmen und die *common travel area* ausnutzen. Mit anderen Worten: Wer unbedingt nach Großbritannien gelangen will, wird dies auch künftig können. Nur der Aufwand und die Kosten werden höher, und es wird schwieriger, legal zu bleiben.

Wie wird sich der Brexit auf die Asyl- und Flüchtlingspolitik auswirken? Einerseits wird Großbritannien nach dem Brexit sicher sein, dass ihm nicht Migrationsquoten per Mehrheitsentscheid von der EU aufgezwungen werden, wie dies 2017 gegenüber Polen, Tschechien und Ungarn versucht wurde. Es wird auch sicher sein können, dass andere

EU-Staaten Migranten nicht großzügig die eigene Staatsangehörigkeit verleihen, die dann die neu verliehenen EU-Bürgerrechte nutzen, um nach Großbritannien zu ziehen.[9] Wenn die Integrationspolitik der Bundesregierung erfolgreich sein sollte, wird sie früher oder später in der Einbürgerung der meisten derer enden, die 2015/2016 unkontrolliert ins Land gekommen sind. Wäre Großbritannien dann noch EU-Mitglied, erwürben die so Eingebürgerten gleichzeitig Anspruch auf unbeschränkten Aufenthalt in Großbritannien. Die Lage in Calais hat zur Genüge gezeigt, dass viele Migranten eben nicht nur Sicherheit suchen, sondern ganz konkrete Zielländer haben und hohe Risiken und Kosten auf sich nehmen, um gerade dorthin zu gelangen. Großbritannien wird mit Frankreich eine neue Vereinbarung über Kontrollen in Calais schließen müssen. Bisher hat Frankreich den Migrationsdruck auf seiner Seite des Kanals aufgefangen. Sollte Frankreich sich hier künftig weniger kooperativ zeigen, könnte Großbritannien ein gewaltiges Kontrollproblem auf seiner Seite des Kanaltunnels bekommen.

Auf der anderen Seite wird Großbritannien illegale Asylsuchende nicht mehr einfach nach den Dublin-Regeln in sichere Transitländer abschieben können. Zwischen 2003 und 2015 konnte Großbritannien weit über 12.000 Asylbewerber in EU-Länder zurückschicken, erhielt aber im gleichen Zeitraum weniger als 300 zurück.[12]

Besonders betroffen werden Universitäten und Forschungseinrichtungen sein. Sie leben davon, international die besten Köpfe anzuziehen. Im internationalen *ranking* von Universitäten finden sich neun britische Universitäten.[48] In den renommiertesten Universitäten Oxford und Cambridge, die zum Zeitpunkt des EU-Beitritts noch durchweg britisch waren – mit einigen wenigen Emigranten aus Russland, Deutschland und Ungarn – haben heute über 40 Prozent der Dozenten keinen britischen Pass. Britische Universitäten werden vom

---

48 Imperial College, Oxford, Cambridge, University College London, King's College London, University of Essex, LSE, Queen Mary University London, Queen's University Belfast

Brexit tief getroffen werden. Sie werden die bisherige enge Kooperation mit dem Kontinent verlieren. Ihre Ausstrahlung auf den Kontinent wird abnehmen. Gemeinsame Forschungsprojekte werden durch zusätzliche Verwaltungsbürokratie erschwert. Die Rekrutierung von Studenten aus der EU wird erschwert, selbst wenn die Studiengebühren nicht sofort drastisch angehoben werden. Britische Universitäten werden noch stärker von chinesischen und indischen Studenten bevölkert werden. Damit verliert Großbritannien viel von seiner kulturellen Ausstrahlung auf den Kontinent. Seine *soft power* wird geschwächt.

Die Illusion, mit dem Ausscheiden aus der EU ließen sich Bewegungen über die Landesgrenzen wieder ausschließlich nach eigenen Vorgaben kontrollieren, wird spätestens dann scheitern, wenn es um neue Handelsabkommen geht. Viele Staaten, vermutlich Indien, Australien, Neuseeland, China, vielleicht auch Vietnam, Japan und arabische Länder, werden auf Reiseerleichterungen für ihre Landsleute bestehen. Es wird dann nicht nur um den Austausch von Waren und Dienstleistungen, sondern auch um Bewegungsmöglichkeiten für Menschen gehen.

Großbritannien wird sich nicht der Welt gegenüber abschließen. Der Brexit wird nichts an der Geographie ändern, die die britischen Inseln näher an den europäischen Kontinent gerückt hat als an Asien oder Afrika. Großbritannien wird auf intensiven Austausch mit dieser Nachbarregion angewiesen bleiben. Es ist zu hoffen, dass sich hier mittelfristig die Einsicht durchsetzt, dass politische Gestaltungsmacht, Handelsströme und kulturelle Anziehungskraft den Gesetzen der Gravitation folgen: Sie nimmt mit wachsendem Gewicht zu und mit wachsender Entfernung ab.

Staatshaushalt

Nichts hat die Brexit-Kampagne so in Verruf gebracht wie der Slogan, durch den Brexit würden jede Woche 350 Millionen Pfund frei, die dann in den nationalen Gesundheitsdienst fließen könnten. Der verantwortungslose Umgang mit Geld in Brüssel stand in der Brexit-Debatte weit vorn. Bis heute taucht das Argument auf, durch den Brexit würden Unsummen frei, die anderweitig produktiver verwandt werden könnten.

Großbritanniens Nettobeitrag[49] zum EU-Haushalt wird auf zehn Milliarden Pfund pro Jahr geschätzt. Die EU-Kommission geht für den nächsten siebenjährigen Haushaltsrahmen von einer Deckungslücke von zwölf Milliarden Euro aus. Dieser Nettobeitrag wird mit dem Ausscheiden aus der EU frei. Die Vorstellung, dieses Geld könne nun frei im nationalen Rahmen ausgegeben werden, ist jedoch eine Milchmädchenrechnung. Die Beiträge zur EU fließen nicht nur in Umverteilung, sondern auch in schwer ersetzliche Verwaltungsleistungen. Viele der Verwaltungsaufgaben, die die EU leistet, werden künftig

---

49 Der Nettobeitrag errechnet sich aus dem nominellen Bruttobeitrag abzüglich sämtlicher Mittel, die aus dem EU-Haushalt wieder ins Land zurückfließen (Agrarsubventionen, Regionalförderung u.a.). Im Fall Großbritanniens wird auch der Rabatt abgezogen, der immerhin bei 35 Prozent des nominellen Beitrags liegt. 2014 belief sich der Rabatt auf 6,1 Mrd. € und reduziert den Nettobeitrag auf 11,34 Mrd. € Der Rabatt wird nach einer komplizierten Formel berechnet und schwankte in den letzten 45 Jahren zwischen 22 Prozent und 61 Prozent. Großbritannien gehörte damit zwar immer noch zu den vier größten Nettozahlern in absoluten Zahlen. Gemessen an der Bevölkerung (pro Kopf-Beitrag) lag Großbritannien weit hinter Ländern wie Niederlande, Schweden, Dänemark, Deutschland oder Belgien. Im Verhältnis zum BSP (Beitrag als Anteil am BSP) lag der britische Beitrag weit unter dem aller anderen EU-Mitgliedstaaten. Der EU-Haushalt beläuft sich auf 1 Prozent des BSP sämtlicher Mitgliedstaaten. Insofern müssten alle sich mit etwa 1 Prozent ihrer Wirtschaftsleistung beteiligen. Einige Staaten liegen deutlich darüber. Großbritannien kam mit 0,62 Prozent deutlich günstiger davon als alle übrigen EU-Mitgliedstaaten.

von nationalen Behörden in Großbritannien erledigt werden müssen. Die meisten dieser Behörden existieren noch nicht einmal. Das „Freudenfeuer von unsinnigen Verordnungen und kleinlichen Richtlinien", den „Sturm auf die Bastille wirklichkeitsfremder Vorschriften", den radikale Brexiteers gefordert haben, um die „gefesselte britische Wirtschaft" endlich von der „Knebelung Brüsseler Bürokraten" zu befreien, wird es nicht geben. Nicht alles, was in Brüssel geregelt wurde, muss auf nationaler Ebene exakt so geregelt werden, aber ein Regelungsbedarf ist in den meisten Fällen unabweisbar vorhanden. Für vieles, was bislang in Brüssel für den gesamten EU-Raum geregelt wurde, müssen nationale Ersatzregeln formuliert und administriert werden. Behörden müssen aufgebaut, mit Personal und Material ausgestattet werden, Büroräume müssen für sie angemietet werden. Allein für neue Vorschriften und Verfahrensregeln bei Grenzkontrollen, für Zollbehörden, Büros, Computerausstattung und die Beschaffung von Betriebsprogrammen und Formularen rechnet man mit Kosten in der Größenordnung von 20 bis 35 Milliarden Pfund. Großbritannien kann letztlich nur die Gelder wirklich einsparen, die in direkte Transfers zugunsten anderer EU-Mitgliedsländer fließen. Das dürften deutlich weniger als fünf Milliarden Pfund sein – damit schrumpfen die angekündigten 350 Millionen Pfund pro Woche auf 100 Millionen Pfund – das ist weniger als das, was die britische Regierung jeden Tag (!) für Sozialpolitik ausgibt.

Unabhängig von den Auswirkungen auf Wirtschaftsleistung und Wirtschaftsstrukturen wird der Brexit zunächst einmal Geld kosten – viel Geld. Denn er wird langwierige Umstellungs- und zähe Anpassungsprozesse nach sich ziehen.[50] Schon jetzt hat jedes Ministerium,

---

50 BCG schätzt, dass allein administrative Umstellungen, Anpassungen an neue Vorschriften und innerbetriebliche strukturelle Veränderungen etwa £ 15 Mrd. kosten werden. (Boston Consulting Group: *Eine Brücke zum Brexit: Erkenntnisse europäischer KMU, Unternehmen und Anleger. Im Auftrag von AFME/Finance for Europe* (https://www.afme.eu/globalas-

jedes größere Unternehmen eine Stabsstelle für den Brexit. Investitionen werden verschoben, Standorte verlagert, Produktionsketten umgestaltet. Die *Confederation of British Industry* (CBI) kommt auf wöchentliche Kosten von über 500 Millionen Pfund – eineinhalbmal so viel wie die angeblichen 350 Millionen Pfund, die ein Brexit sparen sollte. Es wird viel neue Bürokratie entstehen, viel Streit wird vor Gericht landen, neue Behörden werden entstehen, neue Formulare gedruckt, Verfahren neu gestaltet werden. Vorsichtige Schätzungen gehen von Anpassungs- und Umstellungskosten in Höhe von 30 bis 60 Milliarden Pfund aus. Dies vor dem Hintergrund, dass das Land jetzt schon unter sich auftürmenden öffentlichen Investitionskosten ächzt: Fünf Kernkraftwerke zum Stückpreis von 20 Milliarden Pfund (und der kaum weniger teure Rückbau stillgelegter KKW), Modernisierung von Flughäfen, Eisenbahnstrecken[51] und Straßen: 50 bis 80 Milliarden Pfund, vier

---

sets/downloads/publications/afme-bcg-cc-bridging-to-brexit-2017-german.pdf)

51 Als Beispiele für die halbherzige und ineffektive Politik Großbritanniens bei Investitionen in sein Eisenbahnnetz mögen folgende Beispiele dienen: Der Eisenbahnverkehr durch den Kanaltunnel und damit die Hochgeschwindigkeitsverbindung London-Paris wurde 1994 eröffnet. Bis 2007 (13 Jahre lang!) verkehrten die Züge zwischen Folkstone und London Waterloo auf den alten Gleisen mit maximal 160 km/h. Erst mit der Eröffnung des neuen Terminals in St. Pancras konnte auch auf britischer Seite mit 300 km/h gefahren werden. Die neuen Gleise (HS 1) waren der erste Streckenneubau in der britischen Eisenbahngeschichte seit über hundert Jahren. Die wichtige Strecke von Paddington nach Westen (Oxford, Bristol, Cornwall) soll seit Jahren elektrifiziert werden. Das Fertigstellungsdatum liegt bei 2023. Die Strecke ist 1838 bis 1841 gebaut worden und galt damals als technisches Meisterwerk, ist aber seither kaum für höhere Geschwindigkeiten modernisiert worden. Nach der Teilelektrifizierung wurden teure Züge von Hitachi gekauft (Class 800), die sowohl mit Stromabnehmern wie Dieselaggregaten ausgestattet sind. Großbritannien hat weniger als 30 Prozent seines Streckennetzes elektrifiziert und operiert mit 3 verschiedenen Stromversorgungssystemen (Fahrdraht, Stromschiene, unterschiedliche Spannungen). Am 20. Juli 2017 hat die Regierung May weitere Elek-

neue strategische Atom-U-Boote und zwei Flugzeugträger mit Bestückung: 60 bis 80 Milliarden Pfund, eine Hochgeschwindigkeitsstrecke London-Birmingham (HS2): 50 bis 90 Milliarden Pfund, energiesparende Nachrüstung des Hausbestandes: 100 Milliarden Pfund. Allein diese Projekte werden um die 500 Milliarden Pfund verschlingen. Dabei sind die rapide steigenden Sozialausgaben für Gesundheit und für Arbeitslose ebensowenig eingerechnet wie die gigantischen Kosten für vollautomatisierte Grenz- und Zollsysteme, von denen radikale Brexiteers träumen, und die kaum unter 50 Milliarden Pfund zu haben sein werden. Großbritannien kämpft seit Jahren mit gravierenden Haushaltsdefiziten. Nur mit drastischen Sparmaßnahmen konnten sie in den letzten Jahren von zehn Prozent auf vier Prozent des BSP gesenkt werden. Brexitkosten in Milliardenhöhe werden hier ernsthafte Zielkonflikte bringen.

Großbritannien wird, um Investitionen anzuziehen und für Direktinvestitionen attraktiver zu werden, eine Kombination zwischen Steuererleichterungen und Subventionsanreizen suchen müssen (*Singapore on the Thames*). Das Ideal eines Niedrigsteuerparadieses nach dem Vorbild von Singapur spukt in vielen Tory-Köpfen. Von der Wirtschaftsseite her ist das konsequent gedacht. Großbritannien wird dann nur kopieren, was viele seiner überseeischen Territorien längst erfolgreich praktizieren: Guernsey, Jersey, Cayman Inseln, Bahamas, Virgin Islands, Bermuda. Die Kehrseite dieser Politik liegt darin, dass die Staatseinnahmen im selben Umfang wegbrechen bzw. für Subventionen eingesetzt werden und nicht für andere Zwecke zur Verfügung stehen. In einem Moment, in dem absehbar ist, dass auch das Vereinigte Königreich mit einer alternden Bevölkerung fertig werden muss und die Kosten des

---

trifizierungspläne aufgeben, weil die Kosten zu explodieren drohten (von weniger als £ 900 Mio. auf fast £ 3 Mrd.). Seit 1997 sind in über zwanzig Jahren ganze 100 km Strecken elektrifiziert worden.

nationalen Gesundheitsdienstes ohnehin explodieren,[52] dürften einer solchen Politik enge Grenzen gesetzt sein. Investitionsnot könnte dazu führen, dass die Abhängigkeit Großbritanniens von Geldern fragwürdiger Herkunft noch ausgeprägter wird. Investoren aus Russland, arabischen Ländern und China oder dubiose Potentaten aus Afrika oder Südamerika könnten dann an Bedeutung und Einfluss gewinnen.

Alternativen zur EU?

Wenn gegenüber der EU Verluste zu erwarten sind, zeichnen sich dann nicht gewaltige Gewinne im weltweiten Freihandel ab? Das ist ja letztlich das Kalkül aller Bexiteers, die sich den wesentlich dynamischeren Wachstumsregionen in anderen Weltteilen zuwenden möchten.

Die Befürworter des Brexit geben sich hier vage. Sie sprechen von *global Britain*, von *exciting challenges and unprecedented opportunities*, von *new ambitions and a race to the top*, von *cutting edge technologies*, einem *can-do-spirit* oder *courage for bold initiatives*. Theresa May kam über Plattitüden kaum hinaus, als sie verkündete:

„*Freer, easier trade means stronger economies, more jobs, more choice and lower prices – and that is true here in the UK, across the Commonwealth and around the world.*" [13]

---

52 Theresa May hat im Juni 2018 eine massive Erhöhung der Geldzuweisungen an den National Health Service versprochen: £ 20 Mrd. bis 2024 und diese Zusage auf dem Parteitag der Konservativen drei Monate später erneuert, wobei sie die Zahl auf wöchentliche Zuweisungen herunterbrach. Sie kam auf £ 394 Mio. pro Woche – deutlich mehr als die £ 350 Mio., die führende Brexiteers in der *Leave*-Kampagne gefordert hatten.

Die Grundregeln der WTO bilden Rückfallpositionen, die Mindeststandards zwischen den 164 Mitgliedern garantieren.[53] Allerdings sind selbst diese elementaren Regeln inzwischen dank Trumps Handelspolitik keineswegs unumstritten. Über 95 Prozent des Welthandels werden nach Richtlinien abgewickelt, die deutlich über WTO-Standards hinausgehen. Allein zwölf WTO-Mitglieder handeln lediglich auf der Grundlage von WTO-Regeln.[54] Freihandel, der über diese elementaren Grundregeln hinausgeht, muss vertraglich vereinbart werden. Die EU hat 35 Handelsverträge in Kraft, sie wendet 27 weitere Verträge vorläufig an (darunter das Abkommen mit Kanada CETA), 24 weitere Verträge sind in der Substanz ausgehandelt, aber noch nicht unterschrieben. Unter diesen Vertragspartnern finden sich Leichtgewichte wie Liechtenstein oder Kosovo, aber auch Schwergewichte wie Japan, Singapur, Südafrika und Vietnam. Für elf weitere Verträge sind die Verhandlungen noch nicht abgeschlossen. Darunter befinden sich der Golf-Kooperationsrat, Mercosur und ASEAN. Nach dem Brexit wird das Vereinigte Königreich aus allen diesen Verträgen hinausfallen und mit diesen Partnern neue Abkommen schließen müssen. Freilich wird es andere Prioritäten setzen: Australien, Kanada, Neuseeland, Indien, Pakistan werden als Commonwealth-Länder an der Spitze stehen. Hinzu kommen China, Brasilien und die Golf-Staaten. Die Commonwealth-Länder waren bis 1973 bevorzugte Handelspartner Großbritanniens.[55] Dies war eine Nachwirkung der *imperial preferences*. Durch den

---

53 Keine Mitglieder der WTO sind z.B. Weißrussland, einige Staaten in Zentralasien, in Nahost und in Afrika. Handelspolitisch spielen sie kaum eine Rolle (bis auf den Iran).

54 Darunter z.B. Serbien, Sudan, Somalia, Mauretanien, Monaco und Timor Leste.

55 Bezeichnend für den radikalen Wandel im Außenhandel mit Commonwealth-Ländern sind Neuseeland und Australien. Neuseeland wickelte 1960 etwa 45 Prozent seines Außenhandels mit Großbritannien ab. 2016 waren es noch 4 Prozent. 1960 schickte Australien 33 Prozent seiner Exporte nach Großbritannien. 2016 waren es nur noch weniger als 3 Prozent.

EU-Beitritt hat sich der Außenhandel Großbritanniens massiv verschoben. 1957 machte der Handel mit der EWG 15 Prozent des britischen Außenhandels aus. 1973 zum Zeitpunkt des Beitritts waren es 22 Prozent. 1993 schon 44 Prozent. Dieser Wert erreichte 2002 den Spitzenwert von 56 Prozent, ist seither aber wieder auf 45 Prozent zurückgefallen.

Die 53 Commonwealth-Länder konnten ihre globalen Exporte seit 2000 eindrucksvoll steigern. Damals lagen sie weit hinter der Exportleistung der EU zurück. Inzwischen haben sie die EU überholt. 2015 exportierten die Commonwealth-Länder Waren im Wert von fast vier Milliarden US-Dollar, während die EU nur auf 2,4 Milliarden US-Dollar kam.

Diese Zahlen haben bei vielen Engländern dazu geführt, dass sie eine Schere zwischen einer stagnierenden, moribunden EU und einem dynamisch aufstrebenden Commonwealth sehen, dem die Zukunft gehört.[56]

Diese Sicht ist schlichtweg falsch. Das Commonwealth ist keine Wirtschaftsgemeinschaft und erst recht keine Zollunion. Es ist begrifflich unzulässig, die Werte der einzelnen Nationen zu aggregieren. Das Commonwealth umfasst leistungsfähige, hoch industrialisierte Länder wie Australien und Neuseeland, aber eben auch Problemländer in Afrika, die keinen nennenswerten Außenhandel treiben. Das phänomenale Wachstum der Commonwealth-Exporte ist die Antwort der asiatisch-pazifischen Commonwealth-Länder auf den Aufstieg Chinas. 75 Prozent der Commonwealth-Exporte kommen aus Asien, über 50 Prozent davon gehen nach China. Insgesamt machen Commonwealth-Länder neun Prozent des Außenhandels Großbritanniens aus – das ist deutlich weniger als der Außenhandel, der allein auf Deutschland entfällt. Insgesamt ist Großbritannien kein exportintensives

---

56 Bildlich eindrucksvoll die immer wieder zitierte Formel, wonach die EU-Mitgliedschaft Großbritannien an einen Leichnam fessele (*shackled to a corps*).

Land. Seine Gesamtexporte liegen knapp über denen von Italien. Dass der Außenhandel Großbritanniens auch in Asien von der EU profitiert, legen die Entwicklungen gegenüber Südkorea nahe. Nach dem Abschluss des Handelsabkommens zwischen EU und Südkorea im Jahre 2011 schnellte der britische Warenexport in dieses Land um 82 Prozent im Folgejahr empor; Dienstleistungen stiegen um zwölf Prozent. Die Behauptung, das rigide EU-System behindere britische Exporte in Nicht-EU-Länder wird schon dadurch widerlegt, dass andere EU-Länder, die unter dem gleichen System operieren, ihre Exporte in Drittländer signifikant ausgeweitet haben und nicht über Gängelung aus Brüssel klagen – und zwar nicht nur das exportstarke Deutschland, sondern auch Frankreich, Italien, Spanien und Belgien.

Relativ konstant ist einzig die britische Außenhandelsquote mit den USA. Sie betrug vor dem Zweiten Weltkrieg etwa 20 Prozent und ist seither in dieser Größenordnung geblieben.

Welche Milliarden US-Dollar Perspektiven bieten Nicht-EU-Länder als Handelspartner für Großbritannien? Präsident Trump hat sich begeistert über ein Handelsabkommen mit einem Vereinigten Königreich außerhalb der EU geäußert. Auf Arbeitsebene sind inzwischen deutlich skeptischere Töne aus Washington zu hören. Aus Washingtoner Sicht sind China, Kanada, Mexiko und die EU wesentlich wichtigere Handelspartner als ein Vereinigtes Königreich, das auf sich gestellt ist. Auch die immer wieder beschworenen transatlantischen Sonderbeziehungen zwischen den beiden angelsächsischen Mächten werden nichts daran ändern, dass die USA unter Trump eine beinharte Interessenpolitik betreiben und Großbritannien keine Vorzugskonditionen einräumen werden. 1958 drängten die USA Großbritannien, der EU beizutreten. Alle US-Präsidenten von Eisenhower bis Obama haben keinen Zweifel daran gelassen, dass aus US-Sicht eine EU-Mitgliedschaft Großbritanniens die beste Lösung ist. Donald Trump ist der erste US-Präsident, der sich anders äußert. Aber auch unter ihm und seiner Devise *America First!* wird Großbritannien kein besonderes Entgegenkommen oder gar Vorzugsbehandlung erwarten können. Die EFTA als Gegenentwurf zur EU scheiterte schon, kaum dass sie geboren war. Alle historischen Erfahrungen lassen das britische Vorhaben, Freihandelsabkommen auszuhandeln, in einem ungünstigen Licht erscheinen[14].

Australien und Neuseeland haben sich längst erfolgreich umorientiert. Sie haben die Chancen im dynamisch asiatischen Umfeld entdeckt und profitieren vom Wachstum Chinas, Südkoreas, Taiwans und der ASEAN-Staaten. Sie werden sich, ebenso wie Indien und Pakistan, höflich interessiert gegenüber britischen Avancen geben, aber keine Bereitschaft zeigen, in den letzten 40 Jahren gewachsene lukrative Beziehungen zu ihren asiatischen Nachbarn für eine kleine Antipoden-Insel zu gefährden. China ist für sie als Exportmarkt ungleich attraktiver als Großbritannien.

Hinzu kommt ein gravierendes administratives Dilemma. Solange das Vereinigte Königreich noch Mitglied der EU ist, sind ihm eigene Verhandlungen über Außenwirtschaftsbeziehungen untersagt. Theresa May hat zwar schon exploratorische Gespräche geführt. Zu inhaltlichen Verhandlungen ist es jedoch noch nicht gekommen. Um eine Lücke der Rechtlosigkeit und damit eine längere Phase der Verunsicherung und einen möglicherweise jähen Einbruch der Wirtschaftsbeziehungen zu vermeiden, hat Großbritannien ein vitales Interesse, so schnell wie möglich neue Verträge abzuschließen. Das stößt jedoch auf drei Hindernisse:

- Handelsabkommen stecken voller technischer Details und sind äußerst komplex. Sie müssen ausgehandelt werden von Regierungen, die auf Expertise der eigenen Wirtschaftsverbände angewiesen sind. Die Interessen dieser Verbände sind selten kongruent. Verhandlungen müssen deshalb ständig nach innen Konsens schaffen und nach außen Kompromisse anbieten. Handelsabkommen benötigen Zeit. Zwar wird es das Vereinigte Königreich als zentralistischer Staat leichter haben als die EU, die sich nur in dem von ihren Mitgliedern mit ganz unterschiedlichen Interessenprofilen vorgezeichneten Rahmen bewegen kann und ständig um inneren Konsens ringen muss. Das CETA-Abkommen mit Kanada ist nach siebenjährigen Verhandlungen zustande gekommen und nach fast zehn Jahren immer noch nicht endgültig in Kraft. Aber auch Großbritannien muss sehr heterogene Interessen in seiner Wirtschaft zusammenfassen. Das wird innenpolitisch nicht leicht werden.

- Großbritannien fehlt erfahrenes Verhandlungspersonal. Großbritannien hat seit 1973 keine nationalen Handelsabkommen mehr verhandelt. Es ist personell in Brüssel schwach vertreten. Nach über einer Generation der Brache wird es damit zu kämpfen haben, hinreichend Personal mit Sachverstand und Fachkenntnissen für die synchronen Verhandlungen und die technische Abwicklung von so vielen Handelsverträgen zu rekrutieren.
- Großbritannien steht unter immensem Zeitdruck. Idealerweise sollten die neuen Abkommen nahtlos an die alten EU-Abkommen anschließen. Das wissen die Vertragspartner Großbritanniens. Zeit ist auf ihrer Seite. Wenn Großbritannien zu sehr drängt, wird dies auf Kosten der Vertragssubstanz gehen, weil manche Partner eine schnelle Zustimmung von materiellen Zugeständnissen abhängig machen werden. Es gilt die alte Erfahrung: Wer auf schnelle Einigung dringt, muss tiefer in die Tasche greifen.

4.3 Folgen für die Republik Irland

Zusammenfassung: Hauptbetroffener vom Brexit wird die Republik Irland sein. Sie wird nicht nur am stärksten wirtschaftlich leiden. Jede vorstellbare Lösung des Grenzproblems gegenüber Nordirland wird unweigerlich die Wahrscheinlichkeit von gewaltsamen Ausschreitungen erhöhen.

> *Ireland is a small but insuppressable island*
> *half an hour nearer the sunset than Great Britain*
> Thomas Kettle

Vom Brexit am stärksten betroffen sein wird Irland. Das Land ist nicht nur am stärksten auf den britischen Markt angewiesen.[57] Irland hat das größte Kontingent eigener Staatsangehöriger, die im Vereinigten Königreich arbeiten. Irlands Verhältnis zu London war über Jahrzehnte gestört, erst durch das Streben nach Home Rule, dann durch die schmerzhafte Abtrennung 1922, schließlich durch die 30 Jahre der *trouble*. 1998 hatte man mit dem Karfreitagsabkommen endlich einen Rahmen gefunden, der der Gewalt ein Ende setzte und zaghafte Annäherung und Entspannung ermöglichte. Queen Elizabeth II. stattete 2011 der Republik Irland den ersten Staatsbesuch eines englischen Monarchen ab. Zum letzten Mal zuvor war Georg V. 1911 in Irland. Damals war ganz Irland noch Teil des Vereinigten Königreichs, und er wurde mit allem Pomp als Herrscher, nicht als Staatsgast empfangen. Irland wird sich gewaltig umstellen müssen: Bislang gingen 35 Prozent aller Exporte Nordirlands in die Republik (£ 4 Mrd.), während sich die Exporte der Republik nach Nordirland auf 1,3 Milliarden Pfund

---

57 11 Prozent aller irischen Exporte gehen in das Vereinigte Königreich (zum Vergleich: 27 % gehen in die USA). Irland bezieht aber 26 Prozent seiner Importe aus dem Vereinigten Königreich (aus den USA 17 %). Über die Grenze zu Nordirland haben sich zahllose enge Liefer- und Produktionsbeziehungen entwickelt. Der Süden Englands ist ein wichtiger Abnehmer irischer Agrarprodukte.

beliefen. Insgesamt erreichten Exporte des Vereinigten Königreichs nach Irland ein Volumen von 34 Milliarden Pfund, während irische Exporte in umgekehrter Richtung auf 21,8 Milliarden Pfund kamen, ein Handelsüberschuss von 12,2 Milliarden Pfund für das Vereinigte Königreich – eine der wenigen Handelsbeziehungen in Europa, in denen das Vereinigte Königreich einen Überschuss erzielt. Schon die Abwertungstendenzen seit dem Referendum haben irische Exporte erschwert. Kommen noch Zölle, umständliche Zollabfertigungen oder Divergenzen bei nicht-tarifären Regeln hinzu, könnte Irland in eine ernsthafte Wirtschaftskrise geraten. Irland ist bei Energie vom Vereinigten Königreich abhängig, weil die eigene Energieerzeugung weit hinter dem Bedarf zurückbleibt.

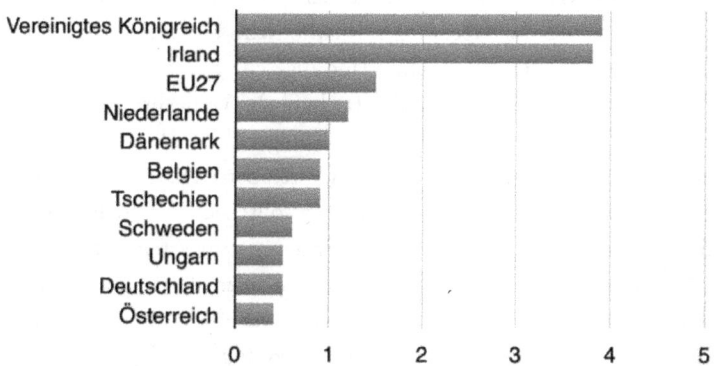

Abb. 4.2: Irland als Hauptbetroffener vom Brexit

Das Wachstum Irlands beruhte bislang zum wesentlichen Teil auf Steuervergünstigungen, die es global aufgestellten Firmen bot. Großbritannien wird nach dem Brexit versuchen, selbst derartige Aktivitäten anzuziehen. Wahrscheinlich werden Banker aus London nach Dublin ziehen, dafür Firmen wie Amazon, Google oder Apple ihre Europa-Verwaltungssitze von Dublin nach London verlegen. Irland droht sein Geschäftsmodell an ein post-Brexit Großbritannien zu verlieren.

Umgekehrt kann Irland darauf hoffen, einige Firmen anzuziehen, die eine Präsenz im EU-Binnenmarkt suchen und gleichzeitig Wert auf eine englischsprachige Umgebung und das liberale, eigentümerfreundliche Rechtssystem des *common law* legen. Einige der Standortvorteile, die das Vereinigte Königreich bislang außereuropäischen Investoren bot, die Zugang zum EU-Binnenmarkt suchten, werden an Irland übergehen.

Das Hauptproblem des Brexit liegt in der Grenze, die Nordirland von der Republik Irland trennt. Der Grenzverlauf wurde 1922 festgelegt, als Irland selbstständig wurde, der überwiegend protestantisch-unionistische Norden der Insel aber im Vereinigten Königreich bleiben wollte. Die Grenze folgte nicht dem Verlauf der historische Provinz Ulster. Um eine strukturelle protestantische Mehrheit zu sichern, wurden drei überwiegend katholische Provinzen abgetrennt und der unabhängigen Republik Irland zugeschlagen.[58]

Um die enge personelle und wirtschaftliche Verflechtung des unabhängigen Irland und des Vereinigten Königreichs und dessen Provinz Nordirland möglichst wenig zu stören, vereinbarten beide Seiten schon 1923 eine *Common Travel Area*. Damit sollte sicher gestellt werden, dass der Personenverkehr zwischen Irland und dem Vereinigten Königreich keinen Kontrollen und damit verbundenen Barrieren unterworfen werden sollte. Die *Common Travel Area* war eine informelle Absprache ohne rechtliche Verbindlichkeit. Sie zwang Irland praktisch, die

---

58 Es sind die Provinzen Donegal, Monaghan und Cavan. Die Abtrennung Donegals von der historischen Provinz Ulster resultierte in einem bizarren Grenzverlauf: Donegal ist im Süden nur über einen kaum 10 km breiten Streifen mit der Republik Irland verbunden, hat aber eine über 100 km lange mäandrierende Grenze mit Nordirland.Die alte Grenze zwischen Ulster und dem restlichen Irland war knapp 200 km lang. Die heutige Grenze zwischen Nordirland und der Republik Irland windet sich über 500 km durchs Land. Sie trennt Gebiete, die wirtschaftlich eng verwachsen sind.

Bestimmungen der britischen Immigrationspolitik zu übernehmen. Erst 2011 wurden die Grundzüge der *Common Travel Area* schriftlich fixiert, bleiben allerdings immer noch eine politische Absichtserklärung ohne rechtliche Bindung.[59]

Die Grenze zwischen Nordirland und der Republik war immer offen. Sie wurde allerdings während der Jahre der *trouble* von Polizei und Militär kontrolliert, um Terroranschläge zu verhindern. Mit dem Karfreitagsabkommen entfielen auch diese Kontrollen. Die Grenze ist seither so unsichtbar wie Ländergrenzen innerhalb der Bundesrepublik Deutschland. Die Grenze ist aus verschiedenen Gründen von besonderer Bedeutung. Einerseits gibt es viele Pendler, die täglich im anderen Landesteil arbeiten. Viele Farmer haben Ländereien auf beiden Seiten der Grenzen. Vieh, Lebensmittel, Treibstoff wird ständig über die Grenze transportiert.[60] Vieh und Lebensmittel müssten inspiziert werden, sobald in Nordirland andere Hygiene-Vorschriften als in Irland gelten. Die Grenze trennt andererseits immer noch Geltungsbereiche unterschiedlicher Normen- und Gesetze: Das fängt bei Maßen und Gewichten an (Irland arbeitet mit metrischen Maßeinheiten, in Nordirland gelten die alten britischen Maße), geht über Lehrpläne, Eigentumsrechte, bis hin zu Homo-Ehe und Abtreibung. Irland, das lange als stramm katholisch und traditionsverhaftet galt, hat sich in diesen Fragen als progressiver und aufgeschlossener erwiesen als die presbyterianischen Protestanten in Nordirland. Es ist eine Ironie der Geschichte, dass die EU geschaffen wurde, um Grenzen zu überwinden und sie jetzt

---

59 Die irische Regierung hat nach dem britischen Referendum eine Zeit lang erwogen, sich weiterhin der britischen Migrationsgesetzgebung anzupassen. Am 23. März 2017 wurde diese Option verworfen. Britische Grenzkontrollen können nicht auf irischem Territorium durchgeführt werden.

60 Irland erhebt eine geringere Abgabe auf Benzin und Diesel. Deshalb war der Grenzhandel (und - schmuggel) ein einträgliches Geschäft. Der Preisvorteil ist mit der Abwertung des Pfunds seit 2016 verschwunden.

fordert, einer bislang kaum bemerkbaren Grenze einen trennenden Charakter zu geben, den sie zuvor nie hatte.

Wenn diese Grenze eine EU-Außengrenze wird und wenn die Migrationspolitik beider Länder divergiert, liegt es auf der Hand, dass Güter und Personen an dieser Grenze kontrolliert werden müssen. Alle Vorschläge, diese Kontrollen durch technische Vorkehrungen zu verlagern oder zu automatisieren, ändern nichts daran, dass diese Kontrollen stattfinden müssen – es sei denn, Nordirland bleibt innerhalb der Zollunion.[61] Der sogenannte *backstop* sollte dies gewährleisten. Er zäumte das Pferd vom Schwanz auf: Er postulierte, dass es keine Grenzkontrollen geben dürfe und leitete von dieser Prämisse ab, dass Nordirland notfalls zumindest so lange in der Zollunion bleiben solle, bis eine befriedigende Lösung gefunden wird, die eine Grenze ohne Kontrollen erlaubt, aber ein unkontrolliertes Überqueren dieser Grenze verhindern kann – schon die Formulierung zeigt, dass es sich um eine Quadratur des Kreises handelt. Das Brexit-Votum vom 23. Juni 2016 mit seiner erklärten Stoßrichtung auf ein restriktiveres britisches Immigrationsrecht hat diesem nahezu hundert Jahre alten gegenseitigen Einverständnis die Grundlage entzogen. Wenn das Vereinigte Königreich aus Binnenmarkt und Zollunion austreten und die Migration von EU-Bürgern strikter kontrollieren will, kann die Republik Irland diese Veränderungen der Politik seines großen Nachbarn nicht mehr nachvollziehen, denn es würde damit gegen den freien Waren- und Personenverkehr des EU-Binnenmarktes verstoßen und die Grundlagen für das eigene Wirtschaftswunder seit 1973 zerstören.[62]

---

61 Aber selbst dann würden Personenkontrollen notwendig, weil ohne derartige Kontrollen Migranten aus der EU weiterhin unkontrolliert ins Vereinigte Königreich einreisen könnten, sofern sie den Umweg über Dublin nehmen.

62 Der EU-Beitritt bescherte Irland einen steilen Wirtschaftsaufschwung. Jährliche Wachstumsraten lagen von 1980 bis 2008 zwischen 4 Prozent und 10 Prozent. Irland durchlebte einen rasanten Wandel von agrarischen

An der Grenze in Irland sind die Republik Irland und das Vereinigte Königreich wie siamesische Zwillinge miteinander verwachsen. Wie kann man sie trennen, ohne lebenswichtige Organe zu verletzen? In Irland ist die Frage des Austritts deshalb unauflöslich mit der Frage nach dem künftigen Handelsregime zwischen Großbritannien und der EU verknotet. Insofern war schon relativ früh klar, dass die Frage des Grenzregimes auf der irischen Insel das Kernproblem des ganzen Brexit werden würde. Denn sie erlaubt logisch eigentlich nur drei Lösungen: Entweder kommt es zu einer harten Grenze auf der Insel, oder es kommt zu einer administrativen Grenze zwischen Nordirland und dem Rest des Vereinigten Königreichs, oder das gesamte Vereinigte Königreich bleibt faktisch in der Zollunion.

Verlässt Nordirland zusammen mit dem Vereinigten Königreich die EU, werden die Bezüge im Karfreitagsabkommen auf diesen gemeinsamen Ordnungsrahmen hinfällig. Kein irisch fühlender Einwohner Nordirlands würde das hinnehmen, Teile von Sinn Féin könnten zu bewaffneter Gewalt zurückkehren, die IRA könnte wieder aufleben. Umgekehrt lehnen die Unionisten jede Lösung ab, die Unterschiede zwischen Nordirland und dem Rest des Vereinigten Königreichs schaffen würde – wie den Brüsseler Vorschlag, Nordirland könne als Wirtschaftssonderzone im Binnenmarkt bleiben, EU-Grenzkontrollen würden dann zwischen der Insel Großbritannien und Nordirland vorgenommen. Dies ist ein rotes Tuch für die Unionisten, für die die integrale, unverbrüchliche Zugehörigkeit Nordirlands zum Verei-

---

Strukturen zu einer wissensbasierten Dienstleistungsgesellschaft. Das Pro-Kopf-Einkommen stieg von 7.000 € (1980) auf 45.000 € (2007), was Irland den Spitznamen des „keltischen Tigers" einbrachte. Irland gelang es, eine Reihe extrem wachstumsstarker Unternehmen dazu zu überreden, ihren europäischen Firmensitz in Dublin zu nehmen. Dublin wurde zu einem wichtigen Finanzzentrum in der EU.

nigten Königreich Existenzgrundlage und Daseinsberechtigung ist.[63] Die Partei der Unionisten stützt in Westminster die Regierung May, weil die Tories in den Wahlen von 2017 die absolute Mehrheit verloren hatten. Sie kann somit jede Lösung verhindern, die ihren vitalen Forderungen zuwiderläuft, zumal wenn sie dahinter eine heimliche, Annäherung durch die Hintertür wittert, die einem Anschluss Nordirlands an die Republik Irland den Weg bereiten könnte. Premierministerin May hat mehrfach betont, dass eine derartige Grenzziehung, die Nordirland einen Sonderstatus im Vereinigten Königreich verleihen würde, für sie nicht infrage kommt. Die dritte Lösung würde May jeglicher Glaubwürdigkeit berauben, weil sie sie so oft verworfen hat mit der Begründung, sie sei nicht mit dem Votum des Volkes vom 23. Juni 2016 vereinbar. In jedem dieser Fälle bleibt das Problem, dass ein namhafter Teil der Bevölkerung Nordirlands einen irischen Pass besitzt und somit Anspruch auf alle damit verbundenen Rechte hat.[64]

---

63 In ihrer Pressekonferenz nach dem enttäuschenden Salzburg-Gipfel der EU erklärte Theresa May: *„Creating any form of customs border between Northern Ireland and the rest of the UK would not respect that Northern Ireland is an integral part of the United Kingdom, in line with the principle of consent, as set out clearly in the Belfast/Good Friday agreement. It is something I will never agree to – indeed, in my judgment it is something no British prime minister would ever agree to. If the EU believe I will, they are making a fundamental mistake."* (https://www.gov.uk/government/news/pm-brexit-negotiations-statement-21-september-2018)

64 Alle Einwohner Nordirlands haben das Recht, ihre Staatsangehörigkeit zu wählen, dabei ist auch eine doppelte Staatsangehörigkeit im Vereinigten Königreich und der Republik Irland möglich. Anträge für irische Pässe sind seit Juni 2016 steil emporgeschnellt. Die demographische Entwicklung deutet darauf hin, dass der Anteil der Bevölkerung, die sich als irisch definiert steigt. Unter den Über-Sechzigjährigen bekennen sich etwa 60 Prozent dazu, britisch zu sein, nur 20 Prozent bezeichnen sich als irisch. Bei den Unter-Zwanzigjährigen sinkt der Anteil der bekennenden Briten auf 40 Prozent, der derjenigen, die sich als Iren bezeichnen, steigt auf über 30 Prozent. (Der Rest bezeichnet sich als „nordirisch" - was immer das bedeuten mag.)

4.4 Folgen für die EU

Zusammenfassung: Die EU verliert einen ihrer wichtigsten Mitgliedstaaten. Dieser Verlust stellt einige Grundannahmen der EU infrage. Die EU ist nicht mehr das **manifest destiny** Europas. Sie kann nicht mehr beanspruchen, mit Europa gleichgesetzt zu werden. Die Kritik an einigen ihrer Institutionen (EuGH, Parlament) wird wachsen. Sie wird interne Anpassungsprozesse durchlaufen müssen (QMV, Sitzverteilung im EP). Die Mitgliedstaaten der EU werden höchst unterschiedlich betroffen sein.

O call back yesterday, bid time return!
William Shakespeare

The bedrock of European union is the consent of the people
Edward Heath

Der Mythos der Unumkehrbarkeit, des geradlinigen Fortschritts zu einer immer engeren Union der Völker Europas, ist mit dem Austritt Großbritanniens geplatzt.[65] Die historische Auffassung, die Bestimmung Europas liege in seiner Einigung durch die EU, gilt nicht mehr. Die EU ist nicht mehr das *manifest destiny* Europas. Die EU hatte schon früher den Austritt Grönlands und Saint Barthélemys zu verkraften.[66] Aber das eine war eine winzige Insel in der Karibik, das andere eine riesige, eisbedeckte Insel mit der Einwohnerzahl einer Kleinstadt, ohne Landstraßen oder Eisenbahnen und ohne nennenswerten Handel außer Fisch.

Mit Großbritannien verliert die EU ihre zweitstärkste Volkswirtschaft, 20 Prozent ihrer Wirtschaftskraft, 13 Prozent ihrer Bevölkerung und sieben Prozent ihrer Landmasse. Sie verliert eine Nuklearmacht,

---

[65] Benjamnin Disraeli, der viel von Geschichte verstand, meinte: *„The pendulum always swings back!"*

[66] Auch Algerien hat 1962 die EWG verlassen, als es aufhörte, französisches Territorium zu sein und unabhängig wurde. Grönland und die Farör Inseln schieden 1985 aus, St. Barthélemy 2012. Die Trennungsverhandlungen dauerten über zwei Jahre.

ein Land mit kampferprobten Streitkräften und hohen Militärausgaben, ein ständiges Mitglied im Sicherheitsrat der UNO, einen unbeirrbaren Befürworter liberaler Werte und pragmatischer Lösungen, eine weltweit präsente Macht, die über weitläufige Erfahrungen in allen Weltgegenden verfügt, eines der drei wichtigsten globalen Finanzzentren, das Mutterland parlamentarischer Demokratie und der modernen Weltsprache mit einigen der weltweit besten Universitäten. Mit Großbritannien kehrt ein Land der EU den Rücken, das nicht unter hoher Arbeitslosigkeit und wirtschaftlicher Stagnation leidet, das sich nicht von budgetären Vorgaben und Kontrollen aus Brüssel entmündigt fühlt, sondern ein Land mit hohem Innovationspotenzial, wenn auch mit endemischen Produktivitätsproblemen. Mit Großbritannien verliert die EU ein Mitglied, das das europäische Einigungswerk nüchtern, distanziert und vielleicht ein wenig zynisch betrachtet, aber eben dadurch auch offen für pragmatische Lösungen und für Reformen ist. Großbritannien hat die EU nie sakralisiert, sondern als Instrument für politische Ziele betrachtet – und sich nicht gescheut, offen Kritik zu üben, wenn die EU diese Ziele verfehlte. Brexit läuft der Forderung nach „mehr Europa" diametral zuwider und resultiert zunächst einmal ganz handfest in „weniger EU".

Niemand kann nach dem 30. März 2019 behaupten, die EU stehe für „Europa". Es kann als Reaktion auf Krisen auch nicht mehr heißen „mehr Europa", sondern präziser, wenn auch nüchterner: „mehr EU" – aber ein solcher Sprachgebrauch würde ganz andere Assoziationen auslösen. Jean-Claude Juncker – und nicht nur er – setzt EU und Europa gleich. Das war vor dem Brexit schon eine Anmaßung. Nach dem Brexit ist es historisch und geographisch einfach falsch. Selbst wenn man den westlichen Balkan ausblendet,[67] weil dort weiterhin die EU-Beitrittsperspektive besteht, kann man nicht behaupten, die EU stehe für Europa, wenn vier Länder Europas bewusst der EU eine Absage ertei-

---

67 Von Weißrussland und der Ukraine ganz zu schweigen. Selbst Russland gilt als Teil Europas und als europäische Macht.

len: Island, Norwegen, die Schweiz und das Vereinigte Königreich. Von diesen vier zählen wenigstens drei zu den modernsten, leistungsfähigsten und politisch stabilsten Ländern Europas. Sie auszuschließen, wenn die Europäische Union als Teilmenge mit dem gesamten Europa gleichgesetzt wird, ist ein Denkfehler und arroganter Dünkel.

Der Brexit stellt der EU fundamentale Fragen an ihr Selbstverständnis. Es lohnt sich, innezuhalten und den eigenen Kompass zu überprüfen. Bislang zeichnet sich noch keine neue Nachdenklichkeit ab. Jean-Claude Juncker tut den Brexit als Nebensächlichkeit ab. Die Grundphilosophie der EU sieht er nicht berührt. Viele EU-Gläubige sehen im Brexit sogar die Erlösung von einem Häretiker, der durch Sonderwünsche und Blockaden von ambitionierten weiteren Integrationsschritten aufgefallen ist. Michel Barnier kommentiert die Verhandlungen so, dass die Probleme allein auf britischer Seite liegen. Rein formal ist er damit im Recht. Ein Mitglied, das einen Club verlässt, kann nicht beim Verlassen fordern, dass der Club Ausnahmen von seiner Satzung zulässt. Die Frage lautet aber nicht, ob die britische Regierung unberechtigte Forderungen stellt, sondern ob es nicht im ureigensten Interesse der EU selbst liegt, den überall spürbaren Entfremdungs- und Ernüchterungsprozess in der Bevölkerung der Mitgliedstaaten zum Anlass zu einer grundlegenden selbstkritischen Betrachtung zu nehmen. Die Analogie mit einem Club ist zudem falsch. Die Mitgliedschaft in einem Club ist eine individuelle Entscheidung und an keine objektiven Vorbedingungen gebunden. Europa hat sich hingegen immer geographisch und über seine Werte definiert.[68] Wenn nun ein wichtiger Teil dieser geographischen Einheit und das Land, dem Europa entscheidende Impulse bei der Entwicklung seines Wertekanons verdankt, sich abwendet, sollte dies Anlass zu selbstkritischer Analyse geben. Wenn

---

68 Marokko hat 1987 einen Beitrittsantrag zur EG gestellt. Der Antrag wurde zurückgewiesen mit der Begründung, Marokko gehöre geographisch nicht zu Europa. Die geographische Zugehörigkeit ist in den Kopenhagener Kriterien und im Lissaboner Vertrag festgeschrieben (Art. 49 EUV).

eine Ehe scheitert und einer der Partner geht, ist der andere gut beraten, selbstkritisch in den Spiegel zu blicken.

Die Zugeständnisse, die Cameron im Februar 2016 gemacht worden sind, waren nicht unklug. Die „immer engere Union der Völker" ist entweder eine Chimäre oder sie entfaltet einen unwiderstehlichen Sog, der im Bundesstaat Europa enden muss. Wollen die Bürger und Bürgerinnen Europas das? Gleichzeitig mit dem Brexit ist die EU-Skepsis in allen Mitgliedstaaten deutlich gewachsen. Der Front National hat bei den französischen Präsidialwahlen in der ersten Runde nur 2,7 Prozent weniger Stimmen erhalten als Emmanuel Macron.[69] In der zweiten Runde kam Marine Le Pen auf genau die Hälfte der Stimmen von Macron. Italien hat im Juni 2018 eine ausgesprochen EU-kritische Regierung erhalten. Polen, Ungarn und Tschechien sind inzwischen bekannt für ihre Kritik an der EU. In den Niederlanden, in Schweden erhalten prononciert EU-feindliche Parteien Zulauf. Die Stimmung in Griechenland bleibt verbittert und verständnislos gegenüber dem, was dort als rigides Diktat der EU empfunden wird. Selbst in Deutschland und Österreich gewinnen EU-kritische Parteien Zulauf, in Wien sitzt eine in der Regierung. Wenn das Fundament der EU die Zustimmung ihrer Bürger ist, und zwar in guten wie in schlechten Zeiten, dann müssen diese Entwicklungen Anlass zu einer Grundsanierung dieses Fundaments geben.

Die EU muss sich fragen, ob sie ihre Institutionen, ihre Bestimmung und den *acquis communautaire* nicht zu sehr sakralisiert und dogmatisiert hat.[70] Passen Grundsätze, Institutionen und Politiken, die gut zehn

---

69 Macrons En Marche erhielt 8,6 Mio. Stimmen (24 %), Marine Le Pens Front National 7,6 Mio. (21,3 %). In der zweiten Runde stimmten für Macron 20,7 Mio. (66 %), für Marine Le Pen 10,6 Mio. (34 %).

70 Einige Beobachter sehen die EU in einer ähnlichen Lage wie die katholische Kirche am Vorabend der Reformation: Was ist wichtiger: Die strikte Wahrung des Dogmas und tradierter Strukturen oder die kritische Selbstreform?

Jahre nach dem Zweiten Weltkrieg zu sechst vereinbart worden sind, noch sechzig Jahre später auf eine Gemeinschaft von fast fünf Mal so viel Mitgliedern? Die Heterogenität der EU hat zugenommen. Macht es noch Sinn, für immer ausgedehntere Bereiche rigide Einheitsformeln zu schmieden? Liegt darin nicht die Gefahr, dass die EU zunehmend als uniformierende, nivellierende Instanz empfunden wird – auch wenn dies stets vornehm als Harmonisierung umschrieben wird? Der britische Ruf nach einem maßgeschneiderten Verhältnis (*bespoke agreement*) ist doch nichts anderes als der verzweifelte Versuch, sich diesem Sog zu immer weiterer Gleichmacherei zu entziehen. Im Vertrag von Lissabon sind die Ausnahmebestimmungen und Sonderregelungen in den Zusatzprotokollen fast so umfangreich wie der Vertragstext selbst.[71] Sind die vier Freiheiten: Freier Waren-, freier Dienstleistungs- und Kapitalverkehr und die Personenfreizügigkeit fundamentale Dogmen, die jeglicher Diskussion bzw. Revision entzogen sind – sozusagen die vier EUangelien? Freizügigkeit betrachtet Menschen ökonomisch als austauschbare Arbeitskräfte. Sie ignoriert ihre unterschiedlichen sozialen, historischen und kulturellen Dimensionen, sie negiert Individualität und ethisch-kulturelle Prägung, die jedem Menschen eigen ist. Vereinbart zwischen sechs Staaten mit Jahrhunderte alten politischen, wirtschaftlichen und kulturellen Verbindungen, sehr ähnlicher Wirtschaftsleistung und starken liberal-katholischen Impulsen soll sie jetzt unverändert zwischen 27 Staaten gelten, deren Wirtschaftskraft, kulturell-religiöse Identitäten und historische Bindungen viel heterogener sind. Freizügigkeit sollte den europäischen Arbeitsmarkt für Wettbewerb öffnen. Wenn Geld und Waren frei zirkulieren konnten, sollten auch Arbeiter im Binnenmarkt frei sein, ihren Verdienst dort zu suchen,

---

71 Den 358 Vertragsartikeln des Lissaboner Vertrags (260 Seiten im offiziellen Text) stehen 37 Protokolle mit über 180 Artikeln (160 Seiten Text) gegenüber, gefolgt von Anhängen und einseitigen Erklärungen auf weiteren 40 Seiten. Protokolle, Anhänge und Erklärungen machen etwa 43 Prozent des gesamten Vertragstextes aus.

wo die Bedingungen am günstigsten waren. Die EU und die Mitgliedstaaten sind dem freien Wettbewerb auf dem europäischen Arbeitsmarkt jedoch von Anfang an mit Entsenderichtlinien, Mindestlohnvorschriften und Einschränkungen der Ansprüche auf Sozialleistungen begegnet. Der EU-Arbeitsmarkt ist deutlich weniger liberalisiert als die anderen drei Märkte. Hätte die Freizügigkeit von Arbeitskräften in bestimmten Fällen einzuschränken – ohne das Prinzip anzutasten – tatsächlich bedeutet, die Axt an die Wurzeln der EU zu legen?

Der Dschungel der Entscheidungswege in Brüssel ist für keinen Bürger nachvollziehbar. Um Entscheidungen vorgeblich demokratischer zu machen, sind sie undurchschaubarer geworden. Zusicherungen von Beteiligungsrechten sind umgedeutet worden in Initiativrechte, wie bei der Ernennung des Kommissionspräsidenten. Camerons Kritik, dass das Parlament hier Rechte usurpierte und damit die vertraglich vorgesehene Balance zwischen Initiative und Zustimmung auf den Kopf stellte, war nicht unberechtigt. Ausgeweitete Beteiligungsrechte haben dazu geführt, dass sich konkrete Verantwortung für politische Entscheidungen in homöopathische Potenzen verdünnt. Aus dieser Verwässerung von Zuständigkeiten und Verantwortung resultiert die Neigung vieler Regierungen, Brüssel für Entscheidungen die Schuld zuzuschieben, an denen sie selbst zuvor eifrig mitgewirkt haben. Das Fehlen einer loyalen Opposition, die Alternativen erarbeitet und sich als Regierung im Wartestand präsentiert, führt dazu, dass die EU im Grunde von einer gesamteuropäischen Einheitspartei dominiert wird bzw. dass Opposition nicht loyal ist. Das Europäische Parlament mag demokratisch gewählt sein, repräsentativ ist es nicht. Weder finden sich die Bürger mit ihren Anliegen in den Abgeordneten wieder, noch leisten die Abgeordneten einen erkennbaren Beitrag, das Tun der EU den Bürgern zu erklären und um Zustimmung zu werben. Die EU hat ein Problem, solange Figuren wie Nigel Farage, Marine Le Pen, Matteo Salvini, Alexis Tsipras, Viktor Orban und Jaroslaw Kaczynski mehr Achtung in der Bevölkerung genießen als Jean-Claude Juncker, José Manuel Barroso,

Günther Oettinger, Herman van Rompuy, Donald Tusk oder die ewig unsichtbare Federica Mogherini!

Für die EU gilt nicht mehr mit das Modell unterschiedlicher Geschwindigkeiten. Das setzte ein gemeinsames Ziel voraus, das lediglich zu unterschiedlichen Zeiten erreicht wird. Das Ausscheiden Großbritanniens lässt keinen Zweifel daran, dass sich für das geographische und kulturelle Europa kein einheitliches Ziel innerhalb der EU finden lässt. Vielleicht kann das Modell einer variablen Geometrie, die verschiedene Kreise mit unterschiedlich intensiver Integration ermöglicht, künftig eher weiter führende Wege weisen. Das würde eine Abkehr von der rigiden Uniformität innerhalb der EU bedeuten, eine Flexibilisierung und mehr individuell zugeschnittene Beteiligungsrechte. Prinzipielle und uniforme Regeln, die für Käse, Mehl, Bier und Verpackungen richtig sind, müssen nicht unbedingt als Leitschnur für Fragen von Migration oder staatlicher Finanzpolitik taugen. Die EU, die als liberales Modell gestartet ist, entwickelt sich zunehmend zu einer gigantischen zentralen Aufsichtsbehörde, die sich in immer weitere Lebensbereiche hineindrängt und dort nivellierend eingreift. Solidarität ist ein hoher Wert, darf aber nicht das noch wichtigere Prinzip der Eigenverantwortung aushöhlen.

Die Kritik, die aus Großbritannien an der EU zu hören ist, mag in manchen Punkten überzogen sein. Es gibt dahinter genügend vernünftige und gewichtige Stimmen, die ernst genommen zu werden verdienen, auch wenn sie nicht in die herrschende Orthodoxie der EU passen. Sie finden auch außerhalb Großbritanniens zustimmendes Echo. Der Brexit könnte eine Identitätskrise der EU auslösen, die weit über alles hinausgeht, was die EU bisher durchgemacht hat.

Der Europäische Gerichtshof ist durch die Brexit-Debatte in den Vordergrund gerückt. Bisher hat er ein weitgehend unbeachtetes Dasein hinter den Kulissen geführt – zu Unrecht, wie sich mehr und mehr herausstellt. Der EuGH hat durch zahllose Urteile unscharf gehaltene Vertragsbestimmungen restriktiv bzw. teleologisch ausgelegt. Er hat dabei die Absichten des Gesetzgebers, den expliziten Willen betroffener Nationen und markante Zweifel juristischer Experten beiseite geschoben.[72] Der EuGH ist zwar an die Rechtsetzung von Rat, Kommission und Parlament gebunden, es besteht jedoch eine fatale Asymmetrie zwischen dem Primärrecht, das im Grunde den Rang einer Verfassung hat und sich nur noch schwerer als eine Verfassung ändern lässt,[73] und der flinken Justiz des EuGH, der in seinen Urteilen nicht nur Recht spricht, sondern Recht schöpft. Der EuGH hat sich in seinen Entscheidungen von der Zielvorstellung einer europäischen Staatenunion leiten lassen. Diese Vision gerät jedoch in zunehmenden Widerspruch zu den

---

72 Beispielhaft seien nur folgende Urteile genannt, in denen der EuGH bestehende Vorschriften extensiv zugunsten einer von Brüssel aus verfügten Harmonisierung des Binnenmarktes ausgelegt hat:
 – van Gend & Loos vs. Niederländische Finanzverwaltung, Urteil vom 5. Februar 1963 (Curia C-26/62);
 – Costa vs. ENEL, Urteil vom 15. Juli 1964 (Curia C-6/64);
 – Otto Scheer vs. Einfuhr- und Vorratsstelle für Getreide und Futtermittel, Urteil vom 17.12.1970 (Curia C-30/70);
 – The Queen vs. Secretary of State for Transport (Factortame-Fall), Urteil vom 19. Juni 1990 (Curia C-213/89);
 – Kommission vs. Rat (Titandioxid-Fall), Urteil vom 11. Juni 1991 (Curia C-300/89);
 – Kommission vs. Parlament und Rat (ESMA-Fall), Urteil vom 22. Januar 2014 (Curia C-200/12);
 – Gauweiler u.a. vs. Bundestag (OMT-Fall), Urteil vom 16. Juni 2015 (Curia C-62/14).
 Kommission und EuGH müssen zwar dem vom Rat gesetzten Primärrecht folgen, sie können es aber durch Sekundärrecht und Interpretation sehr weitgehend ausgestalten.

73 Jede Revision des Primärrechts setzt eine Vertragsänderung voraus. Das bedeutet: Sämtliche 358 Artikel des Lissaboner Vertrags sowie die 37 Protokolle mit ihren weiteren über 280 Artikeln sind praktisch unveränderbar. Sie stellen den *acquis communautaire* dar, eine Formel, die den eschatologischen, irreversiblen Charakter des Einigungsprozesses unterstreichen soll. Der Brexit zeigt, dass es keine historische Irreversibilität gibt - was im Grunde jedem Historiker geläufig sein sollte.

Auffassungen eines signifikanten Teils der Bevölkerung Europas. Da die gesamte primäre Rechtsmaterie, auf der die EU aufbaut, nur einstimmig in einem neuen Vertragsverfahren verändert werden kann, ist sie einer Korrektur durch den Gesetzgeber weitgehend entzogen. Obwohl es im Grunde eine Große Koalition im Europäischen Parlament gibt, ist es nicht möglich die rechtlichen Grundlagen der EU laufend an eine sich wandelnde Realität anzupassen. Diese Lücke füllt der Gerichtshof mit eigenen normativen Vorstellungen. Er hat wachsende Zweifel ausgelöst, auf welcher Ermächtigungsgrundlage er eigentlich Recht spricht. Nationale Gerichte sprechen Recht im Namen des Volkes oder im Namen des Monarchen und benennen damit die Legitimitätsgrundlage, von der sie Vollmacht und Autorität zur Rechtsprechung herleiten. Urteile des EuGH lassen die Grundlage seiner Autorität im Dunkeln. Durch seine eigenwillige Rechtsprechung gerät der EuGH in Konflikt mit den durch Wahlen legitimierten nationalen Parlamenten. Er muss sich darauf verlassen, dass sich die Mitgliedstaaten seinen Urteilen beugen und ihre nationalen exekutiven Machtmittel in seinen Dienst stellen. Der Brexit zeigt, dass dies weder selbstverständlich noch automatisch erfolgt. Die EU ist in einer kritischen Phase ihrer Entwicklung angelangt, wo ihre juristischen Grundlagen in Spannung geraten zu demokratisch legitimierten Regierungen der Mitgliedstaaten. Hinter diesen vordergründigen Wertfragen verbergen sich massive Machtfragen. Denn es geht um die Frage, wo letztlich Souveränität liegt. Auch dies macht der Brexit deutlich: Man kann Souveränität abgeben, so wie eine Zentralregierung Befugnisse devolvieren bzw. delegieren kann. Sie hat diese Befugnisse dann aber nur verliehen, und kann das Leihverhältnis jederzeit beenden. Souveränität lässt sich logisch nicht teilen, weil sie eine höchste und letzte Entscheidungsbefugnis bezeichnet. Die kühle Aufhebung nationaler Gesetze unter Berufung auf eine gesamteuropäische *finalité* und die Maßregelung einzelner Mitgliedstaaten durch Vertragsverletzungsverfahren wird den Zusammenhalt der EU nicht stärken. Wenn diese Spannungen weiter steigen, wird das Ergebnis zu weiteren Exits führen. Kein Regierungschef wird einen Canossagang nach Brüssel machen! Solange die Mitgliedstaaten die Herren der Verträge bleiben, liegen alle souveränen Entscheidungsbefugnisse bei den Mitgliedstaaten. Das mag keine Rolle spielen, solange eine grundlegende Interessenkonvergenz besteht. Die Souveränitätsfrage wird aber wie ein Springteufel aus den verschachtelten Verträgen herausspringen, sobald es zu fundamentalen Divergenzen kommt. Es muss zu denken geben, wenn die Kritik am EuGH unter Juristen wächst, weil er Gesetze nicht nach dem Willen der Gesetzgeber und damit der in ihnen repräsentierten souveränen Völker auslegt, sondern sich von einer nebulösen Zielbestimmung leiten lässt.[15]

Die EU steht nach dem Brexit vor unerwarteten Strukturproblemen. Der Vertrag von Lissabon regelt das Verfahren bei qualifizierten Mehrheitsentscheiden (QMV: *Qualified Majority Voting*). [16] Demnach kann der Rat Entscheidungen mit einer Mehrheit von 72 Prozent der Stimmen treffen, sofern diese Stimmen 65 Prozent der EU-Bevölkerung repräsentieren. In Fällen, in denen der Rat über Vorschläge der Kommission abstimmt, genügt eine Mehrheit von 55 Prozent der stimmberechtigten Mitglieder. Die Sperrminorität bleibt aber auch hier bei 35 Prozent der EU-Bevölkerung.[17] Das Ausscheiden des Vereinigten Königreichs verändert die Schwelle der Stimmenmehrheit nur im ersten Fall. Künftig sind für Mehrheiten nach Artikel 238 (2) AEUV nur noch 20 von 27, nicht mehr 21 von 28 Stimmen erforderlich. Im zweiten Fall sinkt das Mehrheitserfordernis von 16 auf 15 Stimmen (55 %). Wesentlich folgenschwerer sind die Veränderungen bei Sperrminoritäten, denn das Vereinigte Königreich macht mit 65 Millionen Einwohnern 13 Prozent der gesamten EU-Bevölkerung aus. Zusammen mit den übrigen nördlichen EU-Mitgliedstaaten bildete das Vereinigte Königreich eine Gruppe, die Nettobeitragszahler waren und für Ausgabenbegrenzung, Subsidiarität, Freihandel und Eigenverantwortung eintraten. Diese Gruppe[74] macht bislang 39 Prozent der EU-Bevölkerung aus. Die Gruppe mediterraner Staaten[75], die stärkeres Interesse an einer Transferunion und Schuldenerlass haben und eher etatistisch, protektionistisch und dirigistisch denken, spricht für 38 Prozent der EU-Bevölkerung. Dieses Verhältnis verschiebt sich künftig massiv zugunsten der mediterranen Gruppe. Sie wird für 45 Prozent, die nördliche Gruppe nur noch für 30 Prozent der EU-Bevölkerung sprechen. Damit zeichnet sich die Gefahr ab, dass die stärksten Beitragszahler von denjenigen überstimmt werden könnten, die das stärkste politische Interesse an finanziellen Transfers haben. Diese Mehrheitsverhältnisse wurden zu einer Zeit vertraglich festgeschrieben, als niemand daran dachte, dass sich an den Bezugsgrößen jemals etwas ändern könnte. Der Artikel 50 enthält dementsprechend auch keinerlei Hinweise darauf, wie die vertraglich festgelegten internen Strukturen im Falle eines Ausscheidens eines Mitglieds anzupassen sind. Deshalb muss dazu der Vertrag geändert bzw. ein neuer Vertrag ausgehandelt werden. Unter den ungewissen Umständen ist dies auf absehbare Zeit unwahrscheinlich.

Ähnliche arithmetische Probleme zeichnen sich im Europaparlament ab. Die Zahl seiner Sitze ist auf 751 begrenzt. Das Vereinigte Königreich stellt nach Deutschland (96) und Frankreich (74) gemeinsam mit Italien die drittstärkste Zahl von Abgeordneten (73). Diese Sitze fallen mit dem Brexit fort. Das Europäische Parlament hat am 7. Februar 2018 einen Vorschlag vorgelegt, wonach die Gesamtzahl der

---

74 Neben dem Vereinigten Königreich Deutschland, Österreich, Niederlande, Dänemark, Schweden, Finnland, die baltischen Staaten. Zusammen repräsentieren diese Länder 197 Mio. Einwohner. Ohne Großbritannien schrumpft diese Zahl auf 131 Mio.
75 Frankreich, Italien, Spanien, Portugal, Griechenland, Malta, Zypern. Zusammen repräsentieren diese Länder 196 Mio. Einwohner.

Sitze um 46 auf 705 reduziert werden soll. Die restlichen 27 Sitze sollen vor allem mediterranen Ländern zugute kommen.[76]

Die Gefahr, dass der Brexit Schule machen und eine Desintegrationsspirale in der EU in Gang setzen könnte, ist derzeit nicht erkennbar. Im Gegenteil: Die Brexitperspektive hat vielmehr dazu geführt, dass die EU-Staaten sich in dieser Frage ungewohnt einmütig geben. In Zeiten der Verunsicherung wächst der Impuls, sich zunächst umso fester ans Bestehende festzuklammern. Der britische Versuch, Staaten aus der EU-Einheitsfront bilateral heraus zu brechen, ist auf Beton gestoßen. Viel wird davon abhängen, wie Großbritannien und die Stimmung der englischen Bevölkerung sich nach dem Brexit entwickeln werden und ob es der EU gelingt, in anderen Fragen wieder zu solider Stabilität zu finden. Das Anwachsen EU-kritischer Stimmen und Parteien in immer mehr EU-Ländern ist jedenfalls ein Alarmzeichen, das die EU und ihre Institutionen zum Innehalten und zu gründlicher Reflexion bewegen sollte. Es kann gut sein, dass in einigen Jahren die Frage auftaucht, wer Großbritannien „verloren" hat – so ähnlich, wie in den USA noch bis in die Zeit John F. Kennedys gefragt wurde, wer China „verloren" habe.

Das Erstaunlichste ist, dass die EU so weitermacht, als sei nichts geschehen. Das Weißbuch zur Zukunft Europas, das Kommissionspräsident Juncker zum 70. Geburtstag der EU im Frühjahr 2017 vorgelegt hat, beschreibt fünf Szenarien, erwähnt aber Großbritannien nur beiläufig.[18] Noch weniger Notiz vom Brexit nimmt Juncker in seiner Rede zur Lage der Union vom November 2017.[19] Mit ausgeprägtem Wunschdenken behauptet er: „Europa hat wieder Wind in den Segeln." In seiner letzten Rede zur Lage der EU geht Juncker eher beiläufig auf den Brexit ein.[20] Viele überzeugte EU-Anhänger mögen sich insgeheim freuen über das Ausscheiden des ewigen Bremsers, Nörglers und Störers, der immer wieder Sonder- und Ausnahmeregelungen für sich

---

76 Frankreich und Spanien jeweils +5, Italien +3. In der nördlichen Gruppe sollen Finnland, die Niederlande und Estland jeweils einen Sitz hinzugewinnen. Deutschlands Abgeordnetenzahl soll bei 96 gedeckelt bleiben.

beanspruchte. Viele glauben, jetzt sei der Weg frei für die nächsten ambitiösen Integrationsprojekte. Sie übersehen dabei, dass Großbritannien auf Jahre hinaus ein Pfahl im Fleisch der EU bleiben wird, ein Akteur, der von außen nicht weniger Einfluss auf die Geschicke der EU ausüben wird als zuvor von innen, ein Sammelbecken und ein Fokus für alle, die mit der EU unzufrieden sind, vor allem aber ein Teil Europas, der sich zunehmend der EU entfremdet.

Die EU wird an internationaler Geltung verlieren. Den Verlust des Mutterlandes des Commonwealth und die Beiträge britischer Diplomatie, britischer Aufklärung und britischer militärischer Fähigkeiten wird die EU nicht kompensieren können. Auch das Interesse an Handelsabkommen mit der EU wird nach dem Verlust ihrer zweitgrößten Volkswirtschaft geringer werden.

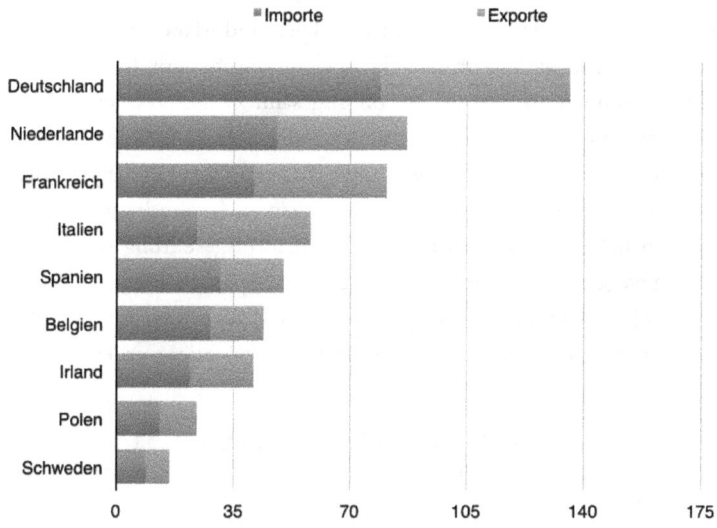

Abb. 4.3: Der Außenhandel des Vereinigten Königreichs mit ausgewählten EU-Ländern (Milliarden €)

EU-Mitglieder werden sehr unterschiedlich betroffen sein. Neben Irland, Deutschland, Frankreich und den Niederlanden werden vor allem Malta, Zypern und skandinavische Länder die Folgen spüren. Dagegen wird der Brexit die osteuropäischen EU-Staaten kaum berühren. Der Brexit wird sich in Großbritannien etwa viermal stärker auswirken als auf dem Kontinent. Der britischen Industrie werden wichtige Märkte schwerer zu erreichen sein, wobei viele der Brexit-bedingten Hürden durch weitere Abwertungseffekte kompensiert werden könnten.

Großbritannien wickelt 44 Prozent seines Außenhandels mit der EU ab. Globalgrößen sind hier allerdings irreführend, weil sie gravierende Unterschiede verbergen. Faktisch konzentriert sich der britische Außenhandel auf vier EU-Staaten: Deutschland, Niederlande, Frankreich und Italien. Zusammen machen diese vier Staaten fast zwei Drittel der britischen Importe aus der EU und 58 Prozent der Exporte in die EU aus. Danach folgen Spanien, Belgien und Irland, auf die jeweils etwa acht Prozent des britischen Handelsaustausches mit der EU entfallen. Zusammen machen sieben von insgesamt 27 Staaten weit über 80 Prozent des britischen Außenhandels mit der EU aus. Viele der übrigen, vor allem die baltischen, ost- und südosteuropäischen Länder, unterhalten nur unbedeutende Handelsbeziehungen zu Großbritannien. Zwei Staaten haben besonderes Interesse an der Ausgestaltung des Brexit: Irland wegen der Grenze zu Nordirland und Spanien wegen Gibraltar. Von beiden Ländern ist heftiger Widerstand zu erwarten, wenn ihre nationalen Interessen nicht hinreichend berücksichtigt werden.[77]

---

[77] Irland steckt in der Klemme, weil die einzige Option, mit der es Druck ausüben kann, nämlich ein harter Brexit ohne Vertrag, auch für Irland selbst die schlechteste Lösung wäre. Spanien dagegen hat angekündigt, dass es keinerlei Veränderungen und schon gar keine Aufwertung im Status von Gibraltar hinnehmen will. Die Einwohner von Gibraltar haben 2016 zu 96 Prozent (Beteiligung: 99 %) für den Verbleib in der EU gestimmt. Abgesehen von alten historischen Ansprüchen könnte Spanien sich zum Anwalt des eindeutigen Volkswillens in Gibraltar machen. Es würde dabei jedoch einen gefährlichen Präzedenzfall für Katalonien schaffen.

Großbritannien hat schlimmere Krisen als den Brexit bewältigt. Die EU ist ein noch nicht sturmerprobtes, fragiles Gebilde, das seine Kraft vor allem aus dem eschatologischen Glauben schöpft, dass sie die historische Zielbestimmung Europas ist, es deshalb zu ihr keine Alternative geben kann. Sie muss aus jeder Krise gestärkt herausgehen, weil alles andere unvorstellbar wäre.[78] Viele Fehlentwicklungen der EU werden ignoriert, weil nicht sein kann, was nicht sein darf. Großbritannien lebt in einem über Jahrhunderte gefestigten nationalen Selbstbewusstsein. Die EU lebt von Appellen an abstrakten Werten, die weder widerspruchsfrei noch eindeutig sind. Die EU lebt stärker von Zukunftshoffnungen als von gegenwärtiger Substanz. In jeder Krise heißt es, Fehler der Vergangenheit müssten durch noch mehr künftige Integration korrigiert werden – als ob erkannte Fehler der Vergangenheit eine Garantie böten, in Zukunft fehlerfrei zu bleiben. Die EU versucht, Auswirkungen einer falschen Medizin mit mehr von derselben Medizin zu heilen.

Wie sich diese tektonischen Verschiebungen auf politische Entscheidungen auswirken, ist schwer abzuschätzen. Sicher scheint, dass vor allem Frankreich profitieren wird. Es bleibt der einzige Nuklearstaat, der einzige, der die EU als ständiges Mitglied mit Vetorecht im Sicherheitsrat der UNO vertreten kann. Spekulationen auf einen EU-Sitz im Sicherheitsrat sind damit endgültig tot. Mit seiner weltweiten militärischen Präsenz kann es den Ton bei der Gemeinsamen Sicherheits- und Verteidigungspolitik angeben. Es rückt unbestritten zur stärksten Militärmacht in der EU auf. Durch das Lancaster House Abkommen (2010) behält es eine militärische Sonderbeziehung zu Großbritannien[21], die enge Kooperation in militärischen Nuklearfragen einschließt, während es mit Deutschland im konventionellen Bereich eine privilegierte militärische Kooperation unterhält. Frankreich fungiert als Scharnier zwischen dem „ClubMed" einerseits, und

---

78 Am deutlichsten wird dieser millenarische EU-Überschwang in Mark Leonards Buch *Why Europa Will Run the 21st Century* (New York, Public Affairs, 2006). Das Buch hat nach 2008 keine zweite Auflage erlebt.

dem *couple franco-allemand* und hat damit privilegierten Zugang zur nördlichen Gruppe andererseits. Es kann zwischen beiden Positionen vermitteln, aber auch gegebenenfalls als Zünglein an der Waage den Ausschlag für die eine oder die andere Gruppe geben. Die Positionierung Frankreichs kann deshalb ausschlaggebend für die Positionierung der gesamten EU werden. Verkehrsmäßig verfügt Paris über die besten Anbindungen an London. Es kann einem begegnen, dass ein stolzer Alderman der City of London in fortgeschrittener Stunde Paris als das äußerste *East End of London* bezeichnet.[79] Frankreich wird am stärksten vom Wegzug von Finanzexperten aus London profitieren. Die französischen Ambitionen, aus Paris ein Finanzzentrum von Rang und Bedeutung Londons zu machen, sind offensichtlich. Das Ausscheiden Großbritanniens wird eine relative Aufwertung Frankreichs, Deutschlands und des *couple franco-allemand* zur Folge haben. Mehr als je zuvor werden Initiativen und Gestaltungsmacht bei diesen beiden Ländern liegen. Deutschland wird stärker in eine Führungsrolle gedrängt werden.

War es klug, sämtliche EU-Verträge in einem einheitlichen Vertragswerk zu konsolidieren? Seit dem Maastricht-Vertrag war dies eine der größten Ambitionen von EU-Politikern. Aus den disparaten Ansätzen sollte ein monolithischer Rechtsblock entstehen, der die Rechtspersönlichkeit der EU begründet. Die etwas verwachsene Struktur der drei Säulen, die separate Existenz von EURATOM, Schengen und der Euro – alles wurde in Lissabon in ein einhetiliches Vertragswerk zusammengefasst. Der Brexit richtet sich jedoch gegen Binnenmarkt, Zollunion und Migration, also primär gegen den vergemeinschafteten Bereich der EU. Es gab keine Forderungen, aus der Gemeinsamen Sicherheits- und Verteidigungspolitik auszusteigen (die bis heute rein intergouvernemental läuft), Großbritannien will an der Zusammenarbeit bei Polizei und Terroraufklärung festhalten, es will EURATOM nicht verlassen, es

---

79 Darin liegt eine verdeckte Hinterhältigkeit, weil das *East End of London* mit Schmutz, Armut, Kriminalität und Elend assoziiert wird.

will sich weiter in Forschung und Technologie an europäischen Projekten beteiligen.[80] Hätte die EU noch die alte Säulenstruktur behalten, wäre es leichter, die britischen Forderungen nach einem Ausstieg aus dem klassischen EWG-Bereich mit fortgesetzter pragmatischer Kooperation in anderen Bereichen zu verknüpfen.[81]

Der Brexit wird die NATO als Verteidigungsbündnis gegenüber der Gemeinsamen Sicherheits- und Verteidigungspolitik der EU aufwerten, nicht nur wegen der neuen Risiken, die Russland darstellt, sondern weil der britische Verteidigungsbeitrag nur noch über die NATO gesamteuropäische Wirkungen entfalten kann. Dementsprechend werden sich die Länder Osteuropas, die sich auf militärischen Schutz angewiesen fühlen, stärker der NATO zu- und von der EU als Sicherheitsgaranten abwenden. Das stellt alle Bemühungen um eine einheitliche europäische Sicherheits-, Rüstungs- und Beschaffungspolitik unter ein neues großes Fragezeichen, denn einerseits wird Großbritanniens leistungsfähige Rüstungsindustrie in Wettbewerb mit der EU treten, andererseits wird für die osteuropäischen Staaten Interoperabilität mit der NATO wichtiger werden als Einbindung in EU-Projekte.

Die EU hat sich bisher in Krisen immer mit einer Taktik beholfen, die große Ähnlichkeit zum *project fear* hat. Es wird eine Schicksals- und Wertegemeinschaft Europas beschworen. Es ist warnend die Rede von Chaos, Absturz, vom Ende der Friedenszeit seit dem Zweiten Weltkrieg. „Scheitert der Euro, scheitert Europa", heißt es dann. Unausgesprochen steht dahinter: „Scheitert Europa, scheitern Wohlstand und

---

80 Das Navigationssatellitensystem Galileo ist solch ein Fall, der europäische Haftbefehl ein anderer, die gesamte GASP ein dritter. Die EU wäre gut beraten, hier mehr auf Pragmatik als auf dogmatische Systematik zu setzen. Gerade in diesen Bereichen lassen sich belastbare Brücken bauen und damit die EU-feindliche Dynamik in der Stimmung in Großbritannien eindämmen.

81 Als die WEU in der Gemeinsamen Außen- und Sicherheitspolitik der EU aufging, mussten Sonderregelungen für die bis dahin mit der WEU assoziierten Mitglieder Island, Norwegen und Türkei gefunden werden.

Frieden und es droht der Rückfall in die unselige Geschichte vor 1945." Die EU bezieht ihre *raison d'être* immer noch aus den Schreckensbildern aus der Zeit vor ihrer Gründung. Sie begründet jeden weiteren Integrationsschritt mit Sachzwängen, die sich aus früheren Entscheidungen angeblich unabweislich ergeben. Sie macht damit ihre Zukunft zur Gefangenen ihrer Vergangenheit. Die Methode Monnet, unwissende Bürger paternalistisch über Umwege zu ihrem eigenen Glück zu führen, stößt an ihre Grenzen.[82]

Der Brexit sollte Anlass geben, selbstkritisch über die *finalité* der EU nachzudenken. Eine Begründung, die die EU als Friedensprojekt aus den Verwüstungen des Zweiten Weltkriegs herleitet, verfängt nicht mehr bei einer Generation, die den Krieg und die Nachkriegsjahre nur noch aus Erzählungen ihrer Großeltern kennt. Der EU steht eine Suche nach einer neuen *raison d'être* bevor. Weder reicht das alte Narrativ von Wohlstands- und Friedenssicherung noch hilft eine Flucht nach vorn, solange die Zielbestimmung unklar bleibt.

Die EU steht vor einer existenziellen Bewährungsprobe. Sie droht in eine Phase zu geraten, wo idealistische Begeisterung in offenen Widerspruch zu einer Realität gerät, die sich immer weiter von diesen Idealen entfernt. Im Kleinen rigide, im Großen willkürlich und inkonsequent, reich an Worthülsen, aber arm an konkreten Taten,[83] voll-

---

82 Niemand hat die unbeirrbare eigene Heilsgewissheit (andere sprechen von Überheblichkeit) deutlicher ausgedrückt als Jean Claude Juncker mit seinen berühmten Zitaten: „Wir beschließen etwas, stellen das in den Raum und warten einige Zeit ab, was passiert. Wenn es dann kein großes Geschrei gibt und keine Aufstände, weil die meisten gar nicht begreifen, was da beschlossen wurde, dann machen wir weiter – Schritt für Schritt, bis es kein Zurück mehr gibt." „Wenn es ernst wird, muss man lügen." „Die Länder, die mit Nein stimmen, müssen die Frage erneut stellen." „Heißt es Ja, sagen wir Vorwärts!, und wenn's ein Nein gibt, sagen wir, wir halten Kurs."

83 Ein bemerkenswertes Beispiel hierfür lieferte die Gipfelerklärung des Europäischen Rates von Lissabon 2000. Darin ist unter anderem die Rede vom „Ziel, die Union zum wettbewerbsfähigsten und dynamischsten wissensba-

mundig in Versprechungen, aber unzulänglich in deren Umsetzung, so präsentiert sich die EU derzeit. Solange sich die EU an Zukunftsvisionen und -projekten berauscht, tatsächlich aber wenig strategische Entscheidungen zuwege bringt, wird sie in der Krise bleiben. Ihre Institutionen können so nicht an Ansehen und Vertrauen gewinnen. Die bevorstehenden Wahlen zum EU-Parlament im Mai 2019 werden zum Offenbarungseid werden, wie sehr die EU tatsächlich noch vom *bedrock* der Zustimmung ihrer Bürger getragen ist.

Die EU versäumt zwei Argumente, die in Zukunft immer wichtiger werden:

- Welche positiven Gründe gibt es eigentlich für die EU, welches Desiderat erfüllt sie in der Gegenwart? Würden wir sie heute so gründen, wie sie historisch gewachsen ist? Ist sie eine Wohlstandsgemeinschaft? Eine Wertegemeinschaft? Ein globaler sicherheitspolitischer Akteur? Eine Autorität in Handelspolitik?[84] Was brauchen wir von dem, was in den letzten fünfzig Jahren entstanden ist, für die kommenden fünfzig Jahre?
- Daraus ergibt sich eine noch viel virulentere Frage: Selbst die, die von der Notwendigkeit überzeugt sind, der europäischen Einigkeit einen institutionellen Rahmen zu geben, fragen sich zunehmend, ob es just diese Strukturen und diese Politiken sein müssen, in denen

---

sierten Wirtschaftsraum in der Welt zu machen – einem Wirtschaftsraum, der fähig ist, ein dauerhaftes Wirtschaftswachstum mit mehr und besseren Arbeitsplätzen und einem größeren sozialen Zusammenhalt zu erzielen." (http://www.europarl.europa.eu/summits/lis1_de.htm). Vier Jahre vor der Osterweiterung, acht Jahre vor der Finanzkrise und zehn Jahre vor der Griechenlandkrise und zu einem Zeitpunkt, als China längst auf der Überholspur ist, klingt dies wie trumpistisches Geprahle eines Gernegroß - oder wie die eschatologischen Prophezeiungen eines kommunistischen Ideologen.

84 Wenn über die Handelspolitik der EU gesprochen wird, sollte niemals ihre Agrarpolitik vergessen werden, die schwerlich ein Beispiel für internationale Kooperation, Effizienz oder Effektivität ist.

Europa seine vertraglich verfasste Form findet. Die EU braucht eine wirksame loyale Opposition, nicht nur, um demokratischer und repräsentativer zu werden, sondern um nicht in messianischem Dogmatismus zu erstarren.

4.5 Folgen für Deutschland

Zusammenfassung: Deutschland wird unter den kontinentalen EU-Mitgliedern am stärksten betroffen sein. Die wirtschaftlichen Einbußen werden schmerzlich, aber mittelfristig zu verkraften sein. Politisch wichtiger wird die Frage sein, wie Deutschland auf die gewachsene Verantwortung reagiert, nachdem mit Großbritannien ein Mitgliedstaat weggebrochen ist, der in Diplomatie und militärischen Fähigkeiten zusammen mit Frankreich das sicherheitspolitische Rückgrat der EU bildete.

> *The Germans classify, but the French arrange*
> *Willa Cather*

Deutschland ist vom Brexit mehrfach betroffen. Alle Erwartungen, wie sich die durch den Brexit verursachten Einnahmeausfälle im EU-Haushalt ausgleichen lassen, richten sich auf Deutschland, den wirtschaftlich und finanziell stärksten Mitgliedstaat. Der Koalitionsvertrag vom März 2018 hat Bereitschaft zu höheren EU-Beiträgen signalisiert und damit diesen Erwartungsdruck verstärkt.[22]

Großbritannien ist einer der bedeutendsten Handelspartner Deutschlands. 2016 beliefen sich deutsche Exporte nach Großbritannien auf 86 Milliarden Euro. Das entspricht 2,6 Prozent des deutschen Bruttoinlandsprodukts. Werden Dienstleistungen berücksichtigt, steigen diese Werte auf 120 Milliarden Euro bzw. 3,6 Prozent. Deutschland erwirtschaftet mit Großbritannien einen Überschuss von 51 Milliarden Euro – das ist fast ein Fünftel des gesamten Überschusses. Seit Juni 2016 ist der bilaterale Handel rückläufig. 2017/2018 lagen Exporte 3,6 Prozent, Importe 2,7 Prozent unter dem Vorjahresniveau. Dies war der einzige Rückgang im deutschen Außenhandel in diesem Zeitraum.

Vom bilateralen Handel zwischen beiden Ländern sind in Deutschland etwa 550.000 Arbeitsplätze, in Großbritannien etwa 230.000 betroffen. Wertschöpfungsketten sind engmaschig miteinander verflochten. In der Flugzeugindustrie liegt der britische Anteil an der deutschen Wertschöpfung bei 3,3 Prozent, in der Kfz- und Maschinenbauindustrie bei etwa 1,5 Prozent.

Gleichzeitig geraten wichtige Absatzmärkte für die deutsche Industrie in Gefahr. Für Auto- und Maschinenbauer ist das Vereinigte Königreich ein lukrativer Markt. 800.000 Autos exportiert Deutschland jährlich nach Großbritannien, das damit fast so viele Autos aufnimmt wie die drei nächst wichtigen Märkte in der EU zusammen.[23][85] Die Abhängigkeit der deutschen Autoindustrie vom britischen Absatzmarkt hat Brexiteers dazu verführt anzunehmen, die großen Automobilproduzenten würden Druck auf die deutsche Regierung ausüben, um Großbritannien entgegen zu kommen.[86] Bisher ist diese Rechnung nicht aufgegangen. Die deutsche Industrie sieht zwar mögliche Verluste auf sich zukommen. Aber sie weiß, dass sie noch viel stärker als vom

---

85 2017 exportierte Deutschland etwa 800.000 Autos nach Großbritannien. Nach Italien waren es 310.000, nach Frankreich 285.000 nach Spanien 230.000. Zusammen kommen die drei letzteren Abnehmer auf 825.000 Autos. Nach China exportierte Deutschland 260.000 Autos, machte damit aber einen deutlich höheren Umsatz.

86 Boris Johnson am 20. Juni 2016 im Wembley Stadium: *„I must say that I think that it was extraordinary to hear that we would have tariffs imposed on us because everybody knows that this country receives about a fifth of Germany's entire car manufacturing output – 820,000 vehicles a year. Do you seriously suppose that they are going to be so insane as to allow tariffs to be imposed between Britain and Germany?"* (http://www.heraldscotland.com/news/14571296.Boris_Johnson__EU_tariffs_would_be__insane__if_UK_backs_Brexit/). Einen Tag später meinte er, *„Germany is desperate for free trade."* Auch David Davis meinte (Rede vor dem Institute of Chartered Engineers, 4. Februar 2016): *„In 1975 the EU was the bright future, a vision of a better world. Now it is a crumbling relic from a gloomy past. We must raise our eyes to the wider world. We are too valuable a market for Europe to shut off. Within minutes of a vote for Brexit the CEO's of Mercedes, BMW, VW and Audi will be knocking down Chancellor Merkel's door demanding that there be no barriers to German access to the British market."* (http://www.daviddavismp.com/david-davis-speech-on-brexit-at-the-institute-of-chartered-engineers/)

Absatz in Großbritannien von Zulieferern aus anderen EU-Ländern, vor allem aus Osteuropa (Ungarn, Tschechische Republik, Slowakei, Polen) abhängig ist. Um des Absatzes in Großbritannien willen dieses kostbare Netz von günstigen Zulieferern zu zerstören, würde keinen Sinn machen. Autos sind längst nicht mehr *made in Germany*. Bis zu 70 Prozent der Bauteile werden aus anderen EU-Ländern zugeliefert. Zudem will die deutsche Industrie eine Situation vermeiden, in der ein britischer Konkurrent gleichberechtigten Zugang zum Binnenmarkt hat, ohne an dessen Regeln und Auflagen gebunden zu sein.

Pharmahersteller und Maschinenbauer werden nicht ganz so stark betroffen sein. Für alle deutsche Exporte gilt jedoch, dass der britische Markt schwieriger werden, aber nicht vollkommen wegbrechen wird. Viele Verluste werden sich in anderen Wachstumsmärkten kompensieren lassen. Deutschland und Großbritannien haben beide ein massives Interesse, keine Zollmauern hochzuziehen. Derartige Mauern werden sich jedoch nicht umgehen lassen, wenn Großbritannien aus Binnenmarkt und Zollunion ausscheidet. Bislang hat kein deutscher Industrieverband erklärt, der britische Markt sei so wichtig, dass es dafür lohne, Binnenmarkt oder Zollunion infrage zu stellen oder zu durchlöchern.

Von der Schwächung der City of London wird vor allem Frankfurt profitieren. Dort haben Büromieten kräftig angezogen, man rechnet mit dem Zuzug von mindestens 5.000 Finanzexperten. Deren Kaufkraft wird einen lokalen Boom entfachen und Nachfrage nach zahlreichen weiteren Dienstleistungen entfalten, von Ärzten und Anwälten bis hin zu Kindermädchen und Reinigungspersonal.[25]

Deutschland in seiner geographischen Mittellage hat die wirtschaftliche Verflechtung immer auch unter politischen Gesichtspunkten gesehen. Das gesamte europäische Einigungswerk begann mit der Montanunion 1950 unter friedenspolitischen Gesichtspunkten. Für Großbritannien in seiner ausgeprägten Rand- und Insellage spielten solche Gesichtspunkte eine untergeordnete Rolle. Bis heute ist die Levante für Engländer der *Middle East*. Der *Near East* beginnt in Polen, in Tschechien, in Slowenien – *far away countries of which we know nothing*, in der unsterblichen Phrase von Neville Chamberlain. [26] Deshalb fällt es Briten schwer, die enge Verflochtenheit Deutschlands mit seinen Nachbarn richtig einzuschätzen, die eben weit über rein ökonomisch-finanzielle Aspekte hinausreicht. Während Deutschland ständig über beide Schultern blickt und bei der eigenen Positionierung Nachbarn und Partner einzubeziehen sucht, tendiert Großbritannien dazu, eine Position einzunehmen und dann andere auf diese Position hin auszurichten. Nach dem Wirtschaftseinbruch nach der Finanzkrise von 2008 kurbelte Deutschland den Autoverkauf mit einer Abwrackprämie an. Der Anreiz wirkte – allerdings noch stärker als in Deutschland in Tschechien und Ungarn, wo die wichtigsten Zulieferer der deutschen Autoindustrie saßen.

Mit dem Ausscheiden Großbritanniens wird sich Deutschlands relatives Gewicht in der EU erhöhen. Deutschland hat einen Mitstreiter für marktwirtschaftliche Prinzipien und eine freiheitliche Wirtschaftspolitik verloren. Die Vorstellung europäischer Streitkräfte mag mit dem Ausscheiden des ewigen Bremsers Großbritannien näher rücken. Deutschland wird zu solchen Streitkräften, überhaupt zur Sicherheit Europas, wesentlich mehr beitragen müssen als bisher. Kanzlerin Merkel hat nach ihrem ersten Besuch bei Präsident Trump erklärt, die Zeiten seien vorbei, in denen wir uns völlig auf andere verlassen konnten.[27] Mit der wachsenden Distanz zu den USA und dem Wegbrechen Großbritanniens wird Deutschland einen seiner Wirtschafts- und Finanzkraft angemessenen Beitrag zur Verteidigung und Sicherheit Europas leisten müssen.

Wird es Deutschland gelingen, in diesem veränderten Umfeld zu führen ohne zu dominieren, zu einen, ohne herrschsüchtig zu erscheinen, Wege zu zeigen, ohne zu bevormunden, für Prinzipien einzutreten ohne dogmatisch oder überheblich zu wirken? Großbritannien hat in der EU stabilisierend gewirkt. Mit Frankreich verband es der Status als Nuklearmacht und ständiges Mitglied im Sicherheitsrat. Die militärische Zusammenarbeit zwischen Frankreich und Deutschland ist hingegen seit zwanzig Jahren kaum von der Stelle gekommen. Zudem beschränkt sie sich naturgemäß auf konventionelle Streitkräfte. In Handels- und Wirtschaftsfragen stand Großbritannien Deutschland und den nordischen Ländern näher.

Will die EU ihre sicherheitspolitischen Strukturen stärken, kann sie dies nur noch auf der Grundlage engerer deutsch-französischer Zusammenarbeit erreichen. Die Planung Gemeinsamer Rüstungsprojekte für die Zukunft könnte hier wegweisend sein. Eine Beteiligung Großbritanniens an derartigen Projekten, wie sie noch beim Eurofighter möglich war, wird künftig schwieriger. Selbst die Beteiligung der britischen Flugzeugindustrie an künftigen Airbusprojekten gerät infrage.[87] Hier rechtzeitig gegenzusteuern und das enorme Forschungs- und Entwicklungspotenzial Großbritanniens weiterhin für gesamteuropäische Projekte verfügbar zu halten, wird eine der großen Zukunftsaufgaben werden.

---

87 Die Tragflächen sämtlicher Airbusmodelle werden in Filton bei Bristol gefertigt - etwa 1.000 Stück pro Jahr. Dies hat zu dem Scherz geführt, nach dem Brexit könne Airbus die erste Silbe aus seinem Namen streichen und werde nur noch Busse herstellen, weil die Tragflächen fehlen. Airbus hat im Juni 2018 offiziell angekündigt, im Falle eines harten Brexit Produktion aus Großbritannien nach Nordamerika oder China zu verlagern. Ähnliche Warnungen kamen von Siemens und BMW. Auch Jaguar drohte mit Produktionsverlagerung wie auch Ford und alle japanischen Autohersteller (Toyota, Nissan, Honda).

Literatur

[1] Vernon Bogdanor: *Britain and the EU: In or Out - One Year On*, Lecture Gresham College, 21. Juni 2017 (http://www.gresham.ac.uk/lectures-and-events/britain-and-the-eu-in-or-out-one-year-on, 24.06.2018)

[2] HM Treasury: *The long-term economic impact of EU membership and the alternatives*, April 2016 (https://www.gov.uk/government/uploads/system/uploads/attachment_data/file/517415/treasury_analysis_economic_impact_of_eu_membership_web.pdf, 04.02.2018)

[3] HM Treasury: *EU Exit Analysis Cross Whitehall Briefing*, Januar 2018 (https://www.parliament.uk/documents/commons-committees/Exiting-the-European-Union/17-19/Cross-Whitehall-briefing/EU-Exit-Analysis-Cross-Whitehall-Briefing.pdf, 23.02.2018)

[4] HM Government: *EU Exit. Long-term economic analysis*, November 2018 (https://assets.publishing.service.gov.uk/government/uploads/system/uploads/attachment_data/file/759762/28_November_EU_Exit_-_Long-term_economic_analysis.pdf, 02.12.2018).

[5] Das Papier der Treasury vom 18. April 2016 hatte ebenfalls mit drei Szenarien gearbeitet. Die entsprechenden damaligen Schätzungen hatten für das schlechteste Szenario bei -5,4 % bis -9,5 %, für das mittlere Szenario bei -4,6 % bis - 7,8 % und für den günstigsten Fall bei -3,4 % bis -4,3 % gelegen.

[6] Department for Environment, Food & Rural Affairs: *Government publishes plan for an independent fisheries policy*, 4. Juli 2018 (https://www.gov.uk/government/news/government-to-publish-plan-for-an-independent-fisheries-policy, 22.07.2018)

[7] The Guardian: *It's inhumane: The Windrush victims who have lost jobs, homes and loved ones*, 20. April 2018 (https://www.theguardian.com/uk-news/2018/apr/20/its-inhumane-the-windrush-victims-who-have-lost-jobs-homes-and-loved-ones, 26.04.2018)

[8] May Bulman: *The human impact of Theresa May's hostile environment policies*, The Independent, 21. April 2018 (https://www.independent.co.uk/news/uk/home-news/hostile-environment-policy-theresa-may-migrants-windrush-a8315806.html, 26.04.2018)

[9] Ambrose Evans-Pritchard: *Frustrated Somalis flee Holland for the freedom of Britain*, The Telegraph, 21. Dezember 2004 (/https://www.telegraph.co.uk/news/worldnews/europe/netherlands/1479533/Frustrated-Somalis-flee-Holland-for-the-freedom-of-Britain.html, 26.04.2018)

[10] Ilse van Liempt: *Young Dutch Somalis in the UK: Citizenship, Identities and Belonging in a Transnational Triangle*, Mobilities 6/2011, 14. Oktober 2011, (https://www.tandfonline.com/doi/abs/10.1080/17450101.2011.603948?src=recsys&journalCode=rmob20, 26.04.2018)

[11] Anfang der 90er Jahre suchten mehrere tausend Somali Zuflucht in den Niederlanden. Dort wurden die meisten nach fünf Jahren eingebürgert. Zwischen 1999 und 2004 zogen mehr als 20.000 von ihnen nach Großbritannien weiter. Diese *Somali Expats* wurden zum Magneten für weitere Migration. Heute leben über 100.000 Somali in Großbritannien.;

[12] James Brokenshire: *House of Commons Written Statement 219*, 23. Januar 2015 (https://publications.parliament.uk/pa/cm201415/cmhansrd/cm150123/wmstext/150123m0001.htm, 04.12.2018)

[13] Theresa May: *Rede vor dem Commonwealth Business Forum*, London, 16. April 2018 (https://www.gov.uk/government/speeches/pm-speaks-at-the-commonwealth-business-forum-16-april-2018, 02.05.2018))

[14] Greg Rosen: *A British free-trade deal outside the EU? History shows that's easier said than done.Why look in the crystal ball when we can read the book? History shows what might happen after Brexit*, Telegraph 3. März 2016 (https://www.telegraph.co.uk/news/newstopics/eureferendum/12182032/A-British-free-trade-deal-outside-the-EU-History-shows-thats-easier-said-than-done.html, 07.12.2018)

[15] Dieter Grimm: *Europa ja - aber welches? Zur Verfassung der europäischen Demokratie* (München, C.H.Beck, 2016)

[16] Art. 238 (2) Vertrag von Lissabon AEUV (https://eur-lex.europa.eu/resource.html?uri=cellar:2bf140bf-a3f8-4ab2-b506-fd71826e6da6.0020.02/DOC_1&format=PDF, 08.12.2018)

[17] Art. 238 (3) Vertrag von Lissabon AEUV (https://eur-lex.europa.eu/resource.html?uri=cellar:2bf140bf-a3f8-4ab2-b506-fd71826e6da6.0020.02/DOC_1&format=PDF, 08.12.2018)

[18] Europäische Kommission: *Weißbuch zur Zukunft Europas*, Brüssel, 1. März 2017 (https://ec.europa.eu/commission/sites/beta-political/files/weissbuch_zur_zukunft_europas_de.pdf, 23.03.2018)

[19] Jean-Claude Juncker: *Rede zur Lage der Union 2017*, Brüssel, 13. September 2017 (Kurzfassung: https://ec.europa.eu/germany/news/20170913-juncker-rede-zur-lage-der-union-2017_de, 26.09.2018; Volltext: http://europa.eu/rapid/press-release_SPEECH-17-3165_de.htm, 26.09.2018)

[20] Jean-Claude Juncker: *Rede zur Lage der Union 2018*, Brüssel, 12.09.2018 (https://ec.europa.eu/commission/sites/beta-political/files/soteu2018-speech_de.pdf, 22.09.2018)

[21] HM Foreign Office: *Treaty between the United Kingdom of Great Britain and Northern Ireland and the French Republic for Defence and Security Co-operation*, London, September 2011 (https://assets.publishing.service.gov.uk/government/uploads/system/uploads/attachment_data/file/238153/8174.pdf, 08.12.2018)

[22] *Ein neuer Aufbruch für Europa Eine neue Dynamik für Deutschland Ein neuer Zusammenhalt für unser Land. Koalitionsvertrag zwischen CDU, CSU und SPD*, Koalitionsvertrag vom 14. März 2018, Zeile 234/5 (https://www.cdu.de/system/tdf/media/dokumente/koalitionsvertrag_2018.pdf?file=1, 08.12.2018)

[23] Gabriel Felbermayr/Jasmin Gröschl/Inga Heiland/Martin Braml/Marina Steininger: Ökonomische Effekte eines Brexit auf die deutsche und europäische Wirtschaft (ifo-Institut Forschungsbericht 85/2017, München Juni 2017) (https://www.cesifo-group.de/DocDL/ifo_Forschungsberichte_85_2017_Felbermayr_etal_Brexit.pdf, 07.12.2018)

[24] Statistisches Bundesamt: Statistisches Jahrbuch 2017 (https://www.destatis.de/DE/Publikationen/StatistischesJahrbuch/StatistischesJahrbuch2017.pdf?__blob=publicationFile, 10.12.2018)

[25] Gabriel Felbermayr/Robert Lehmann/Marina Steininger: *Regionalanalyse zu den Auswirkungen des Brexit auf das Land Hessen* (ifo-Institut Forschungsbericht Nr. 93/2018, München April 2018) (https://www.cesifo-group.de/DocDL/ifo_Forschungsberichte_93_2018_Felbermayr_Auswirkungen_Brexit_auf_Hessen.pdf, 08.12.2018))

[26] Neville Chamberlain: *Radioansprache,* BBC, 27. September 1938 (http://www.bbc.co.uk/schools/gcsebitesize/history/mwh/ir1/chamberlainandappeasementrev8.shtml, 08.12.2018)
[27] Bundeskanzlerin Angela Merkel: *Rede auf dem Volksfest in Trudering (Bayern),* 28. Mai 2017: „Die Zeiten, in denen wir uns auf andere völlig verlassen konnten, die sind ein Stück weit vorbei und deshalb kann ich nur sagen, wir Europäer müssen unser Schicksal wirklich in die eigene Hand nehmen." (https://www.youtube.com/watch?v=vmx_D9bHKls, 08.12.2018)

Weiterführende Literatur

Vernon Bogdanor: *Beyond Brexit: Britain's Unprotected Constitution*, Manuscript, to be published 2019

Paul J.J. Welfens: *Brexit aus Versehen. Europäische Union zwischen Desintegration und neuer EU*, Wiesbaden, Springer (20182)

Philip B. Whyman/Alina I. Petrescu: *The Economics of Brexit. A Cost-Benefit Analysis of the UK's Economic Relations with the EU*, Basingstoke, Palgrave Macmillan (2017)

Christopher Booker/Richard North: *The General Deception. Can the European Union Survive?* London, Bloomsbury Continuum (20163)

Roger Bootle: *Making a Success of Brexit and Reforming the EU*, London, Brealey (20174)

Jochen Buchsteiner: *Die Flucht der Briten aus der Europäischen Utopie*, Reinbek, Rowohlt (2018)

Noah Carl/James Dennison/Geoffrey Evans: *European but not European enough: An explanation for Brexit*, European Union Politics (4. October 2018), S. 1-23 (https://doi.org/10.1177%2F1465116518802361, 03.11.2018)

Jürgen Rüttgers/Frank Decker (Hg.): Europas Ende, Europas Anfang, Frankfujrt (Main) Campus (2017)

Jan Zielonka: *Is the EU doomed?* Cambridge, Polity (2014)

5
Ausblick

Zusammenfassung: Der Brexit wird noch lange Wogen schlagen. Das Referendum hat sein wichtigstes Ziel verfehlt, nämlich Einmütigkeit über die EU in Großbritannien zu schaffen. Die Mehrheit war zu knapp. Vermutlich wird es ein drittes EU-Referendum geben – aber erst nach Jahren, wenn nicht Jahrzehnten. Es macht erst Sinn, wenn sich eine klare, dauerhafte Mehrheit zuverlässig abzeichnet. Bis dahin allerdings kann sich der Meinungskampf weiter zuspitzen. Die EU ist gut beraten, Großbritannien die Tür für eine Rückkehr möglichst weit offen zu halten. Sie sollte die Zwischenzeit nutzen, um sich selbst prinzipiellen Fragen nach ihrer raison d'être zu stellen.

> *With malice toward none, with charity for all,*
> *with firmness in the right*
> *let us strive to finish the work we are in*
> Abraham Lincoln

> *Let not England forget her precedence of teaching nations how to live*
> John Milton

Der Brexit hat weder der britischen Gesellschaft Einmütigkeit noch Klarheit über die Zukunft des Landes gebracht. Er ist keine Operation, die kurz und schmerzlos verläuft, und nach der der Patient sein Leben mit neuen Kräften fortsetzt. Er wird Narben, eiternde Wunden, Komplikationen hinterlassen und endlose Nachbehandlungen erfordern. Es wird noch viel Kleingedrucktes auszuhandeln sein, und der Teufel steckt im Detail. Es wäre ein Wunder, wenn der Brexit nicht Ärger, Verdruss, Bitterkeit, Enttäuschung und Frustration hinterlassen würde.

Der Brexit wird die britische Gesellschaft auf Jahrzehnte hinaus nicht weniger spalten als es der EU-Beitritt getan hat. Mit dem Brexit haben die Briten klar gestellt, was sie nicht sein wollen: EU-Mitglieder. Aber sie wissen seither umso weniger, was eigentlich ihre positive Identität ist.[1] Der Brexit war kein Betriebsunfall, er entsprang weder einem Missverständnis noch einem Versehen. Die meisten der Argumente, die radikale Brexiteers heute vorbringen, lassen sich fast wörtlich über 60 Jahre zurückverfolgen. Großbritannien trat der EWG 1973 ohne innere Überzeugung bei. Seither sind Vorbehalte, Sonderwünsche und Unmut ständig angewachsen. Leider hat keine britische Regierung es verstanden, sich aktiv in das Interessengeflecht in Brüssel einzubringen. Kein britischer Premier hat sein Land außerhalb der EU sehen wollen – nicht einmal Theresa May, die vor dem Referendum klar für eine reformierte EU, nicht aber für ein *Leave* eingetreten war. Allerdings hat auch kein britischer Premier sich bemüht, eine Reformallianz innerhalb der EU zu schmieden. Kein britischer Premier, bis auf Edward Heath, hat sich enthusiastisch, rückhaltlos und aus tiefster Überzeugung für die EU eingesetzt. Die EU galt in Großbritannien als lästiger Lebenspartner, über den man sich mokiert und den man nicht ganz ernst nimmt, mit dem man es aber aushält, weil man die Scheidung scheut. Diese Scheu ist am 23. Juni geschwunden. Britische Regierungen haben einen eigenartigen Schlangentanz aufgeführt, indem sie einerseits in Brüssel zustimmten bzw. sich überstimmen ließen, weitreichende Zuständigkeiten der Kommission übertrugen und die Spruchpraxis des EuGH nachträglich billigten, andererseits aber zuhause heftig gegen eben diese

---

1   Die Ablehnung Europas und die Ungewissheit über die positive eigene Identität ist eine weitere Parallele zwischen Briten und Russen, die zwischen Westlern und Eurasiern zerrissen sind und sich primär dadurch identifizieren, dass sie eben nicht so sein wollen, wie das „dekadente" liberale Europa oder Nordamerika.

Integrationstendenzen polemisierten.[2] Das Ergebnis des Brexit-Referendums lässt sich nicht allein auf Verzerrungen der Wahrnehmung oder demagogische Irreführung der britischen Wähler zurückführen. Wenn dem so wäre, ließe sich nicht erklären, weshalb die EU-kritische Stimmung sich so hartnäckig hält und zu einer regelrechten Zerreißprobe innerhalb beider großer Parteien geführt hat. Dann wäre tatsächlich die einfachste Remedur, das inzwischen wieder zu Sinnen gekommene Volk erneut an die Urne zu bitten, um seinen damaligen Fehler zu korrigieren. Gegenwärtig könnte ein solches zweites Referendum durchaus ein zweites „Nein" zur EU liefern. Aber selbst wenn es positiv ausfiele, ergäbe es bestenfalls für das gesamte Vereinigte Königreich erneut eine extrem knappe Mehrheit, wenn auch dieses Mal für einen Verbleib in der EU (etwa 52:48). Daraus ließe sich realistisch nur folgern, dass die neue Mehrheit für das Gegenteil des Ergebnisses von 2016 ebenso wenig überzeugend ist wie die damalige Mehrheit und dass die jeweiligen Mehrheiten Zufallsergebnisse eines fortlaufend schwankenden Meinungsbildes sind. Oder – noch bedenklicher – wie soll man mit einem Ergebnis umgehen, das zwar in England das „Nein" deut-

---

2 Ausgewählte Beispiele sind u.a. Thatchers Zustimmung zur Einheitlichen Europäischen Akte, zu qualifizierten Mehrheiten und zum Exchange Rate Mechanism, Gordon Browns Zustimmung 2009 zum Protokoll 27 des Lissaboner Vertrags, mit dem die umstrittene Auslegung der Bestimmungen zum Binnenmarkt und deren Herleitung aus Art. 3 des gleichen Vertrags von den Herren der Verträge gebilligt wurde. Der Werner-Plan für eine Währungsunion lag seit 1970 vor, 1972 fand er die Zustimmung der Regierungschefs der damals noch sechs. Das war also alles beim Beitritt Großbritanniens bekannt. Der erste Gipfel zu neunt einigte sich unter explizitem Einschluss der drei neu beigetretenen Mitglieder, darunter Großbritannien auf folgende Erklärung: *„We affirm our intention to transform, before the end of the present decade, the whole complex of our relations into a European Union. We reaffirm our determination to achieve economic and monetary union."* (Gipfelerklärung von Kopenhagen vom 13.12.1973: https://www.cvce.eu/content/publication/1999/1/1/02798dc9-9c69-4b7d-b2c9-f03a8db7da32/publishable_en.pdf)

lich bekräftigt (um 60 %), in den übrigen Landesteilen aber ein noch ausgeprägteres Votum für *Remain* liefert (deutlich mehr als 65 %)? Ein solches Ergebnis ist keineswegs unwahrscheinlich. Es würde die Axt an die Wurzeln des Vereinigten Königreichs legen und unweigerlich weitereichende verfassungsrechtliche Streitigkeiten auslösen.

Im EU-Referendum ging es nie bloß um Ökonomie, ebenso wenig wie zwei Jahre zuvor im Referendum über die Unabhängigkeit Schottlands. Politik hat mit viel mehr zu tun als mit Produktivität, Bruttosozialprodukt oder Wohlfahrts- und Einkommensstatistiken. Das Migrationsthema und die erbitterten Debatten über Souveränität liefern einen deutlichen Hinweis, dass es vielmehr um den Kern jeglicher Politik geht: Die Frage nach der nationalen Identität, danach, wer man sein will, wie man leben will, was gerecht, was ungerecht ist, welche Freiheiten man beansprucht und welchen Zwängen (dazu gehören auch Sachzwänge!) man sich beugen will. Soll die Rechtsordnung in Großbritannien von britischen Richtern ausgelegt und entschieden werden oder von einem unbekannten, multinationalen Richterkollegium in Luxemburg? Einkommensfragen können von vitaler Bedeutung sein, wenn Hunger oder Verelendung droht. Wer nach Russland blickt, sieht, dass Menschen individuelle Verluste sehr wohl zu tragen bereit sind, wenn ihnen Großmachtmythos und Nationalstolz geboten wird. Die auf rein ökonomische Aspekte verengte Betrachtung übersieht die mindestens ebenso einschneidenden Folgen des Brexit für Fragen der Verfassungs- und der Rechtsordnung. Die polternde Anklage Boris Johnsons, Großbritannien werde zur Kolonie, die sklavisch Vorgaben aus Brüssel zu befolgen habe, hat bei vielen Engländern einen tiefsitzenden Nerv getroffen.[3] Der Brexit versprach unumschränkte Handlungsfreiheit, wie sie die Seemacht Großbritannien über Jahrhunderte genossen hatte.

---

3 Wie kann das Mutterland des Commonwealth und des gewaltigsten Kolonialreichs der Weltgeschichte selbst zur Kolonie herabsinken? Der Refrain von Rule Britannia lautet: *„Britons never, never shall be slaves!"*

Freihandel ist eine Doktrin, die unwiderstehlich klingt - schon deshalb, weil jede Alternative mit Dirigismus, Bevormundung oder zentralistischer Planwirtschaft assoziiert wird. Freihandel ist für viele Tories ein religiöser Glaubenssatz, der nicht durch profane Utilitätsabwägungen oder banale Kosten-Nutzen-Analysen entweiht werden darf.[4] Die Stimmen, die Freihandel statt Gängelung durch Brüssel fordern, sind es schuldig geblieben, nachzuweisen, welche konkreten Nachteile Großbritanniens Außenhandel durch die EU-Mitgliedschaft erleidet, sie haben keine plausible Beschreibung geliefert, welche breiten Handelsmöglichkeiten sich nach dem Brexit eröffnen, die zuvor verschlossen waren.

Politik operiert gern mit Mythen. Mythen mobilisieren Massen, sie setzen komplexen, widersprüchlichen empirischen Befunden ein simples Erklärungsmuster entgegen, sie sind rationalen Einwänden gegenüber immun, und sie liefern ein Sinn stiftendes Narrativ, das die Probleme der Gegenwart durch eine simple Zukunftsformel auflöst. Sie überspielen mit souveränen Zauberformeln den mühsamen Alltag. Um so schwieriger wird es werden, die Folgen dieses säkularen Ereignisses einzufangen und, falls erforderlich, zu revidieren. Für die überwiegende Mehrheit der EU-Bürger und der britischen Bevölkerung wäre die beste Lösung ein Verbleib Großbritanniens in einer reformierten EU. Der Brexit macht beides unmöglich: Er treibt einen dicken Keil zwischen EU und Großbritannien, und er macht Reformimpulse innerhalb der EU unwahrscheinlicher. Denn die restlichen 27 halten aus Angst vor einer weiteren Ausfransung umso verbissener am *status quo* fest. Die Dichotomie zwischen der harten Realität und der Nostalgie nach einer

---

4 Künftige Historiker werden besser ergründen können, wie weit ausländische Gelder in der Brexit-Kampagne mitgewirkt haben. Von George Soros ist bekannt, dass er sich für *Remain* mit einigen Millionen engagiert hat. Die Finanzierung der *Leave*-Kampagne ist wesentlich schleierhafter. Wie weit hier verdeckte Gelder eine Rolle gespielt haben, wäre es wert, von einem investigativen Journalisten durchleuchtet zu werden.

verklärten Vergangenheit, in der sich globale Macht mit ruraler Idylle verband einerseits und der Utopie einer neuen globalen Rolle andererseits, wird die Bevölkerung Großbritanniens noch lange spalten.

Die Mehrheit von 52 Prozent zu 48 Prozent war zu knapp, um die Minorität dazu zu bewegen, sich endgültig mit ihrer Niederlage abzufinden. Kaum lag das Abstimmungsergebnis vor, begannen Spekulationen über ein drittes EU-Referendum. Mit *Best-for-Britain*[5] und *People's Vote*[6] haben sich Organisationen gebildet, die die Bevölkerung für ein zweites Referendum mobilisieren. Sie werden von George Soros und britischen Geldgebern mit hohen Beträgen unterstützt. Die gewaltige Demonstration in London am 20. Oktober war von *People's Vote* initiiert. Damit zeichnet sich die Perspektive ab, dass Großbritannien in unregelmäßigen Abständen immer wieder erneut das Volk über das Verhältnis zur EU abstimmen lässt – keine Aussicht, die Ruhe, Kontinuität oder Kalkulierbarkeit erwarten lässt.[7] Der Riss geht tief durch beide große Parteien, und es ist nicht erkennbar, wie er sich heilen lässt. Der Abgang von Davis und Johnson und die Berufung ihrer Nachfolger Dominic Raab und Jeremy Hunt hat die Wogen ein wenig geglättet. Aber unter der beruhigten Oberfläche wurden die gegensätzlichen Strömungen noch gefährlicher. Theresa May taumelt hilf- und ziellos zwischen den Fronten. Sie zögert und zaudert, wankt und schwankt. In der Endphase der Verhandlungen klammerte sie sich wie ihr Vorgänger an eine Strategie, die an das *project fear* erinnerte: Entweder ein geordneter Brexit zu meinen Bedingungen, oder das Chaos eines *no deal*! Sie moderiert, sie führt nicht. Ihre Zielvorgaben sind verwaschen, unrealistisch und widersprüchlich. Darin ist sie der Gegenentwurf zu Margaret Thatcher, die radikal und bedingungslos ihren ideologischen Überzeugungen folgte und lieber aufrecht stolperte, als sich zu beugen. Der

---

5   https://www.bestforbritain.org

6   https://www.peoples-vote.uk

7   Die Engländer, immer für einen Wortwitz zu haben, haben hierfür die Bezeichnung *neverendum* geprägt.

Widerstand gegen ihren halbherzigen Kurs wächst sowohl in ihrer Partei wie in Kreisen der britischen Wirtschaft und der Finanzinstitutionen. Sie ist Parteiführerin und Premierministerin auf Abruf.

Die EU hat die Grundfesten britischer politischer Institutionen und Traditionen erschüttert. Sie hat Parteien gespalten, Regierungen zu Fall gebracht, das Land in seine tiefste Verfassungskrise gestürzt. Vor 2016 gab es bis auf die marginale UKIP keine Partei, die den Brexit wollte. Es gab keine Regierung und keinen Premierminister, der der EU den Rücken kehren wollte.

Der Brexit hat viel von einer antiken Tragödie: Hybris, Überheblichkeit, Stolz und Unwissen setzen Kräfte frei, die keine der handelnden Figuren mehr beherrschen kann. Cameron will die verschiedenen Strömungen in seiner Partei zusammenführen, bewirkt jedoch einen totalen Dammbruch und eine politische Sintflut. May, nicht weniger verblendet, öffnet die Stalltore ohne zuvor die Weide umzäunt zu haben und steht dann hilflos vor einer versprengten, wild gewordenen Herde. Kluge Beobachter haben gemeint, Großbritannien stehe mit dem Brexit vor einer Scheidung von 27 Partnern – keine beneidenswerte Situation!

Auf Seiten von Labour sieht es nicht besser aus. Die Partei leidet nicht nur unter der immer noch nicht völlig ausgeheilten Wunde der Abspaltung der Sozialdemokraten von 1981. Auch hier läuft ein Riss zwischen Brexit-Befürwortern, an deren Spitze der Parteichef Corbyn persönlich steht, und *Remainers* durch die gesamte Partei. Er wird verschärft durch den unversöhnlichen Gegensatz zwischen Blair-Anhängern, die mit New Labour die Partei zur politischen Mitte hin öffnen wollten, und dem linken, radikalsozialistischen Flügel unter Corbyn, der die traditionelle Allianz mit Gewerkschaften mit einem ebenso traditionellen Verstaatlichungsprogramm wieder zu beleben sucht. Seine bekannte Ablehnung der EU verhindert, dass sich Labour für einen klaren Verbleib in der EU und damit für eine erkennbare Oppositionsrolle in der wichtigsten Schicksalsfrage der Nation erklärt.[8]

Der Brexit stellt das Vereinigte Königreich plötzlich vor eine Reihe grundlegender Verfassungsfragen: Was ist die Rolle der vier Nationen? Wo liegt wirklich Souveränität – beim Souverän (der Krone), im Parlament oder beim Volk? Werden Volksabstimmungen, die noch vor 50 Jahren als unvereinbar mit der britischen Verfassung galten, regulärer Bestandteil demokratischer Willensbildung? Unter welchen Bedingungen? In welchem Umfang, wenn überhaupt, wird die richterliche Überprüfung politischer Entscheidungen fortbestehen (*judicial review*)? Indem sich das Vereinigte Königreich von der EU löst, riskiert es, dass sich auch fest gefügt geglaubte interne Traditionen lockern. Das Vereinigte Königreich wird auf Jahre nicht zur Ruhe kommen.[9] Der Streit darum, wo eigentlich die Souveränität des Landes liegt, wird nicht verstummen. Eine zunehmende Abfolge von Volksabstimmungen könnte die traditionelle Machtposition des Parlaments beschädigen. Vermehrte Rückgriffe auf Sondervollmachten der Krone (*Henry VIII.-powers*) hätten den gleichen Effekt.

Das ungelöste Problem der Machtverteilung zwischen den vier konstitutiven Nationen ist durch den Brexit weiter verschärft worden. Wohin will sich das Vereinigte Königreich entwickeln? Wird es den Brexit nutzen, um die Vollmachten der Zentralregierung in London wieder zu stärken? Oder wird es der Logik der unter Tony Blair eingeleiteten Devolution folgen und den Großteil der aus Brüssel zurückfließenden Kompetenzen den Regionalregierungen zuweisen? Geht das Land den letzten konsequenten Schritt in Richtung auf eine Föderation und richtet eine (oder mehrere) Regionalregierungen für England

---

8   Böse Zungen behaupten (unter Labour Abgeordneten), Jeremy Corbyn bringe es sogar fertig, in einem Zweikampf den dritten Platz zu belegen.
9   Vernon Bogdanor plädiert angesichts dieser Ungewissheiten für eine schriftliche Verfassung.

ein?[10] Oder markiert der Brexit den Beginn des Zerfalls des Vereinigten Königreichs? Langfristig könnte sich die irische Insel wieder vereinigen, es könnte zu einem unabhängigen Schottland und einem *Little England and Wales* kommen.

Die ökonomischen Kosten und der Wohlfahrtsverlust werden weniger dramatisch ausfallen als die Schwarzmalereien der *Remainers*. Es werden mit Sicherheit gewaltige Anpassungs- und Umstellungskosten (Opportunitätskosten) anfallen, deren Ausmaß bislang unterschätzt wird. Umgekehrt wird die Befreiung von den „erdrückenden bürokratischen Gängeleien" aus Brüssel nicht die verheißungsvollen unternehmerischen Chancen bringen, von denen manche Brexiteers geschwärmt haben. Großbritannien wird weder in ein schwarzes Loch stürzen noch wird es einen kometenhaften Aufschwung erleben. Weder wird der Wirtschaftsmotor des Landes plötzlich abgewürgt werden, noch wird er, endlich der lästigen Bremsen ledig, das Potenzial eines Rennwagens entfalten. Großbritannien wird weiter wachsen – allerdings mit geringeren Raten. Letztlich zeichnen sich hinter dem Brexit langfristig Unsicherheit, Reibungen, Verdruss und gewaltige Wohlstandsverluste ab. Nimmt man die gegenwärtigen politischen Gruppierungen, hat das Land eigentlich nur drei Optionen: Entweder den halbherzigen Kurs Theresa Mays fortzusetzen, d.≈h. mit einem halben Fuss weiter in der EU bleiben, aber ansonsten eigene Wege gehen, oder Jeremy Corbyn in einen sozialistischen Brexit folgen mit hohen Steuern, Verstaatlichungen und hohen Vermögensabgaben, oder dem entgegengesetzten Kurs in eine Neuauflage des Manchester-Kapitalismus folgen, wie ihn Boris Johnson und Jacob Rees-Mogg befürworten mit extremen Steuersenkungen, der Aufweichung weitreichender Umwelt- und Arbeitsschutzbestimmungen und einer noch entschiedeneren Hinwendung zum Weltmarkt und zur Globalisierung. Der Streit hierüber wird auf Jahre Unternehmer und Anleger verunsichern.

---

10 Die ungelöste West-Lothian Question, s.o. S.

Damit nicht genug: In den Außenbeziehungen wird Großbritannien vor einem Dilemma stehen: Versucht es, sich möglichst nah an der EU und die eigenen Marktregeln mit denen der EU konform zu halten, wird die Kritik der radikalen Brexiteers nicht verstummen, die laut Missachtung des Volkswillens, koloniale Abhängigkeit und Verlust der Souveränität anprangern. Wendet sich das Land hingegen bewusst von Standards und Normen der EU ab, werden die Vorwürfe aus Brüssel nicht abreißen, das Land betreibe Dumping, unfairen Steuerwettbewerb, zerstöre leichtfertig das europäische Wertesystem. In jedem Fall wird es zu Friktionen, Streitereien und Rivalitäten kommen. Für Unternehmer und Anleger bedeutet das erhöhte Ungewissheit, vor allem über den regulatorischen Rahmen, in dem sie langfristig zu operieren haben.

Nicht auszuschließen, wenngleich höchst unwahrscheinlich, ist die Option, dass die Brexit-Krise neue Energien freisetzt und lang aufgestaute Reformen endlich angegangen werden. Das wäre ein Thatcher-0.2-Szenario. Wenn das misslingt, könnten die Briten in zwei bis drei Jahrzehnten wieder vor der Frage stehen, wie sie die erlahmenden Wachstumskräfte revitalisieren können. Dass sich dann erneut eine Mehrheit für einen EU-Beitritt bildet, erscheint nicht nur nicht ausgeschlossen, sondern sogar wahrscheinlich.

Wie soll die EU auf Brexitannien reagieren? Für die EU stellen sich zwei Grundsatzfragen: Sie wird sich über kurz oder lang nicht mehr der Frage nach der eigenen *finalité* entziehen können. Sie muss ihren Bürgern erklären, wohin die Reise eigentlich gehen soll. Sie wird sonst weiter an Legitimität und Zustimmung verlieren. Sie muss zweitens die richtige Balance finden zwischen prinzipieller Konsequenz und pragmatischen *ad hoc*-Lösungen. Sie kann das, was sie für die Grundlagen der eigenen Existenz hält, nicht wegen Großbritannien zur Disposition stellen. Sie darf andererseits nicht zulassen, dass sich die britische Enttäuschung über die EU in Rivalität oder Feindschaft verwandelt. Die EU befindet sich in einem Dilemma. Sie muss einerseits die Exklusivität der Mitgliedschaft wahren, in der sich Rechte und Pflichten ausgewogen gegenüberstehen. Sie hat andererseits jedes Interesse, Großbritannien als einen der großen, bedeutenden und wichtigsten europäischen Staaten nicht weiter abdriften zu lassen. Es gibt viele Gebiete, auf denen auch nach dem Brexit pragmatische Kooperation möglich bleibt. Das gilt für alle Bereiche der Union, die außerhalb von Zollunion und Binnenmarkt liegen, also Forschung und Technologie, Außen- und Sicherheitspolitik, nachrichtendienstliche und polizeiliche Kooperation. Aber selbst in den Bereichen des Binnenmarktes könnte man Großbritannien als ehemaligem EU-Mitglied Privilegien einräumen. Britische Vertreter könnten bei Besprechungen anwesend sein oder danach umgehend gebrieft werden. Sie könnten Rede- wenn auch nicht Stimmrecht erhalten. Die Wahrnehmung extraterritorialer hoheitlicher Befugnisse könnte pragmatischer gesehen werden.[11] Schließlich sollte die EU die Option offenhalten, dass Großbritannien jederzeit wieder zu den alten Bedingungen Mitglied werden kann, also ohne Teilnahme am Euro oder der Schengenzone und mit dem nicht völlig unberechtigten Beitragsrabatt. Die EU hat ein Interesse, so weit wie möglich Zugang zum technischen und wirtschaftlichen Potenzial Großbritanniens zu behalten und zu verhindern, dass dieses Potenzial sich mit anderen globalen Machtzentren verbündet und in offene Konkurrenz zur EU tritt.

Bis zum 29. März 2019 steht es Großbritannien frei, seine Absicht, die EU zu verlassen, zu revidieren.[12] Das wird mit jedem Tag unwahr-

---

11 In Calais und Folkestone werden die notwendigen Kontrollen unterschiedslos von britischen oder französischen Beamten gemeinsam durchgeführt.

12 So z. B. Lord Kerr (https://www.open-britain.co.uk/full_text_of_lord_kerr_s_speech_article_50_the_facts) und Vernon Bogdanor, Lecture Gresham College 21. Juni 2017 (http://www.gresham.ac.uk/lectures-and-events/britain-and-the-eu-in-or-out-one-year-on)
Der schottische Court of Sessions hat am 20. September 2018 die Frage, ob und gegebenenfalls unter welchen Bedingungen eine Austrittserklärung nach Artikel 50 EUV einseitig zurückgenommen werden kann, dem EuGH

scheinlicher. Ist der Austritt aber erst einmal vollzogen, kann das Land, selbst wenn die Übergangsfristen verlängert werden, nur in einem neuen Aufnahmeverfahren wieder Mitglied werden. Die Option bleibt bestehen. Großbritannien könnte auch jederzeit eine Norwegen-Option für sich beantragen. Die EU ist gut beraten, alle Optionen offen und attraktiv zu halten.

Großbritannien zahlt immer noch für die Illusionen, die der Sieg von 1945 ausgelöst hat. Damals erhielt das alte England die Bestätigung, dass es Großmacht war, Sieger in einem der brutalsten Kriege der Menschheit, und dass alles eigentlich so bleiben könne wie zuvor. Großbritannien verspürte nicht den unwiderstehlichen Druck zu Modernisierung und zu Integration, der den Kontinent so grundlegend veränderte. Die durch Totalitarismus, Niederlage und Besatzung erzwungene Notwendigkeit eines radikalen Neuanfangs blieb Großbritannien erspart.[13] Es blieb, wie Spanien und Portugal, die ebenfalls nicht besetzt waren und unter Stagnation litten, nach 1945 in seiner Entwicklung gehemmt. Der große Modernisierungsschub und der Umbruch von Institutionen, Verhaltensmustern und außenpolitischer Orientierung vollzog sich erst zwischen 1961 und 2016. Aber er blieb unvollkommen. Vom langfristigen Ausgang des Brexit hängt die innere und äußere Positionierung des Vereinigten Königreichs für Jahrzehnte ab. Vermutlich wird diese Neupositionierung nochmals über fünfzig Jahre dauern.

Kurz vor dem Referendum, am 16. Juni 2016, erstach Thomas Alexander Mair die junge Labour Politikerin Jo Cox. Er wollte sie umbringen, weil sie in seinen Augen eine *passionate defender of the EU* und *a traitor to white people* sei. Vor Gericht erklärte er: „*My name is death to traitors, freedom for Britain.*"[1] Der Mann war geistig gestört.

---

unterbreitet. (https://www.scotcourts.gov.uk/docs/default-source/cos-general-docs/pdf-docs-for-opinions/2018csih18.pdf?sfvrsn=0)

13 Zusammen mit Spanien und Portugal, in denen die Diktaturen von Franco und Salazar/Caetano ebenfalls mit einer Epoche der Stagnation und Immobilität zusammenfiel.

Die Kampagne vor dem Referendum und mehr noch der erbitterte Streit darüber, wie der beschlossene Brexit eigentlich aussehen solle, haben die politische Atmosphäre in Großbritannien vergiftet. Die Zahl gewaltsamer Übergriffe gegen Fremde hat sprunghaft zugenommen. Es ist zu rhetorischen Entgleisungen gekommen, zu persönlichen Verunglimpfungen, wie es sie im Umgang der politischen Elite untereinander zuvor nicht gegeben hat.[14] Der Brexit hinterlässt ein gewaltiges psychologisches und gesellschaftliches Problem. Der Konsens der britischen Gesellschaft, der in Tradition und Umgangsformen verankert war, ist brüchig geworden. Die Autorität der alten Eliten ist verspielt. Mit der Kohäsion der politischen Klasse in Großbritannien gerät auch der Verfassungskonsens ins Wanken, der auf Zurückhaltung, *gentlemanlike behaviour*, Tradition, und auf Beachtung informeller Regeln beruhte. Wenn erkennbar wird, dass der Brexit nicht das liefern kann, was Demagogen versprochen und desillusionierte Wähler erwartet haben, könnten sich diese Spannungen weiter verstärken. Möglich, dass die aufgestaute Frustration sich dann auch in zerstörerischer Gewalt entlädt. Karen Bradley, im Kabinett für Nordirland zuständig, warnte davor, England könne eine ähnlich verheerende gesellschaftliche Polarisierung erleben wie Nordirland.[2]

Cameron war weitsichtiger als er selbst wusste: Er hat Dämonen entfesselt, und es wird Jahre, wenn nicht Jahrzehnte dauern, bis sie wieder zur Ruhe kommen. Eines jedoch ist gewiss: Die Aussicht, dass nach 2019 Briten wieder ohne lästige vertragliche Bindungen ihre eigene Zukunft selbst bestimmen können, ist eine Illusion – ebenso wie die Auffassung, die EU könne, nachdem sie den Störenfried Großbritannien losgeworden ist, mit neuem Elan das Monnet'sche Projekt fortsetzen. Und je eher wir uns von diesen Illusionen verabschieden und den neuen Realitäten nüchtern ins Auge blicken, umso größer die

---

14 Vorwürfe von Sabotage, Verrat, Subversion. Unliebsame Meinungen wurden als „verrückt" (*deranged*), wer sie äußerte als „Volksfeind" denunziert.

Wahrscheinlichkeit, dass wir aus dieser Krise letztlich doch noch lernen, was wir für die Zukunft brauchen. Der Weg vor uns ist holprig und steinig. Wir sollten Sorge tragen, robuste Stoßdämpfer in unsere Institutionen einzubauen, um diese Stöße abzufedern.

Literatur

[1] Wikipedia-Absatz über den Mörder von Jo Cox (https://de.wikipedia.org/wiki/Jo_Cox#Täter, 09.12.2018)

[2] Jessica Elgot: *May in last-ditch bid to save Brexit deal despite growing mutiny*, Guardian, 9. Dezember 2018 (https://www.theguardian.com/politics/2018/dec/09/may-in-last-ditch-bid-to-save-brexit-deal-despite-growing-mutiny, 09.12.2018)

Der Autor

Großbritannien ist dem Autor vertraut, seit er als Schüler noch zu Zeiten von Harold Macmillan in seinen Sommerferien auf einer Farm in Hampshire unweit von Winchester arbeitete. Von 1968 bis 1974 studierte er in Oxford Modern History, erst als Robert-Birley-, dann als Rhodes-Stipendiat (1971: B.A., 1974: D. Phil.). 1976 trat er in den Auswärtigen Dienst ein. Nach Stationen in Singapur und Peking arbeitete er drei Jahre lang als Redenschreiber für Bundespräsident von Weizsäcker. Anschließend ging er als politischer Referent an die Botschaft Moskau, wo er die Wiedervereinigung Deutschlands und den Zusammenbruch der Sowjetunion miterlebte. Nach verschiedenen Verwendungen in der Zentrale (Planungsstab, Nukleare Abrüstung und Rüstungskontrolle, Europäischer Korrespondent) ging er 2001, zwei Monate vor den Attentaten vom 9. September, als Vizepräsident zum Bundesnachrichtendienst. Terrorismus und gemeinsame Terrorabwehr wurden dort zum Schwerpunkt seiner Tätigkeit. 2004 wurde er Präsident der Bundesakademie für Sicherheitspolitik. Danach führte ihn der Weg als Gesandter zurück an die Botschaft Moskau. Er beschloss seine Laufbahn als Gesandter an der Botschaft London, die er 2013/4 als Chargé d'Affairs leitete. Danach trat er in den Ruhestand. Rudolf Adam kennt Großbritannien seit nahezu 60 Jahren. Seine Beiträge erscheinen regelmäßig im Cicero und in der Süddeut-

© Springer Fachmedien Wiesbaden GmbH, ein Teil von Springer Nature 2019
R. G. Adam, *BREXIT*, https://doi.org/10.1007/978-3-658-24590-0

schen Zeitung. Er hat einen Lehrauftrag in München, hält Vorträge und ist Senior Consultant bei Berlin Global Advisors. Sein Buch über den Brexit basiert auf umfangreichen Recherchen, persönlichen Interviews und direkten Kontakten aus seiner Zeit als Diplomat.

GPSR Compliance
The European Union's (EU) General Product Safety Regulation (GPSR) is a set of rules that requires consumer products to be safe and our obligations to ensure this.

If you have any concerns about our products, you can contact us on

ProductSafety@springernature.com

In case Publisher is established outside the EU, the EU authorized representative is:

Springer Nature Customer Service Center GmbH
Europaplatz 3
69115 Heidelberg, Germany

www.ingramcontent.com/pod-product-compliance
Lightning Source LLC
LaVergne TN
LVHW020339260326
834688LV00045B/1452